U0104514

法藏知律

九 編

杜 潔 祥 主編

第35冊

《四分律删繁補闕行事鈔》集釋（第一冊）

王建光著

花木蘭文化事業有限公司

國家圖書館出版品預行編目資料

《四分律刪繁補闕行事鈔》集釋（第一冊）／王建光 著 -- 初版 -- 新北市：花木蘭文化事業有限公司，2023〔民 112〕

序 26+ 目 4+232 面；19×26 公分

（法藏知津九編 第 35 冊）

ISBN 978-626-344-506-2（精裝）

1.CST：四分律 2.CST：律宗 3.CST：注釋

011.08 112010540

法藏知津九編

第三五冊 ISBN：978-626-344-506-2

《四分律刪繁補闕行事鈔》集釋（第一冊）

編　　者　王建光

主　　編　杜潔祥

副總編輯　楊嘉樂

編輯主任　許郁翎

編　　輯　張雅淋、潘玟靜　美術編輯　陳逸婷

出　　版　花木蘭文化事業有限公司

發 行 人　高小娟

聯絡地址　235 新北市中和區中安街七二號十三樓

電話：02-2923-1455／傳真：02-2923-1452

網　　址　http://www.huamulan.tw 信箱 service@huamulans.com

印　　刷　普羅文化出版廣告事業

初　　版　2023 年 9 月

定　　價　九編 52 冊（精裝）新台幣 120,000 元

《四分律刪繁補闕行事鈔》集釋
（第一冊）

王建光　著

作者簡介

王建光，男，1963 年 11 月生，安徽省濉溪縣人，哲學博士，南京農業大學政治學院教授，主要從事中國佛教及律宗思想史的學習與研究。發表論文 100 餘篇，主要著作有《中國律宗通史》《中國律宗思想研究》《新譯〈梵網經〉》《如是我樂：佛教幸福觀》《神聖與世俗》（翻譯）等，參加合著多種。曾獲江蘇省哲學社會科學優秀成果獎一次、江蘇省高校哲學社會科學研究優秀成果獎兩次。主持國家社科基金項目兩項。

提　要

《四分律刪繁補闕行事鈔》通常簡稱為《行事鈔》或《鈔》，乃唐代著名佛教思想家、佛教史家道宣律師的重要著作。《四分律刪繁補闕行事鈔》不僅標誌著中國佛教律宗的成立，也奠定了律宗的思想基礎，成為南山律宗最核心的文獻，因此在後世得到戒律思想家們的不斷注疏與傳講。歷史上，從道宣之後至北宋時期，對《四分律刪繁補闕行事鈔》所作疏記釋文者有六十餘家，但目前僅見存幾種。《四分律刪繁補闕行事鈔集釋》是對《四分律刪繁補闕行事鈔》進行的釋文集注，其主要內容有三項：一是對鈔文進行校勘，並加以現代標點，同時也對一些問題進行必要的學術點評；二是對現存漢文藏經中的幾種注疏加以擷取，採用鈔文與疏文相對應的方式組織集釋的文本結構，以利方便閱讀檢索；三是注意吸收後世佛教思想家及當代法師學者的研究成果，尤其是吸收了弘一律師相關著作的知識和觀點，對一些問題進行了補充說明。《四分律刪繁補闕行事鈔集釋》力爭做到文獻性、學術性、思想性、實用性和現代性的統一，希望能夠為對中國佛教戒律學感興趣的法師、專家和讀者提供一定的參考。

集釋者序

一、道宣的生平及其著作

釋道宣是唐代著名的佛教思想家、佛教史學家，中國佛教南山律宗的開創者。道宣的生平主要見之於宋代贊寧律師的宋高僧傳卷十四道宣傳，另外全唐文卷九百九也有其略傳。在贊寧所作的與道宣同時代其他律師的傳記中也會提及到道宣的言行，但往往都是三言兩語。其後出現的佛祖歷代通載、釋氏稽古略之類的著作，關於道宣的生平記述也大都是對前代文獻的循循相因。

道宣，俗姓錢，祖籍或說丹徒（今屬江蘇省鎮江），或說為長城（今浙江省長興），其祖上至其父一代，曾仕於南朝。陳被隋滅之後，其父也被與陳後主一並帶往京兆。隋開皇十六年（公元五九六年），道宣出生於京兆。十六歲（或說十七歲）時，道宣從智頵律師落髮。隋大業十一年（公元六一五年），二十歲的道宣從智首律師受具戒，並先後從師聽習律藏二十餘遍，頗有心得，為其後的律學理論創造奠定了堅實的基礎。

道宣一生勤於撰述，著作頗丰。在其撰于唐高宗麟德元年（公元六六四年）的大唐內典錄卷五中，將自己的集、論、錄、記、序、儀等著作列為十八部一一〇餘卷。宋高僧傳卷十四道宣傳說其著作有二百二十餘卷。宋代元照律師在其芝苑遺編卷三南山律師撰集錄中，根據當時能見到的著述，把道宣的著作分為五類，總共五十七種，計二百六十七卷。其卷數差別的主要原因可能即是因分卷不同而造成的。

大致而言，道宣的著作主要有如下幾類：第一是律學類基本著作，其中尤以被後世稱為「南山三大部」者為代表，它們分別是：四分律刪繁補闕行事鈔十二卷、四分律含注戒本疏四卷和四分律刪補隨機羯磨疏四卷，後兩種在後世被匯入一些對其進行注疏的著作之中。若加上四分律拾毗尼義鈔六卷（現存前四卷）和四分比丘尼鈔六卷，則稱為「南山五大部」。此五者是中國佛教「四分律宗」的根本典籍。第二是律學其他類著述，都是道宣圍繞如何創設中國僧眾的日常行為規範及其典儀法度而撰就的，如淨心戒觀法兩卷、律相感通傳一卷、教誡新學比丘行護律儀一卷、四分律比丘含注戒本三卷、四分律刪補隨機羯磨兩卷、戒壇圖經一卷、鳴鐘軌度一卷、沙門章服儀一卷、量處輕重儀二卷、釋門歸敬儀二卷、刪定四分僧戒本一卷等。第三是佛教史傳類類著作，如集古今佛道論衡四卷、廣弘明集三十卷、道宣律師感通錄一卷、續高僧傳三十卷、釋氏略譜一卷、釋迦方志二卷。第四是佛教目錄學類著作，如大唐內典錄十卷、續大唐內典錄一卷、中天竺舍衛國祇洹寺圖經一卷等。這幾類著作都是中國佛教史中的重要典籍。

由於道宣律師的律學貢獻，唐懿宗咸通十年（公元八六九年，或說咸通十五年公元八七四年）十月，應當時左右街僧令霄、玄暢等人上表所請，道宣被勑諡為「澄照」，並塔號「淨光」。（宋高僧傳卷十四道宣傳）又因道宣久居於終南山，後世因之而號其學為「南山律宗」。唐穆宗也曾對其昭贊道：「代有覺人，為如來使。龍鬼歸降，天人奉事。聲飛五天，辭驚萬里。金烏西沈，佛日東舉。稽首皈依，肇律宗主。」（全唐文卷六十七穆宗十四南山律師贊）

二、行事鈔的形成及其意義

唐武德九年（公元六二六年），高祖行沙汰僧尼之事，道宣於是隱跡於終南山，並於此處著手撰寫行事鈔四分律刪繁補闕行事鈔。因此，本鈔成書於唐武德和貞觀（公元六二七年至六四九年）年間。本鈔初成書三卷，或說為六卷，今文為十二卷。行事鈔是道宣律師最重要的核心著作，後世通常將之簡稱為行事鈔、南山鈔、事鈔或鈔。

從東晉以後，隨著佛教三藏經典翻譯及研習的深入，當時中國佛教界南北各地流傳有十誦律、四分律、僧祇律和五分律等多部律、論，律學研習傳承雖然蔚為大觀，由於各有所本，卻也因之造成了僧團修行和生活的不便甚至混亂。所以根據中國北方地區僧人的戒律研習和僧團實踐基礎及其歷史傳承，道宣即力主以四分律作為僧眾行持的根本。道宣撰寫行事鈔之目的也正是要以四分律為基礎而對多部廣律和律論進行融會貫通，並用他部經律論之文來補充四分律之闕義。所謂「刪繁補闕」，即是「削彼繁詞名曰刪繁，增其遺漏名曰補闕」，並「隨其樂欲，成立己宗。競采大眾之文，用集一家之典。故有輕重異勢，持犯分塗，有無遮出，廢興互顯。今立四分為本，若行事之時必須用諸部者不可不用。」(《行事鈔序》)

在內容上，行事鈔既有對戒律出現（戒緣）的敘述，也有對律學發生史的簡述；既有對持戒而行的意義及其規範性研的研究，也有對戒體何以能夠起到規範身心作用的哲學化論述；既有對中國律學歷史人物及思想的回顧和吸收，也有對因時因地之差異而對戒律精神及其規範而進行的重新理解；既有對律藏典籍的系統化研究，也有對經論二藏中律學精神的融會貫通。

行事鈔的撰寫與流行，不僅是中國佛教發展的內在邏輯之使然，也是在經曆幾百年南北分裂之後，國家重新統一的社會文化在中國佛教發展中的反映，更是大一統思想和意識形態在佛教發展及其律學研習上的體現。因此，行事鈔的撰述與流傳，在思想和規範上將南北朝以來逐漸繁榮的佛教律學研習推向了一個新的歷史階段，中國律學的研究也從曾經的「諸律齊弘」的階段慢慢演變成了以對四分律的研習和尊崇為特徵的「四分律學」階段。

三、行事鈔的傳承與注疏

隨著佛教界對行事鈔研習的日益深入與廣泛傳承，加上政治力量的推崇，以行事鈔為思想基礎和標誌的律學研習的專門宗派——律宗——得以形成，並成為中國佛教八大宗派之一。以道宣及其後學為中心的律師隊伍也得以壯大，促進了中國律宗的發展與律學的繁榮。由於道宣久居於終南山，所以這一派又被稱為「南山律宗」，並與其基本同時由法礪創建的「相部宗」及略晚的由懷素開創的「東塔宗」，並稱為中國佛教律宗三家。但在北宋之世，「相部宗」和「東塔宗」的活動即不明顯，所以後世所說的律宗往往都是指南山律宗，或又稱為南山律學。

雖然道宣之時，關於行事鈔的研究即已經展開，但是在唐中宗時，道宣後學道岸律師（公元六五四年至七一七年）請得唐中宗墨敕，在江淮之間推行南山律宗之舉，對於擴大南山律宗的影響，促進對行事鈔的研習與傳承起到了重要作用。於是，傳統上寬泛的戒律學研究逐漸演變成了對行事鈔的研習和傳承。一直到兩宋之際，對行事鈔的講解和注疏都是佛教律學研習的主要內容與基本活動，一些律師也因其對行事鈔的注疏而成為著名律師。南宋之後，由於社會歷史的變化，典籍的缺乏，以行事鈔為中心的南山律學研習便趨於衰落。

唐宋之世，研究注疏行事鈔的著作，今天能夠見到其名稱的有六十餘家，但這些著作得以基本完整或部分保留至今的卻屈指可數。它們是：

四分律行事鈔批（以下簡稱為鈔批），唐代杭州華嚴寺沙門大覺撰，或作華嚴記、花嚴記。鈔批大致成書於唐代中宗景龍（公元七〇七年）至開元二年（公元七一四年）前後。鈔批全文分為本末十四卷，實為二十八卷。其中卷一（卷第一本）釋「六門分別」，卷二（卷第一末）釋「六門分別之餘、釋十門義、標宗顯德篇第一」。鈔批在解釋行事鈔到「標宗顯德篇第一」之「今通括一化，所說正文，且引數條，餘便存略」句後，第三卷即又從行事鈔序文開始進行重釋。即卷三（卷第二本）「重釋十門義（釋第六隨文判釋已下）」，卷四（卷第二末）「重釋十門義之餘（第三對外宗教興意之餘）」，卷五（卷第三本）「重釋十門義之餘（十門道俗七部立教通局意第七已下）、標宗顯德篇第一」。直到卷第六（卷第三末）鈔批才按正常順序向後對行事鈔的篇章進行釋義。其兩處釋文，基本意思差別不大，只是後釋者文義更多，闡釋更細，有些觀點標明來源。鈔批的分卷和段落分隔不盡合理，在語言順序上也經常出現文字倒亂現象。這當然也可能是後世刻印所致。如第六篇「結界方法篇」中之「次結大界法」一節中，僅有兩句釋義，卻被分到第四本（第七卷）和第四末（第八卷）兩卷之中。鈔批對行事鈔的注疏內容和基本觀點，被其後的四分律鈔簡正記大量吸收。

搜玄錄解四分律刪繁補闕行事鈔錄（以下簡稱為搜玄），原二十卷，現存卷一、卷二及殘冊兩卷，唐代志鴻律師撰述。志鴻生卒年不詳，湖州長城人，俗姓錢，本名儼，曾依道恒律師研習南山律學。志鴻被認為是與道宣律師同宗的錢氏之後，事見宋高僧傳卷十五志鴻傳。搜玄錄是志鴻囊括唐代大慈律師等以下四十餘家的行事鈔記之玄理而成。唐代大曆（公元七六六年至七七九年）年中，華嚴宗疏主四祖澄觀披尋之後，曾為之作序。由於志鴻世壽一〇八歲，所以被勅署為「長壽大師」。簡正中頻繁出現對搜玄的引用，從中也可大致看到搜玄的基本觀點。從現存的搜玄殘卷，可見其對行事鈔的文本結構羅列和層次劃分十分詳盡，甚至有所煩瑣、冗餘。

四分律鈔簡正記（以下簡稱為簡正），十七卷，五代時吳越長講律臨壇賜紫清涼大師景霄纂撰。釋景霄（生卒年不詳，後唐天成二年即公元 927 年後卒），俗姓徐，丹丘人。曾受業於表公，後又就學於守言闍黎，律學研習名甲一方。武肅王錢氏曾召其主持臨安竹林寺和南真身寶塔寺，所以宋高僧傳記其為「後唐杭州真身寶塔寺景霄」。簡正成書於唐天復三年（公元九〇三年）至後梁開平五年（公元九一一年）前後。所謂「簡正」者，即「言以思擇力故，去邪說而簡取正義也」。（宋高僧傳卷十六景霄傳）。在其後講學傳講過程中，簡正經過多次重修。宋高僧傳記為二十卷，但今本文末記有「吳越真身寺傳律沙門靖安丁巳歲，重修一部簡正記，一十七卷」之語，大概即是現在所見到的狀況。簡正中經常出現「表云」之語，大概是景霄對其老師表公思想的繼承。

四分律行事鈔科和四分律行事鈔資持記（以下分別簡稱為鈔科和資持）。撰述者為宋代元照律師。元照（公元一〇四八年至一一一六年），俗姓唐，字湛然，自號安忍子。其生平主要見於大昭慶律寺志、龍興祥符戒壇寺志、佛祖統紀卷四十六等文獻中。由於元照晚年居於靈芝崇福寺，後人一般稱其為「靈芝元照」或「靈芝律師」。鈔科，十二卷，是元照對行事鈔進行的科判，這對於讀者正確把握行事鈔的文本結構，理解行事鈔的思想有著重要作用。資持，十六卷，是元照對行事鈔的注疏，傳統上一般都言其吸收了天台的思想。由於本書在宋代對弘揚、重振南山律學起到重要作用，所以元照系的律學又被後世稱為「資持宗」。在中國和日本，一直是行事鈔和資持記分別而行。時至清康熙二十五年（公元一六八六年，日本貞享丙寅），有日本泉州大鳥山神鳳律寺比丘慈光瑞芳乃鈔、記相合，並加元照的鈔科於上而並行於世，後天津刻經處將之刊而行之。後有弘一律師對此合刊本作四分律行事鈔資持記扶桑集釋。元照的律學著作甚多，其他主要還有四分律羯磨疏濟緣記二十二卷、四分律含注戒本疏行宗記二十一卷等。

整體而言，上述幾種文獻各有特色。鈔批者，校注相對明晰，但釋文篇章結構不清，語句選擇跨度太大，許多重要文字沒有注解。對行事鈔的前面文字注釋詳盡，後面則相對粗略，有點草草收尾的感覺。搜玄則對行事鈔的邏輯結構注釋較清，但又顯得繁瑣。簡正的釋文層次則較為明確，但注釋較簡，釋文主要吸收了鈔批釋文，因此有些文句與鈔批差別不大。至於資持，其注解則側重於科文，多言段落層次和字句的起承作用，但有時又過於簡略，甚至意義不清，給人一種越釋越難的感覺。也許可以這樣說，鈔批、簡正兩文，大致可以脫離行事鈔的文本而能進行順利閱讀，並能領會其文字表達所基本內容，而資持和搜玄兩書，如果不是逐行逐字對照行事鈔原文，則閱讀時往往會不知其所指何處，所言何義。

除此之外，唐宋諸家行事鈔疏記，主要者還有：唐京師西明寺大慈律師的行事鈔記、唐鐘陵龍興寺清徹律師的行事鈔集義記（一作後堂記）、唐越州法華寺玄儼律師的行事鈔輔篇記、唐楊州慧照寺省躬律師的行事鈔順正記、唐荊州曇勝律師的行事鈔當陽記、唐杭州法儼律師的行事鈔富陽記、唐潤州招隱寺朗然律師的行事鈔古今決（一作慈和記）、唐湖州崇福律師的行事鈔西河記、宋越州普濟律師的行事鈔集解記、唐蒲州融濟律師的行事鈔記、唐崇聖寺靈𩃀律師的行事鈔記、唐湖州智海律師的行事鈔記、唐泉州道深律師的行事鈔記、唐西京禪定寺義威律師的行事鈔靈山記、後唐立律師述的行事鈔記。上述諸家行事鈔疏記，今天均已不見，但在本集釋本所採用的幾種釋文疏記中經常會有所引用。這種引用一般都是簡稱為輔篇記（或輔篇）、順正記（或順正）、慈和記（或慈和）、當陽記（或當陽）之類。也有以其撰述者之名號而稱之者，如用玄暢、法寶或宛陵指代顯正記之類。因為顯正記的作者玄暢（公元七九七年至八七五年）是唐代宛陵（今安徽省宣城）人，曾被賜號「法寶大師」。

值得一提的是，宋代的允堪律師，其律學研習成就與元照齊名，其釋解道宣著作的注疏今天還保存有幾種，但唯獨其注疏行事鈔的會正記十二卷不存，盡管會正記被認為解釋行事鈔是獨盡于理。

四、行事鈔的底本及參校本

本集釋本的行事鈔的底本選用福建人民出版社一九九一年版的弘一大師全集中影印的四分律刪繁補闕行事鈔為底本，這是一九三二年天津刻經處從日本引進並作為「南山律要一」而刻印流通的版本，並經弘一法師校勘。經過比較可以發現，這個版本就是日本德川時代刊宗教大學藏本。

參校本主要有：

一、日本大穀大學圖書館寬文十年（公元一六七〇年）刊四分律刪繁補闕行事鈔，即今大正新修大藏經中的版本，本集釋本中簡稱為「大正藏本」。

二、日本大穀大學圖書館藏貞享三年（公元一六八六年）刊三籍全觀本四分律行事鈔資持記，本記分上、中、下三卷，開為四二卷。即今卍續經中四分律行事鈔資持記中的版本，本集釋本中簡稱為「貞享本」。

三、大正新修大藏經中四分律刪繁補闕行事鈔頁下校勘文字。

四、大正新修大藏經中「四律」（四分律、五分律、僧祇律、十誦律）以及「五論」（明了論、摩得勒伽經、薩婆多毗尼、善見論、毗尼母經）文本。

五、道宣的其他著作。

六、鈔批、搜玄、簡正、鈔科、資持所引用的行事鈔文字。

七、底本中弘一法師的批註。

八、四分律刪繁補闕行事鈔校釋（北京：宗教文化出版社，二〇一五年九月第一版）中的敦煌本校注。

五、本書的體例說明

第一，鈔批、簡正、搜玄、資持等幾種重要的注釋本均是與行事鈔文本分離而單行解釋，引用行事鈔的文字極為簡略，像資持往往都是以「『某』下明……」而引出對行事鈔語句的釋義和注解，鈔批和簡正往往都是用「『某某』至『某某』者」之類，所以這類文獻如果不對照行事鈔原文，往往會不知其所言者何。閱讀時必須不斷地在多本著作或不同頁碼間反復對照，不易使用。這就造成了：單獨看行事鈔原文，理解不太方便，單獨看各家釋疏，往往不明其所指，使閱讀起來極為不便。因此，本集釋本是採用將行事鈔的語句與其相關釋文進行一一對應的方式，以方便讀者使用檢索。

第二，行事鈔的邏輯結構複雜，各篇之間，及各篇之內不同的門、節、段之間的篇幅差別也甚大：大的一篇幾萬字，小的僅有幾千字；大的一門近萬字，小的僅幾百字（如第十六篇之中的「懺波逸提法」一門），最少的一六甚至僅有二二字（如隨戒釋相篇之第二門「今但隨戒別指，直陳進不。若通明心境，具在方軌持犯中。」）。加之其中不斷出現的、不同邏輯層級的序號，使其邏輯層級表現得有點相互交叉和而又重疊，增加了其結構的複雜性。如果不能正確厘清行事鈔的結構，就不能正確理解行事鈔的內容。所以，集釋者主要根據元照釋四分律行事鈔科、弘一的事鈔略科和事鈔持犯方軌篇表記及其他疏記和文義，隨文給出文章的基本邏輯結構，一般用「本篇分三：初，『某某』下；次，『某某』下」之句給予篇章結構的列舉提示。同時，書後附有「行事鈔文本結構圖」簡明各篇基本結構，以供讀者參考。

第三，行事鈔中對三藏文獻的引文大都是意引，或是經過刪改、雜揉後的選引，因此與原文大都有所差異。這主要表現在：一者，引用中對原文進行省略，有時會造成句子結構不完整，影響對文句的理解。如，「四分云：四方僧物，若僧，若眾多人，若一人，不應分，不應賣，不應入己；皆犯偷蘭」一句（隨戒釋相篇第十四），在「皆犯偷蘭」前事實上省略了「如果若僧，若眾多人，若一人，已分，已賣，已入己」之結構。而且，許多的句子由於省略、概括的原因，往往造成多個並列句子的主語也不相同。二者，行事鈔對引文的使用，有時前後邏輯並不貫通一致。如，三千威儀中：「不應作禮有五事：一者，若讀經若持經，不應為上座作禮；二者，上座在下處，自在高處，不應作禮；三者，上座在前若已去，不應從後作禮；四者，不得座上為上座作禮；五者，不得著帽為佛作禮。」（大正藏第二四冊，九一六頁中。）行事鈔引作：「又三千威儀云：自在高處；及上座在前，自於後作禮；亦不得座上作禮。」三者，有的上下幾句引文，也並不出自被引文獻同一卷次或上下文中，有的甚至可以是從幾卷中擷取、彙集出來的。所以，雖然也有極個別文字簡略者為直引，但為體例一致，所以對於行事鈔文中所引經論文句一般均不加引號。但對於行事鈔文中的對話和問答之句則酌情加用引號，以增加文句之間的辨識程度。讀者如需對三藏文獻加以引用，請查對徑引原文。同時，集釋者對行事鈔中重要的或過於簡略的引文以及諸家釋文中引用的重要文字，則酌情附以出處，以方便讀者對相關內容的進一步閱讀研究。因為行事鈔的引文都是對三藏原文改寫、概括後的義引，所以對於底本中與原文中不一致的個別字詞，並不一一據他本加以改動，而只對於這種不一致可能會引起意義變化的字詞據經典原文和他本加以校改。如底本中的「清旦淨浣手」一句，四分律作「清旦淨洗手」，他本中「洗」「浣」均有，此則不改，不出校文。而底本中的「不與男子大小」一句，十住毗婆沙論作「不與男女大小」，義有差異，此則加以校改。

第四，集釋中引用文獻的排列順序，並不按照文獻的形成年代或作者的先後順序排列，而是按照先基本文義說明，後個別詞句解釋的順序安排，採用的方法是先簡後繁、先釋後引、先引後案。諸家釋本中釋文相似者或釋文中有部分重復者，集釋者則擇其善者而用之，既做到互為補充、相互印證，又能夠展示釋文差異。但對於鈔文中相對簡單的文字或純為篇章結構的說明文字，則一般不再加以集釋。

第五，行事鈔文中數字和序號的使用十分頻繁。這有兩方面的內容，一是律藏文獻的簡稱，如在釋文中，四分律往往被簡稱為「四分」或「四」，「五分律」被簡稱為「五分」或「五」，「十誦律」往往被簡稱為「十誦」或「十」；

二是鈔文的邏輯順序之序號，這一種尤為複雜。前一種通過專名線表示，而後一種則只加標點，不加括號。所以在符號「一」下，仍然可能會出現「一」「二」，而不是用「(一)」「(二)」，以免與釋文中括號內原有所附的釋文字詞相混而引起誤解。

第六，由於鈔批前幾卷曾對行事鈔有過兩次注疏，所以本書對於其兩次出現的文字均有使用，由於其頁碼相距較大，因此集釋中對其則以兩次分別標出，如在同一項下分別出現「鈔批卷三」和「鈔批卷四」的現象。這一方面可以提供完整的文獻，同時也可看到釋文者對同一文句的釋義區別，更有利於讀者對行事鈔的理解。

第七，引文標注頁碼，基本按照原文所在位置進行標注。但為了避免在一個單獨的字詞中間出現因頁碼隔斷的現象，一般則將頁碼標在該句的句頭或句尾。如，一者：不標注成「若尼多僧少，若無（三七一頁下）僧乃至沙彌，亦為二分」，而標注成「若尼多僧少，（三七一頁下）若無僧乃至沙彌，亦為二分」。二者：不標注成「『及』下，次（二八八頁上）開為道要事。」而標注成：「『及』下，次開為道要事。」（二八八頁中）

第八，集釋者的補充說明或校考文字，以及對於有關篇章結構或意義的補充說明，則加「【案】」字引導說明，以示區別。

第九，其他：底本和所引用釋文中的雙行小字夾註，統一改為小五號字宋體單行排出。底本中的「丘」字缺筆，則徑改而不出校。釋文中出現的「（原注：……）」字樣則是集釋者對卍續藏經中欄框外文字校勘的引用。

第十，諸家釋文中所使用的一些詞彙在今天其使用方法及其內涵已經發生變化，所以特別提醒讀者注意。主要者如：「差」，其在釋文中的意義非常多，既有「差遣」「差別」「參差」和「低劣」或「不具備」之義，也在許多地方通「瘥」，即「病癒」之義。與此相同的還有「嘿」同「默」，「儭」通「襯」，鉢之「坏」同「坯」，「倩」同「請」，「華」同「花」等。釋文中的異體字和通假字，均依原文而不作改動，個別地方加以必要的說明。

第十一，本集釋刪去底本卷首的「四分律刪繁補闕行事鈔總目」，底本文末所附的刻本損資者及天津刻經處的附識。

六、基本使用文獻

集釋中諸家所引文獻，原本都是簡稱，尤其是下面諸種文獻出現得更為頻繁。現列如下：前為文獻全稱，逗號後為本集釋中文獻被引用時的簡稱：

長阿含經，長含　大正藏第一冊
中阿含經，中含　大正藏第一冊
雜阿含經，雜含　大正藏第一冊
增一阿含經，增一含、增一、增含　大正藏第二冊
賢愚經，賢愚　大正藏第四冊
雜寶藏經，雜寶藏　大正藏第四冊
大莊嚴論經，莊嚴論、莊嚴　大正藏第四冊
大方廣佛華嚴經卷，晉譯華嚴、華嚴經、華嚴　大正藏第九冊
大寶積經，寶積　大正藏第一一冊
大般涅槃經（南本或北本）涅槃經、涅槃　大正藏第一二冊
大方廣十輪經，十輪　大正藏第一三冊
大方等大集經，大集　大正藏第一三冊
摩訶般若波羅蜜經，般若經、大品　大正藏第一三冊
楞伽阿跋多羅寶經卷，楞伽經、楞伽　大正藏第一六冊
大佛頂如來密因修證了義諸菩薩萬行首楞嚴經，楞嚴經　大正藏第一九冊
佛說目連問戒律中五百輕重、五百問、五百　大正藏第二四冊
大比丘三千威儀，三千威儀、三千　大正藏第二四冊
優婆塞戒經，優婆塞經、戒經、善生　大正藏第二六冊
四分律，四分、本律、本宗、當部、律、四、文　大正藏第二二冊
四分僧戒本，四分戒本，僧戒本　大正藏第二二冊
四分尼戒本，尼戒本　大正藏第二二冊
五分律，五分、五　大正藏第二二冊
彌沙塞五分戒本，五分戒本　大正藏第二二冊
摩訶僧祇律，僧祇律、僧祇、祇律、祇　大正藏第二二冊
摩訶僧祇律大比丘戒本，僧祇戒本　大正藏第二二冊
十誦律，十誦、十　大正藏第二三冊
十誦比丘波羅提木叉戒本，十誦戒本　大正藏第二三冊
律二十二明了論，明了論、明了、了論、了　大正藏第二四冊
明了論疏，明了疏、了疏　今不存
薩婆多部毗尼摩得勒伽，摩得勒伽經、摩得勒伽、伽論、伽
大正藏第二三冊

薩婆多毗尼毗婆沙，薩婆多毗尼、薩婆多、多論、多　大正藏第二三冊
善見律毗婆沙，善見、見論、見　大正藏第二四冊
毗尼母經，毗尼母、母論、母經、母　大正藏第二四冊
成實論，成實、成論、成　大正藏第三二冊
大智度論，智論、大論　大正藏第二五冊
阿毘達磨大毘婆沙論，婆沙論、婆沙　大正藏第二七冊
雜阿毘曇心論，雜心、心論、心經　大正藏第二八冊
阿毘達磨俱舍論，俱舍論、俱舍　大正藏第二九冊
阿毘達磨俱舍釋論，俱舍釋論　大正藏第二九冊
阿毘達磨順正理論，順正理論、順正論　大正藏第二九冊
十住毗婆沙論，十住婆沙、十住論、十住　大正藏第二九冊
瑜伽師地論，師地論、瑜伽　大正藏第三〇冊
智首：四分律疏，首疏　卍續藏經六六冊，新纂四二冊
法礪：四分律疏，礪疏、礪　卍續藏經六五冊，新纂四一冊
懷素：四分律開宗記，開宗記、懷素、素　卍續藏經六六冊，新纂四二冊
道宣：四分律刪繁補闕行事鈔，行事鈔、南山鈔、事鈔、鈔、抄
大正藏第四〇冊
道宣：關中創立戒壇圖經，戒壇圖經、壇經　大正藏第四五冊
道宣：四分律比丘含注戒本，四分含注戒本　大正藏第四十冊
道宣：四分律含注戒本疏，戒本疏、戒疏
卍續藏經六二冊，新纂三九冊、四〇冊
道宣：四分律刪補隨機羯磨疏，羯磨疏、業疏、疏
卍續藏經六四冊，新纂四〇冊、四一冊
道宣：道宣律師感通錄，感通錄　大正藏第五二冊
道宣：律相感通傳，感通傳　大正藏第四五冊
道宣：釋門歸敬儀，歸敬儀，歸敬　大正藏第四五冊
道宣：量處輕重儀，輕重儀、儀　大正藏第四五冊
定賓：四分律疏飾宗義記，飾宗、賓　卍續藏經六六冊，新纂四二冊
大覺：四分律行事鈔批，鈔批　卍續藏經六七～六八冊，新纂四二冊
景霄：四分律鈔簡正記，簡正　卍續藏經六八冊，新纂四三冊
元照：四分律行事鈔科，鈔科　卍續藏經六九冊，新纂四三冊

元照：四分律行事鈔資持記，資持

卍續藏經六九～七〇冊，新纂四三～四四冊，大正藏第四〇冊

志鴻：四分律搜玄錄、搜玄、玄　卍續藏經九五冊

弘贊：四分律名義標釋，標釋　卍續藏經七〇冊，新纂四四冊

允堪：四分律隨機羯磨疏正源記，正源記　卍續藏經六四冊，新纂四〇冊

元照：四分律含注戒本疏行宗記，行宗記　卍續藏經六二冊，新纂四〇冊

則安：資持記序解並五例講義　卍續藏經七〇冊

慧顯：行事鈔諸家記標目　卍續藏經七〇冊

道標：資持立題拾義　卍續藏經七〇冊

惟顯：律宗新學名句，律宗名句　卍續藏經一〇五冊，新纂五九冊

慧遠：大乘義章，義章　大正藏第四四冊

法雲：翻譯名義集，名義集　大正藏第五四冊

慧琳：一切經音義，經音義　大正藏第五四冊

玄應：一切經音義，經音義、應師　中華大藏經第一輯第三十冊

弘一：四分律行事鈔資持記扶桑集釋，扶桑記

弘一大師全集第 4 冊，福建人民出版社

另外，對於行文中頻繁出現的文獻，集釋者在進行說明或引用時，僅注明其篇名簡稱、卷次、頁碼，其他事項則略。而對於並不常見的文獻、集釋中引用較少的文獻或辨識度不高的文獻，則酌情加注作者或譯者。

行事鈔及其六十家記

道宣律師（公元五九六年至公元六六七年）是唐代著名的佛教思想家，中國佛教南山律宗的開創者。道宣的著述，思想豐富，領域寬廣，且均為中國佛教發展史中的重要著作。

作為「南山三大部」或「南山五大部」之一的四分律刪繁補闕行事鈔（以下簡稱作行事鈔），則是道宣開宗立派的重要奠基性著作。本書成書於唐武德九年（公元六二六年），是時高祖行沙汰僧尼之事，道宣隨因之隱跡於終南山，並於此處著手撰寫行事鈔。貞觀年間，道宣又對行事鈔加以重新修治。

一、行事鈔的思想內涵

行事鈔是中國佛教律宗最重要的核心著作，後世往往將之稱為南山四分鈔、南山鈔或事鈔等，律家們在其著作中也常常將之簡作鈔。

就內容而言，行事鈔既有對戒律出現（戒緣）的敘述，也有對律學發生史的簡述；既有對持戒而行的意義及其規範性的研究，也有對戒體何以能夠起到規範身心作用的哲學化論述；既有對中國律學歷史人物及思想的回顧和吸收，也有對因時因地之差異而對戒律精神及其規范進行的重新理解；既有對律藏典籍的系統化研究，也有對經論二藏中律學精神的融會貫通。

行事鈔的產生，反映了中國佛教思想家對戒律學理論研究的深化，同時也是佛教中國化的思想成果在戒律學領域的深刻反映。東晉以後，隨著佛教三藏經典翻譯的擴大及研習的深入，當時中國佛教界南北各地流傳有十誦律、四分律、摩訶僧祇律和五分律等多部律藏及律論。儘管此時中國的律學研習與傳承蔚為大觀，但由於研習者各有所本，加之受則四分羯磨，隨則僧祇戒心，卻也因之造成了僧團生活的不便甚至思想建設的混亂。所以根據中國北方地區僧人的戒律研習傳統和僧團生活的歷史傳承，道宣即力主以四分律作為僧眾行持的根本。道宣撰寫行事鈔的目的也正是要以四分律為基礎而對多部廣律和律論進行融會貫通，並用他部經律論之文來補充四分律之闕義，此即為對四分律的「刪繁補闕」。所謂「刪繁補闕」，即是「削彼繁詞名曰刪繁，增其遺漏名曰補闕」〔註 1〕，並「隨其樂欲，成立己宗。競採大眾之文，用集一家之典。故有輕重異勢，持犯分塗，有無遮出，廢興互顯。今立四分為本，若行事之時，必須用諸部者，不可不用。」〔註 2〕

隨著佛教界對行事鈔的廣泛傳承及研習的日益深入，加之政治力量的推崇，以行事鈔為思想基礎和標誌的律學研習專門宗派——律宗——得以形成，並成為後世所言中國佛教的八大宗派之一。以道宣及其後學為中心的律師隊伍也得以壯大，並促進了中國佛教律宗的發展與律學的繁榮。由於道宣久居於終南山，所以這一派又被稱為「南山律宗」，此與基本同時由法礪律師（公元五六九年至公元六三五年）創建的「相部宗」及隨後由懷素律師（公元六二五年至公元六九八年）開創的「東塔宗」一起，並稱為中國佛教律宗三家。但在北宋之世，「相部宗」和「東塔宗」的活動即不明顯，所以後世所說的律宗往往被約定俗成地僅指「南山律宗」，或又被稱為「南山律學」。

行事鈔的撰述與流傳，在思想和規範上將南北朝以來逐漸繁榮的佛教律學研習推向了一個新的歷史階段，中國律學的研究也因之從曾經的「諸律齊弘」的階段慢慢演變成了以對四分律的研習和尊崇為特徵的「四分律學」階段。厥功至偉者，無過道宣及其行事鈔也！

二、行事鈔的文本特點

行事鈔成書初為三卷，或說為六卷，今文分為十二卷。全篇基本結構由「序」「正文」（三十篇，另有八篇附出之文）和最後的幾句「批文」共三部分組成。全文共十二萬字左右。

（一）行事鈔的文本結構

如果從涉及內容上分，三十篇正文，分為兩部分：前二十七篇明比丘事；後三篇則屬於尼眾、沙彌等別類之事，明別法、別事、別行。若依各篇中律論

〔註 1〕宋．元照著：《資持記》卷上一下，《大正藏》第 40 冊，第 197 頁上。
〔註 2〕唐．道宣著：《行事鈔序》，《大正藏》第 40 冊，第 2 頁中。

所本而分，前二十九篇立宗於四分律，而第三十篇則兼明他宗。

行事鈔的基本結構由「序」「正文」（三十篇，另有八篇附出之文）和最後的幾句「批文」組成。全文共十二萬字左右。如果從涉及內容上分，三十篇正文，分為兩部分：前二十七篇明比丘事；後三篇則屬於尼眾、沙彌等別類之事，明別法、別事、別行。若依律論所本而分，前二十九篇立宗於四分律，而第三十篇則兼明他宗。行事鈔各篇屬性及內容如下〔註3〕：

<table>
<tr><th>卷序</th><th>屬　性</th><th>篇　名</th><th colspan="3">內　容</th></tr>
<tr><td rowspan="12">卷上</td><td></td><td>標宗顯德篇第一</td><td colspan="3">總標宗體以勸修學</td></tr>
<tr><td rowspan="11">別約四緣明眾行；明「作善」</td><td>集僧通局篇第二</td><td colspan="2"></td><td rowspan="3">明能秉人</td></tr>
<tr><td>足數眾相篇第三（別眾法附）</td><td colspan="2" rowspan="2">初眾法緣成事</td></tr>
<tr><td>受欲是非篇第四</td></tr>
<tr><td>通辨羯磨篇第五</td><td colspan="2" rowspan="2"></td><td>明所秉法分</td></tr>
<tr><td>結界方法篇第六</td><td>明秉法處分</td></tr>
<tr><td>僧網大綱篇第七</td><td>二匡眾住持事</td><td rowspan="3">明情事</td><td rowspan="6">僧網下六篇明所被事分</td></tr>
<tr><td>受戒緣集篇第八（捨戒六念法附）</td><td rowspan="2">三接物提誘事</td></tr>
<tr><td>師資相攝篇第九</td></tr>
<tr><td>說戒正儀篇第十</td><td>四檢察清心事</td><td>明非情事</td></tr>
<tr><td>安居策修篇第十一（受日法附）</td><td>五靜緣策修事</td><td>明二合事</td></tr>
<tr><td>自恣宗要篇第十二（迦絺那衣法附）</td><td>四檢察清心事</td><td>明非情事</td></tr>
<tr><td rowspan="4">卷中</td><td rowspan="4">明自行；名止善</td><td>篇聚名報篇第十三</td><td colspan="3" rowspan="3">初專精不犯事</td></tr>
<tr><td>隨戒釋相篇第十四</td></tr>
<tr><td>持犯方軌篇第十五</td></tr>
<tr><td>懺六聚法篇第十六</td><td colspan="3">二犯已能悔事</td></tr>
<tr><td rowspan="4">卷下</td><td rowspan="4">明共行，明作善</td><td>二衣總別篇第十七</td><td colspan="3" rowspan="3">初內外資緣事</td></tr>
<tr><td>四藥受淨篇第十八</td></tr>
<tr><td>缽器制聽篇第十九（房舍五行調度眾具法附）</td></tr>
<tr><td>對施興治篇第二十</td><td colspan="3">二節身離染事</td></tr>
</table>

〔註3〕宋・元照著：《釋四分律行事鈔科》，《卍續藏經》第69冊，第1～136頁。

		頭陀行儀篇第二十一	
		僧像致敬篇第二十二（造立像寺法附）	三卑己謙恭事
		計請設則篇第二十三	四外化生善事
		導俗化方篇第二十四	
		主客相待篇第二十五（四儀法附）	五待遇同法事
		瞻病送終篇第二十六	
		諸雜要行篇第二十七（謂出世正業比丘所依法）	六日用要業事
		沙彌別法篇第二十八	七訓導下眾事
		尼眾別行篇第二十九	
		諸部別行篇第三十	八旁通異宗事

（二）行事鈔的結構特點

行事鈔全文的結構複雜，主要表現在其篇幅大小、邏輯層級兩方面。

第一，全文各篇的篇幅大小極為懸殊

行事鈔正文各篇之間，及各篇之內不同的門、節、段之間的篇幅差別甚大：大的一篇幾萬字，小的僅有幾千字；大的一門近萬字，小的僅幾百字（如第十六篇之中的「懺波逸提法」一門），最少的一個邏輯層級甚至僅有 22 字（如隨戒釋相篇之第二門「今但隨戒別指，直陳進不。若通明心境，具在方軌持犯中。」〔註 4〕）

第二，各篇之內的邏輯結構層級相對複雜

行事鈔的邏輯序號複雜，文中不斷出現屬不同邏輯層級的序號，使其邏輯結構從形式上看表現得既相互交叉而又重迭包含，從而增加了其結構的複雜性。因此，如果不能正確釐清行事鈔的文本結構，也就不能正確理解行事鈔的內容和思想。

（三）行事鈔的行文風格

行事鈔的寫作方法是分類而行，全文是基於緣、事、人之別而分篇立章。在各篇寫作中，均是有事項，有議論，有引證，而且是議中有引，論中有證。

〔註 4〕唐・道宣著：《行事鈔》卷中《篇聚名報篇第十三》，《大正藏》第 40 冊，第 50 頁上。

特別是，行事鈔對三藏文獻的引用大都是意引，或是經過對所引文字進行刪改、雜揉後的選引，因此與原文語句大都有所差異。

這主要表現在：

第一，行事鈔對三藏的引用大都是對原文進行省略，有時會造成句子結構不完整，從而會影響讀者對文句的理解。如篇聚名報篇中引文：「四分云：四方僧物，若僧，若眾多人，若一人，不應分，不應賣，不應入己；皆犯偷蘭」一句〔註5〕，在「皆犯偷蘭」前事實上省略了「如果若僧，若眾多人，若一人，已分，已賣，已入己」之結構。而且，正是由於許多句子被省略和概括，所以往往造成多個並列句子結構中的主語或謂語等成分及其功能也不相同。

第二，行事鈔對引文的使用，有時同一句引文前後邏輯並不貫通一致。如，三千威儀經中說：「不應作禮有五事：一者，若讀經，若持經，不應為上座作禮；二者，上座在下處，自在高處，不應作禮；三者，上座在前若已去，不應從後作禮；四者，不得座上為上座作禮；五者，不得著帽為佛作禮。」〔註6〕在行事鈔之頭陀行儀篇則引作：「又三千威儀云：自在高處；及上座在前，自於後作禮；亦不得座上作禮。」〔註7〕其句子的主語省略，造成了其引文邏輯的不一致。也有一些句子，更容易使讀者作出意義相反的理解。

第三，行事鈔會根據三藏的內在邏輯和戒律精神，對一些在律論中未具體詳明之事項進行「義加」——即依「義」而「加」。如在四藥受淨篇中論述「儉開八事」時，行事鈔中則有「義加『壞生』」一項，即「約文七罪，義加『壞生』」〔註8〕。這是因為，「如水、陸果子，不受而食，豈令淨耶！律云：若時世還賤，故依開食。」〔註9〕而對於這種「義加」之事，有人——如法礪律師則不認可：「礪不許此義。云若開壞生，監外作故。謂言於食之外，一切生種，皆應得壞，是以不開。」〔註10〕

〔註5〕唐·道宣著：《行事鈔》卷中《篇聚名報篇第十三》，《大正藏》第40冊，第56頁上。

〔註6〕《三千威儀經》，《大正藏》第24冊，第916頁中。

〔註7〕唐·道宣著：《行事鈔》卷下《頭陀行儀篇第二十一》，《大正藏》第40冊，第132頁下。

〔註8〕宋·元照著：《資持記》卷下二，《大正藏》第40冊，第383頁上。

〔註9〕唐·道宣著：《行事鈔》卷下《四藥受淨篇第十八》，《大正藏》第40冊，第122頁下。

〔註10〕唐·大覺著：《四分律鈔批》卷二十五，《卍續藏經》第67卷，第1018頁下。

第四，在有的地方，其引文的上下幾句也並不出自被引文獻同一卷次或上下文中，有的甚至可以是從幾卷中跳躍擷取、彙集出來的。

第五，行事鈔對引文的使用，有時增加並融入了作者的理解。這主要表現在對文獻的引用中意義有所變動或增加。

第六，行事鈔往往在引用三藏文獻之中，不時出現作者對所引用語言的進一步闡釋和總結性歸納。這種現象，有時也會使讀者不易對此加以區分。

三、行事鈔的注疏

正因為行事鈔所具有的地位重要性、思想豐富性和文本複雜性，才引起後世對行事鈔的不斷研究、注疏及傳承。

雖然道宣之時，關於行事鈔的研究即已經展開，但是社會上不同地區的僧團仍然有對其他律典的研習。唐中宗時，道宣後學道岸律師（654～717）請得唐中宗墨勑，在江淮之間推行南山律宗之舉，對於提高南山律學及行事鈔的地位，擴大南山律宗在淮南地區的影響，促進佛教思想界對行事鈔的研習與傳承，都起到了重要的作用〔註 11〕。於是，傳統上寬泛的戒律學研究逐漸演變成了對行事鈔的研習和傳承。一直到兩宋之際，對行事鈔的講解和注疏都是佛教律學研習的主要內容與基本活動，一些律師也因其對行事鈔的注疏而成為著名律師。唐宋之世，研究注疏行事鈔的著作十分豐富。由於這些著作之名大都標有「記」字，所以後世一般將它們簡稱為行事鈔記。今天見之於藏經中不同時代的行事鈔記共有六十餘家，所又後世又將它們簡稱為「六十家記」。南宋之後，由於社會歷史的變化，加之典籍的缺乏，以行事鈔為中心的南山律學研習便趨於衰落。有鑑於此，也許可以由之將佛教思想界對行事鈔的注疏分為三個歷史階段。

（一）第一個階段：唐至五代末

唐五代階段，不僅是四分律宗的繁榮之世，也是對行事鈔的研究較為集中之時，有眾多的南山宗律師對行事鈔加以研習和傳承。

第一，唐代注解行事鈔者有 54 種，其中屬於「六十家記」的有 52 種，它

〔註 11〕唐中宗兩次為帝，分別為公元 684 年和公元 705 年至 709 年。考慮到中宗初次為帝僅一年時間，加之道岸的年齡因素，所以道岸請中宗墨勑當為中宗二次為帝即公元 705 年至 709 年之間。中宗敬仰道岸，徵至京師，入內道場，並禮為菩薩戒師。道岸也曾率六宮供瞻如來之像。所以，道岸能請得中宗墨勑，也許正是在這段時間。

們是〔註 12〕：

1. 唐京兆光明寺智仁律師著：行事鈔記十卷（未詳記名）（諸家著記以此為始，為六十家之外。）智仁為新羅人〔註 13〕。

2. 唐會稽雲門寺靈澈律師述：行事鈔引源記二十一卷（也被認為屬六十家之外）

3. 唐京師西明寺大慈律師述：行事鈔記（未考記名及卷數）

4. 唐龍興寺恒（一作弘）景律師述：行事鈔記（未考記名及卷數）

5. 唐荊州曇勝律師述：行事鈔當陽記（未詳卷數）

6. 唐蒲州融濟律師述：行事鈔記（未詳記名及卷數）

7. 唐泉州道深律師述：行事鈔記（未詳記名及卷數）

8. 唐湖州崇福律師述：行事鈔西河記（未考卷數）

9. 唐崇聖寺靈粤律師述：行事鈔記（未詳記名及卷數）

10. 唐湖州智海律師述：行事鈔記（未詳記名及卷數）

11. 唐湖州法琳律師述：行事鈔記（未詳記名及卷數）

12. 唐蘇州開元寺道恒律師述：行事鈔記十卷（未詳記名）

13. 唐志明律師述：行事鈔今古記十卷

14. 唐智蟾律師述：行事鈔圓成記十卷

15. 唐杭州法儼律師述：行事鈔富陽記十卷

16. 唐蘇州法興律師述：行事鈔支硎記（未考卷數）

17. 唐越州法華寺玄儼律師述：行事鈔輔篇記十卷

18. 唐會稽開元寺覺胤一律師述：行事鈔發正記十卷

19. 唐常州興寧寺義宣（一作超）律師述：行事鈔折衷記六卷

20. 唐志相律師述：行事鈔會正（一作冒）記（未詳卷數）

21. 唐潤州招隱寺朗然律師述：行事鈔古今決（一作慈和記）十卷

22. 唐清法律師述：行事鈔關要記十卷

23. 唐潤州惟倩律師述：行事鈔集正記（未詳卷數）

24. 唐慧超律師述：行事鈔記六卷（未考記名）

25. 唐杭州辯常律師述：行事鈔記七卷（一作六卷，未考記名）

26. 唐西京禪定寺義威律師述：行事鈔靈山記（未考卷數）

〔註 12〕宋．慧顯集：《行事鈔諸家記標目》，《卍續藏經》第 70 卷，第 198～200 頁。

〔註 13〕〔日本〕凝然著：《律宗綱要》卷下，《大正藏》第 74 卷，第 16 頁下。

27. 唐杭州華嚴寺大覺律師述：四分律鈔批（一作華嚴記）十四卷
28. 唐吳郡雙林寺長壽大師志鴻述：行事鈔搜玄錄二十卷
29. 唐揚州慧照寺省躬律師述：行事鈔順正記十卷
30. 唐通玄寺常進律師述：行事鈔通玄記（未考卷數）
31. 唐乾素律師述：行事鈔記六卷（未考記名）
32. 唐曇慶律師述：行事鈔記四卷（未詳記名）
33. 唐衛獄寺曇清律師述：行事鈔顯宗記（未考卷數）
34. 唐鐘陵龍興寺清徹律師述：行事鈔集義記（一作後堂記）二十卷
35. 唐廣雄律師述：行事鈔記（未考記名及卷數）
36. 唐智璀律師述：行事鈔記十卷（未考記名）
37. 總持寺法寶大師玄暢述：行事鈔顯正記十卷
38. 唐京兆從志律師述：行事鈔繼宗記（未考卷數）
39. 唐秀州德圓律師述：行事鈔記（未考記名及卷數）
40. 唐越州開元寺丹甫律師述：行事鈔記（未考記名及卷數）
41. 唐湖州仲平律師述：行事鈔記（未考記名及卷數）

第二，屬於五代者，則有十三種：

42. 後梁西明寺慧則律師述：行事鈔集要記十二卷
43. 後梁越州大善寺元表律師述：行事鈔義記五卷
44. 後梁秀州全禮律師述：行事鈔長水記（未考卷數）
45. 後梁慧密律師述：行事鈔上元記（未考卷數）
46. 後梁徽猷律師述：行事鈔龜鏡記（未考卷數）
47. 後唐杭州真身寶塔寺景霄律師述：行事鈔簡正記二十卷
48. 後唐杭州無外律師述：行事鈔持犯四果章記（未考卷數）
49. 後唐婺州德殷律師述：行事鈔手鏡記（未考卷數）
50. 後唐杭州覺照律師述：行事鈔指志記五卷
51. 後唐洪州清儼律師述：行事鈔集義記（未考卷數）
52. 後唐越州崇義律師述：述鈔音訓（未考卷數）
53. 後唐立律師述：行事鈔記（未考記名及卷數）
54. 漢錢塘千佛寺文光大師希覺述：行事鈔增暉記二十卷

顯而易見，上述諸記之名，有以成文時地名立記者，有以疏記作者之名立記者，也有以作者之號立記者。另外，後世律家對諸記也多有別稱，如唐代玄暢法師（公元七九七年至公元八七五年），唐代宛陵（今安徽省宣城）人，又曾被賜號「法寶大師」，〔註 14〕所以其所作顯正記在後世也往往被稱作宛陵記或法寶記等。

（二）第二個階段：北宋以後至南宋初

宋代也是律學繁榮之世，出現了贊寧、允堪、元照等著名律師。值得指出的是，允堪律師的律學研習成就與元照齊名，其釋解道宣著作的注疏今天還保存有幾種，但唯獨其注疏行事鈔的會正記十二卷不存，而其會正記又被認為對行事鈔的解釋是獨盡於理。

宋代的行事鈔記有八種，它們是〔註 15〕：

1. 宋杭州處雲律師述：行事鈔拾遺記三卷
2. 宋越州普濟律師述：行事鈔集解記十二卷
3. 宋京兆天壽寺通慧大師贊寧述：行事鈔音義指歸三卷
4. 宋昇州德明律師述：行事鈔正言記十卷
5. 宋杭州擇悟律師述：行事鈔義苑記七卷
6. 宋錢塘菩提寺允堪律師述：行事鈔會正記十三（一作二）卷
7. 宋溫州文博律師述：行事鈔簡正記（未詳卷數）
8. 宋靈芝崇福寺大智律師元照述：行事鈔資持記十六（一作二）卷

從元照之後，宋代的律學研究可以大致分為兩個大方向：

其方向之一者，仍然是對傳統對南山律學的傳承與注疏。其主要著作有：

1. 律宗新學名句（三卷），宋時惟顯編。律宗新學名句事實上是一本按增一之數排列而成的戒律學小詞典。文前之序作於紹聖改元（公元一〇九四年四月）前安居日〔註 16〕。

2. 律宗問答（二卷），此是由對宋時臨安府不空教院了然、會稽極樂院智瑞以及芝嵓、淨懷、淨梵妙音三位律師分別答日本僧人俊芿（公元一一六六年至公元一二二七年）關於「南山三觀」之三問的回答彙集而成，此文也被收於終南家業卷上末。

3. 終南家業（本末三卷，共六卷），宋時四明（今浙江寧波）鐵翁述，門人行枝編。文中廣引道宣的行事鈔、業疏等著作，並對行事鈔中的內容進行攝

〔註 14〕宋．贊寧著：《宋高僧傳》卷十七《玄暢傳》，《大正藏》第 50 卷，第 818 頁中。
〔註 15〕宋．慧顯集：《行事鈔諸家記標目》，《卍續藏經》第 70 卷，第 201 頁。
〔註 16〕宋．惟顯編：《律宗新學名句》，《卍續藏經》第 105 卷，第 612 頁上。

取略釋。文中有〈事鈔〉十門顯意差別、〈資持〉五例辨定教宗、〈濟緣〉十章詳辨業義和〈濟緣〉五門伸圓教義等篇。撰於南宋理宗寶佑二年（公元一二五四年）的蓬折箴有言「鐵翁弘闡誰解」之語〔註17〕，也許即與此有關。若如此，則終南家業當撰於其前。

4. 律宗會元（三卷），宋台州守一集。全文分十門，並隨門略釋。所謂「會元」即是「攝會」諸如「出家元緣」「眾行元本」「佛性宗元」等事義。

5. 蓬折直辨（一卷），南宋時滄州妙蓮撰於理宗寶佑二年（公元一二五四年）正月。此文是作者鑒於當時有人錯會南山思想，故而引行事鈔和業疏等文而加以進行辯駁，故而成文。

6. 蓬折箴（一卷）。南宋時滄州妙蓮撰於理宗寶佑二年（公元一二五四年）正月。

不過，儘管元照之後仍然有一些關於南山律學的著作及對行事鈔的注疏之文不斷出現，但這與此前的律家們動輒十幾卷或幾十卷的著作之勢相比，不僅顯得勢單力薄，其思想性和深刻性也顯得相對蒼白。這些著作的共同特點是基於道宣行事鈔等文的觀點，以對其加以引用或再釋。如終南家業上卷的三觀塵露篇、中卷的戒體正義直言篇、下卷的重釋〈事鈔・持犯篇〉通塞文等〔註 18〕，雖然其中不乏精彩之論，但它們都並不再是嚴格對行事鈔進行的注疏，而只能是在忠於行事鈔思想和觀點的基礎上，對一些專門問題所進行的再次釋解或彙集。

元照律師之後，其律學發展方向之二者，則是對廣義上的以四分律為代表律學的繼續研習。如弘贊（公元一六一一年至公元一六八五年）四分律名義標釋四十卷、四分戒本如釋十二卷、歸戒要集三卷等都是如此。

作為宋代南山律學的重鎮，元照不僅重振了南山律學，而且也開闢了南山律學的發展方向。這主要表現在三個方面：一者是繼續弘揚南山律學，這主要以對行事鈔的傳承注疏為特點；二者，元照後學中的淨土思想分野而出；三者，元照律學與他宗思想（如天台思想）的結合發展。

隨著南山律學的發展，元照之後，資持記的地位與作用也逐漸提升，所以對其思想的研究也日益受到重視，並出現了一些對資持記的研究與注疏。如則

〔註17〕宋・妙蓮著：《蓬折箴》，《卍續藏經》第105卷，第985頁上。

〔註18〕宋・鐵翁述，行枝編：《終南家業》卷下本，《卍續藏經》第105卷，第778頁下。

安的〈資持記〉序解並五例講義、道標的〈資持〉立題拾義（此二種可見卍續藏經第七〇冊）等。另外如律宗會元中也廣引資持記中的思想和文句，以為其思想論述的佐證。資持記也隨即成為行事鈔之後南山律學的中興之作，它事實上也成為注疏行事鈔的最權威著作。後世將兩者合刊，也概因於此。

（三）第三個階段：清末開始至於二十世紀上半葉

二十世紀初，保存在日本的四分律刪繁補闕行事鈔得以引進，得到天津刻經處刻印流通。後有弘一法師對其加以校勘，從而開始了清末民國時對行事鈔研究學習的新階段。這也許可以視作行事鈔研究的第三次歷史階段之肇始。

歷史上，資持記在中國和日本一直都是分別而行。清康熙二十五年（公元一六八六年，日本貞享丙寅），日本泉州大鳥山神鳳律寺比丘慈光瑞芳將行事鈔和資持記相合，並加元照的鈔科於上而並行於世。二十世紀初，由天津刻經處將之刊而行之。後有弘一律師對此合刊本匯解而作四分律行事鈔資持記扶桑集釋。本書不僅對行事鈔中的字詞句義加以解釋，也對資持記釋文中的有關詞句、典故加以訓詁、補充說明，或對文中名物加以注釋，略明出處。因此，四分律行事鈔資持記扶桑集釋也成為這一時期注解行事鈔的主要代表性著作。

當然，在這個階段，還有其他一些僧人在其作文或演講中也對行事鈔加以介紹和講解，這些都促進了此一歷史階段行事鈔的傳承及其律學思想的普及與研習。

四、見於藏經中的行事鈔四種疏記

行事鈔記雖然達六十餘家，但得以基本完整或部分保留至今的卻屈指可數，大量佚失者僅可在後世的引用中知其基本文義或略見一斑。

見於藏經中的行事鈔記有如下幾種：四分律行事鈔批、四分律搜玄錄、四分律鈔簡正記、四分律行事鈔科和四分律行事鈔資持記。

（一）四種鈔記概述

1. 四分律行事鈔批

四分律行事鈔批（以下簡稱為鈔批），唐代杭州華嚴寺沙門大覺撰，所以後世又往往將其簡作為華嚴記或花嚴記。鈔批大致成書於唐代中宗景龍（公元七〇七年）至開元二年（公元七一四年）前後。鈔批全文分為本末十四卷，實為二十八卷。其中卷一（卷第一本）釋「六門分別」，卷二（卷第一末）釋

「六門分別之餘、釋十門義、標宗顯德篇第一」。從其著作內容看，鈔批並不是一次而成的。鈔批在解釋行事鈔到「標宗顯德篇第一」之「今通括一化，所說正文，且自變量條，余便存略」句後，第三卷即又從行事鈔序文開始進行重釋。這也或被認為是對二次講授的筆錄〔註19〕。即卷三（卷第二本）「重釋十門義（釋第六隨文判釋已下）」，卷四（卷第二末）「重釋十門義之餘（第三對外宗教興意之餘）」，卷五（卷第三本）「重釋十門義之餘（十門道俗七部立教通局意第七已下）、標宗顯德篇第一」。直到卷第六（卷第三末），鈔批才按正常順序向後對行事鈔的篇章進行釋義。大致而言，其兩次釋文的基本意思差別不大，只是重釋者的文義更多，闡釋更細，並且有些觀點還標明了來源。

今本鈔批的分卷和段落分隔也不盡合理，在語言順序上也經常出現文字倒亂現象。這當然也可能是後世刻印所致。如第六篇「結界方法篇」中之「次結大界法」一節中，僅有兩句釋義，卻被分到第四本（第七卷）和第四末（第八卷）兩卷之中。鈔批對行事鈔的注疏內容和基本觀點，被其後的四分律鈔簡正記大量吸收。

2. 四分律搜玄錄

四分律搜玄錄或被稱為搜玄錄解四分律刪繁補闕行事鈔錄（以下簡稱為搜玄錄），原二十卷，現存卷一、卷二及殘冊兩卷，唐代志鴻律師撰述。志鴻，湖州長城（今浙江長興）人，生卒年不詳，俗姓錢，本名儼，曾依道恒律師研習南山律學，並與「曇清、省躬互相切磋」〔註20〕。曇清、省躬兩位律師活動於唐憲宗元和（公元八〇六年至公元八二〇年）前後。志鴻被認為是與道宣律師同宗的錢氏之後，事見宋高僧傳卷十五志鴻傳。

搜玄錄是志鴻囊括唐代大慈律師等以下四十餘家的行事鈔記之玄理而成。唐代大曆（公元七六六年至公元七七九年）年中，華嚴宗疏主、四祖澄觀披尋之後，曾為之作序。由於志鴻世壽一〇八歲，所以被勅署為「長壽大師」。四分律鈔簡正記中頻繁出現對搜玄錄的引用，從中也可大致看到搜玄錄的基本觀點。從現存的搜玄錄殘卷，可見其對行事鈔的文本結構羅列和層次劃分十分詳盡，甚至有所煩瑣、冗餘。

〔註19〕〔日本〕佐藤達玄著：《戒律在中國的發展》（上），釋見憨等譯，嘉義：香光書鄉出版社，1997，第365頁。

〔註20〕宋・贊寧著：《宋高僧傳》卷十五《志鴻傳》，《大正藏》第50冊，第801頁下。

3. 四分律鈔簡正記

四分律鈔簡正記（以下簡稱為簡正記），十七卷，五代時吳越長講律臨壇賜紫清涼大師景霄纂撰。

釋景霄（生卒年不詳），後唐天成二年（公元九二七年）年後卒，俗姓徐，丹丘人。曾受業於表公，後又就學於守言闍黎，律學研習名甲一方。武肅王錢氏曾召其主持臨安竹林寺和南真身寶塔寺，所以宋高僧傳中記其為「後唐杭州真身寶塔寺景霄」。簡正記成書於唐天復三年（公元九〇三年）至後梁開平五年（公元九一一年）前後。所謂「簡正」者，即「言以思擇力故，去邪說而簡取正義也」〔註21〕。在其後研習傳講過程中，簡正記經過多次重修。宋高僧傳記為二十卷，但今本文末記有「吳越真身寺傳律沙門靖安丁巳（公元八九七年）歲，重修一部簡正記，一十七卷」之語，也許即是現在所見到的版本。簡正記中經常出現「表云」之語，大概是景霄對其老師表公思想的引用與繼承。

4. 四分律行事鈔資持記和四分律行事鈔科

四分律行事鈔資持記和四分律行事鈔科（以下分別簡稱為資持記和鈔科），撰述者為宋代元照律師。

元照（公元一〇四八年至公元一一一六年），俗姓唐，字湛然，自號安忍子。其生平主要見於大昭慶律寺志、龍興祥符戒壇寺志及佛祖統紀卷四十六等文獻中。由於元照晚年居於靈芝崇福寺，後人一般稱其為「靈芝元照」或「靈芝律師」。傳統上，一般都言其律學吸收了天台的思想。元照的律學著作甚多，其他主要著作還有四分律羯磨疏濟緣記二十二卷、四分律含注戒本疏行宗記二十一卷等。

資持記，十六卷，是元照對行事鈔的注疏。由於本書在宋代對弘揚、重振南山律學起到重要作用，所以元照係的律學又被後世稱為「資持宗」。

鈔科，十二卷，是元照對行事鈔進行的科判。鈔科本不屬於行事鈔「六十家記」之列，但卻是後世研讀行事鈔重要的指導性、參考性著作。鈔科對於讀者正確把握行事鈔的文本結構，理解行事鈔的思想邏輯有著重要作用。不過，今卍續藏經本鈔科中有幾處錯字——如四藥受淨篇科文中一處誤「時」為「持」之類。

〔註21〕宋・贊寧著：《宋高僧傳》卷十六《景霄傳》，《大正藏》第50冊，第810頁上。

（二）四種鈔記之特點

整體而言，上述幾種文獻各有特色。

第一，鈔批者，校注相對明晰，但釋文篇章結構不清，語句選擇跨度太大，許多重要文字沒有注解。對行事鈔的前面文字注釋詳盡，後面則相對粗略，有點草草收尾的感覺。搜玄錄則對行事鈔的邏輯結構注釋較清，但又顯得繁瑣。簡正記的釋文層次則較為明確，但注釋較簡，釋文主要吸收了鈔批釋文，因此其中有些文句與鈔批差別不大。至於資持記，其注解則側重於科文，多言段落層次和字句的起承作用，但有時又過於簡略，甚至意義不清，給人一種越釋越難的感覺。

第二，鈔批、簡正記、搜玄錄、資持記等幾種重要的注釋本均是與行事鈔文本分離而單行解釋，引用行事鈔的提示文字則極為簡略，像資持記往往都是以「『某』下，明……」，鈔批和簡正記往往都是用「『某某』至『某某』者」之類，所以這類文獻如果不對照行事鈔原文，往往會不知其所言者何。閱讀時必須不斷地在多本著作或不同頁碼之間反覆對照，使用、理解都十分不便。這就造成了：單獨看行事鈔原文，理解不太方便，單獨看各家釋疏，則又往往不明其所指。

也許可以這樣說，鈔批、簡正記兩文，大致可以脫離行事鈔的文本而能基本閱讀，並能領會其文字表達所基本內容，而資持記和搜玄錄兩書，如果不是逐行逐字對照行事鈔原文，則閱讀時往往會不知其所指何處，所言何義。

行事鈔的篇幅相對於其內容而言並不算大，但其思想卻十分豐富，具有律宗百科全書式著作的屬性。由於行事鈔對律學基本思想的概述也十分完整，並具有極強的實踐特色，因此自從其誕生之日起，即引起中國佛教思想界的注意，並在「理」與「行」、「事」與「義」等方面深刻影響到中國佛教及律宗思想的發展。而且，歷史上在日本和朝鮮半島地區的佛教界，行事鈔也有著崇高的地位，影響到該地區的佛教發展。顯然，以對行事鈔研究、注疏和傳承為代表的南山律學，也因之成為中國佛教文化軟實力的重要內容。（本文曾在浙江省湖州市壽聖寺於 2018 年 12 月舉辦的「道宣律祖與佛教中國化」的學術會議上發表。特收入此處，以作補充。）

目次

第一冊
集釋者序
《行事鈔》及其「六十家記」
四分律刪繁補闕行事鈔　序……1

第二冊
四分律刪繁補闕行事鈔　卷上……233
卷上之一……235
　標宗顯德篇第一（初出宗體後引文成德）……235
　集僧通局篇第二……303
　足數眾相篇第三（別眾法附）……349
　受欲是非篇第四……392
　通辨羯磨篇第五……431

第三冊
卷上之二……513
　結界方法篇第六……513
　僧網大綱篇第七……590

第四冊
卷上之三……685
受戒緣集篇第八（捨戒六念法附）……685
師資相攝篇第九……803
卷上之四……859
說戒正儀篇第十……859

第五冊
安居策修篇第十一（受日法附）……925
自恣宗要篇第十二（迦絺那衣法附）……1027
四分律刪繁補闕行事鈔　卷中……1101
卷中之一……1103
篇聚名報篇第十三……1103

第六冊
隨戒釋相篇第十四（一）……1187

第七冊
卷中之二……1455
隨戒釋相篇第十四（二）……1455

第八冊
卷中之三……1689
隨戒釋相篇第十四（三）……1689

第九冊
卷中之四……1995
持犯方軌篇第十五……1995

第十冊
懺六聚法篇第十六……2225
四分律刪繁補闕行事鈔　卷下……2343
卷下之一……2345
二衣總別篇第十七……2345

第十一冊

卷下之二 …… 2535
- 四藥受淨篇第十八 …… 2535
- 缽器制聽篇第十九（房舍眾具五行調度養生物附）…… 2636
- 對施興治篇第二十 …… 2666

第十二冊

卷下之三 …… 2691
- 頭陀行儀篇第二十一 …… 2691
- 僧像致敬篇第二十二（造立像寺法附）…… 2722
- 計請設則篇第二十三 …… 2769
- 導俗化方篇第二十四 …… 2803
- 主客相待篇第二十五（四儀法附）…… 2857

第十三冊

卷下之四 …… 2873
- 瞻病送終篇第二十六 …… 2873
- 諸雜要行篇第二十七（謂出世正業比丘所依）…… 2898
- 沙彌別法篇第二十八 …… 2929
- 尼眾別行篇第二十九 …… 2994
- 諸部別行篇第三十 …… 3036

附錄：《行事鈔》結構 …… 3061
後　記 …… 3099

四分律〔一〕刪繁補闕〔二〕行事鈔〔三〕　序〔四〕

作者非無標名顯別〔五〕

唐京兆〔六〕崇義寺〔七〕沙門〔八〕釋道宣〔九〕撰述〔一〇〕

夫戒德難思，冠超眾象〔一一〕。為五乘之軌導，寔三寶之舟航〔一二〕。依教建修，定慧之功莫等〔一三〕；住持佛法，群籍於茲息唱〔一四〕。

【篇旨】

簡正卷第二：「今於卷首置序，意在披尋者不失文中之意故，故序也。又序者，緒也，即頭緒，如答然頭曰緒，今此在一部文之首故。又，序者，敘也。敘一部之文，由致發起之端。」（第一五九頁上）簡正卷三：「夫兩序者，准諸聖教，或具不具。且如多論，佛涅槃後，造發智論，二序全無。又，阿毗曇心論，但有『發起』，無『證信』；又，雜心論，唯有『證信』，無『發起』。今四分律二序具全，鈔既宗四分，二序亦具，然則安布與律不同。若約『總別』以說即同：謂律文五字偈為『總序』，從『爾時，世尊在俱蘇摩國下』為『別序』。今鈔亦然，前明『總序』，後明十門各別也。若就『證信發教起』說，鈔與律則異，律雖先明『總序』，『總序』卻名『證』。謂部主分宗之時，先歸敬三寶，證之令信。後明『別序』，『別序』卻名『發起』。今鈔不然，先明『總序』，名為『發起』，後十門『別序』，名為『證信』。所以有此不同者，謂部主將弘律本意令久遠流行，必先證之而令信也，然後方甲（原注：『甲』疑『申』。）『發起』。今師製鈔，先辨『發起』之由，恐行事有妨，後作十門，『證信』為有由致。」（一六六頁下）

【校釋】

〔一〕**四分律**　資持卷上一上：「四分者，五部之別名，一宗之通號。從文段數，即以為目。翻就此方，總六十卷。新學多昧，委引示之。初分，二十卷，（從序至第二十比丘戒本。）第二分，十五卷，（從二十一至二十八，八卷比丘尼戒本；）受戒犍度一，（二十九至三十三五卷，梵語『犍度』，此云『法聚』，即篇、品之名；）說戒犍度二，（三十四、五二卷（【案】即第三十四、三十五，兩卷。）此兩犍度在第二分末。）第三分，十四卷，（總十六犍度：）安居犍度三（三十六）、自恣犍度四（三十七）、皮革犍度五（三十八）、衣犍度六（三十九四十）、藥犍度七（四十一、四十二前半）、迦絺那衣犍度八（四十二後半）、拘睒彌犍度九（四十三前半，從國為名。）、瞻波犍度十（四十三後半，從城為名。）、訶責犍度十一（四十四）、人犍度十二（四十五前半）、覆藏犍度十三（四十五後半）、遮犍度十四（四十六前半）、破僧犍度十五（四十六後半）、滅諍犍度十六（四十七）、尼犍度十七（四十八）、法犍度十八（四十九）。第四分，十一卷，（前有二犍度，并後結集等四段：）房舍犍度十九（五十）、雜犍度二十〔（五十一、二、三，共三卷，【案】即五十一、五十二、五十三，三卷），戒疏云：二十犍度，離分三分是也。〕五百結集（五十四前半）、七百結集（五十四後半）、調部毘尼（五十五、六、七共三卷。【案】即五十五、五十六、五十七，三卷。）毘尼增一（五十八至六十三卷）。以法正尊者於根本部中，隨己所樂，采集成文，隨說止處，即為一分。凡經四番，一部方就，故號『四分』。非同章疏，約義判文。故業疏云：四分即說之斷章。（『斷』字，上呼，止也。）（一五八頁上）戒疏云：四度傳文，盡所詮相，此據說之所至，非義判也。二十犍度，離分三分，可是義開耶？問：『教流此土，四律已翻，（四、五、十、祇），祖師何意偏宗四分？』答：『此土受緣，始從四分，餘部雖翻，未聞依用。業疏云：神州一統，約受，並誦四分之文。今所判釋，約受明隨，故立一部以為宗本。下云：今判其持犯，還約其受體，斯意明矣。（義淨三藏反宗有部，未體此意。）』問：『有引人法有序等文，而云四分部勝，其義云何？』答：『非無此義。必依十誦受戒，可以部劣而宗四分耶？序明勝劣，為彰部計淺深，至第三門始論約教判處耳。』問：『且據現翻，總六十卷。梵本仍多，如何四度誦終一藏？』答：『非謂一座名為一度。蓋取一期不定時限，隨集至處，未終且散，即為一度。如是至四，一部方終。五分、十誦，大同於此。唯八十誦律，一夏之功，逐席為目，隨時各立，未可一概。』律者，梵云『毘尼』，華言稱『律』。今約戒疏，統括諸文，不出三義。初，言律者，法也。從教為名，斷割重輕，開遮持犯，非法不定。下文云：又如世法，據刑約制，道法亦爾，依根附教，各有差降，不可乖越，故曰法也。二、云律者，分也。

謂須商度，據量有在，若律、呂之分氣也。（一年十二月，奇月屬陽名律，偶月屬陰名呂。一律、一呂，各分二氣，則二十四氣。）又云：教相所詮，四字斯盡，謂犯不犯輕與重也。若解四字，通決無疑，是則上品持律之最，何名為犯境緣具也？何名不犯起對治也？何名為輕因果微也？何名為重反上句也？然此四相，非律不分，持犯不濫，有同氣候也。三、云『律』字，安聿。聿者，筆也。（楚謂之聿，秦謂之筆，出字書注。）必審教驗情，在筆投斷。又云：處刻決正，非筆不定（一五八頁中）等。問：『如上三義，何以分之？』答：『三並世法比擬取名。教詮楷定，即法義也；辨析重輕，即分義也；臨事決判，即筆義也。具含此三，故稱為律。自餘翻釋，廣在中卷。』（一五八頁下）扶桑記：「資行鈔：俗中有三種律：謂陰律、應律、格律也。簡正記以應律釋分宗，今記意約陰律。」（七頁下）

〔二〕删繁補闕　鈔批卷一：「削彼繁詞名曰『删繁』，增其遺漏名曰『補闕』。（删，『所姧』反。）删，由定也。」（二三〇頁下）搜玄：「言删繁者，靈山云：删，削也（『所姧』反）。三蒼云：删，除也。聲類云：删，定也。故孔子删詩、書，定禮、樂，即其事也。發正云：『冊』從『刀』者。冊謂竹簡，板謂之牘，即以古人無紙，遂書簡牘。後蔡倫造紙，替彼冊牘，古人筆之。吏書脫錯者，以刀削之，是除改之意也。然删繁大旨，不過二種：一則删取，二曰删除繁故也。若聖教，删其繁長，文云時所不行，義同於廢章疏，删其濫述，故云濫述必翦，用成通意也。靈山三義，以解删繁。發正四義而釋，理由未盡。今約鈔文所引，佛教並盡，總而言之。（二八四頁下）有甚九種：一、則先删當律，二、諸部，三、小乘經，四、小乘論，五、大乘律，六、大乘經，七、大乘論，八、賢聖集，九、古人章疏。一部鈔文，不過此九。第一、删當部律文者。如僧尼二部戒本、二十揵度，每明一事，皆有緣起。佛在某處、某甲犯某罪等。若約戒本而言，六百餘段，並非急務。又，受戒法聚，明其遮難，皆有緣起。初其受法，則有善來上法三歸八戒敬，及與滅爭諸揵度等。自佛滅後，除羯磨外，諸法並無，故總删略，文云誰能竅其條結等。二、删諸部律者。且知（原注：『知』疑『如』。）四分，但有集僧之文，而不論六相來處遠近。今删取諸部集僧遠近之文，如可分別，則取十誦，文云隨聚落界，即僧坊界，不可分別，聚落取僧祇之文，水界取五分等，此並删取。自外不盡之文，並非鈔者之意，故删卻也。三、删小乘經者。四分集僧云『當敷座打揵搥』。諸律但言令舊住淨人沙彌打，亦有得比丘打處。文非明了，即取增一、阿含，證成比丘得打。增一云：阿難昇講堂，擊揵搥。此是如來信皷，以阿難自打，證知比丘得為。自外繁長，刪而不取。第四，刪取小乘論者。如『自恣』差五德中，四分但言具二五德，（二八五頁上）不言二人。十誦、僧祇，並差二人為法；五分中，二人已上乃至多人，為息作故。十誦等律，雖顯差人之數，及息作之言，意由未了，即刪。取三千威儀論，論云：要差二人者，為僧自恣竟，自相向出罪，不得求餘人自恣，以餘人僧不差故。自外不盡之文，悉刪不取。五、刪取大乘律者。如釋『盜賊戒』三寶互用中，僧祇等律廣明三寶不得互用，而不出不得互用所以，故刪取大乘律。鈔言，寶梁云：佛法二物，不得互用，謂無人為佛法作主故。復無可諮白，不同僧物，所以常住招提互有。所謂營事比丘，和僧索欲行籌，和合得用。自外不盡之文，刪而不取，故曰刪繁。六、刪取大乘經者。諸部律等，並言受施不如法，信施難消。寧以鐵葉葉身，不受信心人衣服等，而無厭治方法，即刪。取大集經，彼云：比丘著脫衣時，作血塗爛臭可惡想，執鉢作血塗髑髏想，得乳酪時作膿血想，得菜茹時如頭髮想，乃至入房舍時作獄想，是人即得如實法也。略取此文，以為興厭方便，自外不盡之文，刪而不取。七、刪取大乘論者。然諸部等皆有嘿儐治人，五分云：（二八五頁下）梵壇法者，一切七眾不往來交言。雖有此文，而不知不言所以，即刪。取智論，文云：若心強橫，如梵天法治之，以欲界語，地亦通色，有不語為惱違情故，不語治之。自外不盡之文，悉刪不取。八、刪諸賢聖集。五分諸律，打四相者並打三通，即三下也，而不言長打故。付法藏傳中，罽膩吒王以大煞害，死入千頭魚中，釼輪遶身而轉，隨斫隨生。若聞鐘聲，釼輪在空，如是因緣白令長打。今取長打，充此行事，自外不盡之文，刪而不取。九、刪古人章疏者。大約而言，且舉四種，若總而言，則甚多矣：一、若論寺諮等，刪其繁長；二、刪繁濫，濫用知鐘寺是俗造，云他物淨，道俗通濫；三、刪迷教，自然界方一夏之中，但得三度受日，及用七十三步半，集僧通藍結淨，不留僧住，惡事不可學作等；四、刪繁惡，非法僧制，妄引五百福罰。如此等文，悉皆刪除。故鈔云『濫述必翦』，又云『今欲刪其繁惡也』。問：『如上九種，收文雖盡，如刪本律古人濫說，許是刪繁，及諸部律論，大小乘經，而取彼文來成鈔體，皆是補闕。何得說為刪繁？如斯釋義，豈非雜亂耶？』答：『為欲補闕，先刪取文。（二八六頁上）且論取要除繁，豈非刪也。然引用彼文，不可全寫，望刪除處，則是刪繁。鈔云：自外來不盡之文，必欲尋其始末，則非鈔者之意。又云：今並刪略，止存文證，據鈔自說，以為刪繁，斯即證也。』**第二補闕者。**當陽云：補謂填補，令皃全義。闕者，缺也，即是少義。靈山四義釋發正云：義三解，於其鈔文，理由未盡。問：『為古人行事不周，為是當律不了，須補闕耶？』答：『古人行事，盖不足論，如序所破，百無一本。為五師異執，捃拾遺文，來至此方，番譯多失。隨其行事，不足被時。律本既無，須取經論，使機教兩具，故須補也。上有九種刪繁，補闕亦有其九。若四分律文不了，即取他部補之。餘部若無，取小乘經補。小乘經無，取小乘論補。小乘論無，取大乘律補。大乘律無，取大乘經補。大乘經無，取大乘論補。大乘論無，取賢聖集補。賢聖集無，取古人章疏補。古人章疏無，鈔主約義就理、舉例四種決通補，即序中第五文義決通意文是也。遂使一部鈔義，文事無闕。故文云：三卷攝文，無文不委，庶令臨機有用，無待訪於他人也。』第一取諸部補當律者。（二八六頁下）其事盖多，且舉一釋，如自恣雜行中。問：『安居竟，謂離本處不？』答：『律云：安居竟不去，犯罪。律中但言不去犯罪，即無請處不作限及不請處之文。今取五分以補之。五分云：安居已不去，一宿者隨（原注：『隨』疑『墮』。）。若不作限請，若非受請處得住，將其五分以補四分之文，令行事周足。』第二、取小乘經者。且如捨戒中，四分律云：若不樂梵行，聽捨戒還家。若復欲於佛法修清淨行者，還聽出家受大戒。律文如此，而不知得幾度捨戒。諸律並無其文，即取小乘經增一阿含補之。經云：開七返捨，過此非法也。第三、小乘論者。明淨生種中，四分云：比丘不應自作淨，應置地，使淨人作洗手受。鈔云此對有人。若無人者，諸部無文，取小乘論補。明了論云：自加行作。疏解云：非言自得作淨，然自作有益，如一聚果子，若未淨者，但食皮肉，一一吉羅；若食核者，一一波逸提。今以火一觸，只得一吉，合一聚果子，俱得成淨，免於多罪，豈非利益？故取彼文，補此行事。第四、取大乘律者。如盜十方現前亡五眾輕物，四部律論，並無明文，即取善生補此行事。善生者，佛為善生長者（二八七頁上）說護戒相。譯經圖中，排為大乘律。律云：盜亡比丘輕物，若未羯磨，從十方僧得罪輕。南山云：謂計人不滿五故，若已羯磨，望現前僧得罪重。南山云：謂人數有限，可滿五故。若臨終時，隨亡人囑授物。盜者，約所與人邊，結罪也。（【案】南山引文見釋相篇。）第五、取大乘經者。魚肉，諸律並是五正食，此是廢前之教。今廢此教，取大乘經，補此行事。涅槃云：從今日後，不聽弟子食肉。夫食肉者，斷大慈種；水陸空行，有命者怨，故不令食。廣如彼說。又云：前令食肉者，謂非四生之肉，但現身耳，為度眾生故。第六、取大乘論者。如結大界明量中，經律無量大小之文，律中但云：十四日說戒，十三日先往，不得受欲，為經明相故。南山云：雖有其文，未明里數。僧祇、五分並云三由旬為量，並不言由旬大小，即取智論明文補之。論云：由旬有三種，下者四十里，即知量。極大者，百二十里。准律由一日行故。第七、取賢聖集者。如問遮中，癩病律無明決，引善見莫問赤白黑，屏處增長。不增長者，得露處返前，而不知如此惡病，既辱佛法，許受何益！故引育王集云：有疥癩須陀洹，瘡痍阿羅漢，（二八七頁下）有得果之益，故屏處許受。取此文來，證許受有益。第八、取古人章疏。『且安居中間，因事出界，水陸道斷等難，不得返界，失夏不？』答：『律部無文，即取古人章疏補之。南山云：昔高齊十統諸師共平（【案】『平』疑『評』。），並云得夏。』此是難緣，非情過故。第九、義決者。有其多種：一、律有其事，約行用時，文義俱闕，舉例決通；二、律文中無，道理合有，文義俱闕，就理決通；三者，有義無文決通；四、有文無義決通。今且取律文中無、道理合有，文義俱無，就理決通以釋。如此律諸部，但有狂、痛、惱等神亂不足數文，秉法彼並不知。如非是不足數義，謂此律諸部，並無醉人不足數文，及與其義故。鈔足數篇云：義加醉人，此人神亂，與上痛惱不殊。將彼文來而決，令有眾僧秉法，醉人不足之義，與前不殊。將彼義來，決成此義。如此之事，律雖無文，道理合有，如後解也。問：『當部律文，有闕補即理，然他部及經論等闕文，何煩補也？』答：『為當部行事有闕，即取諸部以補之；諸部有闕，引經及論補之。令一部周圓，約事無闕，非謂將文補彼處經論。』問：『古人章疏既云通非囑意，則合不取，（二八八頁上）何亦取之補此行事者？』答：『俱懷優劣。取優中之優，除劣中之劣。故鈔云：長見必錄，以輔博知，濫述必翦，用成通意也。』」（二八八頁下）

〔三〕行事鈔　鈔批卷一：「此鈔意在行事，非無生觀門，故曰行事。（云云。）鈔者，直取要文，言不次敘，不事義章，故曰鈔，則鐵劣義也。」（二三〇頁下）搜玄：「言行事鈔者，略也。華文疊彩，妙義攸明，為述作之標題，貫群篇之眾首，故云四分律乃至鈔（【案】『乃至』疑『行事』。）。」（二八二頁下）搜玄：「行事者，古今多釋。發正約字釋，云：左『彳』右『亍』（『勅玉』反。），故謂之行，以左右足，遞進之貌也。今此『行』者，謂取『行用』之『行』。當陽云：對事即行，故云行事。文云：即事即行，豈復疑於罪福也！事有三種：一者法（【案】『法』後疑應有『事』字。），謂說戒、自恣等；二人事，受戒、懺罪是；三事事，如地衣是。對上三事即行，故云『行事』也。言鈔者，古今多釋。初有二義：一、利用義，即割削繁文；二、九（【案】『九』疑『久』。）固義，如功臣賜鐵篆，亦得名鈔，令家久固不破。鈔者，被及於後時，流行久固，則類經之常典。故下文云『繁略取衷，理何晦沒』，即其義也。塱云：鈔者，略也。於其當宗及以諸部，略取要義，不盡於文，名為鈔也。有人云：鈔字，『金』邊作『少』。三藏聖教，古人妙解，並如其金剛，引要言妙詞，直顯其義為少故。文云：固令撮略正文，包括諸意也。」（二八八頁下）資持卷上一上：「行事者，『行』以運造為義，『事』即對理彰名。然事相多途，義須精簡。初，以事通善惡，此唯善事；二、就善中，簡餘泛善，局明戒善；三、約上、下兩卷，『眾』、『共』二行名作善，中卷『自行』名止善；四、約諸篇細分諸事。上卷十二篇：標宗一篇，總勸行事。集僧已下，有五事：初，眾法緣成事，（集僧、足數、受欲、羯磨、結界五篇；）二、匡眾住持事，（僧網；）三、接物提誘事，（受戒、師資；）四、檢察清心事，（說戒、自恣；）五、靜緣策修事，（安居。）中卷四篇，有二事：初，專精不犯事，（篇聚、釋相、持犯；）二、犯已能悔事，（懺篇。）下卷十四篇，分八事：初，內外資緣事，（二衣、四藥、缽器；）二、節身離染事，（對施、頭陀；）三、卑己謙恭事，（僧像；）四、外化生善事，（計請、導俗；）五、待遇同法事，（主客、瞻病；）六、日用要業事，（雜行；）七、訓導下眾事，（沙彌及尼；）八、旁通異宗事，（諸部。）是則一部始終，所詮行相，無非三業。鼓動方便，緣搆而成，故云『行事』。首題標此，特異群宗，本設化根，源正教詮宗骨，反光九代，斯言不虛。故序云：顯行世事、方軌來蒙者，百無一本，此乃一家大要，遍見諸文，凡預學宗，彌須詳練。苟迷斯旨，餘復何言。問：『準下持犯，事法兩分，今唯題事，則非攝法？』答：『彼明止作，各攝分齊，故須兩分。今望運造，無問事法，通歸事耳。』問：『題云行事，下云三行，語音別召，同異云何？』答：『行據（一五九頁中）造修，行取成德，由行成行，語別義同。莫非流入行心，緣構成業也。鈔者，有二義：一採摘義、二包攝義。謂於三藏正文、聖賢遺記，採拾要當，以為文體。下云撮略正文，即初義也。彼文既廣，備錄則繁，故於其間，略提首後，詞省理足。下云包括諸意，即次義也。至第十門當自廣說。』」（一六〇頁上）【案】行事鈔卷上之十二篇中，標宗一篇總勸行事，集僧已下有五事。中卷四篇有二事，下卷十四篇分八事。

〔四〕序　資持卷上一上：「『序』有三訓，隨義以釋。爾雅云：東西牆謂之序。如世牆序在堂奧之外，即喻序文冠一鈔之表，此端序義也。二、序即訓『敘』，謂撰述始終，十門例括三行條流，使一部文義，歷然不混，此即次序義也。三、訓『緒』者，如繰繭得緒，則餘絲可理。學者觀序，則諸篇可求，此謂由序義也。一言標序，三釋並通。問：『昔云總別兩序，其義如何？』答：『首標一題，那云兩序？今所不取，略言三失。凡言總別，共彰一事。如持犯總別、二衣總別之例。今序不爾，前明製撰成文，後括諸篇大義，前後敵異，總別焉成！若以十門不同，而云別者，則總義持犯，所列七門，亦應是別。戒、業二疏，各有總義，並列多門，例難亦爾。此則全無總別之義為失一也。又倣經宗，通別二序，且經中通序，通於諸經，別則簡於餘典。今此鈔序，為通何文、為簡何典？又以總序為發起、別序為證信者，且彼經家，通是證信，別為發起，今則反之，一何顛亂？若言準彼，得云兩序者，彼以通他局此之異，經後經前不同。證信使百世無疑，發起顯教非徒設。科分二序，其意在茲。考此序文，全非比擬，妄引彼例，為失二也。且鈔以十門統其大綱。又云『此之十條，並總束諸門』等，是則十門全無別（一五九頁下）義，不曉文旨為失三也。今申正解，對下三十別篇，止可通云總序。於一序中，大分三段：前明著述，但敘能詮之。文中列十門，乃括諸篇之義。文義二種，並屬教收，教不徒然，指歸濟行，故後分三行，統攝群機，一序始終，教行斯足，略示大要，餘在臨文。』」（一六〇頁上）【案】序文分三：初，「夫戒」下；二、「至於」下；三、「夫宅」下。

〔五〕**作者非無標名顯別**　資持卷上一上：「題下注字，顯上別名，容含多意。一者異古。下斥古云：顯行世事，方軌來蒙，百無一本，今標行事，得律宗旨。二、謂揀濫。古師撰述皆云四分律鈔、疏等，故加別目，知非餘者。三、為釋疑。疑云：宗律撰鈔，但以所宗立題可矣，何必更參刪繁等語。若不注顯，疑情不決故也。中、下兩卷，語別意同。」（一六〇頁上）簡正卷二：「意道於所學自宗。古制作鈔、疏蓋多，故云作者非無。（一五九頁上）今標『刪補』之名簡異，古來未曾有也，故云『標名顯別』。中卷注云：著述者，名立多名，立名標異。下卷云：注撰非少立名，標顯三卷之昔。注語雖殊，義意無別。（據斯處解，即三卷之首注文，並是今師自注。）第二解云：簡異名題，是相部疏讚述之語也。此鈔初時著述，並不顯製作人名，後有一本流到相□（【案】『□』疑『州』。次同。）疏主得之實惜，用為的當，促（【案】『促』疑『但』。）不委誰人所造。至貞觀年中，鈔主四出求異，行到相□，疏主相見，因敘問律宗之事。乃云：『近收得本一行事鈔，甚被時機，即未審何人製作。』南山云：『余之所作。』疏主驚異，遂請題名。鈔主乃於三卷首，皆書京兆崇義寺等（云云）。疏主遂於法題之下、名題之上中間空處，背注八字讚美之詞。三卷之初，並如是也。上之兩釋，各是一途。今據稟承，決取初𦍒（原注：『𦍒』疑『釋』。）解。縱蒿本無作者名，亦未可為良證。」（一五九頁下）鈔批卷一：「作者非無標名顯別者，初作此鈔，未題道宣之名。其相州礪律師後見此鈔，因寫一本，恒看之。謂言：『此鈔是首律師之所作也。』後知宣律師所作，即標名顯別，故曰『作者非無』等也。」（二三〇頁下）搜玄：「今古多釋。眾許慈和，且引解也。慈和云：作者非無，此句屬其古人之作鈔，人多鈔多，此則雙牒，標名顯別。此句屬今南山，人鈔並異，異此則雙簡義成。故知簡人必簡著鈔，簡鈔必帶於人。『若爾，簡名注文，令居名下，何故居中耶？』答：『注居中者，為欲上收於鈔，下收於人，為此今盡，亦無失也。今意不然，鈔主依於所學（二八九頁上）撰四分鈔，但云四分律鈔即得，更標刪繁補闕行事者，用之何為？鈔注釋云：作者非無，謂於所學宗中，作鈔者不無，即甚多矣。從理、隱、雲、暉、願、洪、勝、首等，並依所學宗中作鈔。今標刪繁等名，為簡別於餘抄，故云標名顯別，未即簡異於人。至於題名，方始約人異也。又鈔中卷注云：著述者多，立名簡異；抄下卷云：注撰非少，立名標題。三卷之首，注語皆殊，簡異古鈔，前後之意不別。如將注文解上，亦須古風，但簡異鈔文，義不迂曲，任情思擇也。』」（二八九頁下）

〔六〕京兆　資持卷上一上：「京兆者，即古長安城，今之永興軍也。自古帝王建都之地，故立此號。京者，訓大，言土境之廣。兆即是眾，言士庶之多。即律師行化之境，亦即本所生地。有云長城或云丹徒者，（長城，湖州；丹徒，潤州。）此謂祖宗之所出，非生處也。行狀云：大師在京華生長，足為明據。其出世示滅，中間化事，備載行狀，此不煩引。」（一六〇頁上）搜玄：「言京兆者，爾雅云：大也，謂天子所都，大眾趍歸之處也。發正云：京兆者，謂積數多。（二八九頁下）即十億為兆，十兆為京。『京兆』即眾義，亦云京師。師，眾也。故知師兆，俱是眾義。白虎通云：京師者，千里之邑號也。王制曰：天子之國，四方千里。如是眾名，不出天子所都，大眾所聚，故云京兆。」（二九〇頁上）簡正卷三：「問：『今云府字，題中何無？』答：『史記云，開元元年（公元七一三年），改雍州為京兆府，洛州為河南府。開元十一年（公元七二三年），改并州為太原府。鈔夫是武德年中（公元六一八年至六二五年）制故，不合有府字也。」（一六〇頁上）【案】漢書卷一九上百官公卿表第七上：「景帝中六年更名都尉，武帝太初元年更名右扶風，治內史右地。与左馮翊、京兆尹是為三輔。」（中華書局，第三冊，七三六頁。）搜玄略解至「作者非無標名顯別」後，又回頭廣解，所以本處搜玄有兩處釋文。

〔七〕崇義寺　鈔批卷一：「宣初在作鈔寺也。」（二三〇頁下）搜玄：「案兩京塔寺記云：西京長壽坊內，本是隨朝延壽公于（【案】『于』疑『子』。）詮宅。唐武德二年（公元六一九年）。桂楊公主為附馬趙慈景之所置也。妻為夫置，故為崇義。寺者，聚也、司也，隨類聚在一處。如太常司等（原注：『等』疑『寺』。）農寺。即淨行出家，伴侶共居，故稱為寺也。仍別勑與西明與上座。將欲撰鈔，遂入終南豐德寺。今取本住處之寺名也。」（二九〇頁上）簡正卷二：「寺者，乃此方之號也。寺者，司也。司由嗣，讀不絕之義。寺下安寸，即士人方寸之理也。如國家九司名九寺：一、太常，（主禮樂郊廣也；）二、光祿，（主御廚；）三、衛尉，（主器械帷幕也；）四、宗正，（主皇家枝葉九挨也；）五、太僕，（主馬駕監收等；）六、太理，（主天下利法；）七、鴻臚，（主外國賓客；）八、司農，（主食餔、斛斗也；）九、太府，（主貢員獻兩市也。）後漢騰、滕蘭到此，既是外國之僧，且今在鴻臚寺安下，後於壅門外，別造僧坊，取馱經白馬名。從鴻臚司分出，故云白馬寺，即漢地寺之祖也。故今僧尼住處，皆名為寺。」（一六〇頁下）

〔八〕沙門　鈔批卷一：「息心達本原，號為沙門。」（二三〇頁下）搜玄：「折衷云：乃緇衣之通號，亦淨行之共名。靈山云：具足梵本，云『沙門那』（【案】『那』疑『耶』。），此云『息心』。故瑞應經云：息心達本源，號為沙門也。又云『桑門』，梵音訛也。若准俱舍、婆沙，沙門者是其果名，謂四沙門果。故彼論云：聖果名沙門，亦名婆羅門，亦名為梵輪，真梵所轉故。」（二九〇頁上）簡正卷三：「故論云：福積聚捨諸非，此世他世智無惱，一切生死除滅故，證得此者名沙門。釋曰：生空理智，（一六〇頁下）名為福德。此之理智，非少時之間，極速三生，遲即六十劫，彼名積聚也。捨者，棄背義，『諸非』即根隨煩惱也。此世者，即分段生死身。他世者，變易生死身也。一切生死除滅者，且約分段中，一切未論變易。證得此者，名沙門者，結示也。（上略釋名字已竟）。問：『未審沙門以何為性，果體是何？果位差別，復有幾種？』答：『俱舍頌：淨道沙門性，有為無為果，此有八十九，解脫道及滅。釋曰：諸無漏道，生空理智，離染煩惱，名為淨道。此之淨道，是沙門之體性。懷此道者，名曰沙門。有為、無為果者，謂有為、無為是沙門果體。有為即解脫，無為即擇滅，此有八十九。解脫道及滅者，斯約斷惑品位以列數也。此有八十九解脫道，是有為果。復有八十九品，所證擇滅，是無為果，謂斷見惑有八無間（即八思）、八解脫（即八智）。斷九地修惑有八十一無間道、八十一解脫道、見修合說有八十九。又，無間道，唯沙門性，解脫道亦性亦果，息惡義邊，是沙門性。與無間道，為等流果邊，是沙門果。一擇滅唯是無為。沙門果體，謂無（原注：『無』下疑脫『間』字。）道是沙門性，擇滅是彼證，名沙門果，離繫士用果。（外主士用也）。若準斯解，（一六一頁上）理實證聖，號曰沙門。今唐凡位，煩惱具全，未合標『沙門』字。然具約因中談果，故亦得也。又古來更有通相。（通凡人也）。今此是通相沙門也。』四、辨釋。『釋』一字，具足合云『釋迦』，出家人性族也。今存略故，但『釋』標字。問：『上言沙門，下復揀釋，豈不重耶？』答：『為簡濫故，亦有出家人，性是沙門非釋種，故以性簡之。唯大乘基法師，以四句料簡：一、是沙門非釋，謂西域外道是。律云：沙門施食時等。二、是釋非沙門，即西域諸釋種是。三、亦沙門亦釋，即今出家者是。四、俱非，即俗流是。又仙教傳此之後，過秦、晉之前，皆稱俗姓，或依師姓。如生法師本姓魏，出家後隨師性。竺法護本姓支，木竺法師，乃依師姓等。從東晉安大師方可改轍也。安云：我曾無尊釋氏，皆合與釋姓命之。後增一阿含經西來，果然契合。故彼云：四河歸海，無復本名，四姓出家，咸稱釋氏。又四分說戒揵度云：猶如四河悉歸於海，如是目連，於我法中，出家學道，咸稱釋子。此皆今從佛姓也。我今僧尼，既尊釋氏，須知得性無由。若不委之，如孫不識祖名，似子不知諱，（一六一頁下）此亦道俗同恥，此約此方。」（一六二頁上）【案】簡正釋文中「竹籠射王」之事見佛本行集經卷五，六七四頁中。四子立國之事，可見五分卷一五，一〇一頁中。

〔九〕道宣　簡正卷三：「道者，法也。宣者，遍也。顯揚弘演、遍示有情也。大師三生，持律第一。生在齊朝，法名僧護，住越洲剡懸石城山隱樂寺。其山石壁峭峻，高數十丈。中有似佛焰光之形，每於經行，常聞天樂，異香之瑞，遂發願造十丈彌勒，以擬當來千尺之身，使凡厥有緣並願，同登三會。建武年中（公元四九四年至四九七年）起手，僅至一年方成。向獲過疾而終，春秋一百二十。臨終誓曰：本不期一生，願第二生必就。至梁天監六年（公元五〇七年），有台州始豐縣令（今改為唐興也。）陸咸，罷邑皈京，路經剡漢止宿，夜夢見三梵僧。語云：『建安殿下，感患未瘳。若能修聖石城，聖像成就，□

獲痊差。』陸令歸京，並忘此事。後經歲年，有一僧來宅寄宿，(一六四頁上)因話云:『剋後所囑，何不施行？』陸令既戀(原注:『戀』疑『忘』。)前夢，此僧去後思審，方乃語之，此僧正是夢處中見第三之者。即以事啟建安王，以事聞奏，勅下修之，諂(【案】『諂』疑『詔』。)僧祐律師，專任修像也。天監十二年(公元五一三年)興功，過十五年畢。坐軀高五丈，立形十丈，改為石城寺也。僧祐律師即第二生身。俗姓俞氏，其先祖彭城下邳人也(『皮』音)，又因官，唐於建業。祐年七歲，因入建初寺，不肯還家。至年長大，欲為婚娶，遂即迴避，投鍾山定林寺法達和尚，求受具戒，學精律部。祐為姓巧麗，國內凡有修飾，皆蒙勑委王(【案】『王』疑『主』。)持。梁天監十七年(公元五一八年)，終於本寺，廣如僧傳中。(云云。)第三生即今身也。生隋朝，俗始(【案】『始』疑『姓』。)錢氏，諸記中皆云胡州長城人(行狀、碑文亦同。)表云：准錢氏譜說，祖父即長城人，大師在京兆生也。彼云：曾祖是陳朝駙馬都尉，祖為陳留太守，父名士申，(有作『由』字者，錯也。)即吏部尚書。陳被隋所收，其錢申此時與陳後主一時收獲入長安。陳王後遭隋賊車，卻免傷害過。隋開皇十六年(五九六)，方產大師。大師即申二息(【案】『息』疑『兒』。)之長，(據此所說，即大師是京兆生長，明矣。)母性姚氏，夢見有月貫懷，又夢梵僧語云:『仁者所懷，即梁朝僧祐律師。』(一六四頁下)宜縱出家，大弘佛教。凡在胎十二月，隋開皇十六(公元五九六年)年丙辰四月八日誕生。齠生之日，使(【案】『使』疑『便』。)異常童，十歲遍覽群書，十二善閑文藻，十五喟然歎曰:『世間榮祿，難可常保？』於是棄竹馬臥竜釰，歸心於釋門，事日嚴寺慧頵法師。十六念經，兩旬之間，念花經部。一十七，落鬢。至大業十一年(公元六一五年)，年滿二十，天降鴻恩，依首和尚受具，頂戴寶函，遶塔行道，感舍利降函，方崇法事。受具已後，依首律大師聽習律藏，一遍入神俗(【案】『俗』疑剩。)，便欲歸山宴寂，被受業師呵曰:『夫適遐自爾，因徵知章，修捨有期，功□須滿，不宜去律。』抑令更聽。其間僧事，自代為之，依位披尋滿二十遍。時值隋唐交禪，講歸權停。武德四年，方遂再聽。首大師令命覆講，自知文句缺，然未是心證，遂不取受。辭不獲已，方乃覆文。至武德九年(公元六二六年)過，唐高祖沙汰僧尼，遂遁跡終南，製此事鈔。貞觀八年(公元六三四年)，顯於洲益，詞谷重修，并製羯磨、戒心兩疏。莫不龍天歸敬，奉獻香花。或緇素諮詞，皆蒙預記。三衣准布，繒纊不兼，常坐一食，始終無改。行□促涉，蚤虱任遊，德望既高，名振天竺。故得賓頭羅漢，語話周施；（一六五頁上）長眉梵僧，讚述增壇事。唐朝三藏翻譯眾經，即命大師親同典教。而著迷（【案】『迷』疑『述』。）法門文記，凡二百三十餘卷，並行於代。至高宗乾封二年（公元六六七年）仲春月，冥感天人，與師言論云：『今歲當遷神，生彌勒宮。』并留香一裹，云是棘林香。天眾常燒者，言說而去。至十月三日，設無遮大會。午時，道俗咸聞天樂異香，於是斂容而化，春秋七十二，僧臈五十二。初定於擅谷，至三年（公元六六八年），勅問所右。時有豐德寺寺主僧正倫，具事奏聞，請依西國法，荼毗得舍利，立塔三所：一在豐德寺、一在安豐坊、一在靈感寺。咸通四年（公元八六三年），并安豐坊舍利入靈感寺，同起一塔。雖年代遷移，而遺風不墜去。咸通十五年（公元八七四年），諮宗皇帝，思諮下臨，追曩日之嘉猷，謚名『澄照』，記平生之德行，塔號『淨光』。澄照彰律鏡不昏，淨光顯戒殊不（原注：『不』疑『丕』。）耀。教宗興盛，良在於茲。」（一六五頁下）

〔一〇〕**撰述**　資持卷上一上：「若準後批云，武德九年（公元六二六年）撰，而戒疏批云貞觀初年（公元六二七年至六四九年）。以武德九年即改貞觀，故無所妨。彼疏又云：貞觀四年遠觀化表，於泌部山為擇律師，又出鈔三卷，乃承吾前本，更加潤色，筋脈相通，準此乃是重修前本。案目錄中，乃當貞觀八年，即今所傳之本也。（舊云有六卷。又云後分十二卷。準下序云三卷，攝文文無不委，則是非見矣。）」（一六〇頁上）搜玄：「問：『述與作如何？』答：真諦云：『如佛說經是作，迦旃延造論直述佛意，故但云述。』『若爾，撰述應不云作，何故鈔注云作者非無，豈非作耶？』答：『如迦旃延造論，解釋佛語。次比成論，亦得為作。今鈔亦爾，謂撰錄聖教，次比成文，亦得稱作。夫子述而不作者，謂述古人之事，而語弟子更不新作，故云述而不作。今鈔望其敘述成文，撰成三卷，濟其二學，得其作名，（二九一頁下）亦無失也。』」（二九二頁上）

〔十一〕**夫戒德難思，冠超眾象**　鈔批卷三：「『夫』是發語之端也。又云：凡言『夫』者，下蘊深旨也。而戒是因，而德是果。由先能持戒，即是其因，當知招樂報，是得其果，故云戒德。故持地（【案】『持地』疑『地持』。引文見卷一一。）云三十二相無差別因，皆持戒所得，故稱戒德。『德』即『得』也。亦云：為物所稱曰德。欲顯佛弟子若能持戒，外有善聲，內除煩惱，名之為德。又云：戒者，眾善所依，故稱德也。又，酬功曰德，由今有無作戒體集在身，集生眾行，當來必招解脫之果，果酬今因，故曰德也。又，德者，字統云：外德於人，內德於己，常無所失，故謂之德。今明猶戒施造有其軌，能得一切諸行成就，故曰德也。（二六二頁上）故遺教經云：若無此戒，諸善功德皆不得生。故知有戒即生功德，故曰戒德。自意云：但諸經論，嘆戒文多。戒為萬善之因基，當三乘之標首，趣菩提之正道，越生死之良規，是佛法之壽命，則行人之方軌，故曰戒德也。言難思者，濟云：如一白三羯磨竟，發得無作之戒，於一切有情及草木、大地、虛空無邊境上，發以戒善功德，豈是情能思量，故曰戒德難思。立云：戒從境發，境過萬有，情與非情，斯境無量。戒豈有邊？邊不可求，是稱難思。又云：因戒發定，因定發慧，能斷除煩惱，尅趣菩提之因，藉戒為本，功深萬善，故曰難思。深云：非情之所測，名曰難思。有云：超逾圖度之外，故曰難思也。然難思者，有其二義：一約體難思、二相難思。言體難思者，秉白四教法，第三羯磨竟，一剎那頃，發於無作之體。非色非心，萬善初基，三乘正因，故曰體難思。二相難思者，以其從體起行，行則假相而詮，相周法界，亘塵沙境，一一境上，發諸律儀，彌亘既寬，是『相難思』也。故善生經云：虛空、大地、草木、眾生，此四喻比量，豈是心慮能及，故曰難思。謂量同大（【案】『大』疑『太』。）虛，德周大地，（二六二頁下）此指戒體難思量也，亦得云約教明難思。德既眾矣，非心之所思，故曰戒德難思也。冠超眾像者，此正歎戒尊高，借喻首飾也。未著曰冠（平聲），著之在首曰冠（去聲）。如衣未著曰衣（平聲），著竟曰衣（去聲）。如冠著之在首，眾衣必以隨之，喻戒能居上，定慧必隨後起。以戒為先，故冠定慧及萬善之首也。戒超萬善之頂，如冠幘在在（原注：『在』字疑剩。）眾衣之上首。超，言勝也。言眾像者，眾，由多也。像，由似也。萬善之行，名為眾像，戒居其首，故稱超也。又云：因戒發定，定能發慧，慧即多聞，多聞故解脫，解脫故涅槃。誠由戒力，推功居前，故曰超也。又云：如人著冠在首，超於靴履衫帶上，名為超也。即此靴衫曰眾像。今定、慧萬善曰眾像者，皆因戒發，戒則居尊，喻之於冠也。深云：眾像謂眾色象（原注：『象』疑『像』。）也。以戒非色非心為體，故超萬色也。有人云：聖教無邊，名為眾像，戒最居上，故言冠超。勝云：戒者，能生定、慧，定、慧所依故，德超二學。故經云：依因此戒，得生諸禪定及滅苦智慧。慈云：非但定、慧二學由戒而生，一切諸行，皆由戒立，故稱尊貴。若無此戒，萬行不生，何能剋聖？故經云：若無此戒，諸善功德不得生。（二六三頁上）是以當知戒為第一安隱功德住處。以此推之，從所依立名，推功皈本，故云冠超眾像。」（二六三頁下）資持卷上一上：「『戒德』即所歎之法，『難思』乃能歎之詞。戒有四義：法、體、行、相。今從總相，唯歎戒法。所以不云難議者，以心思切近、口議疏遠，思之。既難必非可議，或可句局，理必兼之。『冠』下一句，顯上難思之義。既超象外，無物可比，故非凡小，心力所及。『冠』字去呼，謂束載也。『冠』為首飾，取高出之義。『象』謂世間諸所有物。問：『軌導舟航，豈非象耶？』答：『經律歎戒，舉象雖多，但得少義，未可全同。此中略舉二物，少喻戒功。』」（一六〇頁中）簡正卷三：「初言『夫』至『像』者，法喻總歎也。問：『古今製作，雖弘聖教，（一六六頁下）恐有魔事，皆先歸依三寶，請求加護，欲令其教久永流行。如唯識云『稽首唯識性，滿分清淨者』；又俱舍云『敬禮如是如理師』等；又百法疏（【案】即大慈恩寺沙門窺基撰大乘百法明門論疏序）云『粵惟至理杳冥』；又慈恩疏（【案】見大慈恩寺沙門基撰妙法蓮華經玄贊卷第一本）云『蓋聞至覺權真』等。皆是歸敬之詞，今鈔何不歸依，而直歎戒德？』答：『多解。初云，夫歸敬有二：一冥、二顯。今鈔欲著述時，已冥心歸敬了，不更顯歸敬也。次，搜玄云：鈔宗四分律。律本之中云稽首禮諸佛等，既安歸敬，是以鈔文承律文，更不重述。或有釋云：但隨著述人懷，有無總得。（已上並非能繁，云云。）今依順正說。云夫歸依者，三業為體，如跪禮是身業歸依，佛有天眼能見；發言讚歎是口業，佛有天耳遙聞；意中歸依，佛有他心遙知。今既入文歎戒，乃是口業，歸命法身。法身自食三寶，廣引下□事證，對講明之。（此解雅當。）』次銷文。『夫』者，兩解：一云發端之語，如云竊聞、恭聞等例（云云）；二云『蘊深旨曰夫』，謂此戒德難思，是深旨也。今欲仰歎，故稱曰『夫』世（原注：『世』疑『也』。）單言『戒』者，簡於定、慧，乃是遮詮，合言戒德難思，即是持體，『德』復是表詮。今此『戒』字，儒、釋兩解。初儒解者。周易云『以此齋戒』；韓康伯注云『洗心曰齋，（一六七頁上）防患曰戒』。齋者，齊也，齊整身心，令不放恣。如國家欲差官寮祭祀天神、地祇，先七日致齋，三日不行鞭杖，清潔身心，以祭神祇，用希福祐。今釋教不過中食為齋，取一分清身之義，故曰洗心曰齋也。『戒』謂警也。警察五常，恭之在心，恐患身故，恒須防擬，故口防患云戒。此謂儒道立身之本也。次，依內教解者。諸釋蓋多，莫先禁義。之中但取善禁惡，令不起過，名為善戒。又於善戒中，有定散差別。今此乃是有漏散善，非定善無漏也。故下文云：依因此戒，德（原注：『德』通『得』。下同。）有定慧等。『德』者，亦兩解。初依老子音義云：德者，得也。謂有所得。又字統云：內德於己，外德於人，常無所失，此則內有德可以聞己，外有德可以五（【案】『五』疑『王』。）人。如顏回有德，故居四科之首等。（云云。）次，內依教者，『德』謂功德，且戒因名，德是果稱。一、有漏德，人天果是。故戒經云：明人能護戒等。二、無漏德，即菩提涅槃。故戒經云：戒淨有智慧等。（云云。）斯之二德之果，皆藉戒因而生，故是戒家之德，約釋分別戒之德。（依主。）難思者，難者，不易之談，『思』謂思量測度。謂此戒之勝得，非口所宣，非心測度，超不思議之境，（一六七頁下）故曰難思。故下文云：『下為六道福田，上作三（原注：『三』下一有『業』字。）田（【案】『田』疑『因』。）種』乃至『功德不可思議，豈准言論能盡』！今顯斯相，略分四稱。故俱舍頌云：『離犯戒及遮，名戒各有二，非犯戒因壞，依治滅諍等。』故曰謂身（【案】『身』後疑脫『三』字。）口四，諸不善色，是名性罪，故言犯戒。言遮罪者，非時食等，離犯及遮，俱說名戒也。為有二者，此遮性二，為有表、無表也。（上且云釋名。）次明四德：一、非犯戒壞，即離犯難思；二、不為犯戒因壞，因即貪等煩惱，即離煩惱難思；三、依治者，四念住等，對持前犯彼因故，即對治難思；四、滅淨者，回向菩提，非勝生故，即涅槃難思也。又，頌中言『淨』者，謂具上四德，戒名清淨；與此相違，名不淨也。頌中『等』字者，有師說，故知戒淨，由具五因：一、根本淨，離惡根本；二、眷屬淨，離方便；三、非尋害離惡也；四、念揀受念三寶也；五、迴向寂滅求涅槃也。（上且依俱舍明之。或依扶主記中，別引六種，恐繁此不敘也。）冠超眾像者，冠者，慧地。超者，過越也。眾者，諸也。像者，物像也。（上略別敘。）……別腕（原注：『腕』疑『脫』。）之戒，最為高貴，猶若於冠，為萬善之因基。一切定慧，從茲立故，所以超也。古云：嚴色身之儀服，冠最居首；飾法身之功德，戒最為先。二種相當，故將譬。」（一六八頁下）

〔十二〕**為五乘之軌導，寔三寶之舟航**　鈔批卷三：「『為』訓『作』也。三乘并人、天是五乘也。軌者，則也。字統云：導者，引也，示也。今此明戒正是五乘之本，能持則出離三途，得人天三乘之果。若分行，亦能得人、天等，如五戒得『人』，十善得『天』，乃至盡持得『佛果』也。亦云：戒能軌導眾生，至於五乘之果，故曰也。又釋，為五乘軌導者，勝云：此句顯行因有感果之用也。軌者，正，訓轍也，用轍訓法也。故諺云：閇門造車，出門合轍，此明楷模定義。論云：能生物解，有法則故，故名為軌也。導者，左傳云通也，引物使通曰通也，故論語云『導之以德』。應師云：導者，度量也。字從『寸』作，此明受（原注：

『受』疑『愛』。）道於人，寸思度量，故曰為五乘之軌導。三釋皆當。寔三寶舟航者，寔，由實也、甚（原注：『甚』疑『止』。）也。亦取其是義。明戒能運載行人，度生死大海，至三乘聖位，喻之如航。舟是船之總名，航是舟之別稱。此明眾生久沉淪於欲海，取濟無由，佛示以三寶，令其歸仰。乘戒舟而迴渡，截愛海之濬流，故曰也。又字統云：並船曰航，單船曰舟，由戒在世故，三寶不墜，（二六三頁下）以戒能載運三寶，令佛法光顯不沒，故曰三寶之舟航也。故華嚴云：具足受持威儀教法，行六和敬，善御大眾，心無憂悔，去來今佛，所說正法，不違其教。能令三寶不斷，法得久住。又見論云：毗尼藏者，佛法壽命，毗尼藏住，佛法方住，即舟航義也。」（二六四頁上）資持卷上一上：「『為』下，釋成。又二：上二句舉喻彰德。……『軌導』即車轍，明其發趣也。『舟航』取其運載也。又，標宗云『是汝大師』，以能軌物也。或如人足，能有所至也；或云大地，生成住持也；道品樓柱，聖道所依也；禪定城郭，定慧所憑也。乃至如池、如鏡、如纓絡、如頭、如器。又，智論中，如重寶、如命、如鳥翅、如船等，尋之可知。又，篇聚中，先明戒護，具列八喻。如王子、如月光、如如意珠、如王一子、如人一目、如貧資糧、如王好國、如病良藥。又，戒本序，如海無涯、如寶無厭。僧祇戒本，如猿猴鎖、如馬轡勒。廣在經律，不復繁引。良以戒德高廣，故非一物可喻，遍舉諸象，各得一端，不能全似，故云冠超也。五乘者，人、天、聲聞、辟支及佛，能乘人也。五戒、十善、諦緣、六度，所乘法也。乘此法者，必由奉戒，故以戒法，通為軌導也。常途如此。今別解云：如戒本中，欲得生天上，若生人中者，常當護戒足。豈唯五戒十善耶！然戒有四位，五、八、十、具。若約鈍根，通為世（一六〇頁中）善，若論上智，俱作道基。故善生云：五戒甚難，能為大比丘菩薩戒而為根本，故知四戒皆導五乘。今此標歎，總含四位，正在具足。問：『戒疏云為道制戒，本非世福，但據三乘，今云五乘者？』答：『彼則專窮聖意，用顯教源，此明通被兩機，以彰利普。然則三乘為語，尚乃兼權，若論雙樹重扶，咸歸常住。故知四戒皆導佛乘，根器不同，故分三五，如是知之。』三寶舟航者，三寶四種：『一體』、『理體』，就理而論；『化相』一種，局據佛世；『住持』一位，通被三時。功由戒力，運載不絕，故如舟焉。何以然耶？由佛、法二寶，並假僧弘，僧寶所存，非戒不立。如標宗中：順則三寶住持，違則覆滅正法。又如華嚴云：具足受持威儀教法，能令三寶不斷等。餘如後引，或可越度凡流，入三寶位，必須受戒，以合舟喻。文通此釋，前解為正。『寔』字，音植，

訓實、訓是。」(一六〇頁下)

〔十三〕**依教建修，定慧之功莫等**　資持卷上一上：「『依』下四句，對餘藏顯勝。(一六〇頁中)……次，顯勝中。有二：初對二學，明所詮行勝；下對兩藏，顯能詮教勝。定慧莫等者，須約兩意，互明勝劣。若望斷惑證真，則慧為勝，戒但止業，定唯攝散故；若約修行次第，必戒為始，禪定智慧因之而生故。今云建修，正從後義，故云莫等。遺教依因，成論捉縛，並同此意。」(一六〇頁下)鈔批卷三：「謂若能依此律教建立修行，定慧方從此生也。戒則居先，功高定慧，故曰莫等，非謂餘之二藏，當分無建修之功也。但由慧起，假於定發，發定之功，非戒不弘，但推本於戒耳。故成論云：戒如捉賊，定縛慧殺，功由戒捉，故曰莫等。即遺教經云『依因此戒，得生諸禪定及滅苦智慧』也。又解，三藏之功，由鼎三足，功無優劣。今論佛法創首，必戒為先。何以故？以戒為一切所依故，約斷煩惱而論，要假明觀。(云云。)有云：依教者，通約依佛三藏正教修行也。簡餘邪教，如外道鳥、雞、鹿、狗等戒，則非可依。又釋：依三藏聖教修學，戒是初基，能生定慧，定慧由戒而生，推功皈本，故言莫等也。」(二六四頁上)搜玄：「此明行勝。謂『依教』下，所詮戒行，建立修行，則功高定慧，故云莫等。古今咸云：戒是初基，能資定慧，定慧由戒而生，推功本(原注：『本』上疑脫『歸』字。)，故莫等者。遺教經云『依因此戒，得生諸禪定及滅苦智慧是』也。靈山云：若論三學，各有其功。若取識達耶(【案】『耶』疑『邪』。)正，慧勝其餘；若攝亂歸真，以定為勝；若防撿七支，戒為冣勝。今偏歎者，乃是將弘律藏也。輔篇云：文中舉教即合云『經論不如』。若舉『行』，應云『依戒建修，定慧莫等』。今鈔文勢，初言依教，下云定慧莫等，將非雜亂者？意謂不然，行不自立，必假教詮，建修之功，要在於行，能所雙舉，不可得也。」(二九六頁下)

〔十四〕**住持佛法，群籍於茲息唱**　簡正卷三：「『住』謂久住也，『持』謂任持。久住任持，世尊教法，故曰住持佛法也。」(一七一頁下)鈔批卷三：「住持佛法，非戒不能。故文云：毗尼藏者，佛法壽命，毗尼藏住，佛法方住也。(二六四頁上)故經云：我不滅度，半月一來。又云：若我在世，無異此也，故知毗尼之藏，功被末代。又善見論云：毗尼者是汝大師。又云：以律師持律故，佛法住世五千歲。豈非毗尼之力也？若修多羅、阿毗曇二藏，但說沈密之義，明因辨果，其理幽深，言無所寄，不能住持佛法也。又解：經教之中，談理無窮，是群籍義。群者，眾也。薄書曰籍。即修多羅、毗曇二藏，詮於定慧。定慧之教，但能遣有。滅空，空不異色；論色，色不異空。此乃至空即色。何曾滅色求空？即色即空，不勞離空而求色。論茲妙理，群籍盛談。若欲住持佛法（原注：插入「佛法」二字。），俱須息唱。故律中簡集智人，要是明解毗尼者，方得留在眾內。若但解餘經論二藏，談說大乘。雖廣博眾經，而不免駈出也。」（二六四頁下）資持卷上一上：「『群藉』即目經、論二藏。『於茲』乃指住持之事。經論不談，故云『息唱』。謂剃染稟戒入道，次第以至僧中，受懺、安恣、結說、治諫、師資、上下行住坐臥、飲食衣服、眾法別行。此諸事相，佛法紀綱，住持萬代，功由於此。唯斯律藏，委示規模，餘藏非宗，故所不辨。故善見云：毘尼藏者，佛法壽命，毘尼藏住，佛法方住。曲論來致，備如（一六〇頁下）中卷。準上所詮，亦須兩釋：若詮理發智，破妄顯真，則經論為勝；若軌事攝修，滅惡生善，則毘尼獨尊。故知三藏各具勝能，今望住持，故有優劣。問：『標宗所引大小經論，亦明戒律，那云息唱？』答：『雖復兼明，號隨經律，止是略歎戒功，至如上列住持等事，非彼所論，故得云耳。』」（一六一頁上）【案】「息唱」者，兩義：一是反映經論不言「戒律」；二是說如若不弘揚戒律，則三藏十二部，也將因之湮滅。

自大師在世〔一〕，偏弘斯典〔二〕。爰及四依〔三〕，遺風無替〔四〕。

【校釋】

〔一〕大師在世　資持卷上一上：「正法、像法各一千年，末法萬年。如來定在正法，四依通於正像。文為二段：上明教主親弘，下明弟子傳化。住法圖贊列二十五祖，即以如來為開法大師。迦葉已下，為傳法聖僧。今此戒律，佛出方制，本其元始，故云『自』也。大師者，所謂天人之師，即十號之一。以道訓人，故彰斯目。然以師通凡小，加大簡之。是則三界獨尊，九道依學，唯佛大聖得此嘉號。自餘凡鄙，安可僭稱？故十誦云：若比丘言我是大師，說大師事法，得蘭、夷罪，同大妄故。（言『我是』犯蘭，說『事法』得夷。）言在世者，娑婆五濁所取之土也，大千世界所化之境也。賢劫中，第九減劫人壽百歲出世之時也。三十成道，說三乘法，度人無量，八十唱滅，今指五十年中行化之時，故云『在世』。」（一六一頁上）搜玄：「從大師在世，則偏弘也。佛三界中寂，故曰大師。指上戒律，云斯典。典者，大雅云：常也，謂三世諸佛，戒法常定，更無改易。所言『大』者：一、約所行因大，度一切眾生；二、約所期果大，菩提果是；三、約所證理大，真如廓周法界是；四、約能證智大，大圓鏡等四智是也。且約言之，故云『大』也。『師』者，約所化之機受稱，機既稟受，乃名師也。『世』有二種，所化之機是『有情世間』，所依止處即『器世間』。在二種中住，故云『在世』。」（二九七頁上）簡正卷三：「內教云：『世』為謂世間，殺那無常、非久固義，名世；住其中故，名間。世間有二：一、以極微為體，可遷流被壞，故云世；住中，故間也；二、有情世間，以五蘊為體，亦可遷流名世，住其中故名間也。（釋名字竟。）今更略明行相者。且器世間，成住壞空，輪環不盡，成了即住，住了又壞，壞訖復空。如是經二十劫，（一七二頁上）共成八十劫也。有多種，如別處明。今此所論，是增減劫。謂此世間被三灾所壞：火灾，欲界并初禪；水壞二禪；風壞三禪。若四禪，不為灾壞。餘二灾如別所明。今且說火壞欲界初禪者，委何時壞耶？且如今是住劫二十中，當第九減劫，人壽百歲時，牟尼出現。入滅已後，百年減一年，如是減至十歲，有一小三灾起，即刀兵、疾役、飢饉，損害眾生。從十歲後卻入增劫，百年一（原注：『一』字疑剩。）增一年。劫章云：子年倍父增。（阿舍經亦【案】『舍』疑『含』。）如是增至八萬四千歲，即當第九減劫。又，減到八萬歲時，慈氏出世。又減、又增，至第十五減劫時，九十五佛，相次而出。如是至第二十劫，唯增不減。此增八萬四千歲時，住劫已滿，於此之中，須以三句料簡：初一劫唯減不增，後一劫唯不增（原注：『後』等六字疑衍。）；後一劫唯增不減；中間十八劫，一增一減。今時世界將壞，壞法有二：初一十九劫，壞有情，次一劫，壞非情。於有情中，先壞下三趣，後壞人天。就下三中，先壞地獄。故論云：『壞從獄不生。』謂此世界將壞之時，阿鼻等獄更無新生有情，便當壞劫始也。若受罪業滿之者，轉趣二禪。若受業未圓并新受業者，（一七二頁下）且移向他方世界地獄內也。（准此，先壞阿鼻地獄，次壞上七熱地獄。又，壞八寒諸有情也。）次壞修羅、餓鬼、畜生等，皆生人中。次，又壞人、天。於人四洲，先壞南洲。欲壞之時，有百億飛行夜叉，巡空唱云『此劫將』（【案】『將』後疑脫『至』字。）時，有百億人聞此聲，心生猒怖。初有一人，無師法爾，坐得禪定。從定起出已，唱言『定喜樂甚靜』。餘皆効之，坐得初禪定，從此命終，皆（原注：『皆下』疑脫『生』字。）初禪也。東、西洲亦爾。北洲先生欲天，（此壞人趣。）後壞六欲天，其中天子皆生初禪。（壞欲界有情竟。）次，壞初禪。初禪有一有情，無師爾（原注：『爾』上疑脫『法』字。），坐得二禪定。從定起已，唱言『定生喜樂，甚樂甚靜』，餘皆効之。從定出已，唱言『定生喜樂樂靜』，餘皆効之。（原注：『從』等十六字疑衍。）從定出已，命終皆生二禪也。已上且據大災，從欲界壞，至色界初禪以說。若論水、壞二禪，風壞三禪，一切有情，皆生四禪。四禪不為三災所壞故，佛說四禪，名不動地，喻密室燈。（廣如論述。）已上，從地獄有情壞至初禪有情，如是凡經一十九劫，名壞有情世間也。次一劫，壞器者，謂雖壞有情，無人空有，有止住處所，如同空宅一般。今欲壞此之時，日加四倍之位，河池之內乾枯，草木樵壞。次有二三日出，諸江河等悉皆枯竭。（一七三頁上）大海水三分減一。又，四五日出，海眾（原注：『眾』疑『水』。）頓竭，最後六七日現，一切山石皆融，大海、須彌一時火起，如燃蘇木，無有遺餘。婆沙論師有兩解：一云於此世界成時，有七日輪，持雙山下，且放一出，照燈世間，令至劫壞時，更放餘六出。二云唯此一日，倍常七日之極，江海乾竭，眾山洞燃，洲諸三輪，悉皆焚爇。所以論云：壞從獄不生，至（【案】『至』後俱舍十二有『外』字。）器都盡。問：『一等是壞，何故有情用十九劫，非情但要一劫？』答：『論云：有情是別業，難轉故多，非情是共業，易轉故少。』（已上火災二十劫壞六種世間也。）次經二十劫，上下猶如黑。（此空二十劫。）次辨二十劫。初一劫成器世間，次十九劫成有情世間。初一劫成器世間者，故俱舍云『成劫從風起』，謂從二禪下，有微風起，經下初禪，舊時梵王住處，遂立梵王宮殿并梵、輔眾天等。（此成初禪三天竟也。）又微風至欲界，置空居四天住處。次有猛風，盤旋至欲界下，本着風輪處，結成風輪，為世界底。其輪四面量合六千界，上下百六十億由旬，形盤緣仰，周旁布持水不散。其輪堅硬，縱使諾健那神，執金剛杵擊之，亦無損也。風輪既成第二禪，有光音天，布金藏雲。（其雲密如藏色金，（一七三頁下）故云金藏也。）既布雲遍三千界，乃降其雨，滴瀝如車軸，住風輪上，而成水輪，厚十一億二萬由旬。又於此水輪數內，取三億二萬由旬，如享乳一盤，（原注：『如』等五字，一本傍書。）凝為金輪，餘八億由旬是水輪。既金輪已，光音天又布雨向金輪上，以為海水，有情業減（原注：『減』字疑剩。）感，巧風鼓擊，成妙高山，以四密處成，故云。（東白銀，西牛頗胝，南瑠璃，北黃金也。出水八万由旬，入水亦爾也。）於山頂置三十三天宮殿，又於半腹四層級間，置四天王居處。又於妙高山外，置七重金山：一、持雙山，（双留瀧通，故云；）二、若（原注：『若』字疑剩。）持軸山，（山有諸峰，形如車軸；）三、擔木山，（山有穴樹，形如檐木；）四、善見山，（山松秀異，見者生喜；）五、馬耳山，（山形如馬耳；）六、象鼻山，（有神形如人，頭如象，其山似彼神鼻故；）七、魚觜山，（山形如魚觜。）又此七山之內，各有香海，又於七金山外，置大鐵圍山遶之。鐵圍山（原注：『山』下疑脫『內』字。）有鹹海，於鹹海中，置四大洲，人趣居處，有情業感土石而成。一、南剡部，（因樹立名；）二、西瞿陀尼，（此翻『牛貨』，彼處以牛為貨；）三、東弗婆提，（此翻『婆勝身』，身形勝南洲故也；）四、北鬱單越。（此翻處，或云勝生。）已上成人趣四洲竟。又於大海邊，置修羅、餓鬼、傍生居處。又於南洲地下，安置炎魔王宮，并二八地獄住處。如是一劫，成器世間。雖有處門，未有情。喻似今時，造宅雖成，（一七四頁上）無人居住。如此，經一增一減劫也。（上明器世間已竟。）次一十九劫成有情世間者。論云：爾時二禪有一天子，順後業故，生向初禪，作大梵王。雖為梵王而無眷屬，但獨住故。經云，一增一減，遂生念曰：『無有一人與我同分。』梵王纔作念，上界之中有諸天子順後報業，來生初禪，為其眷屬，即梵輔、梵眾。王曰：『我始生念，汝便生來，是我之子。』彼亦云：『我因梵王念，故得來此，是我之父。』又，漸生六欲，四洲漸漸多故。或人中造業之者，生修羅、鬼於趣畜生，後有一有情，造無間業墮地獄。當知爾時成劫已滿，故論云：成（【案】『成』後俱舍卷一二有『劫』字。）從風起，至地獄初生。（已上都二十劫，成二種世間竟也。）『成』後又『住』，後又壞竟復空，如似轆轤，終無窮盡。今則正當『住劫』來，明第九減中，牟尼出興世間，為化有情，故曰大師在世也。（有於此八相成道全不當文意，知之。）」（一七四頁下）【案】參見俱舍卷一二，六二頁。

〔二〕**偏弘斯典**　鈔批卷一：「上來三學相形、優劣不等義竟。自此已下，偏約毗尼藏，嘆戒功能也。自大師在世偏弘斯典者，佛說經教，不簡時、處、人說。」（二三二頁上）鈔批卷三：「夫教不孤起，必假人宣。宣人唯佛稱主，明茲律藏不同餘經，經則不簡人與時處。諸天諸仙，菩薩聲聞，但能說之人，為佛印可者，則得名經。又，隨至一處，一時說法師（原注：『師』字疑剩。），即名為經。而經教又通道俗，今此律則不爾，局佛自說。（二六四頁下）要在僧中，唯被內眾。故能闢不諱之門，示秘密之深術。故廣張教網，大樹厥儀，示輕重之兩儀，明止作之二行。簡時簡處，不對俗陳，故曰偏弘。又解：佛在半月，每自說戒，後因過起，方命別人，故曰偏弘。濟云：佛說經教，但一時說，更不重說，故不得言偏弘也。若毗尼之教，佛前說竟，後若未圓者，尋復重述，乃至涅槃，常制戒律，故曰偏弘也。言典者，此是經書典籍也。如尚書云：作堯典典（原注：『典』疑『也』。）。外學家釋曰：典者，常也。言可為百代常行之道，故曰典也。」（二六五頁上）資持卷上一上：「言偏弘者，謂雖談眾典，然於毘尼最所留意。故篇聚云『世尊處世，深達物機。凡所施為，必以威儀為主』是也。又，經通餘人所說，律唯金口親宣，大權影響，但知祇奉，況餘小聖，安敢措詞。又復，諸經說有時限，律則通於始終。義鈔云：始於鹿苑終至鶴林，隨根制戒，乃有萬差等。具斯三意，永異餘經。偏弘之言，想無昧矣。」（一六一頁上）簡正卷三：「『偏』謂偏頗不平也。『弘』為揚也。『斯』，此。『典』謂教典。謂佛在日，偏頗弘楊此律教典。具五義故，所以偏弘：一、金口親說，二、同界盡集，三、准半月，四、須法界，五、准具戒得聞。經論反之，故偏弘矣。（收科云云）。」（第一七四頁下）搜玄：「『偏』者，大約有二：初，對戒律，特弁偏弘；二、約經中，亦偏弘戒。前則花嚴、發正總處明之，且有五種，前一是表詮，後四是遮詮：一、如來在世，為諸比丘制戒，半月半月親自金口，與諸弟子說教，授波羅提木叉，令正法久住，酬身子請名偏弘。二、如說契經，不論眾別；戒則不爾，（二九七頁上）界內外，要須盡集，若叛有罪，亦名偏弘。三、如說契經，不揀於時；戒則不爾，要在半月，不得晨朝，亦偏弘也。四、如諸契經，隨處即說；戒則不爾，要在作法處說，亦名偏弘。五、如諸契經，道俗得聞；戒則不爾，要揀清淨大比丘僧，破戒之徒，亦不合聞，名偏弘也。故多論云：如諸契經，不揀時處，及在僧中。二、初經中亦偏弘者。支硎云：且如涅槃窮終之教，弁常住之果，明長壽之因，謂是其戒。所以如來告諸比丘：汝於戒律有所疑者，今悉可問。又云：欲見佛往（原注：『往』疑『性』。），要因持戒等。問：『佛何十二年後，不自說耶？』戒疏云：『如律，五年制廣，便有犯人，但寂初不犯，佛尚為說，至十二年，方有重犯。如律。佛言：從今我不說戒，汝今自說。』問：『佛何不為犯者說也？』答：『以無事不知，無事不見，犯人三問，不答必有碎首等苦，故不為說。』問：『佛、僧二說，俱為行淨，如何一開一閇？』答：『佛眼無不觀了，唯淨行者方聞。僧制取報，三根現淨，得陳說戒，佛說不應，則神杵壞之。僧說不應，則無神可損也。』問：『十二年後，因過不說，何得偏弘？』答：『佛令弟子半月半月說者，非偏何謂。』」（二九七頁下）

〔三〕爰及四依　鈔批卷三：「爰，由及也、於也。上既佛在，皆自弘宣。今明滅後，四依出世，亦弘宣於法而不替也。佛雖滅度，用此教法，付大迦葉，乃至異世、同世五師。及至四依出世，弘佛所遺之風，不廢替也。言『四依』者，汎論三別，謂人、法、行也。『行四依』者，即常乞食、樹下坐、糞掃衣、腐爛藥。『法四依』者，依法不依人、依智不依識、依義不依語、依了義經不依不了義經也。『人四依』者，立云，約大小乘合論。若大乘四依，如涅槃中，八大人覺為初依，斯、須二果為第二，那含為第三，羅漢為第四。就小乘明者，初七方便，人為第一，（二六五頁上）餘三同前大乘所列名也，皆謂小乘羅漢、大乘羅漢等。如涅槃中所明。此是大乘四果，盡是菩薩，假為此羅漢等之名。（云云。）尋涅槃疏中，亦有此意。如涅槃所明者，總是菩薩耳。又，約榮疏解四依，大小乘相對辨者：一者，如涅槃云：有人出世，具煩惱性，是名第一。即地前菩薩以擬小乘七方便人，同為凡夫，未真斷惑，是故說為具煩惱性，為初依人也。須陀洹人、斯陀含人，是名第二。初地已上，六地已還菩薩，同在欲界，以擬小乘苦忍已上，斯陀已還。此之二果，雖入聖位，同未離欲界，是故合為第二依人也。或云『初地』至『七地』也。然聲聞以見諦為麤、思惟為細，菩薩以三界為麤、習氣為細。今六地終心，斷三界結盡，猶如須陀洹斷見諦結盡也。七地始侵習氣，如斯陀含侵思惟結也。以其麤細盡不盡同，故將『初地』至『七地』以擬二果也。阿那含人是名第三者，七地已上，九地已還菩薩，離分段身，入深法位，以對小乘阿那含人。已出欲界，同為第三依，或從八地已上數之也。阿羅漢人是名第四者，十地菩薩學位已窮，得擬羅漢所作已辦，（二六五頁下）為第四依人也。此無學果，正使已盡，習氣未盡也。迦葉起儛，身子起嗔，難陀悅色，畢陵伽罵河神等，皆是習氣。然此但是煩惱餘氣之勢分也，不能成業，無有體性也。今正取人四依，明其人能弘傳律藏，使大師遺教之風無有廢替，故曰爰及四依也。」（二六六頁上）資持卷上一上：「『爰』即語詞。……言『四依』者，凡有三種：一、『人四依』，（內凡為初依，初果為二依，二、三兩果為三依，四果為四依。）涅槃云：有四種人能護正法，為世所依。此並大權示聲聞像傳法化人，眾生所賴，四並名『依』。二、『行四依』，（糞掃衣、長乞食、樹下坐、腐爛藥。此四種行，入道之緣，上根利器，所依止故。）三、『法四依』，（謂依法不依人、依義不依語、依智不依識、依了義經不依不了義經。此之四法，簡辨邪正，末世所憑，故得名也）。今此所標，即人四依。昔來但列二十四祖，今意不爾。二十四師且據相承傳法之者，若約橫論，同時弘闡，人實非一，鞠多五子，豈不明乎！就豎而言，師子已下，豈無傳教！況復下云『逮于像季』，則知四依之言，兼該正、像。弘法之師，豈唯二十四人而已？（二十四師名字、化跡，廣在付法藏傳及住法圖贊，須者尋之。）」（一六一頁中）搜玄：「爰者，說文云：及也。公羊云：前後相接也。及者，於也。遺者，富陽云：餘也。風者，教也，謂風，亦喻也。風有靡草之能。今律教軌則，僧尼整肅，如風之靡草也。亦云法也。替，癈也。謂如來十二年後，滅度已來，所制戒法，及至於四依，亦半月恒遵偏弘之風，無替癈也。四者，數也。依者，憑也。涅槃第六云：有人出世，具煩惱性八大人覺，謂少欲、知足、寂靜、精進、正念、正定、正慧、無戲論也。是人雖行少欲等諸行，不妨未斷煩惱是第一依，斯、須二果為第二依，阿那含人為第三依，阿羅漢人為第四依。又，初大小乘弁者，小乘四者，初七方便人為初依，餘三同上。大乘四者，地前三賢為初依，從初地至七地為第二依，八、九二地為第三依，十地為第四依。又有釋言，謂迦葉、阿難、商那和修、優波毱多等，為其四依。以是四人，階其聖位，弘大毗尼，一味無缺，故言無替。後毱多已下五弟子等，各執己見，分大律藏，則漸替廢，甚有理也。此並初能弘教，故尅就人四依以弁竟。古人因此弁法、行二種四依。據涅槃二十一云，三種相，假夫四依出世，（二九八頁上）要須行『四依行』，具『四依法』，方能為世依憑。不爾，名外道，不名為佛弟子。『行四依』者，受戒已後，令著糞掃衣、乞食、樹下坐、腐爛藥等。此為四聖種緣，故云『行』也。『法四』者，智論云：依法不依人、依義不依語、依智不依識、依了義經不依不了義經。非此所要，不能廣解也。」（二九八頁下）【案】地論卷一一，三三二頁中。

〔四〕遺風無替　資持卷上一上：「此明如來滅後，迦葉而下，結集傳持，故云無普（【案】『普』疑『替』。次同。）。『普』即廢也。」（一六一頁上）鈔批卷一：「謂佛既滅後，留此教法，遺比丘也。替者，改也、滅也、去也、止也、待也。明此教法，此時無廢，復無改變也。風者，佛之教也。風有靡草之能，教有除非之用，故曰遺風無替也。」（二三二頁上）鈔批卷三：「遺者，爾疋云：遺也，（去聲。）遺者，與也。謂佛既滅後，唱此教法，遺（去聲）比丘也。替者，改也、廢也、滅也。謂絕滅也，去也、止也、待也。明此教法，此時無廢，復無改變也。風者，佛之教也。風有靡草之能，教有除非之用，故曰遺風無替也。」（二六六頁上）

逮于像、季〔一〕，時轉澆訛〔二〕，爭鋒脣舌之間，鼓論不形之事〔三〕。所以震嶺傳教，九代聞之〔四〕，拔萃出類，智術而已〔五〕。欲明揚顯行儀〔六〕、匡攝像教〔七〕，垂彝範、訓末學〔八〕，紐既絕之玄綱〔九〕、樹已頹之大表〔一〇〕者，可得詳而評之〔一一〕？豈非憑虛易以形聲〔一二〕、軌事難為露潔〔一三〕者矣。

然則前修，託於律藏〔一四〕，指事披文而用之〔一五〕，則在文信於實錄〔一六〕，而寄緣良有繁濫〔一七〕。加以學非精博〔一八〕、臆說尤多〔一九〕，取類寡於討論〔二〇〕，生常異計斯集〔二一〕。致令辨析釁戾，輕重倍分〔二二〕，眾網維持，同異區別〔二三〕。自非統教意之廢興〔二四〕、考諸說之虛實〔二五〕者，孰能闢重疑〔二六〕、遣通累〔二七〕、括部執〔二八〕、詮行相者歟〔二九〕？常恨前代諸師所流遺記〔三〇〕，止論文疏廢立〔三一〕、問答要鈔〔三二〕。至於顯行世事、方軌來蒙者，百無一本〔三三〕。時有銳懷行事，而文在義集〔三四〕：或復多列游辭，而逗機未足〔三五〕；或單題羯磨，成相莫宣〔三六〕。依文用之，不辨前事〔三七〕。並言章碎亂，未可披撿〔三八〕。所以尋求者，非積學不知〔三九〕；領會者，非精錬莫悉。

【校釋】

〔一〕逮于像、季　鈔批卷三：「逮，由及也。像者，似也。季者，末也。有云：正法純真，像但相似，故言像法。此明去聖日遙，教有陵遲之損。言像季者，此一『季』字，兩意解之。准知。正法合得千年，緣為度尼，減正法五百歲。若能行八敬者，還令正法千年。以此類之：尼若能行八敬者，今屬像法家之末，曰像季也；若尼不行八敬，此季則屬末法之限，亦是季義也。明末法自是季，當像法中欲盡，還是季末，故曰逮于像季也。」（二六六頁上）資持卷上一上：「像季弘傳。初科，明兩土中。如來中夜入滅，後夜不如。正法、像法益多乖諍，況像季乎！如感通傳天神所述：西方諍競，大小不融；至於經卷，互相投毀。及空、有兩宗，各分黨類。若論此方，隋唐已前，五部未分，假實未判，是此非彼，各尚已宗，故多乖諍。以下文中，別指震旦，故知此科通語兩土。然祖師出世，當佛滅後一千五百餘年，即入像法之末，是故齊此以明訛替。」（一六一頁中）搜玄：「謂四依已後，及於像季，時非正法，日向衰微，故名時轉。人不重戒，名為澆薄。有所論量，不能真正，名訛謬也。所言像者，准觀法師解般若經，後五百歲中，即用四法以弁，謂理、教、行、果。言理者，即是真如之體，凡聖所依，從此真理，流出十二分教。（二九八頁下）既有其教，必詮其行，依教奉修，必獲果證也。初，佛滅後一千年，具此四法，與佛在世，等無有異，故云『正』也。次一千年，但有上三，而無果證，似像於正，故言像也。更有萬年，但有上二，亦無其行，以去聖日遠，眾生無智；雖有教法，不肯遵修，望於正像，將為漸末，故云末也。然今季者，則像中之季。慈云，准見論，尼行八敬，正法還復千年，今猶是像家之末。故說戒篇鈔主自歎云『然即生居像末，法就澆離』，斯良證也。如今一時三月，後一名季也。」（二九九頁上）簡正卷三：「二、像末住持，訛替中，分三（原注：『三』疑『二』。）：初，通明時移教替；二、『所以』下，別明此土傳持有失。言『逮于』至『事』者，此段文通西土像末之時，教法訛替，偏說此方，故移在三失之前。（與顯正有異也。）逮，由及也。于，由於也。像，似也。季者，末。謂通明佛法，總有三時：一、正法時，有一千年。正者，聖也。具有教、理、行、果四法，即真如之體，凡聖所依，從茲流出十二分教，皆有所詮之行。依教修行，必獲果證，與佛在日不別，故云正法也。二、像法時，亦有一千年。但有上三，少有果證，似像擇正，故云像法也。三、末法，有一萬年。去聖時遙，眾生無智，有教典不肯修行，望於正像，將為漸末，但有上二，全無行果，故云末法。（一七六頁上）又，於第二像法一千年中，前五百猶有果證，後五百年但有上三。今鈔制作，去佛滅後，已一千五百七十四年，即像中之末，故云像季也。（古來多約『末法』以釋者，非也。）」（一七六頁下）

〔二〕**時轉澆訛**　資持卷上一上：「『澆』謂澆薄，醇味漸微；『訛』謂訛變，本體全失；『時』實不然，由人故耳。」（一六一頁中）鈔批卷三：「立云：澆，訓薄也。（二六六頁上）訛者，如物無稜角，非方非圓曰訛也。喻此末代僧尼，無方圓規矩之用也。又云：訛者，濫也。所言時轉者，謂是變動也。時絕純厚，故人隨澆薄也。爾疋云：訛者，偽也。淮南子（【案】『准』疑『淮』。『子』疑衍）云：訛，由薄也。」（二六六頁下）簡正卷三：「『時』謂時代，『轉』謂移轉。『像』不如正時，『像』末不如像初，故云時轉者。澆者，薄也。訛者，謬濫也。如世有物不方不圓，又無稜角曰訛。今人弘法，不如『正』及『像』初，故云訛也。」（一七六頁下）搜玄：「時轉澆訛者，謂像望正不如，像末望像初，展轉不如。訛者，濫也。望云：如世有□（【案】『□』簡正引作『物』。），似方無稜角、不方又不圓曰訛。今人弘於戒律亦爾。不似正法，又不似像法之初，故訛濫也。」（二九九頁上）

〔三〕**爭鋒脣舌之間，鼓論不形之事**　資持卷上一上：「『鋒』即利刃。世中兵鬥，謂之爭鋒。脣舌相攻，以圖勝負，事有同焉。『鼓』謂擊動，『論』即言議事無形質，顯是虛諍，故云不形。」（一六一頁中）鈔批卷三：「爭鋒唇舌等者，鋒者，器刃之端，銳利之義也。謂末世比丘講說論義，喜相嘲調，利口綺語，用為智能。但能說無相之理，口為說空，行在有中，不能依教修行，但以寄在唇舌也。古師云『言在飛龍前，行在跛鼈後』是也。有云：人有三表，刀、筆二表，殺人可知。舌表亦爾，用此舌表，論難殺前人。此上三表，俱能害人，如鋒刃之器，故曰也。濟云：明今有評論佛法者，皆以勝負之心互相是非，以舌相害，故曰唇舌之間。然所爭是何？謂爭空也。故下句即云『皷論不形之事』，不形即是空，謂空爭無相之理，而身不行，故曰也。皷論不形之事者，皷是動也。此明動即論不現之事，皷動唇舌，高談遠理，云罪福無主，色空雙泯，以其真如理相既深，非可見聞，故曰不形。形，由現也。此謂心不達理，故言不形之事。心若達者，見理而談，不拘此例。又有人云：皷者，但有其皮磽，其腹則空，（二六六頁下）擊之空有其聲，而無其實。此人亦爾，虛說至理，事同皷聲，撿其業行，心未證知，內全無實。但以假說不形、無名相之理，如皷之聲內空無實，故曰也。」（二六七頁上）簡正卷三：「爭者，競也。鋒者，刃也，說文云刀端。謂世有三端：辨士舌端、文士筆端、武士刀端。上之三端，甚利如鋒，刀、筆二鋒，但損生身。若論舌鋒，生、法二身俱損，謂出言害物，故如鋒也。劉子云：口含鋒刃，動則傷人。今此爭鋒，是舌鋒也。又，所（【案】『所』疑脫『爭』字。）之事淺近，故云脣舌之間也。皷論不形之事者：『皷』謂皷動，『論』謂量（原注：『量』上疑脫『論』字。）。皷動論量，皆非典據。形者，成也。凡是論量，皆是胸臆所談，不成典據。（上且一解）。又解，形者，身形。謂毗尼軌事，是比丘身之所行，名為形事。今非法自立條制，無其典章，不是比丘身所行事，故曰不形之事。故下文『凡厥化止出，應於彼正教，都無詮述，事起非法，言成訛濫』等。（此搜玄解亦通。更有別解，非正。）此于文約一五百年後，西土不依教相，（一七六頁下）但自憑虛。大小二乘，牙（【案】『牙』疑『互』。）相非斥之例。」（一七七頁上）搜玄：「所爭之事淺近，故云脣舌之間。有人見律闕文，遂臆說云：止但手持，無離即得；或有師心加四分明相之衣，取僧祇通夜之法。如此師心臆說，各競是非，互指為迷。誠由無教所爭，不佩真文，見處淺近，云脣舌間也。皷動論量，皆是不形之事。（二九九頁上）既論量不形之事，而於戒律豈更遵承？然不形事者，人解不同。今謂非法僧制，皆是不形之事。『形』謂身形，謂毗尼軌事，是比丘身之所行，名為形事。非法眾主，凡所立法，既無典據，非比丘身所行之事，故曰□（原注：『□』疑『不形』。）也。鈔主云：凡厥施化，止出唯心，於彼正教，都無詮述。所以事起非法，言成訛濫，反生不善，何名引接？皆由自無方寸，師心結法，即其義也。謂見處淺近，是心出唯心，故云脣舌之間。凡所論量，於彼正教，都無詮述，即是不形之事。」（二九九頁下）【案】「凡厥施化，止出喉心，於彼正教，都無詮述。所以事起非法，言成訛濫。」見導俗篇。本注簡正和搜玄引用有改動。

〔四〕**所以震嶺傳教，九代聞之**　鈔批卷三：「此下明教流東土，傳持損益。立云：還是葱嶺東，名震旦國，亦如秦川之南名秦嶺。又云：白木條國之東，震旦也。宣驗記云：震旦國者，亦曰真丹，梵言『輕重』。東曰震，西曰兑。葱嶺已東，名震旦者，以日初出，曜於東隅，故曰震旦。傳教至此，故曰震嶺傳教也。言九代聞之者，從漢明帝永平五年（公元六二年）夜夢已來，佛教東傳，迄至今時，更於九代。所言九者，謂漢、魏、晉、宋、齊、梁、陳、隋、唐，名之為九。北人數者，除陳，取宇文周，所以取二家不定者。勝云：宇文處在中原，而不得玉璽，陳得玉印，不在中原故，所以取之不定。玉印者，即玉璽也。此等金綑玉印，古先帝代，獲者稱王，不獲稱帝，皆愆濫也。」（二六七頁上）資持卷上一上：「『震』是梵言之省略，『嶺』即土境之通名。如世州郡，多以江山川澤通而召之。又如釋相云：震嶺受緣，即明東夏得戒之始耳。（一六一頁中）又，僧傳中贊曇延法師云：震嶺宏標，遺教法主。準知震嶺之號但目此方，不煩穿鑿。（舊云：國嶺兩標，震是此方，嶺即蔥嶺。非也。）具云震旦，亦云真丹，此翻漢地。傳教者，指弘通之人。」（一六一頁下）

〔五〕**拔萃出類，智術而已**　資持卷上一上：「事出胸襟，謂之智術。此明前代諸師任意自裁，不憑正教。上句彰其英敏，下句斥其師心。」（一六一頁下）鈔批卷一：「昔代高僧、名僧等，雖有智術，神通拔萃，以一時生物信心，而不能任持佛法，亦不依律教訓時，故曰智術而已。已，由止也。」（二三三頁上）鈔批卷三：「如草木盛時，長短齊平，忽有一莖，超透眾萃之上，名為拔萃出類。萃，亦類也，亦是蘩聚義。東齊海、岱之間，謂萃為聚。又是草蘩之貌也。『類』謂同倫類也，亦曰流類。（二六七頁上）出者，謂拔群之意也。如百、千人同類中，有一人秀逸超群，名為出類。此況昔代高僧康僧會、澄、蘭等，但有智術神通，以為拔萃。但是一時生物信心，不能任持佛法，亦不能匠物，量由不依律教訓時故也。『智』是能。『術』是道也、法也。謂但說智能之道術耳。此明古來雖有名德，但是智能談道理而已，至於匡建之行，曾所不論，故曰智術而已。已，由止也。」（二六七頁下）搜玄：「拔萃者，古來兩解：一拔萃異於出類，二秡萃即出類。花嚴云：草聚曰萃，人聚曰類。又云：萃，聚也。聚中最長，名為拔萃，即出眾流類也。今同此意。謂九代已來，位居僧首，即為拔萃，出眾流類也。『智』是心智，『術』是法術。故鈔文云：凡厥施化，止出唯心。又云：法出恒情，即智術也。自後漢第二明帝永平十年傳教至此，至魏文帝時，雖有佛法，道風訛替，亦有僧眾未稟歸戒，正以翦（原注：『翦』疑『剪』。）落殊俗，設復齋懺，事同祠祀。至魏癈帝嘉平二年，於洛陽准用十人，以羯磨法，與僧受戒，其間眾首，（三〇〇頁下）濫委佛教，以亂法司。若僧有過，則以情智出其法術治罰，或立罰錢及米之制。或餘貨賕；或行杖罰，枷禁鉗鑠；或奪財帛，以供僧眾；或若僅治地，斬伐草木、鋤禾收刈；或周年苦使；或因遇失奪，便令倍償；或作破戒之制，年別依次、鋤禾刈穀；若分僧食，或造順俗之制，犯重因禁，遭赦得免；或露立僧中，伏地吹灰。如上治罰法術，九代傳聞，皆出於拔萃出類、僧首之心智也。都不弘毗尼，令佛法千載不墜，但以非法治罰，貴在率伏眾人，故云而已也。」（三〇一頁上）

〔六〕**欲明揚顯行儀**　鈔批卷三：「謂如上智術之人，欲明揚顯行儀，欲明匡攝像教，欲明垂彝範等者，不可得也。將明智術之人，非斯任持之匠，故假設此諸句語竟，即云可得詳而評之。可，由豈也。言行儀者，『行』謂戒行，『儀』是軌儀，謂此教是行門也，亦是威儀。」（二六七頁下）資持卷上一上：「凡傳教之務，不出有三：一、弘揚教法，二、訓誘來蒙，三、扶持顛墜。今觀前代，於此三事，曾未論之，故下結云『可得詳而評之』，蓋言不能詳評故也。是以文中科為三失：初，『揚顯』下二句，闕第一也。『行儀』謂行事軌式，以像末之教，不顯行儀，安能久住！」（一六一頁下）搜玄：「謂欲令上憑虛之人，明其揚顯行儀，乃至樹已巔大表，豈可詳審而平論之也。諸句皆爾。發正云：『揚』謂發揚；『顯』謂光顯；行者，自行、眾行、共行。儀者，威儀。謂行行有則，儀相外彰，故曰行儀也。」（三〇一頁上）簡正卷三：「欲者，希、須也。明者，顯也、彰也。楊者，弘也。行謂眾、自、共三世行也。儀者，儀軌也。意道若欲顯彰，楊其三行軌横儀範者，須是明律閑相者，即可得詳而評（『支抦』反。）之。顯上來拔萃智術之人，不在中論說。」（一七八頁下）

〔七〕**匡攝像教**　資持卷上一上：「『匡』謂正其訛駁，『攝』謂持之久永。」（一六一頁下）搜玄：「匡，正也。攝，持也。『教』謂教跡。謂欲令憑虛之人，發揚光顯三行之威儀，於像季之時，（三〇一頁上）呵責駈擯非法比丘，匡正攝持毗尼法則軌事，豈可得也？」（三〇一頁上）鈔批卷三：「『匡』是救也、正也。『攝』是統御義也。所言『像教』者，謂教流像法，有人匡攝此教，令不斷也。」（二六七頁下）簡正卷三：「意道像法將末之時，須人匡正攝持。若是精

明律相者，即可得詳而評之。若智術之流，即不可得在此中之數也。」（一七八頁下）

〔八〕**垂彝範、訓末學**　資持卷上一上：「『垂』下二句，闕第二也。以後學無知，若非師範，進道無由，尋（【案】『尋』疑『彝』。）即法也。」（一六一頁下）鈔批卷一：「彝者，常也，又器名也。範者，由法也。謂楷式法則也。將此律教之常法，垂布訓於後來之人，名為訓末學。」（二三三頁上）鈔批卷三：「垂彝範者：立云：垂謂下垂，蔭覆之義。如經云『靉靆垂布』，明是下也。勝云：上命應下謂之垂。彝者，字有多義，亦祭器名也，亦曰常也。……今言垂彝範者，謂將常所行之法，流布後進也。謂是更能重垂佛之常則，於世不墜也。故律序云：眾人之所舉，古昔之常法。明上德之人，將此律教之常法，垂布訓於後來之人，名為訓末學也。又訓末學者，訓，由誨也。後生學者，名為末學也。」（二六八頁上）搜玄：「垂者，謂上訓下也。如經云『靉靆垂布』，即其義也。彝，常也。範，法也。即毗尼律教，千佛共傳，皆不改易，故稱常法訓教也。約字釋者，言如大川，大川濟其所適，言濟其所成，二利不殊，合成『訓』字。後代僧尼，俱名末學。今欲令憑虛之人，垂毗尼常法，訓末學僧尼，豈可得也？」（三〇一頁下）

〔九〕**紐既絕之玄綱**　資持卷上一上：「『紐』下二句，闕第三也。玄綱大表，並喻律乘。『紐』謂接續，『既』即已也。」（一六一頁下）簡正卷三：「紐，續也。既，已也。絕者，斷也。玄者，妙也。綱，網也。毗尼是玄妙之綱，今已斷絕，像末之隆，誰更續之？若明解者，可得詳而評之。若上智述之流，不在此言限也。」（一七九頁上）搜玄：「約能詮教說也。約，續也。既，已也。絕，斷也。綱者，喻也。綱能持於網目，即喻能詮之教。能持、所詮，萬行玄妙之網目也。且如止持一目，對境防非，有無作起，非色非心，能清色心，隔凡成聖，豈非玄妙能詮之，即詺此教為玄綱也。四依已後，此綱既已，斷絕弘持。今欲令憑虛之人，約此已絕之綱，可得詳而平論之也。上約能詮教說也。」（三〇一頁上）鈔批卷三：「此下是喻說也。如網有綱，四周齊正，提綱則目整，舉領則毛端，故網須有綱。復須得紐，或有綱而無紐，或有紐而無綱，皆不可也。今佛法之網，用戒為綱，維持之法為紐也。前明像季時訛，此是玄綱絕紐。今由能揚顯行儀，即是紐已絕之玄綱也。立云：佛法以戒為紐，無漏定慧為玄綱，其義未詳。玄者，深妙義也。又，玄者，黑色也、遠也。如天遠蒼蒼，不可辨於其色，曰玄天也。勝云：『紐』謂鉤紐也。如網雖有綱，復須鉤紐，紐若無者，綱亦無用。欲明雖有毗尼之教，教即綱也。若無人弘持，教則無施，遂令法滅。若人能弘，如綱之有紐，紐屬弘也。」（二六八頁上）

〔一〇〕樹已顛之大表　鈔批卷三：「此明世中華表、表刹等，標記處所，有所表彰。如津濟之處，豎其大表。若人迷途失濟，（二六八頁上）使人遠望此表，知其方所。若能標之表忽倒，則迷所標之處也。忽有一人能更豎茲表者，還令得知津途方所。昔以戒法無，既事同表倒。今更有人能傳律藏，使三寶隆安，是樹已顛之表也。顛者，倒也，仆也。佛法之中用戒為表，表於定慧，斷生死之迷，向涅槃之路。戒表若倒，則失菩提之路也。今能依教修行，是其樹義。樹者，豎也。夫樹不生而已，生則聳榦陵空，喻戒法居宗眾教之上。謂戒不有而已，有則能建立正法，居其眾善之上，故曰樹已顛之大表。樹者，立也。凡有置立皆曰樹。樹亦種殖也。」（二六八頁下）搜玄：「『樹大表』者，約所詮戒說。靈山云：樹，立也。巔，倒也。謂頂墜於地曰巔。故俱舍云：巔墜於地獄中。『大表』者，亦是喻也，謂表柱也。天涯浦街衢，恐行者致迷，故樹之以表柱。今言『大』者，簡異街衢之小柱，取津浦之大表。此表若倒，人何以行，故須樹立。今所詮戒表，表示五乘之津路。若無戒表，（三〇一頁下）五乘迷途。今言『大』者，約相約人而為言也。如善生經云：虛空、大地、大海、草木、眾生，量既無邊，戒亦齊等。故稱為大。又，一切諸佛，本所持故，一切菩薩，皆持此戒到如來地，大人所持，故得稱大。此之大表，佛及四依，去世日遠，已巔墜也。今欲明其再樹。」（三〇二頁上）資持卷上一上：「『樹』字上呼。」（一六一頁下）

〔一一〕可得詳而評之　鈔批卷三：「此明詳評律教者，要是上來豎已顛之大表，紐既絕之玄綱者，方能平章律藏通塞也。自非斯上之人，不可平章此義，故曰『可得』。『可得』者，謂『豈得』也。評（音『病』），謂平量曰評。切韻云平言曰評，平量曰評也。」（二六八頁下）

〔一二〕豈非憑虛易以形聲　資持卷上一上：「上句躡前智術。既無典據，故云憑虛。……以，即用也。『形』謂構其相狀，『聲』即發其言詞。……任情虛說，無教照對故易；軌行實事，是非外彰故難。」（一六一頁下）簡正卷三：「憑虛者，不依教也。易以形聲者，形者，身也。聲者，教。不論量足別，是以形不辨七非之相，是易以聲。」（一七九頁上）搜玄：「言『豈』至『矣』者，雙結上二義也：初，結憑虛之易；二、結軌事而難。『豈非』者，『可不』也。『憑虛』者，是前皷論不形之類也。形者，身形也。聲者，語詞也。且如憑虛之人：身則不論足別，不須五十，餘法簡之，即易為形；所爭之事出言，即是不論七非，即易為聲。毗尼不爾，一一皆有法則，依教即成，違則不就，故云軌事難為。且如匡攝像教，康（原注：『康』疑『秉』。下同。）羯磨等，離其人非。如下足數中云：人雖五百，簡之不中，即難為形。羯磨緣骨如法骨中，若欠一字不成，故難為聲。如此難為，則須形聲如露之清潔者，始得為矣。」（三〇二頁上）鈔批卷三：「此句謂覆結上言皷論不形之事句也。憑者，托也、附也。虛者，不實也、空也。形者，現也。謂托空而說者，如言不生不滅、色即是空、理無三際、迹絕來去者，是應道理之言，易得形聲也。（二六八頁下）『聲』謂聲譽也。如前鼓論不形之人，談無相理，易得名稱譽。由空理不可見，談者言多相濫，誰究其非，聞者皆信，易以形聲也。又解：『形聲』者，影響也。凡有形必有影，有聲必有響，舉形聲以成影響。顯前說者，不證其實理，但影響而已也。相州恪闍梨親問南山，云：憑虛易以形聲等者，無相之理，本無有形。然談其理，以聲為教體，即用此聲，以之為形，故曰形聲。毗尼之教，以事為形，此形可見，有軌有則，難可應法，故曰難為顯露、難得清潔也。無相之宗，既信聲為形，形既不可見，誰驗是非，故易談也。口說無難，但行之不易，說無難故，故曰易以形聲。」（二六八頁下）

〔一三〕**軌事難為露潔**　鈔批卷三：「此句卻結上欲明揚顯行依等句也。軌者，法也、則也。露者，顯也。潔者，清也。謂軌事依律而行者，則難得清顯也。如今僧尼著衣喫食，並俱不鮮。若令如法軌行者難有，此清露無過之人也。若上說空無相之理，理易為形聲。若約律教，案法而行，則難得鮮潔清顯也。又解：露潔者，露非清不結，必以清潔者，方結為露。人則非清淨者，不能軌於行儀、匡攝像教者也。若作此解，須作『結』字。若作『結』字，（二六九頁上）則如前釋也。濟云：前句約說空之人易得形聲，由理難見而異說故，談則相濫，故易也。若軌事修行，如作羯磨行事等，法若落非，人即知於非，作惡違戒之人，即知見也，故曰難為露潔，謂顯露也。無相道理，隱故易談，律儀之行，人見難作。故諺云：『畫鬼魅者易為巧，圖犬馬者難為工』，即其義也。」（二六九頁下）資持卷上一上：「下句躡上三事不能詳評，故曰難為。……『露潔』猶言顯白也。任情虛說，無教照對故易；軌行實事，是非外彰故難。上約虛實相對，釋次就理事釋者。有解云：上句指虛通理性，即經論之學，下句明軌範事相，即毘尼之教。彼引僧傳，僧休法師聽洪律師講四分律三十餘遍，顧諸徒曰：『予聽涉多矣。至於經論，一遍入神。今聽律部，逾增逾暗，豈非理可虛求、事難通會乎？』（又引戰國策云：畫鬼魅者易為巧，圖犬馬者難為功。（一六一頁下）又云：淄州名恪律師親問南山，即以此對，未知何出。）此謂諸師談經說理，無不精窮，考律行事，未能決白。此釋可取，故兩存焉。」（一六二頁上）搜玄：「謂將此行教，令前憑虗之人康行即難。故發正云：欲行此淨潔之教，以事驗人，（三〇二頁上）故難為也。」（三〇二頁下）

〔一四〕**然則前修，托於律藏**　鈔科卷上一：「『然』下，別彰講解之過。初斥學解。」（一頁下）鈔批卷三：「前學諸師，名為前修。托者，附託也。謂前代諸師，附律藏中行事也。」（二六九頁下）資持卷上一上：「『前修』即指前代諸師，『律藏』且據本宗一部。每有行事，必據誠文。雖是實錄，然由年代渺邈，五師捃拾，翻譯失旨，抄寫錯漏，致有殘缺不了之文。今家則用文義決通，如下所標『律文不了』是也。」（一六二頁上）簡正卷三：「此文約東晉、後秦。雖律本來，古德聽習不精，致愚教有失，並未論章疏也。『然則』二字，躡上生下之詞。然，是也。前修者，一釋云南山已前依律進修諸古德也，此解恐稍通漫也。今但取北齊未製疏一類古德，名前修也。挓（【案】『挓』疑『託』。）於律藏者，此類古人，確執律文，不許加減。」（一七九頁下）搜玄：「此對前脩愚教，為作鈔之由也。『然則』者，躡前起後之詞也。然，是也。是教來九代所聞，有依律藏，而於能詮不了，行事不得，則成非也。律教初興之古德，並曰『前修』。凡曰施為，皆憑託於律藏。凡有一事，皆手展律文，白讀羯磨，而用被於前事也。故羯磨篇云『於是執文高唱，呈露文聞』，即其意也。」（三〇二頁下）

〔一五〕**指事披文而用之**　鈔批卷三：「事謂衣、藥、鉢等事也。如持衣、加藥，當部缺文，應取他部，豈得手持而已。前代有師不閑通塞，直信律文有無，不取他部，故曰披文而用之也。」（二六九頁下）簡正卷三：「謂指前事披讀律文，如作看病人，賞勞羯磨，不問前三衣六物，具報皆牒六物之詞。」（一七九頁下）搜玄：「支硎引羯磨篇云：戒本制令誦之，羯磨豈得白讀！況於呪術白讀，被事不成等。」（三〇二頁下）

〔一六〕**則在文信於實錄**　搜玄：「則在文者，謂所秉事法，則在律文。雖然闇誦臨事，不解加減，名信實錄也。實錄者，支硎云：謂結集家（三〇二頁下）依佛說者而錄。又，譯者准梵本而番，故得稱為實錄也。」（三〇三頁上）鈔批卷三：「大律藏中，明其持犯行相，是實錄也。但行事之人不解去取，即有濫耳。如上不取他部持衣之人，人問：『何故不用外部持衣之文？』彼即答云：『非故不用。但律文分明，直言受持，不稱加法。此並出於實錄，詺四分文為實緣也。』又如『亡比丘分衣羯磨』中，若有三衣、六物，與看病賞勞，忽無其物，羯磨隨有無陳之。若但信律文所錄，謹誦曾不改張，故曰也。有人云：（二六九頁下）如四分『一切器皿不可分』，十誦明斗量三斗已下應分，今須依之。若不依，直信四分文，則濫也。又如四分喚戒場為『小界』，有師判是三小界，即無難結於三小而受具者。此亦是濫，以律開難故結耳。又如下結界文云『當唱方相，從東方為始』。此是實錄。今須從東南角為始，方得無濫也。今若信文，不臨時隨改者，是信實錄。……又如律文白四羯磨云第二、第三亦如是說。今則依誦，名信實錄也。勝云：在文信實錄者，且如安居法，律云『依其（原注：『其』疑『某』。次同。）聚落其伽藍』。若在聚落，除『伽藍』之言；若在於藍，除『聚』之稱。若不思審，隨文總牒者，於事即繁，於法成濫也。又如律『懺捨墮法』，律列四人僧中，即用四人懺捨。以受懺人牒名入法，為僧所量，不落僧教。今用四僧者，即是其濫，須依僧祇五人為定義也。」（二六九頁下）簡正卷三：「古師道此羯磨法，是文金口親言，固非濫說。傳到此土，是正翻，但依文誦之，信為實錄，不可增略也。」（一七九頁下）

〔一七〕**寄緣良有繁濫**　鈔批卷一：「勝云：如且初安居法，律文云『依某聚落某伽藍』，若在聚落，除『伽藍』之言；若在於伽藍，除『聚落』之稱。而不能思審，隨文總牒者，於事即繁，於法成濫，故曰寄緣繁濫等。」（二三四頁上）資持卷上一上：「寄緣，猶附事也。『良』即訓實。以文害事，故有繁濫。（如依律，羯磨各差五德，有覆不開懺重，夏竟解界，二十八人不足數、四人捨墮之類）。」（一六二頁上）簡正卷三：「寄緣者，今行非也。寄，托也。緣，即所為之緣，二三中間是也。良，多也。依文謹誦曰繁，被事不成為濫。（上且舉此釋詣，例所可知也。）。」（一七九頁下）搜玄：「非相如何以寄緣？良有繁濫，故成非也。牒緣入法，名寄緣也。良，多也。多有繁過、濫過。長則成繁，有無同法為濫。且諸記並云，如安居法，律云依某聚落、某伽藍，律總出法如此，應在一除一。古人隨文總牒，即名為繁。於一成有，於一成無，有無同法，則成濫也。又如看病賞勞，律文具牒三衣六物，今此亡比丘貧，但有二衣，或有三物，只合隨名牒入，除其無者。今隨律總牒，即名為繁。二衣三物成有，餘衣物等即無。今既總牒，有無同法，故成濫也。受日懺僧殘等諸羯磨中，多並如是，不能敘也。」（三〇三頁上）鈔批卷三：「寄緣，即繁濫也。」（二六九頁下）

〔一八〕**加以學非精博**　鈔批卷三：「學若精博，則能除繁去濫也。不識五部之通塞，名為非博；不練當宗之軌用，名為非精。又解：不識教相，違犯禁戒，名為非精；識（【案】『識』前疑脫『不』字。）解若（原注：『若』字疑剩。）局狹，名為非博。慈云：精者，舉初學人不善明一部也；博者，舉舊學人不善博覽五部。故曰學非精博也。」（二七〇頁上）資持卷上一上：「『加以』下，次明兼生妄計。初句，標過濫之源，為學有二：一、須研味精詳，二、必聞見廣博。既乖此二，故多虛謬。」（一六二頁上）搜玄：「由前白讀，闇誦非上，更加隨文臆說，取文不類，二重非也。精博者，南山輕重儀云：『博』謂通諸部，『精』謂練是非。謂不練諸部是非也。」（三〇三頁上）簡正卷三：「由前托執，自是一重之非。今複有添臆說，故云『加以』也。學者，習學。非，由不也。精為精通，博者廣博。故輕重儀云：博通諸部，精練是非。於當部不能精，於他宗不能博，即古人矣，並開二緣能也。」（一八〇頁上）

〔一九〕**臆說尤多**　鈔批卷一：「如上學非精博，人心為師，制法不少，（二三四頁上）故曰臆說尤多。」（二三四頁下）搜玄：「花嚴云：既非精博之匠，即自出胸臆，課情而說。尤，甚也。說事非一，故曰甚多也。羯磨疏中，鈔主釋受持三衣中云，文云『應受持之』，不出其文，致有諸師行事內濫。有人不加受教，但奉持無離，即是受也。此是隨文臆說。『若爾，何以文中有疑捨受？』『明知有法須捨，不持者，自犯罪耳。由失法故，無宜不受。謂前修見律無加法文，而不博通諸部之文，不知四分是其遺漏，便固執律文，但奉無離即是受也。』此為臆說，即後第四門中第一律師是。」（三〇三頁下）簡正卷三：「古德不精不博，凡論說二事，斷割是非，並是師心。不開（【案】『開』疑『關』。）典據。雖則未製疏抄，依律用錯，引不少欲，故云尤多。（尤，甚也。）如律云三衣須受持，若疑，應捨已更受，有而不受，吉羅。應合加法，詞句之文，但翻譯家欠少。古德不體此意，便云不離身宿，即名受持，何勞詞句，並不用也。又，一夏唯許三度受日，不得重受。又云：自然界體定方等例，皆成臆說。」（一八〇頁上）

〔二〇〕**取類寡於討論**　鈔批卷三：「謂不解類例外部而用也。如僧祇護衣，暗去明來，此與四分全別。十誦同護明相，義與四分不殊。四分既闕持文，即須類用十誦。若用祇文加法，名為『取類寡於討論』。護衣加法即爾，餘事例然。若於文義之中，拙於取類，故曰寡於討論也。然討論者，討尋文義，共論量也。撿祇文云：日光未滅去，至明相出時還，是名失衣。日光滅已去，至明相出還，無罪；日光未滅去，明未出還，無罪。但是夜中一度得會，即不失衣也。」（二七〇頁下）資持卷上一上：「取類者，或引類例有乖，（如小界立相，引僧祇捨衣界，一尋為例。無衣鉢得戒，以『破戒和尚四句』為例等。）或取流類不等，（如用僧祇加衣法，及用解大界、解小界羯磨而解戒場等。）隨聞即用，不究可否，故云寡討論也。……『寡』即訓少。『集』即是聚，言其多也。」（一六二頁上）簡正卷三：「此文大意：前來古人不解引用他部，唯執四分一文，此雖解用外宗，又乃引文下類，亦成非也。『取』謂採取。類者流類。寡，少也、薄也。『討』謂尋。『論』謂量也。即採取事法之文緩急重輕，與我四分，並非流類也。舉事釋者，如古人見四分無持衣文，遂引僧祇文來補之，以僧祇是通夜護衣，（一八〇頁上）與四分明相，流類寬急不等。故羯磨疏云：有人用僧祇受衣，此迷教也。彼律通夜，此護明相，緩急不等，何得妄行！今用十誦持衣，可為相類。（上也疏文。）」（一八〇頁下）搜玄：「謂第二人亦不能通博諸部、精練是非，取文不類，乃成非也。謂有師而知律遺漏，取諸部文，以加受持，而不精練是非也。羯磨疏云：有人用僧祇受者，此迷教也。彼律開夜會，此部明相，有緩急也，何得妄行！今用十誦持犯相類也。」（三〇三頁下）

〔二一〕生常異計斯集　鈔批卷三：「小疋云：『常』謂習常也。四尺曰仞，倍仞曰尋，倍尋曰常，謂舒兩臂也。此只是習俗生常之義也。上寡討論之人，既學非稽古，一生常習異計，相承相准，師弟同迷也。又解：不依正教，恒緣邪務，名為異計。一生永爾，名為生常。所計非一，名之為習。又解：執自己宗為是，名曰生常。兼復前師，代代傳習，習俗生常。常作如此行事，故言生當（【案】『當』疑『常』。）。不順正理，名為異計。又，但執四分一文，望餘他部，（二七〇頁下）亦成異計斯集也。」（二七一頁上）簡正卷三：「謂受戒後，於佛法中名真生也。常者，『上』下安『力』，訓恒也。如俗云：六尺為尋曰常，即習俗生常，不思沿革故。異計者，文外之意曰計，計與文差為異。斯者，此也。集者，聚也。其人一生已來，雖未著述鈔疏，行及至被事之時，常習異計之談，不解取同計之說，故云斯集集（【案】次『集』疑剩。）。」（一八〇頁下）搜玄：「『生常』等者，支硎云：是習俗生常，相承不改義也。異計者，文外生意曰計，計與文差曰異。以此異計，集而用之，名斯集也。有人將律論不了之文為其臆說，未敢依也。彼意云：謂古人依律行事，未作章疏。若臆說屬古人者，恐濫於章疏，故有此斷。今謂不然，此但固執律文，即成臆說。如前所引，無持衣文等，不知律文遺漏，即便固執律無，是臆說也。何開（原注：『開』疑『關』。）章疏？若律論不了文是臆說者，何關古人？托於律藏，不能精博（三〇三頁下），取類之事，故不然也。」（三〇四頁上）資持卷上一上：「愚執畢身，不能遷善，故云生常計也。」（一六二頁上）

〔二二〕**致令辨析釁戾，輕重倍分**　鈔批卷三：「由其習俗生常不閑通塞，便更斷割持犯，分判輕重，故曰辨析。析者，開也。辨者，解也。釁者，罪也。重罪曰釁，輕罪曰戾。戾，亦曲戾也，（見說文。）亦云乖戾也，（見字林。）亦是止也，亦云繚戾。（『於教』反。）今直取其罪義，謂上生常異計之人，如斯釋判，致令得大小之罪也。又，釁者，謂外賊曰釁，起自邊表；內賊曰匿，起自蕭墻之內也。謂諸侯（【案】「侯」原為「候」，依義改）作亂，於邊壃之表曰釁，賊起蕭墻之內名匿。又，釁者，血祭也。有人作逆，斬首取血，祭墳陵七廟，名為血祭。亦產（原注：『產』疑『牲』。）判取血，塗於鼓面，名釁也。此釁正是逆義耳。世人云釁逆，即斯義也。上言蕭墻者，鄭玄云：蕭之言肅也。墻謂之屏，君臣相見之禮，至屏而加肅敬焉，是以謂之蕭墻也。輕重倍分者，謂判輕入重，斷重入輕也。如屬常住物，判入現前得夷，屬現前物，判入常住得蘭，故曰倍分也。儀（【案】即量處輕重儀。）云：障子入輕；五百：般絹入重。重輕天反，故曰倍分。謂分其輕重，倍異故也。」（二七一頁上）搜玄：「此即將輕作重，將重作輕，則辨捃釁戾輕重，一倍相番。次明將同作異，將異作同，眾網維持，區分盡別。『致令』者，躡上生下之詞，由上不曉能詮之是非，致令所詮行事失也。『辨』謂辨別。『捃』謂分捃。釁戾者，輔篇云：重罪曰釁，輕罪曰戾。謂辨捃輕物作重，分別重物作輕。行事與其律教一倍相番，故曰輕重倍分也。准鈔二衣篇中，輕重物釋，將輕入重者，謂古人見律文不許著五大色衣，即判真緋色入重、黃白入輕。鈔主云：白色佛制不著，尚判布絹入輕，例於青赤，亦應分也。此則將輕判入於重。將重入輕者，古人見律許氍氀，量同三衣入輕，即判被量同氍氀入輕。鈔云：被是重物，不可例之。此將重入輕判，使所詮行事，輕重一倍相番也。」（三〇四頁上）資持卷上一上：「釁戾皆目於罪，展轉增多，各據一見，故曰倍分。（加盜僧物得重，而言犯蘭。無知得提，例判為吉。此則以重為輕，盜畜物犯吉而斷犯夷，捨墮物貿新衣得吉，而云犯提。此謂以輕為重也。）」（一六二頁上）

〔二三〕**眾網維持，同異區別**　鈔批卷三：「『眾』是僧眾，『網』是法網也。維者，應師云：維，聯結也，亦維持也，亦繫也。（二七一頁上）明上學不精博等人，執見不同，維持僧眾之綱網，法則乖異也。謂弘持眾法綱網之人，故曰眾網維持也。言區別者，謂若綱維眾法，不依律教者，則令他方異處，與此行用不同，寺寺各別。有處罰錢禮，或立堂罰使等，或鳴鐘禮佛，施則不同，由不依律教故也。若依案聖教，雖相去萬里，而佛法亦同。故下文云：遊化諸方而無怯懦是也。」（二七一頁下）資持卷上一上：「僧事中。如僧網治罰、說戒、自恣、受曰、懺罪，諸餘眾務，一方行化，立法須通。任情則事派千差，依教則理歸一揆。既迷教旨，義無所憑，朋黨者則同，憎嫉者故異。世途目擊，今古皆然，故云同異等。『區』亦分也。」（一六二頁上）搜玄：「結界、說戒、自恣、羯磨等法，並是眾家維持法網，古人既不能精博，則將同作異、將異作同，致令與諸部律論區分總別也。且如難事三小於受戒一界（三〇四頁上）以釋。將同作異者，此之小界，由難故起，佛開結之。律云：僧坐處為界，此即是其界相，而作法之時，還須集僧。古人見律無文，一向直爾即結。如善見七槃陀量，亦為難起。文云『不同意』者，與四分無異。若有難事，為他受戒，則合依此量集。古人不取此量，但直示結者，則將同作異也。將異作同者，難事結界，齊僧坐處為相。古人則准僧祇，捨衣小界，坐外一尋內為相，此則將異作同。鈔云：准僧祇，捨衣者至界外無戒場者結小界。文云：齊僧坐處，一尋已內，於中羯磨。此則明文有開，非關小界。又如於蘭若界已起僧坊，院相四周，此界即非蘭若。四周之相，與聚落之相不分。今若作法集僧故，合同於十誦可分別聚落，隨聚落界，是僧坊界。古人學非精博，見律無文，守文固執，還同蘭若五里集僧，異於十誦可分別依聚落集。夫迥遠處，是蘭若界，有村村界。今既四相周匝，與聚落相同，棄彼之同，而依蘭若五里集僧，卻就其異，故鈔於可分別聚落中明，深有理也。『若爾，蘭若有僧坊，則僧坊集。聚落有僧坊，亦依僧坊集？』答：『此非類也。蘭若有僧坊，（三〇四頁下）僧坊相成，蘭若相滅，即依僧坊集。聚落有僧坊，僧坊相成，聚落之相不滅。又，聚落之相，能攝僧坊，僧坊之相，不攝聚落。故不同也。』有人破云：『鈔自約處有四種不同，定量分六相差別，今更加有僧坊蘭若，應有七相差別耶？』意謂不然，此非解也。既言院相，與聚落之相不分，即同可分別聚落之量，何得更有七相之殊也！今有學鈔之徒：諸律皆是五里，又無依僧坊之文，結界事大，且依五里。此並於教於界，不練是非。准律合與無知。此則實異蘭若集僧之事，還同蘭若。則今集僧，眾網與律，區分總別也。次將異作同者，反上則是。謂此僧坊相異蘭若，今用蘭若集僧之法，即將異作同。又如解戒場，律則無文，准理合解。律云：諸比丘欲廣狹作。佛言：『先解前界。』即有解戒場之理。然律無其解文，古人胸臆，用解大界法解之，唯稱大小為別，大界戒場，界法全異。古人用此異法而解，即是將異作同。鈔主云：『戒場不許說戒，何得牒解？』今准難事三小，番結成解，理通文順，即是同也。此並是行事要義，不可抑而不論，情不相非，顯教理須如此急。（三〇五頁上）遇斯界若依蘭若，即獲無知非法集僧。界亦理然成就。若約解界捨去，不還則失用，文異則招愆。幸願深思。不同古人將非法僧制以辨。且非法僧制，而非律藏耳。問：『前約能所判文，釋義不分彼此耶？』答：『前則用文被事，故約能詮，後則行事違文，故約所詮。未有教而無行，未有行而無教，教行雖則相脩，能所條然自別。』」（三〇五頁下）

〔二四〕**自非統教意之廢興**　資持卷上一上：「因前異計，執諍紛紜，是非難定，遲疑不決，故推博學深識，方能裁斷。文中，初二句簡其（一六二頁上）堪能。上句明精窮律藏，教有廢興，偏局之者，固執成諍。」（一六二頁中）鈔批卷三：「言自非博解教之，有廢有興，何能遣通累等也！言廢興者，如結淨地，十誦則廢，先有須解，先無不應結，四分令結，免內宿、內煑。文云：邊方靜處結之，此是興也。如歌聲誦戒，五分廢、四分興也。又如魚肉為正食，律則興、涅槃則廢。今若博識，方能了斯興廢之意也。宜作四句分別：一、始興終廢，如十誦淨地、五分歌聲、涅槃斷魚肉是也。二、始廢終興，如捨淨地，彼部廢、此正興是也；歌聲亦爾，彼廢此興；三、始終俱興，如五正食中，（二七一頁下）飯、麨、乾飯等。四、始終俱廢，始（原注：『始』疑『如』。）食正食（原注：「正食」二字疑衍。）生肉血，始終俱斷也。」（二七二頁上）簡正卷三：「意道：自非此人。若不是此，爭能洞曉。統，（『他宗』反），由通也、總也。『教』是能詮，『意』即所旨也。癈典（【案】『典』疑『興』。下同。）者，總說。如諸律中，將魚肉為正意接小機，況此魚肉，復是化權，（一八一頁上）非實四生之肉。（此明典意也。）涅槃、楞伽經文，皆令癈除，意遮未來惡比丘殺害有情之命，故不許食。如下文云：夫食肉者，斷大慈種，水陸空行有命者怨。（此癈亦有意也。）次，別有者，只於律文中，自有典癈。如四分許謌聲念戒，貴在生善，以南洲音聲為佛事。（此典意也。）五分不許歌詠，但直音念之，恐比（【案】『比』疑『此』。）緣着聲塵起躭染故。（此癈亦九意）。又四分開淨地為救命難，是典十誦，為恐譏嫌，故癈如是。典之與癈，各有意旨分明。若非統教意癈典之人，爭能曉會。（已上准披前所解，甚為正義。）

若准繼宗云，此段既是結文，不可別說事，意還須向前三段文中以釋，但稱教即名典，不稱教處即癈，例前可知。（云云。）今恐不然。此文本說三藏教中，於一事上典之與癈，有何意旨。若廣見之者，可以洞明，寡學之人，焉能尋究？據上所釋，卻將古人行持落非之處，以辨癈典（原注：『典』疑『興』。下同。）者，殊乖文旨也。」（一八二頁上）搜玄：「『自非』者，反顯簡別也。俗諺云『自非此人餘不得』，同此意也。此何人哉？即第四門中第三、第六律師也。統，通也。教，能詮也。凡一事三藏教中有者，但癈興不同。今通解三藏癈興意也。初經律對辨，次諸律對辨，後當部自辨。且如魚宍，律中是五正食即興，涅槃、楞伽禁斷是癈。律興意者，為接小機，初便制斷，進道莫由，即機教有闕。又非四生之肉，佛現化耳。經癈意者，時機漸薄，貪味者多。（三〇五頁下）僧俗食同，招譏毀重。文云：夫食肉者，斷大慈種，有命者怨，故不令食。前小教初緣，後涅槃窮終極訓。若如是解者，統三藏癈興意也。……又當宗辨者，如與欲中，時集清淨，非時集欲初興。但如法僧事，不論時與非時，皆言與欲清淨後興，即知前癈為六群起過，稽留法事後興，但是如法一切無障，如是體解，為統教意之癈興也。」（三〇六頁上）

〔二五〕**考諸說之虛實**　鈔批卷三：「考，由定也。謂考定諸部經律意之虛實也。『諸』謂不一之名，即五部之文也。亦云三藏教中，有虛有實。如魚肉為正食，經禁律開，約教而論，始則為虛，終則為實。飯、麨等，始終不禁，俱稱實也。勝云：『諸說』者，謂諸家之作，亦須考覈，與教相應是實，與教不相應是虛。如僧祇明聚落界七樹六間，有師言七間，難事三小界有立標相，此並諸說虛實也。」（二七一頁下）簡正卷三：「考諸說之虛實者，『考』謂窮考也，研覈之意。教文不少，名為『諸』，其中不了處為『虛』。謂翻譯家傳來，失聖意故。若文義周備、審的無疑名『實』。『實』即文中具引依用，虛即不可准行。」（一八二頁下）搜玄：「『諸說』者，是古妄執律論之文，即成胷臆說也。如上難事，不用七盤陀集，身外一尋內結，及空野僧坊依蘭若集。古人謂僧坊在於空野，便將空野僧坊妄執，還依律論蘭若集僧。考其律論之文，逈遠即是蘭若。故知古人妄執律文，將空野外僧坊同蘭若相集，所以成虛。還依十誦隨聚落文成實，謂僧村四相二界不別也。有人將律論不了文為虛、文義俱圓為實者，深有理也。謂經律論文不了之處，即是番譯諸說虛實也。謂律論不了處，番譯失佛意成虛。若文義俱圓，佛意無遺，此文為實，考其經律論等，即知翻譯諸說虛實也。（三〇六頁上）謂此一段未論章疏，只得就律論明諸說

也。」(三〇六頁下)

〔二六〕**孰能闢重疑** 鈔批卷三:「自非上列統教意之廢興人、考諸說之虛實人,已外無能,故曰孰能也。前代懷疑,今亦致惑,故曰重疑。又云:師疑弟子,疑其來既久,今悉為開,故云闢重疑也。又云:重疑,疑者是何?且如受日羯磨,有云牒乞辭入羯磨;又云:不牒乞辭入羯磨者,復有不須乞者。如此諸執疑不能定是也。意云『孰能』兩字,冠下四句。」(二七二頁上)資持卷上一上:「『孰能』下,顯餘人不能。闢,即開也。重疑者,謂展轉生疑,如執夏中不得解界,人已生疑,因又疑曰:必若解之,為成夏否?又,如執一夏三度受日,疑云:必欲重受為失夏耶?又如小界立相,疑云:必行受戒為得戒否?略舉數端,以遣文相。凡此之類,隨時引之,大論疑者,事既不明,任運滋廣,故云重疑。」(一六二頁中)搜玄:「闢,開也。重,二也。疑,不決也。於一事上,二意不決,故曰重疑。能詮教上,亦有重疑,所詮行上,亦有重疑。指事釋者,如律中看病賞勞羯磨,有人依文秉之即『是』,有人依文誦之落『非』。一種依文誦之,何以是非兩異?此重疑也。廣學能闢。若有三衣六物,依文秉之則是;亡者若貧,唯有二衣一物,還誦三衣六物,寄緣有濫,即成非也。如取類中,四分既闕道行之文,薩婆多彼云『比丘遊行時,隨所住處,縱廣有拘盧舍界』,而不言拘盧舍大小。諸部並有。了論云一鼓聲間,十誦云六百步,一種明拘盧舍量,如何大小不同?今不知取何者即『類』,取何者『不類』,故有兩重疑也。若大小不同,此約事用有異。了論約蘭若集僧事,則極遠不過一鼓聲間,更遠集難,以此為量。十誦約事輕小,不勞遠集,故制六百步。謂機教相稱,今取類者,即多論解十誦律。今取十誦律文,與論疏類相當,若取了論文,蘭若道行,事別也。故鈔云:此論解十誦律,云六百步(三〇六頁下)為拘盧舍量。所詮中,重疑者,如亡比丘,有多紙筆墨等,或斷入重則是、或斷入重則非,或斷入輕即是、或斷入輕即非。於此事上,生兩重疑。故輕重儀云:本緣為利佇畜者,入重即是、入輕即非。本為三寶緣畜者,入輕即是、入重即非也。」(三〇七頁上)

〔二七〕**遣通累** 鈔批卷三:「遣,由除也。累是沉累、罪累、擔累之義也。言不識教之廢興、學非精博者,則不能開此重疑也。則通於教中有所累也。又云:昔日所解不正,並為垢累。今能遣昔之迷,(二七二頁上)除通家大累,故曰遣通累也。」(二七二頁下)資持卷上一上:「累字,去呼,謂滯礙也。心既有疑,事即成礙,人無不爾,故云通也。或作『罪累』釋者,如執夏末受日,十五限滿，不還成夏。又七日藥，開無內宿，盜常住物，令奪取等，足使人疑，依行有罪，必決其疑，則令離過，故云遣也。此二句對上，考諸說虛實。」（一六二頁中）

〔二八〕括部執　鈔批卷三：「明括諸部各執己宗之文也。如十誦分器皿，四分不許分等也。僧祇四錢、三角五錢得重等。如下第三十篇諸部別行是也。大乘基諸經序，且如制多山部，西山住部、北山住部，說一切菩薩不脫惡趣，供養塔廟不得大果。雪山部計無有外道得五通，無天中住梵行者也。」（二七二頁下）資持卷上一上：「『括』下二句，對上統教意廢興。『部執』且指五部。五師情見，岳立不同，若偏守一宗，則必成諍論，故須統括考校異同，斟量取捨方明行事，故云爾也。」（一六二頁中）搜玄：「括者，主名同，避之以『搜』代也。〔【案】唐德宗，（公元七七九年至八〇四年在位）名『适』（音『擴』）。〕搜求四部之執計也，謂諸部各執一見，所有教文，皆詮行相，識知同異，判割無差。如四分若闕，即善解取文執計，同者即取，不同不取。如僧祇部執計，通夜護衣，其義則緩。四分部執計，明相為限，其義則急。今四分闕加衣之法，合取十誦之法。十誦為護明相，與四分部執相當。若取僧祇，則成其失。又四分闕捨衣之法，合取僧祇之法。祇云：衣不得會，應捨以輕易重，與四分應捨之計，緩急是同。又，僧祇一說與四分諸法無結略者，（三〇七頁上）一說部執計同。若取十誦、五分，三說不捨之計，則成失也。」（三〇七頁上）

〔二九〕詮行相者歟　鈔批卷一：「謂顯了義也。今明自古諸師學非精博，復懷重疑，何能得詮戒行之相也！」（二三五頁下）鈔批卷三：「今明自古諸師，學非精博，復懷重疑，何能詮得戒行之相也！若有能詮之文，必有所詮之行。行者，戒也。能詮之教若立，所詮之行亦足，欲得不識教之廢興，不知虛實，固行相不足也。」（二七二頁下）搜玄：「『詮』謂能詮，律、論之文。行相者，所詮。三行相狀，謂搜能詮部執之同異。依其部執同者，引其詮文，取判所詮行相，而行事無滯。」（三〇七頁上）資持卷上一上：「（此四句二事，古作四義釋者，非。）」（一六二頁中）

〔三〇〕常恨前代諸師所流遺記　資持卷上一上：「遺記者，通目疏鈔，如第十門具列者是。」（一六二頁中）搜玄：「富陽云：此對九代之中古人遺記而興作意也。慈云：怏怏在懷，長時不已，故言常恨。覆、光、遵統，十有餘家，著述疏抄。人既已亡，疏鈔流傳，並名遺記。」（三〇七頁下）鈔批卷三：「『常恨前代』等者，謂慨古來諸師所留文疏，或出羯磨，互有繁略，行用而不周足，鬱怏在懷，已經永歲，故曰常恨。」（二七二頁下）簡正卷三：「悏在壞長時不已，（一八三頁上）故云常恨也。前代者，即元魏已後至隋朝已來章疏。諸師者，覆律師、雲、輝、影等古德不少也。雖已住（【案】『住』疑『往』。），制作文卷在世流行，名所留遺記。遺者，餘也。諸師是能遺人，章疏是所遺之者。」（一八三頁下）

〔三一〕**止論文疏廢立**　資持卷上一上：「謂撰疏者但相廢立，鈔者唯逞難問，更無他意故也。如義、鈔兩疏，時或引之是也。問：『此中既斥，彼那引之？』答：『此明行事，故須奪破。彼演義章，不妨引用。又，古文極繁，彼唯摘要，取其少分，以辨是非，所以義鈔題云拾毘尼義是也。』」（一六二頁中）鈔批卷三：「謂斥古師章疏中，多明廢立之義。如相州律師疏中，有廢昔義，有辨正義是也。（二七二頁下）破昔非者曰廢，顯今是者名立，故曰廢立也。」（二七三頁上）搜玄：「謂古人文疏本詮，多論其廢立。古人要抄本詮，多論其問答。」（三〇七頁下）簡正卷三：「此明所根（【案】『根』疑『恨』。）之事也。止者，只也。論量，謂量也。文者，倚飾詞業。疏者，誇多卷軸也。立者，癈立五受立十受等。又如安居八十、一百二十種皆是也。問答者，廣典（【案】『典』疑『與』。）賓主，問答多重，如古疏中。問：『二不定戒，誰有誰無？』答云：『有僧尼無。』（新章亦爾。）如此閑繁問答，便有數重，不濟機宜，徒盈卷抽。」（一八三頁下）

〔三二〕**問答要鈔**　鈔批卷三：「前代諸師所述章疏，多有假設賓主問答來往，大成非要。如問善來：上法發戒在何時？此並當今甚為閑耳。言要抄者，謂用此問答以為要抄，傳寫於後也。」（二七三頁上）簡正卷三：「要抄者，皆云所述並是要妙、的當之抄，此蓋是古德各自誇陳之意也。更有釋云：古來章疏，多將句法勒為偈頌，撮要省略，後學難明，故立抄也。（恐未及前解也。）」（一八三頁下）

〔三三〕**至於顯行世事，方軌來蒙者，百無一本**　鈔批卷三：「若現行常途法事，不能濟辨。言世事者，如持衣、說淨、說戒、自恣、安居、受日、捨懺方法、分亡人物，此並顯行於世，悉不論之。自佛法東傳之後，作章疏者二十餘處（原注：『處』疑『家』。），由非通解，不堪久行，傳其來裔也。方軌來蒙，百無一本者，方，由法也。軌者，則也。人來呈我，義言如來我得見之曰象（原注：『象』疑『蒙』。次同。）也。謂我象見前代所作，無有一本而堪屬當我懷，故言百無一本。又解，前人所作，方軌法則，以訓末代蒙冥之人也。……謂古師所出法則示來蒙者，百無一本。言百者，謂舉成數，故云百也。言百無者，舉多以況少。一本者，舉少以況多。何故著『者』字？應師云：（二七三頁上）牒本釋之，故重言者，如前已解。」（二七三頁下）資持卷上一上：「『至』下，斥其失宗。行事訓蒙，毘尼宗體，於茲既失，餘不足言。今鈔（一六二頁中）首題，即彰此意。高超遠古，深契佛心，紐絕扶顛，誠在於此。是以諸篇演布，唯存行事為宗；隨處提撕，專以訓蒙為意。咨爾來學，勿負祖恩。言世事者，謂是世中合行之事，非世俗之事也。準下，撰述一十六師，今云百無一者，汎舉至多，以明至少，猶不可得，言都無所取也。」（一六二頁下）搜玄：「顯，明顯也。行，謂行用。世事者，當今現世之機要，所行之事也。當今章疏之中，不能顯明，次第陳列，但向癡立。問答中，明將此遺記，濟於來蒙，百中無其一本也。蒙，昧也。來者，易云：童蒙來求我，非我求童蒙，故曰來蒙。或六（【案】『六』疑『云』）：禮聞來學，不聞往教，故云來蒙。華嚴云：百無者，舉多以況少；一本者，舉少以況多也。」（三〇八頁上）簡正卷三：「『至於』兩字，指『此』及『彼』也。顯，明也。行，用也。即當今時要也。『事』謂三行之行事。方，曰法也。軌者，則。來者，後來。朦學此文道，若將此顯行律宗三行之事，以追後來學根機者，下句斥云百無一本，舉多況少也。若據疏抄，從首疏也。前但有一十四本，今云百本中無一本者，（一八三頁下）且約大蓋之言。文家屬對，如云西土有千部論師，此方有百本疏主之例。」（一八四頁上）

〔三四〕**時有銳懷行事，而文在義集**　鈔批卷三：「銳，由利也。說文云：銳者，芒也。謂行事時，用俊利之心而行，謂逞精神俊利，多信意懷，不能辨於前事。藉俊利之美，不依聖教，以用意言，故稱義集。又解：如古人疏中，約偷蘭之位對諸重戒，成者夷，不成者蘭。而章疏中不引文來，直集在義門中，但言為因，故之為果。」（二七三頁下）資持卷上一上：「次義集者，即諸本羯磨。以羯磨文散在廣律，並以義類集結成篇，故云文在義集。如今隨機羯磨，亦稱撰集。又業疏中，召出羯磨人為『集法者』，皆可證矣。此科文意，為遮後疑。恐云上斥疏鈔，繁費乖宗，且諸本羯磨，直顯行事如何？上云百無一本，『無』乃誣彼先賢耶？今雖許有，還成無用。言時有者，明其不多也。銳懷者，美其敏利也，即目鎧、諦、光、願四師。」（一六二頁下）簡正卷三：「言『時』至『義集』者，有二解：一云約九代中，有修撰羯磨者，在義加門中故。（此釋疎也。）今依第二釋，但是鈔主同時製作諸師也。與章疏並皆相見，即簡前代古人，但都疏文不見，能遣一人故，所以標有兩字也。銳，利也、聰也。懷者，情懷也。文在義集者，正行文隱也。如相部疏，集僧行事之文，隱在房戒義門之下。又如，受欲、結界事，亦隱在說戒義門之中。忽有事難，為尋討太穩（【案】『穩』疑『隱』。）故也。」（一八四頁上）搜玄：「時者，謂教來九代時中，有脩撰羯磨者，云時有也。銳懷者，謂聰銳之情懷，見律文羯磨行事不足，即便義集羯磨之文，令行事足，故云銳懷行事新撰羯磨之文，而在義加門中集也。羯磨疏云：或准義用，即先師所述，唯義雖無爽，藏迹可嫌。據鏡中，沙門玄儼律師羯磨疏記云，先師義用者，如分亡人衣、差分衣人，羯磨無文。律云白二差一，比丘分彼，即義立三番：一差人、二付衣、三分衣。注羯磨云：有存三番作法，此思文不了，兼受日加乞詞等。藏迹可嫌者，若當律無文，准用他部教迹。（三〇八頁上）今乃不用他部，而以義加者，以義翳文，名為藏迹。凡義以擁聖文，可嫌甚也。」（三〇八頁下）

〔三五〕**或復多列游辭，而逗機未足**　鈔批卷三：「廣作義章，不應時用，故曰遊辭也。如礪大疏，但論其義，科十章五段，廣張門戶，廢立是非。如明善來上法三皈、八敬，受緣受體，明發戒時節。其文雖廣，當今無緣，多述何益。今時現要用者，存略不陳，逗接機緣，因於不足。說文云：逗者，止也。方言云：逗者，住也。」（二七三頁下）資持卷上一上：「上標人法，『或』下指過。初二句即光、願二本。光本多以義求，願本廣引緣據，詞繁事隱，不濟時用，故云多列等。閑緩非要，謂之游詞。好廣者樂從，尚簡者不顧，故云逗機未足。逗，猶濟也。」（一六二頁下）搜玄：「光律師義加，已是一非，重有制疏解之，故言『或復』。則有律師出羯磨疏，但依光律師羯磨而作，其中廣列義門，及七方便等義，多論閑緩之務，故曰遊詞。少於行事之文，則是逗機未足。羯磨疏云：又於本綴疏，廣列遊詞，至於行事，未見其歸，撫事懷人，實增勞想，如斯之類，何足逗機也。」（三〇八頁下）簡正卷三：「行文繁失也，或顯不定之談。列者，行列。遊者，浮游，字今從『水』，即浮游之辭。准周易中，不善之所述曰游。『辭』字，凡在聲說所稱，即云言詞。若淺簡，即云文詞，總合從『言』而作『司』也。……逗機未足者，羯磨疏云：依本綴疏，廣列游舜，至於行事，未見其婦。撫事壞人實勞相，如斯之類，何足逗機！章言或至事者，文略失也。」（一八四頁下）鈔批卷一：「機者，機緣也。」（二三五頁下）

〔三六〕**或單題羯磨，成相莫宜**　鈔批卷三：「然羯磨聖法，要藉緣成，緣須具十，或立八、九。古德雖出羯磨正文，而不出如非等相，依文直誦，前事不成。如京中昔有滿律師，直錄數番羯磨，更不論於成壞、前後、方便、稱量、與欲等，故曰也。又解云：是曹魏時曇諦律師（二七三頁下）直出羯磨，云一切羯磨皆須四緣，即簡眾與欲問答，不明僧集法起托處等，後人便於自然地上秉羯磨也。上言滿律師，非是西塔滿意律師，更別有此人耳。」（二七四頁上）簡正卷三：「單題者，謂依律直爾單書一百三十四番羯磨也。成相莫宣者，謂不辨集僧、緣成之相，並七非緣兆成敗儞骨等相。莫者，不也。宣者，語也。如此相狀，並皆不說。（相部疏同此，非。）若依此古文行用之時，（一八四頁下）即不能辨得受，說當今現行之事也。（故曰依文用也，不辨前事。）」（一八五頁上）資持卷上一上：「『單題』下，即鎧、諦二本。上二句斥文略。題即書寫。彼唯出法，不辨緣成，故云莫宣，猶言不述也。」（一六二頁下）搜玄：「單題一百餘番羯磨成不之相不（【案】『不』疑『之』。）門。故羯磨疏云：或單番出，則古本曹魏所譯者，單番失於文旨，包舉難成。記解云：謂直出羯磨，無有秉法，由序次第，後人行事不達者，捉得便作，不曉羯磨之緣成敗，是失文旨。包，含也。舉，起也。羯磨理含結界和合等義，今包含而不列，但直誦羯磨。法界和合義。即難尋也。」（三〇八頁下）【案】本句義為：前代諸師僅僅作有羯磨文本，而對於犯緣如非等相不加說明。

〔三七〕**依文用之，不辨前事**　資持卷上一上：「下二句明無用。既不曉成敗，加被無功，故云依文等。故業疏序中，總斥四本，云：增減繁略互見得失等。（昔來所釋，都無所曉。）」（一六二頁下）搜玄：「『依文』等者，羯磨疏云：即今一家，依文直誦，依本得在執據，前後易惑。記解云：覺明所出羯磨，不以義推，前後有惑也。如准緣，結大界在前後，因數有事起，（三〇八頁下）方開結小緣。雖如此可以戒場後開，即在大界後結。要須解大界已，先結小界，方結大界。若以依文後見，前後易惑，結界落非，事則不辨也。」（三〇九頁上）

〔三八〕**並言章碎亂，未可披撿**　資持卷上一上：「總斥中。通前疏鈔及以義集，故云並也。『碎』謂文無章節，『亂』謂義非倫序。」（一六二頁下）鈔批卷三：「『碎』謂瑣碎，無其綱紐次第，故言亂也。」（二七四頁上）搜玄：「『言』是羯磨聖言，『章』是制撰章句。單題依文，二本不排前後次第，其言包舉，緣成之文雜碎，含在羯磨之中，故不可披撿。義集遊詞，義立羯磨，無教可憑，義門章段，詞費繚亂，故未可披撿。問：『縱碎亂披撿何過，並云未可耶？』『欲知未可所以者，非積學等。是如要一事，欲尋求者，非積功累學之人，新學乍看，不可知其處所領。其文意會解。如非不是精窮研練之者，新學乍者，不可得委，故未可也。即生下撰鈔，門分三十，隨事撿之不難。羯磨自科為十門，逐務取之甚易。又篇篇之內，對事各明是非，新學覽之，自然領會文意也。』」（三〇九頁上）簡正卷三：「元因得知非精通博練者，難領會學意，即如自首窮一經業，積年已老，方究體也。（云云。）又此結文，但據結前三段，如上所釋。有人將此通結前文，所留遺記者，全乖意也。前已自結云：百無一本等，不可重結。」（一八五頁上）

〔三九〕所以尋求者，非積學不知　資持卷上一上：「『所以』下二句，對上文碎，故難尋求。」（一六二頁下）鈔批卷一：「上單題羯磨之文，是碩學經遠者，方能了知。准而行用，餘者不知。故曰爾。」（二三五頁下）鈔批卷三：「明此列遊辭，單題羯磨之文。要是碩學經遠者，方能了知，准而行用也。如前統教意之廢興、考諸說之虛實者，此人乃可知其義理也。」（二七四頁上）

余因聽采之暇，顧眄群篇〔一〕。通非屬意〔二〕，俱懷優劣〔三〕。斐然作命，直筆具舒〔四〕。

包異部誠文〔五〕，括眾經隨說〔六〕，及西土賢聖所遺〔七〕、此方先德文紀〔八〕，搜駁同異，並皆窮覈〔九〕。長見必錄，以輔博知〔一〇〕；濫述必翦，用成通意〔一一〕。或繁文以顯事用〔一二〕，或略指以類相從〔一三〕，或文斷而以義連〔一四〕，或徵辭而假來問〔一五〕。如是始終交映、隱顯互出〔一六〕。并見行羯磨〔一七〕、諸務是非〔一八〕、導俗正儀〔一九〕、出家雜法〔二〇〕，並皆攬為此宗之一見，用濟新學之費功〔二一〕焉。

然同我則擊其大節〔二二〕，異說則斥其文繁〔二三〕。文繁誰所樂之？良由事不獲已〔二四〕。何者？若略減取其梗概，用事恒有不足〔二五〕；必橫評不急之言，於鈔便成所諱〔二六〕。今圖度取中〔二七〕，務兼省約〔二八〕，救急備卒〔二九〕，勒成三卷〔三〇〕。若思不贍於時事，固有闕於行詮〔三一〕，則略標旨趣〔三二〕，以廣於後〔三三〕。然一部之文，義張三位〔三四〕：上卷則攝於眾務，成用有儀〔三五〕；中卷則遵於戒體，持犯立懺〔三六〕；下卷則隨機要行，託事而起〔三七〕。並如文具委，想無紊亂〔三八〕。

但境事實繁，良難科擬〔三九〕。今取物類相從者，以標名首〔四〇〕。

【校釋】

〔一〕余因聽采之暇，顧眄群篇　資持卷上一上：「初文為二：初明覽古。聽采暇者，在首師講席習學之時。顧眄者，明非正學也。（迴觀曰顧。斜視曰眄，音『面』。）

『群篇』通指前代所流也。」（一六二頁下）簡正卷三：「此文大意：欲依今製作，再觀覽古來章疏。若堪濟世，行持亦不更典者，述只為逗機不可，是以更製鈔文，故科為重審前非也。……古來章疏不少，故曰群篇也。」（一八四頁上）搜玄：「芳耳湌音曰『聽』，心取妙義為『採』，此二闕時故名為『暇』。」（三〇九頁下）

〔二〕**通非屬意**　鈔批卷三：「屬，由當也、著也。言觀前代師所作之文，皆有其失，不當我情。其失是何，下即出之，謂或優或劣也。」（二七四頁上）資持卷上一上：「撰集雖眾，一無可取，故曰通非等。（一六二頁下）屬，音『燭』，訓當。非當意者，不契祖（【案】『祖』指道宣。）心也。」（一六三頁上）簡正卷三：「通者，總也。非，由不也。屬者，當也。意，指也。今師云：所不當佛意，二又不當我意。且佛本觀機演教，除病（一八五頁上）為先。如愚根樂三，故談蘊、處、界義等，我意欲令出處。處者，自行速成，法秉施行，無其滯結。古來章疏即非要當，闕在隨機，違佛在本懷，又乖我意，故曰通非屬意也。」（一八五頁下）搜玄：「傍及前脩，依律行事，律則部執不同，有無差別，諸說虛實。通，總也。非，不也。屬，當也。意，旨也。謂佛旨及我意也。佛意隨機設藥，除病為先；我意在自行成立，即堪秉持像法，使佛教不滅。所以古人章疏，總不當佛及我意旨也。何以故爾？以俱懷優劣也。前代所流遺記，及羯磨行事諸文，不一日俱，各各有優，復兼其劣，故不當我情懷也。」（三〇九頁下）

〔三〕**俱懷優劣**　鈔批卷一：「上句單題羯磨是優，成相不宣是劣，有是等失，故曰。」（二三五頁下）鈔批卷三：「明上多列遊辭及單題羯磨之家，各有優劣。何者是耶？多列遊辭是優，逗機未足是劣。單題羯磨是優，成相不宣是劣。又解：若一往而判，多列遊辭是優，（二七四頁上）單題羯磨是劣。今言俱懷優劣，即如上解好也。」（二七四頁下）資持卷上一上：「問：『劣則可爾，優何不契？』答：『以群篇中，優劣互見，優雖有取，劣不可存，欲得全優，未之有也。云非屬意，其義如斯，慈訓所興，良由於此。』」（一六三頁上）搜玄：「下出不當意之所以。前代止論文疏癈立是優，不顯行世事是劣。前代要抄多立問答是優，約軌來蒙之事總無是劣。羯磨行事之文、銳懷義集是優，以義藏跡可嫌是劣。多列遊詞是優，逗機未足為劣。單題一百三十四番羯磨為優，成相不宣為劣。依文具寫緣起是優，於事前後不分易惑、不辨前事為劣。如上古人，雖依律文行事是優，指事披文、信於實錄部執、不明諸說虛實等為劣。如上諸文，通非屬當意也。問：『何不明爭鋒不形等？』答：『此全不依律文，無可定優劣也。』」（三一〇頁上）簡正卷三：「下句正明所以，云俱懷優劣。俱，皆也、盡也。優，強也。劣，弱也。如前代止論文疏等是優，百無一本是劣。又，近代銳壞行事似優，文在義集為劣；或多列游辭似優，逗機未足為劣；或單題羯磨是優，成相莫宣為劣。以此因故，生制述之心也。〔繼宗記云：優，長也。短，（【案】『短』後，疑脫『劣也』二字。〕古人章疏中，有長處堪行事，有短不堪行事。今師意云：若一本之中，始終俱長，即可依用，亦不更造。此鈔召為於中有短有長，始終不等，前發百無一一本，謂無一本始終諸長，故曰壞優劣。是以生以生〔（【案】次『以生』疑剩。）起制作之意故也。〕」（一八五頁下）

〔四〕**斐然作命，直筆具舒**　鈔批卷三：「詩傳云：斐者，文章之貌也。立云：言未彰口曰斐。命者，召也，亦云報也，明我今覩此滯（原注：『滯』疑『帶』。下同。）優滯劣之文，心噴噴、口斐斐。今筆舒之，以示於後也。述曰：此解非理，口斐斐者，字從『心』邊作也，應作『悱』字。（見論語。）舒者，敘也、伸也。肇師傳云：命者，告也。直筆者，文家有韻曰文，無曰韻筆。有云：不事義章，名為直筆也。具舒者，謂舒張顯現也。又言，作命者，如有人命令我作也，云命作此鈔，以命召後人依行，故云作命。命，即召也。又解：斐然者，此謂緝綴文章之像貌。又，斐者，字林云：分別之文也。」（二七四頁下）資持卷上一上：「『斐然者，文章駁雜之貌。次出論語，（孔子在陳，思魯，乃云：吾黨之小子狂簡，斐然成章。）『作命』即撰文，『命』謂典章之異號，即目今鈔也。（論語云『為命，裨諶草創之』等，正義曰：『命』謂政令之詞，『為』即作也。）直筆者，即後批云『不事虯文』。此有三意：一、顯行事故，二、被新學故，三、彰謙意故，具謂委陳行相。『舒』謂演布文詞，一部之文，盡於此句。（有科此為删四分繁，『包』下，為引他文補，非也。）」（一六三頁上）簡正卷三：「言斐然作命，直筆具錄者，先案本宗也。斐然者，分別文章之貌也。……作命者：作者，作，口起也；命者，意也。謂因分別古來文章，即起章故。又釋，作命者，謂無人命作。斐然，便即作命也。如相疏，斐令為諸主新章，是正按書為主也。又如賈侍郎請圓暉座主製俱舍略疏等。此莫非皆中裹全人起請不，今鈔不然，俱是斐然作命也。直筆具舒者，一解云：於當律之中，除卻四繁之外，唯存的當。云文具足，舒張安布二十九篇之內也。又釋，不事亂文，名為直筆。謂文言醫理不顯事宗，故此不論，故云直筆也。」

（一八六頁上）搜玄：「謂由分別前古人文之優劣，發起命懷直筆作鈔之意也。說文云：斐者，分別文章之見則也。然，是也。謂前修雖依律藏行事，不明古人遺文，未顯行於世事，數家所撰羯磨，或略或繁。南山聽採之暇，顧眄分別，如是之文，並總不堪濟新學之機要，故曰斐然。因此分別是文之非，自然使我發起情懷。繁略取中，撰行事鈔，謂之作命。無人命作，斐然則是作命也。有人釋云：作者，起也。命者，意也。謂分別古人章疏，不堪濟於新學，自然使我起意，撰行事鈔，以濟新學費功，當此釋也。直筆者，狂簡也。故論語云，子在陳，曰：『歸歟！歸歟！吾黨之小子狂簡，斐然成章。不知所以裁之。』注解云：狂者，進也。簡者，大也。謂直進取其大道也。今不取律本起盡之文，直進取其盛行要當之事。如彼論語直進取其大道，故云直筆。具足舒張本律要行之事於所撰鈔中，故曰具舒。從標宗已下，盡三十篇，但云『四分』及『律云』者是。又云：不事義章，但錄律本，名直筆具舒。故抄主題鈔末，（三一〇頁下）云『但意在行用，直筆書通，不事虬文，故言多蹇陋』，即郎（【案】『朗』疑『明』。）證也。」（三一一頁上）

〔五〕包異部誠文　資持卷上一上：「引用中，為二，先列所引，文有四句。初句統收諸律，即五、十、祇等。」（一六三頁上）鈔批卷三：「苞，由羅也。誠者，實也。謂苞括諸部律內要文，將來入鈔。如四分中無者，謂取十誦持衣、加藥之文，及可分別不可分別聚落，五分水界、多論道行等界是也。」（二七四頁下）搜玄：「『包』謂包羅，『羅』取要當。本宗之外曰異，即五分、十誦、僧祇，及諸大乘、寶梁、善生律等。誠文者，誠，實也。謂文理俱圓，真實要當，名誠文也。但三十篇中，所引五分、十誦、祇等并是。」（三一一頁上）簡正卷三：「次，補闕中。（立記科兩對：初涅槃部，眾經對也。）言『苞』至『說』者，即律經也，謂依四分，行事未圓，須引外部文補也。苞者，苞羅，與四分有殊，故云異部。誠，由實也。正翻實錄的當之文，雖是外宗，然其行事流類，且與四分後急輕重相似者，即引用也。如下引十誦、僧祇、五分等是。」（一八六頁上）

〔六〕括眾經隨說　資持卷上一上：「經中談律，名為隨經之律，故云隨說。」（一六三頁上）鈔批卷三：「謂括撿隨經之律，即取涅槃、楞伽、大集、十輪、阿含、遺教等經，與律相同者，即將入鈔。涅槃七法治人、八不淨物等是也。」（二七四頁下）搜玄：「搜撿眾經，即大小乘經。涅槃、楞伽、花嚴、阿含、遺教等經是。隨說者，謂與律相應者，即隨經之律。隨經本中，有說律處，是名隨說也。下三十篇所引，並是隨說之文也。」（三一一頁上）簡正卷三：「括，撿也。眾，諸也。大小乘經不一，隨此大小乘經中，（一八六頁上）凡有說戒律處與四分相應，亦乃則用。如下引華嚴、涅槃、楞伽、善生、阿含、遺教並等是也。」（一八六頁下）

〔七〕**西土賢聖所遺**　資持卷上一上：「收大小乘論。」（一六三頁上）鈔批卷一：「如付法藏傳、百論、多論、智論、見論、成論等，並是西方羅漢及菩薩所作也，故曰。」（二三六頁上）鈔批卷三：「聖之言正、無所不通曰聖。今鈔並搜求賢聖所作之論，將入宗也。如付法藏傳、百論、多論、智論、見論、成論，並是西方羅漢及菩薩所作，以遺於後，故曰西土賢聖所遺也。」（二七五頁上）簡正卷三：「西土者，五天之通號也。賢聖者，儒書云：應五百年間氣曰賢，應一千正氣曰聖。聖即君，賢即臣。今內教者，賢謂賢和，聖者正也。大小二乘，各有賢聖，且小乘、俱舍，去賢加行七位俗修名賢，見道已去，四向四果、八人真修為聖也。若大乘地前菩薩為三賢，登地至十地，為十聖也。所遺者，謂上諸大小乘賢聖所著述論文是也。不（【案】『不』疑『下』。）引婆沙、成實、智度、唯識等。」（一八六頁下）搜玄：「賢謂賢和，初地前三賢，小乘七方便人；聖謂聖正，約登地見道得無漏已去，法身大士證理無其耶曲，故稱聖正也。則諸大菩薩羅漢等，賢聖即有大小之殊，作論傳亦有大小差降，智論即大，善見即小。如誠實論，通大小乘也。傳則付法、育王等，下篇引者并是。」（三一一頁上）

〔八〕**此方先德文紀**　資持卷上一上：「總諸師疏鈔及布薩儀、高僧傳、師資傳、寺誥等。此之四句，括盡一部引用之文，是則貫攝兩乘，囊包三藏，遺編雜集。」（一六三頁上）搜玄：「此方者，指九州之一統。先德者，自覆律師立章疏為首，已下二十餘家，則取願、光、首、靈祐、普照、道安、文宣布薩儀、整禪師凡聖行，（三一一頁上）及梁帝出要律儀等文。紀者，即記、傳、抄、疏等。紀者，玉篇云：錄也。下文並標名引用也。」（三一一頁下）鈔批卷三：「紀，由記也。玉篇云：紀者，錄也。古德諸師所述章疏、高僧、名僧之傳，僧史、僧錄、出要律儀，僧祐薩婆多師資傳，及普照沙門、道安開士所集布薩儀，及諸師抄疏等，總是此方先德文紀也。」（二七五頁上）簡正卷三：「『方』即九洲之統也。先德者，從漢至唐，緇素不同也。『文紀』即不是古人章疏，但不正解經律者。總芳（【案】『芳』疑『名』。）為紀錄也。如下所引普照、安二大師出家布薩儀，道整、正禪師凡聖行集，梁武帝出要律儀等。（云云。）已上四段，都引一百七十本教文，皆補闕攝也。問：『如五百問論并真諦疏，是何補中收？』答：『是第三論補中攝。』『若爾，五百問法并及真諦疏，並此方造，何得在論補西土賢聖所遺中收？』答：『能造之人是西土故。（一八六頁下）如卑摩羅叉三藏是西域人，已證初果，到於此土，答慧觀法師五百條問，集為兩卷。又，真諦三藏是優禪國人，已證三果，到此造疏，羅（【案】『羅』疑『譯』。）明了論。雖著述之教在於此方，今但約能遺之人是西國故，所以在『第三西土賢聖遺』中收也。上之四句，於五補中已收四補，於三補中收二補，於二補中但明文補。其義補別序，方明此中，本出鈔體，須有正文可憑，必三藏等俱無。今師以義決故，此未出也。』」（一八七頁上）

〔九〕**搜駮同異，並皆窮覈**　鈔批卷三：「搜，由取；駮者，除也。謂當部無文，取外部同見相應者入來，名為搜也。若有異見，或文繁，則刪卻，名為駮也。又云：駮者，獸名，其狀可畏，似馬，鉤爪、鋸牙，頭上一角，居在深山，常食虎豹。今不取此義，直取除駮之義。自意云：駮者，不純一也。今鈔取諸部文，亦班駮而取，則不純一處取也。應師云：字體作『駮』，（『補角』反）。字林云：班駮，色不純也。經文多從『交』作『駮』。獸名，鋸牙，食虎豹也。言同異者，謂律文有同異。如十誦、四分護衣則同，僧祇則異。有云：長見必錄是搜，濫述必剪曰駮。長見名同，濫述曰異，故云同異。言窮覈者：窮，由究也；覈者，研也。」（二七五頁上）資持卷上一上：「同異者，初約本宗他部，同異相對，以明搜駮。有四句：一、與本宗同故搜，（十誦持衣、加藥，諸部不足數人，婆論三衣局量，五分通量，母論轉欲之類；）二、同故駮，（魚肉正食，小教咸爾，今鈔用後廢之；）三、與本宗異故搜，（僧祇五人捨墮，在眾自說欲，五分通結淨地，諸部自然界量，母論略說戒等；）四、異故駮，（僧祇三遍說欲，牒緣入欲，通夜會衣，不立勢分，群部不開淨地，增加羯磨，如是等例。）次就他部，自明同異，亦四句：一、他部同故搜者，（五分、僧祇於上座前，一一說欲，十誦、多論盜畜物犯吉之類；）二、同故駮，（十誦、善見無和尚得戒，僧祇、十誦四重無重犯；）三、他部異故搜，（善見三衣內穿失法，婆論緣斷，雜寶藏俱盧舍五裏，多論二裏，並取用之；）四、異故駮，（十誦受三十九夜，僧祇事訖，委如別行中尋之。）」（一六三頁上）搜玄：「此正明能取之意，立刪繁補闕名也。輔篇云：搜，取；駮，除也。謂搜取其同，駮除其異，故云搜駮同異。今解不然。此之『駮』字，不訓『除』也。駮者，說文云：六駮，獸名也。其形似馬，頭有一角，食虎豹，身有六般之色，故從色不一而立其名，故謂之六駁獸也。今鈔取此『駁』字以釋，極有意也。獸色班駁不一，故稱駁者。鈔亦班駁取文，謂於經、律、論、傳、古人章疏，隨要用處取，不要不取。故下文云：必欲尋其始末，則非鈔者之意。如是取文，成其鈔體，故云駁也。搜駁取其同搜駁取其（【案】次『搜駁取其』疑剩。）由途同者，相攝成二十六篇；別類異者，統收為下三篇；雜相同異，共為一篇。於同異中，並皆研覈窮盡道理也。謂經、律、論、傳，同文同義極多，異文異義不少。今向同中研盡道理，異中研盡道理，故云並皆窮覈。同中長見必錄，以輔博知，如諸經律云打、擊、擿等；同中濫述必翦，用成行事，通暢佛意，（三一一頁下）謂濫用知鍾等。異中長見必錄，謂諸部別行所引，以輔弼鈔文，精識其異；異中濫述必翦，四分許重受白，若准十誦和僧似（【案】『似』疑『祇』。），一事上不許重受翦（【案】『翦』前疑脫『必』字。）。云然彼有不請之文，寬於四分，重受不開，文非明了，取長則是補闕，翦濫則是刪繁。如是刪補用成，通其佛意，故前通辨搜取之能，後立刪補名。」（三一二頁上）簡正卷三：「此文大意，謂上所說用教多少不同。第一段云『斐然作命，直筆具舒』，意顯二十九篇之內，具立四那（【案】『那』疑『刪』。次同。）。下之四句，明諸篇中，引用補闕。如是先那後補，鈔體已圓，今須結上二文，共成一意也。搜駁，搜即謂搜求；駁者，班駁也。（古記云：駁者，除也，不取引用乃除之。若爾，應合用此制。）今鈔文用此『駁』字者，說云（【案】『說』後疑脫『文』。）：六駁獸也，形如馬，頭有一角，食虎狗，身有六般色，故從上立名。今師意顯搜求撿括三藏，不一例次。比取文，若義勢相當，即班駁而取眾，向下到文自見。（云云。）同異者，諸解蓋多，今先由正釋。謂於諸部文中，搜於班駁所取事法，與四分流類明當者為同也。（一八七頁上）即如下篇之內，四分但言三衣應持，且無加法詞句。今十誦持衣文來，與四分相當，同護明相故。此例甚多，不能遍舉。如此總名搜駁，同入二十九篇中行用也。次，搜駁異者，有二類也。一者，雖與四分殊異，然且見解須長，不可抑之，亦須引用。即如下篇之內，四分判澡粇，不論大小大（【案】『大』疑剩。），一向入重。若准十誦，便分斗量。若過量減量，即在重收。若應重者，堪佾道故，宜從輕攝。今師取此，全准他文，雖異本宗，然且見解長故。又如四分判被單入重，若准五分，凡在單毀衣者，總入輕收。今師云：被單雖是從被，可准他部，單毀入輕。此豈不而（【案】『而』疑『與』。）四分有殊！然且是長見故，亦依例用。其例類多，不能遍舉。此是搜駁異，亦入二十九中也。二者，與四分全異，又非長見，不可准行，但是他宗自所執計。今師云：雖與我本宗有異，然亦要廣旨襟、博學濟貧，不可委，遂引安諸部篇內，以被外宗所貴。上之所引，或異或同。欲取之時，不便麤心，書安鈔內，一一老覈研覈故。」（一八七頁下）

〔一〇〕**長見必錄，以輔博知**　資持卷上一上：「『長見』下，取捨（一六三頁上）諸師文紀。何以知然？以三藏聖言，豈論短濫，義可見矣！初二句明取者，如下諸篇所引。疏鈔解釋問答，多不標名。至於僧傳、寺誥等各題本號。此明取文，皆屬鈔攝。（昔云補闕，誤矣。）輔即助也。」（一六三頁中）鈔批卷三：「應師云：輔者，助也。博者，廣也。謂即助其廣知之見，明於諸經論律中，得長遠之義，我悉錄之，助成今鈔之知見也。且如夫子定禮亦然。如禮記具含三禮，謂行夏之時，乘殷之輅，服周之冕也。今取第十三月為正者，是行夏之時也。周則十一月為正。今車是殷之車也，冠冕即用周之冠冕，皆是取長者則用，故云長必錄也。」（二七五頁下）簡正卷三：「謂於同中見解，長處必錄，安二十九篇之中，如下十誦持衣文。若非長，即不敘錄，（一八七頁下）即如僧祇通衣之說也。又，異中長見亦必錄，安二十九篇之中，如十誦應量淨地販入輕，五分被單亦在輕攝等例。若一向全異，又非長見者，雖不入二十九篇之內，亦錄安第三十篇中，向下對文一一分別也。問：『未審如此搜駮同異錄安三十篇中，如是安排，意為何事？』鈔自釋曰：『以輔博知。』以者用也，輔謂輔弼，博者廣也。謂用輔弼後來行事之者，依於本宗，兼明他部，廣博委知，無於疑滯故。』」（一八八頁上）

〔一一〕**濫述必翦，用成通意**　鈔批卷三：「濫述必剪者，立謂：先德諸師多有濫述，如杏子湯，非時藥是濫也。又如甘蔗是時藥，有將非時藥者，濫也。今則剪此諸濫：甘蔗是時藥，押汁水作淨是非時藥，作石蜜是七日，作灰是盡形也。又解：諸師言餘處行是別房者，濫也。捉遺落寶得提，捉非遺落者但吉，此之消判，亦名濫也。言用成通意者，謂我覩諸師之所述群篇，並懷優蘊劣，多有濫述，使吾心恒介。然常恨不通，謂使我心中壅滯。今日作鈔，剪其濫述，以遂我本情，我意已通，故曰用成通意。濟云：我不局一文，今會計諸部共行，以成此鈔，故曰通意也。」（二七五頁下）資持卷上一上：「直剪者，如云七樹七間，如義鈔廢立，或引破者，忘成及界不開中，安居解界失夏等。又，布薩儀中，唱『未受具人、不清淨者出』等，出要律儀『禮敬、捉衣角』之類，若不剪除，人情滯塞，故云成通意也。」（一六三頁中）簡正卷三：「濫，訛濫也。

如律『東方有山稱山』等。四繁之說，恐濫後來，是以鈔不錄之，故云必剪。總成四分一宗行事通問意，故曰用成必剪。（此段鈔文，古今諸記並曉了，皆是虛談。今綱群論，俱依此釋，即文生疑滯也。）」（一八八頁上）

〔一二〕**或繁文以顯事用**　鈔批卷三：「如下受戒篇中，所為事大，故須繁文。前明能受有五，所對有六，更明八種調理，豈非繁文！（二七五頁下）顯受戒事家之用，故曰也。又如『畜寶戒』、『盜戒』、『壞生戒』、「別眾食戒」，對文所以繁解者，由人喜犯，故廣明之。顯盜家之事，使人行用也。深云：此句對上多列遊辭之句，謂我繁文不同汝遊辭，但為顯其事家之用耳。」（二七六頁上）資持卷上一上：「繁者，或作繁廣釋。上卷諸篇廣張行事，中卷『盜戒』『離衣』『畜寶』『別眾食』等，下卷二衣、四藥、導俗、沙彌等，或作繁累釋，如『結界』『唱相』『有場』『無場』兩種大界，並先委示，正唱復出。『受戒』『遮難』，亦先釋相出眾，對眾復兩列之，說戒儀殘，並前廣引諸教。然後還引前文，排布儀式。上就當篇各明。若約別篇互望，亦有此義。如結界篇，重明集僧。又，羯磨篇中，復列集僧、結界、簡人、受欲等，及受戒篇，還述集僧等，釋相篇復明受戒具緣等，釋相對施兩出五觀食法等。如是並為顯於行事，不可闕略。即下所謂『若略減取其梗概，用事恒有不足』是也。」（一六三頁中）簡正卷三：「一、繁顯事用者。『或』者，不定之詞也。繁文者，多也，廣也。如『受戒法』中，三處引遮難相。第一節文，依律先釋相，白答彼此無疑；二教授師出眾同時，依於儀式，或又列一遍；三引入眾戒師對眾，又依文列一遍，此皆是繁文。又如『盜戒』、『別眾食戒』等，各有多紙釋此，亦是繁文。如此文為顯今時事用，如受戒大事為世良田，若帶難及遮，即空無所獲，故須廣引，方委無由。又，盜戒非今損財，難已防遏，（一八九頁上）亦須一一委細而論。餘可解。已上雖繁，為顯行事之大用，即不同古人多列游辭逗機未足之繁也。」（一八九頁下）搜玄：「鈔主用文之勢，雖繁及略，文斷義連，兼有問答。不同古人，繁略義隱，止論問答也。今每到科，前先簡異古人，後釋正義。深云：此由對上多列遊詞，有人依光律師羯磨綴疏，於一一事前，廣引緣據。且如受戒，善來本緣，為某人上法，三皈八敬羯磨。又於羯磨問難前緣，初難緣起，某人度某弟子、某人呵制等，皆引緣據。自佛滅後，准羯磨一受，餘者並無。何須廣引諸受，及問難本緣，即是遊詞。今抄繁文，為顯事用故，繁不同古人也。（三一二頁上）且如受戒，問遮難中，將欲問其遮難，先須解釋，令人取解，然後更出問遮難之文。前後兩重，恐濫在繁之數。前解繁者，顯受戒事用，若問不解，終為非問，故繁文解釋。令能問之人取解，所問之者，知其事由。答對無失，後更出問。難法者，恐正問詞句，繁略難知，故避就傍突，裁量准的，出其法則。又，戒是萬善之基，下為六道福田，上則三乘因種。若受不得身則成難，為此事故，須得繁也。『或』者，不定之詞。巧用文勢極多，故云或也。」（三一二頁下）

〔一三〕**或略指以類相從**　鈔批卷三：「且如單白羯磨，自有三十九種，今鈔中直舉說戒一法，釋其體相。句數多少，增減不同，餘悉例之。又如三舉、四擯、七法治人，此等由事希故，但釋初一呵責羯磨，餘悉略也。深云：此句對上單羯磨之句，我雖略指，義有相從，不同汝單題。」（二七六頁上）資持卷上一上：「初，約諸篇互指。如集僧指『結界』在後，結界指『集僧』如前，『說戒』指白眾在僧網，『安居』指五利如自恣，羯磨中簡眾與欲，並指前篇。又，各就當篇明者，如：足數中，指『四儀』別相，廣如別眾；懺殘指『覆藏』如後。如此相指，遍該一部，且舉一二，類謂同流。『從』即訓『順』。如安居竟，合明迦提五利，不欲更繁。然夏竟受利與下，自恣同流相順，故指如彼，（一六三頁中）餘皆倣此。又釋，如無場大界已出結法，後有場大界即指如前，乃至加三衣法具出一法。餘並例指。受日中，出半月羯磨已，一月如前。此釋亦通，不無其義。」（一六三頁下）簡正卷三：「類者，例也。相從者，如雲從龍等，各有其類。如集僧篇，但明兩界，僧來處分齊，不辨此二界元由。指在下文結界中說，此是將前指後。乃至結界篇中，但明結界之事，不知欲結時，如何集劫。指云約處有四種不同，定量分六相差別。如集僧中，此乃相將後指前也。如『離衣戒』但明十五種自然護衣，並不說作法界分齊。指云：若論作法，下卷明然之。乃將前指後也。乃至二衣篇中，但明作法，成衣界又不說。然自如隨相中，即將後指前也。又只向當篇之內，亦有如羯磨篇，辨七非義，但束百八十四法為八位，每一法上皆有七非。初就但心念法上辨七非，至下七法，但解三單，非其三雙，八位一合，例前可委，不在重述也。又如僧法羯磨，文中但約說戒單白，及受戒白四，具解四文，餘則例爾。」（一八九頁下）搜玄：「此文是相從故，略異於曹魏滿律師單題之略，鈔則具解，如非滿等不宣成相，故簡異也。且如鈔中羯磨一篇，初統羯磨，由漸且分十門羯磨，豎則有三：心念、對首、眾法，橫則有八：但心念、對首心念、眾法心念、但對首眾法、對首、單白、白二、白四。八法之中，就緣約相，總有一百八十四番羯磨。此鈔始從『但心念』，終至『白四』，復各出一番如非。自餘一百七十六番，略卻其名，不釋其義。類上八種，取解得也。類者，類例也。相從者，易曰『雲從龍、風（【案】『風』下疑脫『從』字。）虎』，即各隨其類也。今『但心念』，唯釋一法，餘『但心念』類前。『但心念』取解，（三一二頁下）乃至『白四』，各有其類。其類自同，是相從也。全異古人單題之略，文勢極多，故云或也。」（三一三頁上）【案】以類相從，指以例言之。

〔一四〕或文斷而以義連　資持卷上一上：「如受欲中明說欲相，引五分、僧祇，文斷已續，云『義評』等。下諸篇中，『義云』『義曰』『義詳』『義準』等，皆同此例。（古解云云，一無可取。）」（一六三頁下）鈔批卷三：「『文』謂律文，如諸部並無『解戒場羯磨』及受七日之文，則義用受半月文，准如法也。『解戒場』則義翻結為解，故曰義連也。深解云：當部文斷，義取他部文來連也。如持衣、加藥、狂顛、足數，文雖不具，義合有之。今取他宗，曰義連也。又如道行、水界，四分無文，豈無其事？故義取他部文來連也。私云：應是指今鈔文。或有斷處，如受戒篇中，其受戒人須先與受沙彌戒，對文不立其法，但言應須得少分法。此是文斷，然義則該含。至下沙彌篇中，方出與沙彌戒法也。」（二七六頁上）簡正卷三：「古今多釋。初，搜玄云：三藏教中，令無事法名『文斷』，今師義決為『義連』。二、衣（原注：『衣』通『依』歟？）順正記，但據當部律中，雖有事法，（一八九頁下）其文不續為『文斷』，今約義攢聚一處為『義連』。且如律本受戒法處，三段之文，皆但論難事，並不說諸遮，此則『問遮文斷』。及至教授，乃戒師正法時，但問諸遮，不可明難事，此則『問難文斷』。今師准上律本三重之義。律云『先問難事』，疏云：先問，即將十三難向十六遮。前教授師屏處問時，及戒師對眾問時，皆須先問十三難，後問十六遮。故下文云『今就義准，着向遮之前』等。（此是上卷『文斷義連』也。）中卷者，如懺捨、墮法，在律文三十戒條中，懺僧殘法在人犍度中，是文斷；今師約六聚次第，文義以連，乃作懺六聚一篇也。下卷者，如三衣在律文衣法中，漉水袋在大僧戒本九十中，坐具亦在九十中，是斷；今師約制教，次第作二衣篇，先明制衣，三衣、六物等，是義連也。三、准顯正，但取八，今法付以釋也。如足數篇下，有別眾法文。足數者，須足人四僧數，別眾乃不足僧數，足（原注：『足』疑『是』。）文斷；然因足數方論別眾，即是義連。不可別立一篇，但帶附此篇之末，名附法也。餘七例之。（云云。）上敘三家所釋，義意各殊，然今諸講人，互取不定，或但取後解，或約依搜玄，今意通三，（一九〇頁上）取釋所歸，莫不俱成一義。若壞取捨，即偏執隅，細而詳之，各有理也。」（一九〇頁下）搜玄：「對光律師，行事當律無文，不取他部，而以義集羯磨行之。羯磨疏云：准理無爽，藏迹可嫌。鈔則不爾。若當律無文，即取他部及經論傳疏。若諸處總無其文，即是文斷。其事實要不可不行，故以義連，令行事足。雖以義連，皆有憑據，若文義俱闕，舉例決通等四句。至第五門中，廣辨不同。光律師不取諸部之例，則以義集，故簡異也。」（三一三頁上）【案】文斷即指律藏文本中前後不順、事法不映。如此則以義而取他部律文補之。

〔一五〕**或徵辭而假來問**　鈔批卷三：「明今鈔中自有問答。如問云尼等四人、狂中三人不足數，為自言故不足，為體不足是也。又如，問自然界廣六十三步，為身一面取六十三步，為身四面取耶？又如，問自然界者為方、圓耶？此並是徵辭假問也。」（二七六頁下）資持卷上一上：「徵詞者，即推覈之語。謂推覈深隱，必假問端，以為發起汎論，問答為立賓主。賓則申疑推究，主則隨義決通。欲使言議相持、教理明顯。一、咨請問，（即結界中諸問，如云：大界有村，得合結否？）二、假疑問，（受欲中，問不稱緣欲法成否，羯磨中問白讀成否等。）三、破古問，（集僧中，問自然方圓，足數中問邊罪等人自言據體等。）四、相並問，（受戒中，問戒師白和、教授不和，又問戒師不差、教授濁差。）五、推窮問，（受欲中問，此律宿欲不成；及受戒中問，十誦尼無重出家，何故開捨戒。）六、互違問，（釋相問毘尼殄已起、戒防未起，何言斷過去非？『盜戒』問盜像供養無犯、盜經結重等。）諸篇之中，所有問答不出此例。文中一句，改無不盡。上來四句，總括一部文體大要，意使預知，至文不惑。今更以四句助顯其意。初句繁而不費，次句略而不闕，三、參而不亂，四、幽而不隱。」（一六三頁下）搜玄：「對古人要抄止論問答也。問：『鈔既斥古疏，止論問答，今行事文，何故復有數百徵問？與古人何殊？』答：『或論一事，托前義生，故須問起。前義成立，然後續徵後事，故先問後徵。有數百問答，顯其行事，不同古人一向心論問答。問答之事，前後復不相躡，將此問答，以為要抄，故簡異也。』『或』者，不定。或有事義，假其問答。或有行事直釋，不須問起也。再問曰『徵』，初啟為『問』。詞，詞句也。假，藉也。來，往來也。謂欲再徵，釋其行事之詞句，要假藉於問來也。夫言徵問，約論有六：一、問，二、答，三、徵，四、釋，五、難，六、通。故『徵』下有釋，（三一三頁上）『問』下有答。『問』即居初，『徵』乃居次。凡欲徵起一義，要假於先問來也。如持犯篇中，古人皆約境想迷妄事上，開無不學無知，犯上、法上，從來不開。犯上結十二罪，法上無不可學九。南山約事上開義；罪上、法上，不合不開，先托事上起。問：『如煞、盜等，人非人想，有主無主想，律結無罪，亦有制犯者何？』答：『或緣罪境，人非人故，便結心犯；或緣非罪境，無主物故。然彼迷心，不結正罪，所以開也。即躡事上開義徵起，犯上、法上，亦合得開所以。』徵云：『若爾，後緣法中，亦有想轉。如不處分處分想及疑，亦不結犯，何為制罪者？』(【案】此引，與鈔文有所不同。）徵此犯法得開，實由乘前事上無罪道理，方始徵成後義。故此徵詞，要假於前問來也。」(三一三頁下)

〔一六〕如是始終交映、隱顯互出　資持卷上一上：「謂上四種，遍在一部，不使前後義有相違，故云始終交映。又，除顯事用，不令前後文有繁複，故云隱顯互出。『交』亦是互，『映』即照也。」(一六三頁下)鈔批卷一：「始終者，深云：謂此鈔中自有交映，如足數中簡六十餘人不足數，下羯磨文中更不出也。亦如羯磨中明十種緣，已下諸羯磨中更不明之。如僧殘中，將夷謗他戒列犯相具緣；已下『九十』中，將殘罪謗他直指；『十三』中，犯相具緣，令取解也。前則為始，後則為終。今須將『有』以映『無』，將『前』以映『後』，故曰始終交映也。隱顯互出者，謂與欲中，有自言故，不成持欲，故曰顯。無僧知，故曰隱。足數中有僧知故，不足數，故曰顯。無自言，故曰顯。故名隱顯互出。」(二三六頁下)鈔批卷三：「始終者，指鈔中文，言前則為始、後則為終，始有終無、始無終有，名為交映也。二文對明，故名交映。『映』謂傍照，見潘岳石榴賦。深云：謂此鈔中自有交映。如足數中，簡六十餘人不足數，下羯磨文中更不出也。亦如羯磨中明十種緣，已下諸羯磨中更不明之。……勝云：如足數篇中，體境俱非，云僧知故不足，不知故成足。指如與欲時，彼與欲篇中云：自陳故非是僧用，若不自言，相中同順。如足數中，取僧知故，亦不成持欲。謂與欲中，有自言故曰顯，無僧知故曰隱。足數中，有僧知故曰顯，無自言故曰隱。故言(二七六頁下)隱顯互出也。」(二七七頁上)搜玄：「『如是』之義，或將始暎終，或將終暎始，故云交暎。或前隱而後顯，或後隱而前顯，故云互出。即前四句，四句之中，皆有始終，亦暎隱顯互出也。且繁文以顯事用，以解交互也。暎，照也。謂將初末，交互相暎照也。如受戒篇問遮難中，前廣釋十三難相為始，後更出問法為終，如非人、畜生二難解中云：『此上二趣，(三一三頁下)若依本形，是人通識，恐變而來，故須問之。脫有高達俗士，受戒語非畜生不？若聞此言，一何可怪。應方便轉問。如下所陳。』

此則將始以暎終也。至下問中，即出問法云『汝非諸龍畜等能變化者，變為人來受』，(【案】此引與鈔文不同。下同。) 不要由前釋，方解後問，此將終以暎始也。隱顯者，結牒前語，亦不異前。若欲釋者，不無少異，前則顯其釋文，而隱其問法，後則顯其問法，而隱其釋文。更互隱顯不同，則是互出之義也。次，略指以類相從者。羯磨篇為始，諸篇為終，羯磨但出八番如非，照下諸篇羯磨如非之相，即將始以暎終也。下諸篇中，有羯磨處，更不重出如非之相，暎前羯磨篇中足明性終以暎始也。隱顯者，羯磨篇中，總顯如非之相，隱卻其餘羯磨文。下諸篇中，隨事顯羯磨之文，隱卻如非之相，是互立也。次，文斷而以義連者。羯磨篇為始，說戒篇為終。羯磨篇中，問『白讀羯磨，作法成不』，鈔雖有其成不之問，諸律則無成不之文可錄，此則是鈔撰述文斷之事。鈔答云『不成是定。雖無明決，可以義求』，標其義連，則暎下說戒篇中。『戒本須誦，以例羯磨，亦須得誦，故四分、僧祇，(三一四頁上) 半月無人誦戒，應差向餘處，誦竟還本處說之，不得重說。乃至一人說一篇竟，更一人說，若不能誦者，但說法誦經而已。』(【案】『戒本須誦』至『誦經而已』，見鈔羯磨篇。文字與鈔文有所不同。) 准而言之，若得讀者，執文即得，何須如此！止不讀之，此則將始以暎終。至後說戒篇中，難 (【案】『難』疑『雖』。) 明戒本須誦，不知誦有何義。律論並無其義可錄，亦成文斷，即須暎前篇中羯磨須誦之義，即是將終以暎始也。須誦義者，但以法貴專審，今背文誦持心口等，專正加事便易，必臨文數字，出口越散等。隱顯者，羯磨篇中，即合隱其說戒，須得差人誦文，此中卻顯；說戒篇中，即合顯其戒本須誦之義，文中卻隱。如是隱顯，名互出也。次，徵詞而假來問者。如心 (【案】『心』疑『止』。) 持門中，徵起法上得立不可學九，即云此且就止持，約事為言，必如所引，對法有二九句。後作持中，更為辨也。此即將始以暎終。至後作持門中，立不可學九，即云不可學迷，亦有九句，如前段後九句說之。更不別立九句，此即將終以暎始。隱顯者：法上不可學九句，止持門中即隱，作持門中即顯；法上徵立止持門中即顯，作持門中即隱。有無不同，名互出也。當陽云：如是數篇為始，(三一四頁下) 受欲篇為終。足數但答僧知不足之文，不答自言不足之語。今將始以暎終，如其自言欲法既失。若自言亦不足數，此將始暎終也。將終暎始者，與欲但有自言失法之文，而無僧知失法之語，今將終暎始，前答僧知。既不足數，若僧知亦失欲法也。隱顯者，如僧知之語，與欲中隱，足數中顯。如自言之語，足數中隱，與欲中顯，更互隱顯，即是互出。然此段雖繁，為顯句句有也。」（三一五頁上）簡正卷三：「始終交映者。如受戒法中，解遮相處。釋『非畜難』中云：此上二難，若依本形，是人皆識，恐變形而來，故須問云：『脫有高達俗士，來此受戒，問云汝非畜生否者？忽聞此言，一可怪，應方便轉問，如下所陳。』（【案】『脫有高達俗士』句見受戒篇。文字與鈔文有所不同。）此即將終映始，亦是前隱而後顯也。至下正問中，方出方便。問詞云：『汝非諸龍畜等，能變為人來受戒否？』要由前釋，方解後問。此即將始映終，亦是後隱釋詞而前顯也。（結初用竟。）次，略指相從中，始終交映者。如集僧篇中，但明來處遠近，不論界起之由。遂指下云『如結界中說』，此即將始映終，亦是前隱後顯也。至結界法中，但明界之來意，結之元本。若集僧遠近，卻指在集僧中，此即將終映始也，又是後隱而前顯也。（諸如此例第二用竟。）次，文斷義連中，始終交映者。且約八，今法附以結，如受戒篇中，但明受戒事，不辨隨中六念及捨戒法，（一九一頁上）即將始映終，前隱後顯也。至法附中，但明隨六念，不明受體，但明捨戒之義，不明初受之法，即將終映始，後隱前顯。（餘皆例結第三用竟。）次，徵詞假來問中，始終交映等者。問詞中，但申問意，不顯徵詞，即將（【案】『將』後疑脫『始』字。）映終，前隱後顯。至徵中，但顯徵詞，不言因問而起，即將終映始，後隱前顯也。（結第四五問文已竟也。）」（一九一頁下）【案】上兩句意為「將始映終、前隱後顯」和「將終映始、後隱前顯」。

〔一七〕并見行羯磨　鈔批卷三：「立云：指宣所撰之羯磨，題云曇無德者是。恐非也。應是鈔中自有羯磨，如諸篇中各出羯磨，受戒、自恣等，是常途現行之事，故曰現行也。」（二七七頁上）資持卷上一上：「會異中。前明引用之意，次彰撰述之體。至於所引群部法事，若法計非本宗，容生疑濫，兼復示之，故云并也。初四句列相，『並皆』下顯意。初明羯磨，對世寡用，故曰見行。眾法多據本宗，別法多出諸部，今文通收他部眾別之法。（眾法中，滅擯通結淨地出五分，沙彌分衣法出十誦，別法如持衣、加藥等，出十、祇。）」（一六三頁下）搜玄：「此段意謂，羯磨篇已相從明一百八十四番羯磨竟。今受、說、安、恣、衣藥諸篇，隨事別出羯磨之文，豈非繁耶？初羯磨一篇，總明如非之相，由未別出諸羯磨文。後諸篇中，直寫現行羯磨之文，更不明羯磨是非之相。前總門故離繁，後別出文離略。此繁略取中，（三一五頁上）為濟新學費功夫也。兼簡異古人不顯行於世也。此意同富陽解。」（三一五頁下）簡正卷三：「謂此約前四正用之外，更加此四句，故曰兼并。舉例，如三藏亦有麤詮、正詮。又僧俗所為，皆有正、麤等。（云云。）現行羯磨者，謂下諸篇中，要秉羯磨處，即寫羯磨文，安其鈔內。如結界篇，寫『結羯磨』（原注：『結』下疑脫『界』字。）安文內，僧網篇寫『七、九羯磨』安文中，受戒篇寫『受戒羯磨』，說戒篇寫『說戒羯磨』，安居篇寫『受日羯磨』，自恣篇寫『自恣羯磨』安文內也。（中、下二卷准下。）已上皆是今時當用之者，即書向文中，便可依行。若諸諫二房結集等，不當今現行者，必不錄。問：『羯磨本是律宗合明之事，何名兼并？』答：『謂文中已有第五羯磨篇，且述一百八十四番成敗如非之相，諸篇不合更明，今重向諸篇書出羯磨平文，不辨緣成之相，為接初機，現可行用，（一九一頁下）所以卻成兼并用也。』」（一九二頁上）

〔一八〕**諸務是非**　鈔批卷三：「謂諸急要行事務中，明法則之得失，故曰是非。如『受日』中，緣如曰是、緣非故曰非也。」（二七七頁上）簡正卷三：「有解多引諸部別行篇者，（恐不理當。）玄記約諸雜要行篇，十問安設皆為僧尼要行，故知更作一篇，兼並而用也。（此解為正。）或有約諸篇對辨古合今處，名諸務也，今釋為是，古解即非（云云）廣述，（亦自是一途之意。）」（一九二頁上）資持卷上一上：「『諸務』言通須收諸篇所引他宗之事。」（一六三頁下）

〔一九〕**導俗正儀**　鈔批卷三：「立云：此序下導俗化方篇儀則、法式，五、八戒儀，入寺等法、軌則者是也。」（二七七頁上）資持卷上一上：「下二句，即指導俗沙彌篇中諸事。由此二篇，多集群（【案】『群』疑『諸』。）部，少出本宗，故別會之。」（一六四頁上）簡正卷三：「導俗正儀，即道俗化方篇。道者，引俗純事為六塵所得，於理全乖，今與受五、八戒，及教其入寺軌儀，去是非之心，不見僧過等，是佛正教，名曰正儀。此雖非五眾所行，然假僧尼為能化之人，一一明閑，方能化引所化之境。故下文云『幸細覽而得傳告』等（【案】見導俗篇末。鈔文無『得』字。），是并用也。」（一九一頁上）搜玄：「導，引也。謂帶理曰真，純事曰俗。此為六塵所染，與理全乖，謂之俗也。凡俗人入寺，以其正法引導，除其是非之心，不求僧過，不汙僧地。又，勸捨施、禮敬、問訊，為受五、八戒等，如是引導之法，皆是佛之真教，故曰正儀也。」（三一六頁上）

〔二〇〕**出家雜法**　鈔批卷三：「立云：此序下諸雜要行篇也。」（二七七頁上）簡正卷三：「即沙彌篇。發心離煩惱火宅，名為出家。廣引度人經等，明出家儀，或名為雜法。若欲度人出家，須以七門，明出家本意；次置道場，諸師剃髮，受十戒、六念、五德、十數之儀，此亦須眾一一明閑，乃可化度，故須兼濟也。」（一九二頁上）搜玄：「心離貪等煩惱之宅，故曰出家。雜法者，謂沙彌篇引度人經，廣辨出家法式。夫出家者，先立壇場，懸幡焚香，置和上坐位、弟子坐位，剃髮師、讚唄人，拜辭父母，軌則甚多，故名雜法。立此二篇意者，說（【案】『說』疑『諸』。）記皆云：二十八篇並是大僧尼等所行，鈔中理合具有。導俗、沙彌，既非大僧行事正宗，今鈔立者，豈非繁長？故南山云：今伽藍致設，訓導道俗，凡所施為，無非戒律也。然俗為所化之境，僧為能化之人，凡有信出家大僧，須知儀則。外有逗機之益，（三一六頁上）內無失法之愆。若無此二篇者，俗無迴向之因。有出家者，僧闕度人軌則。又，一期行化，佛教未周；又，十門中，有道俗通塞，復有下三眾隨行。此並統彼佛教大綱，一期行事並足，故立此二篇也。古德於內，遊詞拯多，無此二門，故逗機未足。今二十八篇行事，並無遊詞，即離繁文，更立導俗、出家二篇。又離逗機未足之略，離斯繁略，故簡異焉。輔篇：諸記將諸雜要行以為出家雜法，此乃僧尼正宗，本分須學，何得更用分疎？前解可依，後判無理也。」（三一六頁下）

〔二一〕**並皆攬為此宗之一見，用濟新學之費功**　資持卷上一上：「既並他部收歸本宗，故云攬為一見等。此宗者，若對餘部，即指四分，若對諸家，即歸今鈔一家行事。費功有二：一、昧教妄行，則費行功；二、文散難求，則費學功。」（一六四頁上）鈔批卷三：「立云：若覩此抄竟，一切法式行儀，何事不解？不假別處尋求，無費其功失（原注：『失』疑『夫』。）也。」（二七七頁上）簡正卷三：「通收上四，曰並也。皆，俱也、盡也。攬者，束也。總束前四用，為此四分鈔宗分一見。問：『攬并本意為何鈔？』答云：『用濟新學之費功焉。謂忽有事生可准行用，免更向文討尋徒費功也。』」（一九二頁上）搜玄：「現行雜法四段，故曰並皆。收束具列鈔文，故曰攬為此宗之一見，一處見文具足，不假多處尋求。為師若度弟子，雜法一篇可憑；士女入寺，正儀足以化導；受忞諸餘法事，具列二十八篇。羯發（【案】『發』疑『磨』。）現行，隨諸篇中皆有。識非明是，隨事用而不或（【案】『或』疑『惑』。），豈須上下求文？言事悉周，故濟學費功夫也。」（三一六頁下）

〔二二〕**然同我則擊其大節**　資持卷上一上：「如世歌曲，其和者必擊物以聲其節。節謂曲之大段，故云大節。」（一六四頁上）鈔批卷三：「立云：謂同我見者，則能唱和。言大善、大好，似識曲也。如一人唱歌，一人拍掌，更相應和，得其節也。」（二七七頁上）簡正卷三：「此文大意：恐後有人斥非云：『題中那（【案】

『那』疑『刪』。）繁鈔，又不許古來疏多游辭及自著述，又更繁多，豈不相違？』恐有斯言故，預分疎道理也。然其我擊其大節者，然者，縱奪之詞。同者，和同。擊者，揚也。節，解也。大謂簡小為義，即知音唱和之詞。……鈔主意云：與我情和同之者，即唱和云：『此鈔三十篇，文堪行用，甚被時機，終無汎濫閑詞，始終並皆如法也。』蓋此是擊大節。（繼宗記中，舉相副晉當詞者，蓋忰非來例，良不可也。）」（一九二頁下）搜玄：「此一段文，釋前取文繁略意也。（三一六頁下）恐人斥云：『鈔稱刪繁，又云或繁文以顯事用，豈非相違？』故先遮此異斥也。然，是也。易曰：同聲相應。是同我者，謂見其機微，乃擊大節也。擊，揚也。節，解也，即唱和詞也。」（三一七頁上）【案】「然同」下文分為二：初，「然同」下；次，「但」下。初又分二：「然同」下為初，又分三；「然一」下為次。

〔二三〕**異說則斥其文繁**　簡正卷三：「情見不同，名為異說。非斥嫌此鈔文太成繁廣。如遮難小事，三處出文，盜戒、離衣等各是數倍。此非知音，故相非斥。」（一九二頁下）資持卷上一上：「初科，遮異說者，或當時實有，或假設預防，若比諸師行事，義集似傷繁細，然不達深意，故須明之。（後世有作行事策者，甚非祖意。）同我異說，並指他人，情見有順違也。」（一六四頁上）搜玄：「情解不同，名為異說。富陽云：今若斥文繁者，謂曲高而和寡。……所謂曲彌高，和彌寡。今有非斥者，謂不知顯事用，故須得委曲示之，即斥其繁也。示不樂繁之意者，文繁誰所樂之？即由事不獲而已即多也。事者，所行之事也。獲者，得也。已者，止也。謂無人樂其文繁多，由說事未了，不獲得心住也。」（三一七頁上）鈔批卷三：「謂情見不同者，嫌我鈔文繁，言『何須如此繁說，但錄三五番羯磨，將以行事便足』，故曰斥文繁。斥者，安斥，由疎遠也，亦指斥也。漢書云：乘輿斥車馬也。音義曰：『斥』是不用也。謂乘轝不用車馬，乘車馬人不用轝。（二七七頁下）明今坐禪師見此鈔則云『用此何為，文太繁廣』，名異說也。三蒼云：斥者，推也，又呵也。有云：此字丁，音『罕』，又音『移』也，移下作干，謂我自在家中，何用汝來干我也。上畫是屋，下是壁也。」（二七八頁上）簡正卷三：「情見不同，名為異說。非斥嫌此鈔文太成繁廣，如遮難小事，三處出文，盜戒、離衣等，各是數倍。此非知音，故相非斥。猶如陽春、白雪之歌，和者甚稀。」（一九二頁下）【案】非斥，即說並不是斥那些文繁者，而是那些文繁事乖的異說則加以拒斥。

〔二四〕**文繁誰所樂之，良由事不獲已**　鈔批卷三：「謂疎上句也。謂文繁非我所樂，但恐行用不周，事不獲已，須述此也。」（二七八頁上）簡正卷三：「示不欲繁意也。鈔意實不樂繁，蓋為要今行事周足，故云事不獲已。獲者，得也。已者，止也。說謂未了，不得止住，不類古來繁也。」（一九二頁下）

〔二五〕**若略減取其梗概，用事恒有不足**　鈔批卷三：「謂我今此鈔應須盡會諸部，取外宗持衣等文用事取足。若更存略，恐同上單題羯磨人也。」（二七八頁上）簡正卷三：「前二句釋事不獲已，不得略所以。後之二句，釋不樂繁所以。略者，約略也。減，省也。梗概，即粗魯之言。意道，若約略減少，粗魯而書，即被今時人，行事未足。如受戒大事、盜戒難明等，故必廣也。」（一九三頁上）搜玄：「『若略取』下，雙釋所由也。上兩句釋事不獲已，不得略所由；下兩句，釋不樂其繁，須略所以。謂若略減取梗概，即事義未盡，行事不得，不獲須繁。若不爾者，即類單題之略，必若是分外之文，於我鈔中，成其所諱，不樂此也。若不爾者，即類多列遊詞之繁。略者，說文：簡也。去繁取要，故謂之簡。謂三藏廣文，鈔取簡要行事，謂略也。減者，（『古斬』反。），損也；又（『下斬』反。），秏也，並轉訓『少』。於此簡要略文之上，更減少取，云略減。綱骨而談，謂之梗概。事義未圓，用之恒有不足，事不獲已，故須其繁。指事釋者，如遮難中，隨難解釋是也。若梗概而說，列遮難名字問之。若問不解，終為非問，受戒不得，事不獲已，須隨難解之。雖繁，顯事要故。」（三一七頁下）

〔二六〕**必橫評不急之言，於鈔便成所諱**　鈔批卷一：「『善來上法受緣受體，末代無緣名為不急。我若廣談，非鈔之意，故曰所諱。」（二三七頁上）鈔批卷三：「必橫評不急之文（原注：『文』鈔作『言』。）於抄便成所諱者，此句對上句出文家之意也。明過略則用事不足，過繁是鈔所諱。『不急之言』何？即明善來上法受緣受體，末代無緣，今成廢教，名為不急。我若廣談，非鈔之意，故曰所諱。諱者，忌也。若更橫論此義，何異前多列遊辭之輩也。有云：此句正指斥前多列遊辭及文在義集之人也。明此義集遊辭，不濟時要，名為不急也。」（二七八頁上）資持卷上一上：「『必』下，顯非繁。梗概，猶粗略也。『橫評』謂非理多說，『諱』即避忌。鈔以撮要包含為義，不急之言非所宜故。」（一六四頁上）簡正卷三：「『必橫』下，明不樂繁之意也。橫，傍求也。評者，論量。意道如受戒法，橫論五受之文，四受非今所要。今既錄此繁詞，即乖於撮略之義，便成所諱也。」（一九三頁上）搜玄：「必者，說文云：終也。傍求曰橫，論量曰評。如受戒法，必欲終其緣本，橫論五受等文。除羯磨一受，餘四佛滅皆無，並是不急之言。於行事鈔中，便成忌諱。既曰刪繁，今有閑詞，豈不須忌？不樂此繁，須得略也。上則顯事用，故須繁；下則不急之言，須略也。古人諸記皆云『通其伏難』，今不敘也。」（三一七頁下）【案】不急之言，即不濟時要之言。

〔二七〕**今圖度取中**　資持卷上一上：「圖度者，以智斟量。取中者，離繁略過。」（一六四頁上）搜玄：「由上不樂其繁，事不獲已，復不得略，（三一七頁下）即圖度而取文也。今於當宗他部、經論傳疏，圖謀比度，取同文同義之中，非謂不繁不略為中也。」（三一八頁上）鈔批卷三：「謂双去繁略，唯存一中當也。畫曰『圖』，量曰『度』。……（二七八頁上）明今此鈔不繁不略，名為取中也。」（二七八頁下）簡正卷三：「筆畫曰圖，疋量曰度。此非釋也，但依上解。啚，謀，比度也。取中，著（去呼），即中，當也。於同文同（【案】『同』疑剩。）同義之中不多少也。廣處雖廣亦不絕，廣略雖略各亦不令略。或作中（去呼）字解，亦通。〔繼宗記中不許此釋。彼云：鈔文以顯事用，或指略以類相從。此既有繁有略，何得言不廣不略？今之繁〔？夕〕即中略。如受戒遮難，并一日得衣等。已意謂不然，卻成別序。第問（原注：「第問」疑「次第」。）門竟。〕」（一九三頁上）【案】圖，圖謀。度，音鐸，比度。中，適當。即今作鈔志在繁略得當、不繁不略。

〔二八〕**務兼省約**　資持卷上一上：「務省約者，是鈔正宗。」（一六四頁上）鈔批卷三：「省者，減也，見字林。減，『緘黯』反。約者、限也、少也。以兼省故則不繁，以兼約者則不多也。有人云：三種羯磨更無增減是約，不事遊辭是省。下文云：立教意居顯約，即此義也。」（二七八頁下）搜玄：「凡欲取一事，事或有多處出文，但取一兩處文，餘者不取，務兼省也。兼稱當宗，約限而取。如可分別聚落集僧，當宗雖無其文，而有院相限約，彼十誦中更有勢分，今但取十誦隨聚落界，即僧坊界，不取勢分，務兼約也。取當部文，亦省約也。約其時所要事，省少取文也。」（三一八頁上）

〔二九〕**救急備卒**　鈔批卷三：「『急』謂新受戒僧尼，觸事面牆，不識教相，交即作罪。梵行之難，事若倒懸。亦如嬰兒，仰資乳養，無越此急。今鈔示文軌，離破毀之過，名為救急。備卒者，忽有緣須，看文即解，名為備卒。如下導俗化方、分亡人物等，事多卒至，鈔備擬之，故曰救急備卒也。」（二七八頁下）資持卷上一上：「救急備卒是今正意，眾別行相不可暫忘，故云急也。事起不常，無由措手，故云卒也。師資篇云『故拯倒懸之急』，第十門云『庶令臨機有用』(【案】見本序後文。),斯即急卒意也。」(一六四頁上)簡正卷三:「一、殺新本學急知,謂作入法流,未明得廣律事相。且依此鈔學,知足得准永行用。二、備舊人之卒要,謂先日雖曾學知多時,或可癡忘,忽有事起。不可更廣撿律之文,但將此鈔展開,便可行事也。」(一九三頁下)

〔三〇〕**勒成三卷** 搜玄:「結所為而成三卷也。有二意,勒成三卷:一為救新學急知,二為備擬碩德卒要。新學覽其三卷即知:上卷明受、說、安、恣之眾法,中卷明篇聚持犯之別法,下卷明隨機要行之共法。隨其新學欲知何法,直取覽之必明,救急知也。備擬碩德卒要者,碩德先已學知,臨機事須教印。若是眾法事起,直撿上卷依行,備卒要也。為斯兩緣,故勒成三也。此則明其欲勒成所為意,未則分卷成三,并是呈述作先謀也。」(三一八頁上)簡正卷三:「為上二緣,束為三軸,此但明所為之意,未說分三卷,所以意問古來卷多少也。」(一九三頁下)

〔三一〕**若思不贍於時事,固有闕於行詮** 鈔批卷三:「『思』謂緣慮已(原注:『已』疑『也』。)。謂我心力神思不及之處,則闕於行家之詮也。『行』謂戒行。『詮』是能詮之教,『教』為能詮,『行』為所詮。能詮既失,所詮亦亡。此鈔主謙言也。又解:我今此鈔,恐心所不屬贍之事者,則是於時事闕能詮之教。非但闕能詮之教,亦闕所詮之行,故曰闕行詮也。只是神情思慮不逮之處,則是闕行家之詮。行詮即教也。謂我若不解能詮之教,則所詮之行亦闕,故曰也。」(二七八頁下)資持卷上一上:「『思』即籌慮,『贍』猶濟也。『固』即訓實,『行詮』即諸義解。此明今鈔專列時事,義章辨論有不濟者,例皆不引,委在餘文,故云於後。上卷多指義鈔,中卷多指戒疏,上、下多指業疏。凡所指略,皆此意耳。如篇聚中,二不定、七滅諍,皆先提大意已,乃云『文義既廣……徒勞宣釋,終未窮盡,故略不述』等。」(一六四頁中)搜玄:「由恐新學未贍先謀,更別撰文。言『若』至『於後』者,由前述鈔先謀,務兼省約,救急備卒,故有闕詮。(三一八頁上)闕處在此略標舉,後時更為別撰述也。若,如也。如此新舊二人,依下三十篇行事,神思未賙贍,時事處向下,當未贍處,略標意趣,更為造文也。思,神思也。贍,賙贍也。時事者,隨時判其輕重之事。固者,實也。鈔中實有闕於所行之行,能詮教文也。故輕重儀序云:遂刪補舊章,撰述事鈔,猶恐意用未周。准此,即是若思不贍於時事,固有闕於行詮也。」(三一八頁下)

〔三二〕**略標旨趣** 鈔批卷三:「立有兩解:初云,我今雖作此鈔,但略指而已,餘有未盡，付將來碩學之人，廣明詮序；又云，今鈔序中略標指宗意，廣則於後三十門中明也。深云：我既不贍處分多，今且略舉指趣，望後人自廣解也。」（二七九頁上）搜玄：「下二衣篇中，略標指趣。彼云：今且依鈔者一意，位分三別：一者性重，一切銅鐵等物入重；二者性輕，百一眾具，可隨身者入輕；三者，或事重用輕，或事輕用重，但以教網具周，必須文顯則略標。如上輕重，必須文顯，意指乃趣向後續與撰輕重物儀，依律具列十三章門，一一解釋。彼文廣鈔，故云以廣於後，即二衣篇末云『餘有不盡之文，事不具委，具如別判輕重物中，亦須類知，而通解也』。問：『何以得知作此釋是？』答：『准輕重儀序末云：余所撰刪補行事鈔三卷，篇分上、中、下也。門有三十不同，言有二十餘萬。若僧法軌模、住持綱要者，則上篇上卷，首領存矣；若戒受種相，持犯儀儀，則中篇中卷，名體具矣；（三一八頁下）若衣藥受淨，諸行務機，則下篇下卷，毛目顯矣。故輒略總引，粗知梗概。今於下卷『衣法』之中，禪解亡物，略分十門，即其義也。禪，續也、與也，續前鈔後，更與撰輕重物儀，故云禪解。准羯磨篇，亦是此意。文云：但鈔意為始學人，本令文顯而易見，故不事義章。一一分對進不，必欲通明，須看義鈔，此則略標指趣也。』」（三一九頁上）

〔三三〕以廣於後　搜玄：「羯磨序云：昔在諸關輔撰行事鈔，具羅種類，雜相畢陳，但為機務相詶，卒難尋了，故略舉羯磨一卷，別標銓題。若科擇出納、興廢是非者，彼鈔明之，但約法被事，援引證據者，在卷行用。然律藏殘缺，義有遺補，故統開諸部，撮略正文，必彼此俱無，則理通決例，並至篇具顯，廣作十篇解也。鈔諸篇中，有指羯磨本疏等文，並是斯義。謂此文未即急要，故指後廣明也。『若爾，鈔主先謀，更為撰文，理當前釋，下文引文，及首疏義，指廣如彼。今此序中，何故不論耶？』答：『凡所引文，義意皆足。鈔指廣如彼者，意令博學濟貧。若約行事，不看彼之廣文，足得明矣。此是便指不是的要，序中故不明也。』『若爾，前文亦非急要，何故先謀為撰？』（三一九頁上）答：『若不看首疏及諸律論廣文，行事意足知，若無輕重儀、羯磨、戒疏，則判輕重。及其餘羯磨持犯等義，則未通解，行事有礙，故須得也。古人科云南山自謙者，意不然也。第十鈔興意中，云『余智同螢』等，是謙詞也。此正分雪（【案】『雪』疑『齊』。），省約用文，恐後學神思未能賙贍輕重事類等。此鈔略標更別為撰文，非自謙也。亦有記中，取大綱篇中『嘿儐』來釋。南山云：亦有經中出其羯磨，尋本未得。未得即是闕詮，關詮即闕能治之行以廣於後者，付將來碩學者，亦不然也。文中但云『亦有經中出其羯磨，尋本未得』，何曾有付後學之語。約南山後制造中，亦更不述此羯磨意也。若據以廣於後之言，只是羯磨之文，復何能廣。思之。』上來正明作鈔先謀勒成三卷所為竟。」（三一九頁下）

〔三四〕**義張三位**　鈔批卷三：「即三卷文也。上卷明眾法，中卷明自行，下卷明雜務要行也。」（二七九頁上）簡正卷三：「謂上制作鈔文，救急備卒，勒成三卷，未委據何理不二否耶？鈔釋云：然一部之文，義張三位。張，展也。約詮眾行義故，展成上卷位；約詮自行義故，展成中卷位；約詮共行義成故，展成下卷位也。即顯約義分成三文，非是就師心紙黑（【案】『黑』疑『墨』。）說。」（一九四頁上）搜玄：「謂上述作先謀中，勒成三卷，救新學之急知，濟耆德之卒要，然未顯卷中所明分齊，今次釋成三位也。（三一九頁下）夫教所詮義，有眾、別、共三，約此三種之教不同，隨教義成一卷，故義張三位也。」（三二〇頁上）

〔三五〕**上卷則攝於眾務，成用有儀**　資持卷上一上：「『眾務』謂四人已上羯磨僧事，『成』謂能辦，『用』即舉行。」（一六四頁中）搜玄：「謂上卷明於眾務之儀則也。所以先明眾法者，發正云：夫欲秉法行事，先須治罰惡人等。望云：此太局一篇也。今言眾法在先者，夫僧居止，要須託處，故先明秉法僧體，即約受者，以戒為宗。若集此僧，則論足不。有緣不來，送心是非。明僧體用竟，須辨羯磨法之如非，則須結界。界法成就，得行僧法，治罰惡人，惡人即無情眾。無難則為人受戒、說戒、安姿等。然後方自護持戒身清淨。上則眾、別各明，若離斯二眾、別之法，不得成立。或有要行眾、別兩須，故云共法，則居後也。約如此意故，眾法居先。」（三二〇頁上）鈔批卷三：「攝者，統也。眾者，僧也。務事，謂統攝僧家之法事，故曰眾務。明羯磨論其成敗，有其軌則，故曰儀也。」（二七九頁上）簡正卷三：「正列三卷位也。攝者，收攝也。（一九四頁上）眾者，四人已上僧法。務者，事務。謂大欲秉法，先須有能秉僧，以戒為體，以和為義，依體起用，即須集僧，簡眾與欲，乃至恣（原注：『恣』上疑脫『自』字。）之事。如是軌義，皆是上卷文中辨也。」（一九四頁下）

〔三六〕**中卷則遵於戒體，持犯立懺**　搜玄：「謂出家之人護本所受，是遵戒體。知持識犯，『持』則持相，『犯』則犯相，是其所解。有違洗懺，遵戒體故。」（三二〇頁下）鈔批卷一：「中卷，遵於戒體持犯立懺者，謂戒體者，受時無作體也。持犯者，隨中二持兩犯也。立懺者，懺六聚罪。中卷盡論此事，故曰。」（二三七頁下）鈔批卷三：「明受時發作、無作之體，隨中二持、兩犯之行。『持』謂專精護持，『犯』則具緣成犯。犯已，聖開洗懺，中卷盡論，故曰也。問：『受中有緣體，中卷明體不明緣，隨中有持犯，應當說持不說犯？』答：『緣體持犯相依起，理合一處明，但為受緣，要假僧故，從上卷眾法辨。』『若爾，懺重悔殘，皆眾作，何故居於中卷等（原注：『等』字疑剩。）？』答：『懺通僧別，受唯眾作。謂懺、夷、殘，要是僧，提、吉，唯是別人作也。』」（二七九頁上）簡正卷三：「出家僧尼，須護本受體，知持識犯，有過懺除，皆是導於戒體，中卷明也。」（一九四頁下）資持卷上一上：「『遵』即奉持之心，『機』謂時須之急，『託事』即衣藥等緣。」（一六四頁中）

〔三七〕**下卷則隨機要行，託事而起**　搜玄：「隨機者，隨上、中、下根機，要行亦上、中、下三別。如是要行，皆托事而起，且如對衣食者，上行之人，但三衣一食，託此衣法受持食，則口口興治方便。中根之流，則對百一之事，加法受持隨食，興其觀法。下根之類，聽畜一切諸長，托此有說淨要行，約食一時，（三二〇頁上）作興治觀法。且約衣食以明。自餘約行，則有十二頭陀要行。對病則有兩種五德要行。乃至諸部別行，宗途要識，博學濟貧，並是要行也。」（三二〇頁下）鈔批卷三：「謂衣藥、受淨等事，盡曰要行也。言托事起者，導俗、化方，受五、八之戒，比丘同住有病、有亡，故立看病、送終等法，並是托茲病事而起，故言托事而起。」（二七九頁上）簡正卷三：「謂隨前機宜上、中、下別。上行，唯三衣一鉢中，則百一資持；下類之徒，長衣重物，乃至諸部一文，皆是隨機之事，具在下卷明也。言並如文具委想，無紊亂者。結也，諸多眾、自、共行，曰並也。如是三卷中，悉周備故。」（一九四頁下）

〔三八〕**並如文具委，想無紊亂**　資持卷上一上：「『並』下，結示無闕。紊，音『問』，亦亂也。如古所傳三卷三位，即名眾、自、共三行，今更以義判，略為三別：初，約止作，上、下（【案】指鈔上、下卷。），對事造修，名作持行。中卷，守戒離過，名止持行。二、約眾別，上卷僧務名眾行，中、下自修名別行。三、約純雜，上、中各局故純，下卷隨機故雜。至論互相投寄，不無相兼，且據大途，如上所判。」（一六四頁中）鈔批卷三：「指下文三十門中，委審無亂也。」（二七九頁下）搜玄：「言『並』至『亂』者，結不亂也。尚書云：紊者，（『無運』反。）亂也。絲亂曰紊。蚕口初出之絲，由未條理為紊也。謂三卷分教，各有條理分明想，後學見之，無其如紊之亂也。」（三二〇頁下）

〔三九〕**但境事實繁，良難科擬**　鈔批卷三：「此言生起作三十門題目意也。『境』關所對情、非情之境；『事』謂對境修行。如持衣、說、恣等名為事，故智對境，即有其事；亦可事者，羯磨也。『四諍』中有事諍，即羯磨為事也。若此而明，下三十篇無非境事。又解：一切情、非情是境，事謂人、法、事也。如受戒、殺、盜等是情境，非情即說、恣、壞生、掘地。此事境既多，量難科條。擬，宜也。擬，亦是比擬也。」（二七九頁下）資持卷上一上：「初明難判。人為能行，事是所造，故云境事。『科』謂分節，『擬』即度量。」（一六四頁中）搜玄：「言『但』至『道』者，解者多途。當陽、析中（【案】『析』疑『拆』。）皆云生起三十篇名。近古發正諸德，並云釋成三卷。初生起者，且教有眾、自、共等，依教勒文為三。三法不可雜明，理須立其篇目。篇中所引教法，並是三藏真詮，恐時人寡學，不知刪補，皆是佛聽，故生起十門。包舉佛教大綱取證信，依聖教生起次第，寔曰有憑。若准釋成，謂教有三種不同，故文分三別。三卷各收境事，境事寔繁。」（三二〇頁下）簡正卷三：「此文大意，謂前雖約分文，然於三行文中事境，由多文雜，更須五篇目收之，則討尋者易顯，故有此文也。都有四句，上二句辨難，下二句正約類分篇目。初言但境事寔者：但者，偏局之詞。境者，即所對事也，即情、非情等。其類甚眾，故曰寔繁。良難科擬者：良者，實也。『科』合比，擬也。意通三行，事境既繁，（一九四頁下）今欲作篇名，分科比擬，極不易故。」（一九四頁上）【案】科，指對經論文字進行段落提綱和框架邏輯梳理。

〔四〇〕**今取物類相從者，以標名首**　鈔批卷三：「今取物類相從，以標名首者，且如結界，總有五（【案】『五』疑『七』。）種：大界有三、小界有三，并戒場為七。今直標名云『結界方法』。界雖有七，相從一名。餘二十九篇，例之可解。又如說戒，即有心念說戒，及對首、眾法說戒，而今合言『說戒正儀』，故曰物類相從也。」（二七九頁下）資持卷上一上：「物類者，今先舉示。如安居、分房，釋相、明法體。懺六聚中明事理兩懺，二衣、分亡人物、導俗，明說法儀。沙彌中出家業，及七篇中所注法附，若據篇題，實非該攝。然夏中分房，同安居類，故但標『安居』。其餘自攝，餘皆準此。是則三十首題，並據一篇之主耳。『若爾，何以有注法附或不注者？』答：『有親疏故。列名中，據從敘意之下，即列篇名，則文理相貫。然以十門生起，間之甚有不便，古科列名在十門之首。釋云：為顯諸篇是十門所括，今謂不爾。豈有敘致於前，列名在後？況勒卷分篇，次第有序。今詳『至於』已下，二十二字合在列名之後，則使篇名接前敘意，生起冠後，十門文次義顯，永無疑濫。今文倒亂，恐是（一六四頁中）傳誤、豕亥之訛。」（一六四頁下）搜玄：「今取物類相從，用標三卷之首。上卷物類，並是眾法相從，將其眾務成用有儀，以標上卷一十二篇名首。中卷自法，戒體物類，咸明護戒相從，約遵於戒體，持犯立儀，標其中卷四篇名首。下卷並是隨機物類，要行相從，故以隨機要行，標下卷一十四篇名首。故云物類相從，標名首也。（三二〇頁下）且上來總未，立其篇目，那得即判標一十二篇乃至十四篇名首，故不可也。且依古意，就中有二：初兩句，略述意難；二、『今取』下，正科分意。境者，從所對得名；事者，情事、非情事，及一合事，其類甚多，故曰寔繁。今欲科分以為章段，比擬極難也。述難意竟，雖難，理須科判，則不可細分，但取物類相從，以標名首，謂之得也。物者，一切事法，有其分段，皆為物也。物必有類，以同類故，可使相從聚一處也。易曰：水流濕，火就燥，雲從龍，風從虎。聖人作而萬物覩，本乎天者親上，本乎地者親下，則各隨其類也。今立篇名，亦取物類相從，天然合爾。問：『鈔主自創物類而立篇名，亦古人有斯意也？』答：『要覽十篇，亦以物類相從，以為篇也。彼云：吾聞同聲相侶，同氣相求，物有群分，方以類聚，幸立篇命旨，應聚類從篇。故知上准易文，復憑要覽也。且如標宗顯德篇者，夫言行門，則宗於戒。然戒有多種，不可盡頒，但以宗名往收，□無不盡。欲顯戒之德相，但以顯德名收，何戒德而不顯？三藏教中總明，故搜一化之文，顯德之類相從，以標戒之名首。第二集僧通局者，（三二一頁上）約所集之界作法。自然作法有三類不同，自然約相即六種差別。雖則多種相從，皆是集僧事用。次約能集之人，則七種差別，始從一人，終至二十人。界各有通局，界皆約集僧事用，但以集僧通局標名。乃至諸部別行亦爾。然諸部別行，其類甚多，行既不同，並相從辨異，總標諸部別行，何別行而不收？故用此相從，標其名首也。』」（三二一頁下）

至於統其大綱〔一〕**，恐條流未委**〔二〕**，更以十門例括**〔三〕**，方鏡曉遠詮**〔四〕**。**

標宗顯德篇第一

集僧通局篇第二

足數眾相篇第三別眾法附

受欲是非篇第四

通辨羯磨篇第五

結界方法篇第六
僧網大綱篇第七
受戒緣集篇第八捨戒六念法附
師資相攝篇第九
說戒正儀篇第十
安居策修篇第十一受日法附
自恣宗要篇第十二迦絺那衣法附
篇聚名報篇第十三
隨戒釋相篇第十四
持犯方軌篇第十五
懺六聚法篇第十六
二衣總別篇第十七
四藥受淨篇第十八
鉢器制聽篇第十九房舍五行調度眾具法附
對施興治篇第二十
頭陀行儀篇第二十一
僧像致敬篇第二十二造立像寺法附
訃請設則篇第二十三
導俗化方篇第二十四
主客相待篇第二十五四儀法附
瞻病送終篇第二十六
諸雜要行篇第二十七謂出世正業比丘所依法
沙彌別法篇第二十八
尼眾別行篇第二十九
諸部別行篇第三十

【校釋】

〔一〕至於統其大綱　資持卷上一上：「統大綱者，諸篇事相，皆別目故。」（一六四頁下）簡正卷三：「言『至於』至『詮』，此文意謂上約物類相從，以標名目，即二、三卷文內，更立三十篇以收之，即許五篇，即合平列於此。然三十篇內，有十條大意，名曰十門別序，別序述十種大綱未曾生起。且南山著述，文同鉤鏁，結引萬端，義若連環，始終不斷，必須於此生起下文。若也孤然，即文勢有絕。勢所以未列篇名，且作一段生後之文意也。『至於統其大綱』，此文多釋：一云，『至』字屬此序，『於』字偏屬，屬三十篇也。（今恐不然。此本為生起十門之由，若將『於』字屬三十篇，卻成生下三十篇意也。）次，准繼宗記初解，云『至於統其大綱』是結前總序也。謂上總序至『極』者，明得著述大綱，次下『恐條流未委』，即生起十門也。〔若作法上，生下意釋，即合言上也。統其大潤（原注：『潤』疑『綱』。）既之至於，恐乖文意，殊無理。〕今依表云：此文全是生下別序意，不說結前也。『至於』兩字，以彼及此，至（【案】此處疑脫『此』字。）屬此，於（【案】此處疑脫『彼』字。）屬彼。此屬總序，彼屬別序。統，由通也。『綱』謂綱宗，是喻。三十篇事法如網，十條大意似綱。」（一九五頁下）搜玄：「言『至於』至『遠詮』者，生起十門意也。文有兩意：初兩句，生起意；二、『更以』下，正立意。『至於』者，指『此』及『彼』之詞也。自呈述作先謀，至物類相從，名『首』為『至』，指後十門為『於』。謂此雖呈述作先謀，至物類相從□首，於佛教大綱之意，殊所未明。今生信十門，於名首下，更括出也。上雖約物類相從，生起立篇目竟，然相從物類，皆是三藏遠詮中來，恐但見此三十條流，於彼遠詮之意未能委也。統，通也。大者，包含也。綱者，綱領也。條流者，古解不同，花嚴等以三十篇為條流，發正以十門為條流，今取花嚴三十篇也。謂上三卷三十篇文，皆通包含佛教遠詮綱領之意，恐人但見三十條流事法，而未能委知此用彼意也。更者，重也。以，用也。（三二一頁下）前已呈先謀，直筆具舒三藏聖教，所取行事之文，勒成三卷，生起三十篇意竟。然彼三藏中，有多種教興意、多種輕重意。約教判意，毗尼四法，教取文意，合決通意。律教所詮意，道俗七眾通局意，僧尼二部通塞□（【案】『□』疑『意』。），下三眾異同意，許不具說文句，直引要言妙□□□□鈔則准此用文，然未曾稱述。今更重用十門，往三藏中搜取眾多大意。此之大意，教能詮之被於未來，依行得果，名遠詮也。今此序之方，則如鏡之明，曉了得知佛遠詮意，則顯三卷鈔文統其十門之意。即知此鈔與佛意不殊，不唯現在獲益，亦望被於未來。乃至令得涅槃，明知鈔興非師心耳。上來生起十門竟。上來有三：初，釋成三卷旨歸；二、生起三十篇目意；三、生起十門意。三段不同，總當第二。釋成三卷旨歸，生起篇目十門意竟。上來有二，初正謀作鈔，分成三卷所為之。（原注：『之』下佚失。）」（三二二頁上）

〔二〕**條流未委**　資持卷上一上：「條流者，總中別相，義類異故。上二句即顯前文，但敘述作不明義例，故云未委。」（一六四頁下）簡正卷三：「夫教典（原注：『典』疑「興」。）必有所為，合有三種、五種等。如此十條大綱，前來未說。若便作諸篇，對文行事，未免生疑，故曰恐條流未委。」（一九五頁下）鈔批卷三：「『條』即三十篇題也。謂一一條事也。流者，篇下所明之事類也。謂我三十門中，條流之內，有用他部文，有輕重不同、教興所由等。」（二八〇頁上）

〔三〕**更以十門例括**　資持卷上一上：「『更以』下，生後意。『括』謂包收鏡明也。」（一六四頁下）鈔批卷三：「此大綱之意致，三十門中未委，故作十門辨統，即名此十門為大綱，綱領下三十門之毛目也。只恐三十門中，未識其大家綱紀，故以十門示之，須喚十門為綱也。」（二八〇頁上）簡正卷三：「既恐未委，便須條流。若欲條（【案】『條』下疑脫『流』字。），如何即得，下句云（一九五頁下）更以十門等。（云云。）更者，重也。以，由用也。『十門』即下別序例類。例括者，撿。」（一九六頁上）【案】以三卷十門囊括諸種行相。

〔四〕**方鏡曉遠詮**　簡正卷三：「方，由始也。鏡，由明也。曉，會也。『遠詮』即三十篇也。謂以十門類例撿括，始明得三十篇文行事大意。問：『此有四名為異？』答：『有二說。初云：大綱十門，此二屬別序，條流、遠詮二種，屬三十篇，謂三十篇是三十條。『流』謂所條流也。遠詮即三十篇中行持事法，故云。二解云：四名雖殊，皆目別序也。』（二釋俱通，隨情任得。）上來釋科。（云云。）次，列三十篇名目，出當部二十犍度及諸部文等，但平列篇，未要約行分別。思之。（古來多於別序之前列篇目者，全非文旨，故合於此列。）」（一九五頁下）資持卷上一上：「『遠詮』謂教相大旨。將釋十門，略知次第。大聖立教，為顯一乘，欲使群迷，咸歸實道。不堪受化，暫用權方，適物隨宜。凡心叵測，然則將傳遺教，必曉來源，俾夫學有所歸、行非虛造。教興之意，故在初明。既達此門，粗知來旨，何因制度，輕重不倫，故次明也。上列二門，通論律藏。宗部既別，教相莫融，必有事興，依何處斷，故有三也。雖知用教，約體有宗，此土受緣，並遵四分。或於本部，攝事不周，餘部誠文，如何取用，故有四也。上且據文，文容乖闕，乖須義定，闕必文通。廢立既難，須明軌式，故有五也。已前辨教，並約能詮，教不徒施，必詮正行，行非一轍，須指大宗，故有六也。上來六意，教行具彰。教行被機，機分多異，故七、八、九，通局次明。前之九段，機教兩明，頗彰化意。然教傳此土，真偽相參，若不甄除，容生疑濫。又，斯文之作，特異前修，元意所存，來學須曉，故次第十，委而示之。次第相由，大略已顯，至下別釋，隨更明之。」（一六四頁下）鈔批卷三：「方，由常也；常，由勝也。又，方，由當也。鏡者，照也，如懸鏡高堂，萬像斯現。曉者，了也、明也。遠詮者，菩提道也。意欲將此十門之義，明照下三十篇，無法而不周。謂佛何故制此教門？良由必有所詣之處，遠趣涅槃之果，近招人天勝報，故曰遠詮。又解，制戒之內，不即顯相，在於文外，詮斷惑義，名為遠詮。故文云：為調三毒令盡，故制增戒學。又解，遠詮者，近而言之，謂述此十門，則照鏡下三十門中之意。由此十門，括下三十門中二持、兩犯，名曰遠詮也。」（二八〇頁上）

第一，序教興意〔一〕

夫至人興世〔二〕，益物有方〔三〕，隨機設教，理無虛授〔四〕。論云：依大慈門，說於毗尼〔五〕。故律云〔六〕：世尊慈念故，而為說法。

二為對外道無法自居〔七〕，顯佛法人尊道高，故制斯戒〔八〕。觀下律中，凡所制者，並懷異術〔九〕。故文云：若不撰結，則令外道以致餘言〔一〇〕。

三為對異宗故來〔一一〕。宗則有其多別〔一二〕。且如薩婆多部〔一三〕，戒本繁略〔一四〕，指體未圓〔一五〕，接俗楷定於時數〔一六〕，御法例通於無準〔一七〕。今曇無德部〔一八〕，人法有序〔一九〕，軌用多方〔二〇〕，提誘唯存生善〔二一〕，立教意居顯約〔二二〕。

上則通明教興，今據當宗以辨〔二三〕。

夫教不孤起，起必因人〔二四〕。人既不同，教亦非一，故攝誘弘濟，軌用實多〔二五〕。貴在得其本詮〔二六〕，誠難覈其條緒〔二七〕。所以約開制，驗旨在為人〔二八〕；顯持犯，諒意存無過〔二九〕。今東一律藏，以「五例」分之〔三〇〕，則教興之意可見也。

一、以遮、性往分〔三一〕

性惡則通於化、制〔三二〕，遮戒因過便起〔三三〕。

然則性戒，文緩而義急〔三四〕。謂隨諸重戒，並有開文〔三五〕，文雖是開，開實結犯〔三六〕。縱成持也，持之寔難〔三七〕。如淫則三時無樂〔三八〕，毀呰則始終慈救〔三九〕。既是根本貪瞋，何能禁心無逸〔四〇〕？故知義存急護〔四一〕也。

遮戒一往制止，有益便開〔四二〕。開之過興，還復令制〔四三〕。豈非為存化俗，恐墜枉坑〔四四〕？大慈設教，意唯撿失〔四五〕。故毗尼母論具立緩急二儀〔四六〕，令尋之以通望〔四七〕也。

二、以開制往徵

教則通於二世〔四八〕。

故下文云：以世尊是一切智人故，制已更開，開已還制〔四九〕。此通未來教〔五〇〕也。如五分〔五一〕：雖我所制，於餘方不為清淨者，則不應用；雖非我所制，於餘方必應行者，不得不行〔五二〕。此如來在世教〔五三〕也。

然二教相融，互兼彼此〔五四〕。

三、以報有強弱，教亦重聽〔五五〕

就制，則深防、限分〔五六〕；約行，則山、世不同〔五七〕。

四、以機悟為先〔五八〕，教門輕重致隔〔五九〕。五部異執〔六〇〕，豈不然耶？

五、以事法相對〔六一〕。

法唯楷式〔六二〕，乖旨則事不成〔六三〕。事通情性〔六四〕，故隨境制其得失〔六五〕。或託三性之緣〔六六〕，或隨世譏而起〔六七〕。

且略引諸條〔六八〕，薄知方詣〔六九〕。總攝包舉〔七〇〕者，莫非拯接凡庸〔七一〕、心懷泥曰而興教〔七二〕矣！故文云〔七三〕：世尊何故制增戒學〔七四〕？為調三毒〔七五〕故。云何為學〔七六〕？為求四果〔七七〕故。

下諸門中，所述制意〔七八〕，止隨前事〔七九〕，令後進者尋條知本〔八〇〕焉。

【校釋】

〔一〕序教興意　鈔批卷三：「就此門中，總分四別：一、序佛在世，對機制戒教興意；二、明佛滅後，對外道有結集教興意；三、對双宗教興意；四、明當部教興之意。有此四別，如文可尋。又解云：就此門中，大分二別：初至『上則通明教興』來，是明教興通意；二、從『今據當宗以辨』下，明教既已興，當宗中自含差別之意。就初通意中，自有三別：初，『至人』下，明對機制戒意；二、『對外道』下，顯於（二八二頁下）廣教異彼外道之無法，顯我有法意；三、『對異宗』下，明廣教被於多機，各自遵行，俱得獲益，然當部最為勝意。後分文好。」（二八三頁上）簡正卷三：「此門來意，謂明三種、五種教興。三種者：一、如來在日，慈心興教；二、涅槃後，對餘言之說，立結集教興；三、百年將末，對五師異執，有分宗教興。若未興起者，諸門無以從生，所以先序教興，引下九門，故在初也。次釋名者。第者，居也。如王侯之第宅曰居。一者，數之始也。序者，述也。教者，能詮。興者，起也。『意』謂意旨，謂三種之教興起，乃至五種，（一九六頁上）皆有所因，近則因事而興，遠則為求泥曰。今此門序，述斯意旨。（故云第一序教興意。）問：『前總序後生起，云更以十門例括，今引（【案】『引』疑『此』。）但云意，何無門字耶？』答：『有二解。一云：據理合云序教興意門。夫門者，通物為義，凡所遊履，非門不通。今之十條，皆履其門，此不言者，蓋存略也；二云：或是影略互舉，前約能詮教，故立門名。今約教下所詮，但標其意，意亦不離門也。』」（一九六頁下）資持卷上一上：「『意』者，為屬於誰？答：『觀前二意，似屬於佛，據下諸門，則有相妨。今須一概並為祖意。以毗尼教旨，昔世未聞，縱有所明，猶非盡理。十門意趣，出自今師，故以序字，屬於能序。教興二字，即為所序。意之一字，通指此門。（一六四頁下）又，文標十意，謂裁度之懷。前云十門，謂由之而入，後言十條，謂義類不同。並對下諸篇，隨名不定。』」（一六五頁上）【案】以下文分為二：初，「夫至」下，正明；三、「下諸」下結指。

〔二〕夫至人興世　鈔批卷三：「謂佛為至極之人，故曰至人。唯佛一人得稱至人，獨盡苦原故。又云：如來至真等正覺是也。為化眾生，出現於世，王宮誕質（【案】『質』疑『育』。），八相成道曰興。興，由起也。法身無形，為物故形，示同眾生，故使可見，迹如來去，應現曰興。」（二八三頁上）簡正卷三：「至，極也；人者，仁也。依字而解，二人同處，能忍名人。又，能慈育於物名人。今准內教釋，是六趣中一數也。如來理實，非人非天，但約在人中成道，且呼為人也。興世者，興，起也。謂從法身不動之地，宿悲願力，為地前菩薩及二乘異生而起化用，王宮現生，故云興也。世者，若依俗解，即『代』也。孔安國注尚書云：子繼父為一代。約字解，『三十』云為一世。今准內教釋。俱舍云：世者，世間。一、器世間，即山河大地；二、有情世間，一切有情是，即剎那無常。非久固義名『世』，住其中故名『間』。又涅槃經遠疏云：世者，時也。間者，中也。所化有情，不出時中。今佛出興世間，（一九六頁下）為化有情世間，故云至人。」（一九六頁下）資持卷上一上：「初科，顯意分二：初，約義通敘。雖文在初科，而無虛之語，通含後二。……釋迦如來道成積劫，德超三聖，化於人道，示相同之。是以且就人中美為尊極，故曰至人。

又，佛身充滿，隨物現形，示生唱滅，拯接群品。今此且據娑婆所見，誕育王宮，厭世修行，降魔成佛，故云興世。」（一六五頁上）

〔三〕**益物有方**　鈔批卷三：「方，由法也。佛既興世，說法度生，施造方便，皆稱利益，故曰益物有方也。」（二八三頁上）資持卷上一上：「『方』謂方法，即明如來權巧之智，窮盡眾生差別心行故。」（一六五頁上）簡正卷三：「益者，利益。物即所化之機。方，由法也，即三乘教法。又，方者，方便也。如來說法方便，多方便故。經云：尋念過去佛，所行方便力，我今所得道，亦應說三乘等。（已上正解。）或云：方者，方所。謂佛出世，有於方處，三界之中唯欲界，六趣中唯人趣，四洲中准南洲，於南洲唯中印土，以其處有金剛座等。（今詳此釋，與文似違。下之句既云隨機設教，即不合是方處也，未取依所也。）」（一九七頁上）【案】本句為序教興意的「一為」，與下文「二為」、「三為」相應。

〔四〕**隨機設教，理無虛授**　資持卷上一上：「所立教咸適機宜，皆令成益，故曰無虛。」（一六五頁上）鈔批卷三：「謂佛說方（原注：『方』疑『萬』。【案】鈔批卷二為「萬」。）法，皆為利益眾生，非為虛授：善知性相，隨於根機所宜；欲得人天，即說五、八；欲至佛果，即說大比丘無願毗尼；宜聞三乘，即說三車等喻；宜聞一乘，則會三歸一，說常樂我淨，故曰隨機設教。皆欲引至菩提，故曰非虛授也。佛有二智，謂根本、後得也。若根本智，常緣真如不動；若後得智，流化三界，度脫眾生，分身化物也。又解：此律教之興，務先益物，但由群生滯欲，欲本所謂我心，大聖隨其所懷，開示上心之法。然則心為生欲之本，滅欲必止心原，（二八三頁上）止心由平（原注：『平』疑『乎』。）明慧，慧起假於定發。發定之功，非戒不弘，故知此教之興隨機說也。又解：隨機設教理無虛授者，如世大醫，將藥救病，以識病故，無不獲損。如來法王，知根解法，將法投根，無不利益，故無虛授。除佛一人，餘無能也。如舍利弗教金師之子骨觀、浣衣之子數息觀，為佛所呵，不知機故。金師之子應令數息，浣衣之子應教骨觀，可知。又解：隨機設教者，如教有廣略不同，為機有利鈍不等也。如初成道，所化機利，但說略教，即能護持。未假廣教，示其名種，即如戒本下文七佛之偈，通名略教是也。於後根機漸鈍，即說五篇等教。如上加行卷中，已說四佛制廣、二佛制略，損益義竟。」（二八三頁下）簡正卷三：「隨者，隨逐。機謂根機，設施謂施設，教謂教法。隨逐所化之機，大小根性不同，施（原注：『施』字疑剩。）設三乘教法，咸皆獲益。故經云：

為求聲聞者，說應四諦法；為求辟支佛者，說應十二因緣；為求菩薩者，說六波羅蜜。此即隨三乘根性不同，施設三乘教法。已上通明如來出世，一期說法，教化有情，理無虛授。若局就律教明者，謂隨六群、十七群等根機，施設八十誦毗尼法藥。凡欲說法逗機，須離三過：一、識機不識法過，謂雖解觀機，不知所授法藥，如世醫人，善閑脉候，不識藥性；二、識法不識機過，但閑教法，不解觀機，如識藥人不閑脉候；三、機法俱不識過，可知。（一九七頁上）今佛說法，離茲三過，知其根性多種不同，如大醫王善療眾病，應病與藥，令得服行。其所見聞，無不蒙益，此唯佛方能為之。若小聖之從（原注：『從』疑『徒』。），容有虛授，如涅槃經說：舍利弗畜二弟子，一、鍛金子令修不淨觀，二、浣衣子令作數息觀。修行經久，都無果證。後時佛為改之，便速證果。故知佛所說法，深逗根機，即無虛授故。」（一九七頁下）【案】佛說教法，隨眾生根機不同而有所異。如欲得人天果者，即說五八戒。欲至佛果者，即說大比丘無願毗尼。欲聞三乘者，即說三車等欲。宜聞一乘者，即說三歸一，說常樂我淨等。

〔五〕**依大慈門，說於毗尼**　資持卷上一上：「論即十住婆沙。彼云：修多羅依十力等流說。（一、是處非處力，二、業力，三、定力，四、根力，五、欲力，六、性力，七、至處道力，八、宿命力，九、天眼力，十、漏盡力等流。『等』謂無偏，『流』即無擇。）」（一六五頁上）簡正卷三：「證上無虛受也。論者，一云是十住婆沙，龍樹造，羅什譯；二云是毗婆沙論，僧伽難提造。今恐二論各有其文，故不定標名目也。今且依十住論釋，故云：佛於四無量心中，以大慈心曲授秘授（原注：「秘授」二字疑剩。）秘方，賜諸內眾。如修多羅，依力等流，故說毗尼；依大慈等流，故說阿毗達磨；依無畏等流，故說餘二，如別所明，今且約毗尼。依『大慈』等流者，論云：謂佛具四無量心，即慈、悲、喜、捨也。慈謂慈善，悲謂悲愍，喜謂喜悅，捨謂平等，此四並以慧為體。所以名無量者，瑜伽論云：此四無量，於諸有情，為所所（原注：『所』字疑剩。）緣故，境既無邊，心緣彼起，故名無量。又，俱舍云：能引無量禪福，感無量果。問：『四為佛獨有，二乘亦有故？』『顯揚論云，二乘所得，但名無量，（一九七頁下）不親能拔苦與樂，唯佛所得名大慈大悲等，即簡二乘也。』所以名『大』者，俱舍云：一、資粮大，福德智慧，所成辨故；二、行相大，能於三苦境，作行相故；三、緣境大，三界有情，為所緣境；四、平等大，普利樂有情；五、上品大，更無餘慈能齊此故。二乘交（【案】『交』疑『反』。）之，故不名大也。慈有三種：一、緣眾生慈，願與其樂。二、法緣慈，諸生見父母、妻子、親屬，以見一切法所緣故。三、無緣慈，謂於如來不住法相，及眾生想，非如二乘緣法起縛名不住法相，非如外道眾生起結名不住眾生相，是無緣慈。今云依大慈門者，三種之中，即當第一緣眾生慈也。又，論中通明三藏，今但略引一節，偏證毗尼，說在慈心，不論別義言故。」（一九八頁下）鈔批卷三：「明如來於四無量心中以大慈心中，闢不諱之門，示秘密之深術，曲授秘方，偏賜內眾。下文以秘故、勝故，不為俗說，意在此也。論謂毗婆沙論第一卷明之。云：修多羅依十力故說也，毗尼依大慈故說也，阿毗曇依無畏故說也。自意謂：『佛有大慈悲、十力、四無所畏等也。』言大慈門者，如涅槃云：如來慈有三種：一、緣眾生慈，緣於五陰所成、眾生願與其樂；二、緣法慈，緣諸眾生所須之物而欲與之；三者，無緣慈，不住法相及眾生相，是名無緣慈也。經文廣不寫，疏家出意如此耳。又解慈有三者：一、緣眾生慈，（二八三頁下）緣於五陰假名眾生也；二、緣法慈者，謂緣假名之法也；三、無緣慈者，謂眾生及法皆無有實也。」（二八四頁上）資持卷上一上：「毘尼依大慈等流說，阿毘曇依無畏等流說。（謂四無畏：一切智無所畏、漏盡無所畏、說障道無所畏、說盡苦道無所畏。）據佛施教，通有三心，約法對機，不無偏勝。是故說法開解，偏在智力；破邪豎論，特須無畏；立制檢過，唯是大慈。所以然者？如來興慈，出現于世，欲說妙法，普令開悟。眾生頑鈍，遂說三乘。有遇法音，即登道果，故以略教，束其過非。人根轉劣，破略起非，復開廣教，指過立制。猶不能遵，以至三千、八萬無量律儀。正法之時，尚多毀犯，況當像末，焉可勝言？如是次第，曲就下凡，不遺微物。自非大慈，豈至於此！故戒疏云：依大慈門曲授祕方，偏賜內眾等。」（一六五頁上）【案】「毘尼依大慈等流說。」此類說法，經論中多有出現。

〔六〕律云　簡正卷三：「引四分律增一文也。彼云：時（原注：『時』疑『佛』。）在跋闍國池水邊，告諸比丘：『汝謂我為衣服、飲食、醫藥、床敷、臥具而說法耶？』諸比丘言：『我等不敢作如是意。』佛言：『汝以何心而為說法？』諸比丘言：『世尊慈念眾生故，而為說法。』佛言：『汝等若實有如是心，我所覺悟證知之法，四念、四勤、神足、根力、覺道，應勤修覺。』諸記之中皆云：引此文亦為轉證前來大慈心中（一九八頁上）而興律藏。（准此，即引律文證上論文也。）今更一釋。前引論藏，為證律教，說在慈門，後引律文，欲明內眾之心，知佛慈而興此教。」（一九八頁下）【案】此類說法在佛教經論中也十分普遍。

〔七〕**為對外道無法自居**　鈔批卷二：「外道無可軌則之法，故曰無法自居，非謂無邪法。」（二三九頁上）資持卷上一上：「外道者，不受佛化，別行邪法，多論販賣。戒云：根本六師教十五弟子，各各受行異見，六師各別有法與弟子不同。師弟通有九十六，如是相傳，常有不絕。（僧祇總有九十六種出家人，則佛道為一，外道九十五未詳，合數兩出不同。）雖各立法而非正道，與無不異。以無法故，空然獨居，故云『自』也。」（一六五頁中）鈔批卷三：「此下第二段，明結集之意。又可明佛在日，對外道有此教興也。所以知者？故今文云：故制斯戒，豈是結集家制耶！思之。言無法者，望無可軌之法，非謂無邪法，如五熱炙身投巖赴火等是也。如彼立法云：若犯婬者，不得婬師妻，自餘婦女，通皆無罪；若盜，唯不得盜師金，此得重罪；論殺，唯不得殺牛，餘盜殺者皆無有罪。此等並是無法自居也。」（二八四頁上）簡正卷三：「此文來意，謂佛在日，隨機說法，益物為懷。既受請入般涅槃，未審教文何得流傳今日，故有此文。若准結集，通含三藏，今鈔所宗，唯局律藏也。（知之。）言二為對外道無法自居者，謂見解乖真名外，冥心空閑曰道，即西土諸外道五師三計等。無法者，約外道謗讟之說，即沙門法律如煙。自居者，約惡比丘，自慶得脫，欲作便作等。廣如玄譚中，今亦略敘。准四分，下文云：如來入滅七日，迦葉不知，偶將徒眾欲禮觀佛，行經中路，逢一外道，執持天華而來。迦（【案】『迦』後疑脫『葉』字。）遂問彼云：『汝從何來？』答：『從拘尸那城來入。』又問『佛在』等，（云云。）又，跋難陀自慶，（云云。）又，外道謗法如煙等。（上是下居之慶，下即無法之言。）迦葉之（原注：『之』上疑脫『聞』字。），倍加不悅，乃將從（【案】『從』疑『徒』。）眾往到拘尸，冠殮如來。闍維既畢，乃告眾人，說上無法自居之事，如來舍利自有王臣、長者、樂福者為之，非干我事。我曹宜應結集法藏，報佛深恩，莫令外人以致餘言之謗等。（一九八頁下）引（【案】『引』疑『此』。）乃結集之由也。（或有非解，恐繁不敘。）」（一九九頁上）

〔八〕**顯佛法人尊道高，故制斯戒**　資持卷上一上：「人尊者，位過人天故。道高者，俱能出離故。制斯戒者，戒是聖法，制令受行。受之則聖財內備，行之則美德外彰。出過外俗，所以尊高。『為對』二字，正是佛心，制戒之言，唯在金口。（昔來科為結集教興，故此一句，極多虛諍。）」（一六五頁中）鈔批卷三：「以佛是三界大師，人天尊貴，無有與等，為世特尊，故曰人尊。所說之法，能軌成物善，依之修行，使隔凡成聖。如此之法，可珍可貴，異於彼見諸邪之教，故曰道高也。」（二八四頁下）簡正卷三：「鈔雖一句，今分為六：一、顯佛尊者。凡結一戒，諸羅漢等雖具三明、六通及八解脫，不敢自裁，遞而相問：為是佛制、為非佛制？又為誰制、在何處制等？一一指定，方可錄上貝葉。若有一人不許，須再詳論。（為顯佛尊也。）二、顯法尊者。迦葉秉一番單白，差往王城，諸聖眾雖具通明，皆不敢違越。三、顯人尊者。迦葉欲擬集法，阿難雖則多聞，然且未證無學，被遣貶黜。（為顯人尊。）四、顯佛道高者。煩惱、所知二障俱盡，積功累德，證大菩提。若不因結集，無由知委。五、顯法道高者。戒、定、慧三法，一切賢聖，無不因此而生。依此三法修行，方獲聖道，不因結集，如何得知？六、顯人高者。凡出家人，皆以禁戒為性，戒德在身，位高人天，下為六道福田，上則三乘因種。不因結集，無由委知。今為息前二謗，顯佛法人尊道高，而興結集也。故制斯戒者，斯，此也。戒，律也。今不言律，即隱能詮，但顯所詮。謂八十誦大毗尼，佛在之時，隨事而制。但波離記憶不忘，未詮具文。」（一九九頁下）

〔九〕**觀下律中，凡所制者，並懷異術**　資持卷上一上：「觀下律者，即諸犍度。據前戒本，諸俗譏言，無有正法，外道無異。佛因制戒，頗符此意。然是他譏，佛意未顯，故指下文制法。以明如說戒犍度，因諸外道八日、十四、十五，三時集會，瓶沙王見已，白佛，因制半月說戒、安居犍度。因六群春、夏、冬三時遊行，居士譏言：『諸外道尚三月安居，此諸釋子一切時遊行！』因制安居自恣犍度，因諸比丘結安居已，作制不共語問訊。佛言：『汝曹癡人，同於外道共受啞法。』衣犍度中，有比丘持木缽，佛言：『不應持如是缽，此是外道法。』乃至比丘畜繡手衣、著草衣、樹皮衣、葉衣、瓔珞衣、皮衣、鳥毛衣、人髮衣、馬尾牛尾衣、露身，佛一一皆言：『不應爾。此是外道法。』乃至結云：『如是一切外道法，不應作。』且引一、二，以息世疑。下諸犍度，其文非一，故云『凡所及並懷』也。（舊記指下結集中譏謗之文，則凡所並懷之語。如何釋耶！）懷即佛意，異術即外道。（術，音『述』，道也。）」（一六五頁中）簡正卷三：「觀者，察也、攬也。下律，即第四分五百結集文也。鈔主即能觀人，『下律』是所觀教。凡者，諸也。並懷異術者，『並懷』兩字，屬五百羅漢之心懷。（不取諸家悞解也。）『異術』兩字，屬彼外道及惡比丘自慶如煙之術。當初迦葉聞斯異術，遂興結集之心。今師觀覽下久（【案】『久』疑『文』。）五百聖人情懷。『莫非』並為對上二謗之詞，而興興（原注：『興』字疑剩。）

教矣。故五百結集文云：我今可共論法毗尼，勿令外道以致餘言譏嫌，沙門瞿曇法律如烟。（上是本文。）今鈔引文迴互名言，意在易解也。（上申正釋竟。）搜玄記云：迦葉結集竟，有富那羅比丘將五百徒眾到，白迦葉言：『我聞已結集法藏，當時不預斯會，今欲聞之。』迦葉遂命波離重為念，彼云：『諸皆忍可，唯其八事，佛已曾開，今不合制，我親記持，至今不忘。』然富那羅，但見前開，不聞後制，名為異術。因茲迦葉立制云『若佛先所不制，不應制』等。以其異術，故立斯制，證須結集。（已上記文。）（一九九頁下）今依京承破云：此文本為證結集教興，若約不忍可八事為異術者，結集後事也。全成顛倒，證義不成也。」（二〇〇頁上）鈔批卷三：「律增三文云：世尊何故制增戒學？為調三毒令盡故，制增戒學。意明盡茲三毒，定慧復明，惑盡解圓，斷諸苦際，名曰異術。又言，凡所制者，此指一切是佛制者，有異意，如五、八、十、具，明約機而立，取其遠意，皆至菩提，是異術也。又解，因佛制不壞生、掘地，王臣息心，不得策役比丘，是異術也。自解云：觀今文意，言異術者，謂異於外道。如律云：瓶沙王請佛，同外道八日十五日聚集來往，我因得供養。佛因制半月說戒，不與外道同，故言異術。又一一戒中，皆不與外道共有，故言異術也。如五篇七聚，外道皆無也，所以得知。今文云『異術』，是異外道者，尋下句來意，故得知也。故下句文云：若不撰結，則令外道以致餘言等，明知『異術』之語是異外道耳。」（二八四頁下）【案】「者」，底本為「言」，據大正藏本、鈔批改。舊記言其為下結集中的「譏謗之文」，元照非之。下律中盡顯佛意本懷，以對治外道異術，彰顯教興之意。

〔一〇〕**故文云：若不撰結，則令外道以致餘言**　資持卷上一上：「『故』下，別引結集證。此即本律五百結集緣起之文。以佛滅後，外道譏言：『沙門瞿曇法律若煙耳。世尊在日，皆共學戒，（一六五頁中）而今滅後，無學戒者。』於是迦葉遂興結集，即告眾曰：『我等可共論法毘尼，勿令外道以致餘言。』（祖師取意，加上一句，使文易見。）問：『今明佛意，那引結集文耶？』答：『當科所明，並引佛世。文既非一，不可別舉，故通指之。然結集之文，語意彰顯，故得更引展轉為證。』問：『結集時事，既在滅後，那證聖心？』答：『結集存法，既為絕於餘言，佛意本興，信專懷於異道。如下五例，開制往徵，亦引後文，用彰元意。此為明例何事疑乎？』（此約迦葉結集意釋。）又，佛始歸真，便譏法滅，反知在日，對彼何疑。（此取外道譏謗意釋。古記錯解，故持委示。）」（一六五頁下）鈔批卷二：「餘言者，外道言：『瞿曇沙門入滅，彼法律亦滅盡也。』由此，迦葉普告大眾，結集法藏，以息餘言也。」（二三九頁下）鈔批卷三：「首疏云：如來在世，隨機施教，利同塵沙。今滅盡應遷，將其泥曰，委囑迦葉、波離、阿難，欲使撰佛誠言，載傳竹帛，利益末代，意在流通。若無撰集，則令教法崩頹，又招誹謗。即律下文云，勿令外道以致餘言：『沙門瞿曇法律，如烟火盡烟滅。佛在世之時，比丘皆共學戒。今既滅後，無學戒者。』」（二八五頁上）【案】四分卷五四，第九六六頁下。「餘言」義為反對或不解之言，外道之言。此兩句意為，通過結集法藏，使佛教流通於末法時代，出家之眾能夠依法而行，故能息外道餘言。

〔一一〕**為對異宗故來** 資持卷上一上：「初科，上句明佛意。毘尼之教因茲而制，故云來也。即義鈔云：如來始於鹿苑，終至鶴林，隨根制戒，乃有萬差。良由眾生根器不同，樂聞有異，故令聖制輕重不等、緩急有殊。諸部輕重，乃有無量，雖復不同，各稱根性，皆有奉行之益。以是義故，聖制本有五名。又引付法藏傳，佛現在世，分為五部等。（大集夢意，亦同此氈。）『若爾，義鈔下文復云無五意者？』答：『此明佛在不分之意。謂隨機立制，豈有五意？故使現在，但有五名，不分五別，不妨輕重緣急，即是懸被將來。故彼云：聖者之制，現無五意，但有懸記之言，佛去世後，始有諸部分張等。」（一六五頁下）簡正卷三：「異宗者，謂前明佛在日，慈心興教，涅槃後結集教興，百載之內，五聖任持，百載之餘，因有乖諍，五部聿盛，宗計各殊。五分、十誦等文，故云異宗也。宗則有其多別者，顯正云：藁本初云：宗則有其十八，後段為多別，意唯五部也。」（二〇〇頁上）【案】「異宗」，此處異宗指四分律宗之外的其他諸部律學。

〔一二〕**宗則有其多別** 鈔批卷三：「如羯磨序云：初則二部、五部之殊，中則十、八、五百之別。謂『根本』唯是上座、大眾二部，一百年後分為十二部，二百年後分為十二，四百年後分十八部，并根本是謂二十部。所言上座者，佛滅度後，大迦葉波於閻浮簡得五百無學，於王城結集。迦葉年老，（二八五頁上）時居會首，因此立名，名上座部。後有異方小聖，不聞（原注：『聞』疑『關』。）此會，自於城外結集。人數既多，名大眾部。故知當結集時，已分二部。故宣云：原夫上座大眾，創分結集之場，五部、十八流宗。百載之後，雖分五部、十八，取後流傳。今行世者，其唯五部。然五部者，皆從上座部流出也。後乃離分，既非其一，故云多別。至時可尋分部圖，臨講誦出。」（二八五頁下）資持卷上一上：「多別者，統論分部。初則二：初掰，初各集；次一百年後，上座部中分出五部。又云：二百年後分十二部，四百年後分十八部，（通根本為二十，）乃至復分五百部。（備如義鈔，此不煩引。）相傳云：本作宗則有其十八，後修時改為多別，故知此語通含，非唯五部。」（一六五頁下）【案】「多別」，指律部承續，部執紛繁。在此過程中，律學也有五家部執。道宣之時，中土仍然流行薩婆多部十誦律和曇無德部四分律，所以其後專舉此二者。

〔一三〕且如薩婆多部　資持卷上一上：「既云多別不可備陳，略引二部，以明異相，故云『且如』等。所以（一六六頁上）特引此二部者，此方盛弘假、實二解，敵對相反，於義易見。或可部計雖多，不出空有，是以下明戒體，亦出兩宗耳。兩部勝劣，略列四種，今合釋之。」（一六六頁上）

〔一四〕戒本繁略　資持卷上一上：「『戒本繁略』對下『立教顯約』。十誦著三衣有六戒，（一、太高，二、太下，三、象鼻，四、多羅葉，五、參差，六、攝縐。）內衣同上，共十二戒，則為繁也。大小便利，止有一戒，敬塔都無，此為略也。四分敬塔，便、唾各隨別相，具列多戒，故云顯也。著衣立二，義無不收，故名約也。或可二部廣律，戒本對辨優劣，學者尋之。」（一六六頁上）鈔批卷三：「明十誦戒本中，有太繁大略之過。且如『眾學戒』中，明齊整著內衣及着三衣，有十二个戒，此則為繁；略無不敬塔、嚼楊枝等戒，復名略也。四分則不爾，直云齊整着內衣，攝無不盡。濟云：十誦戒本，於『眾學』中，不滿百戒曰略，其『單墮』中，有九十一墮曰繁也。今詳浪破。然此四分律中亦有繁略。如尼單提中，比丘尼以香油、胡麻滓塗身，總立七戒：一、香油自塗，二、胡麻滓自塗，三、使大尼塗，四、使式叉塗，五、使沙彌尼塗，六、使白衣女塗，七、使外道女塗，皆波逸提。此豈非繁！唯壞生、掘地、自作教人，合制一戒。今遂約境，乃立多戒，豈不是繁也！」（二八五頁下）簡正卷三：「就五部內，四部已到此方，除婆麤富羅律本未至。又於四內，解脫律但有戒本，餘三有廣律文。就五部中，僧祇是根本，遍順五見，不生偏執，又須除之。又於二部之中，五分當世少見行，若論盛行，不越十誦。今將此部對我四（【案】『四』下疑脫『分』字。），以辨優劣，意在歸宗也。薩婆多者，舉部主之名字也。戒本繁略者，謂十誦著三衣、內衣戒，各有六條，不得太高、太下、象鼻、多羅、參差、複皺等。其文太便，唯一戒但云不得立大小便。至於塔廟形儀，理須虔敬，彼宗全無塔戒也，並是太略，此是一劣。」（二〇〇頁上）【案】與四分律相比，薩婆多部律其文略繁無當。兩宗優劣之別，資持分列為四，簡正分列為三，即將「戒本繁略，指體未圓」合而為一。按簡正所言，若將戒本繁略單獨作段，則至下將四分翻時則無可相對，故分為優劣三對。如下表所示。

		薩婆多宗	四分律宗		
資持四對	一對	戒本繁略	立教顯約	一劣	簡正三對
	二對	指體未圓	軌用多方		
	三對	接俗楷定	提誘生善	二劣	
	四對	御法無準	人法有序	三劣	

〔一五〕**指體未圓**　資持卷上一上：「『指體未圓』對下『軌用多方』。十誦色為戒體，能造所造，二俱是色，俱不談心，未窮業本，故未圓也。四分『二非』為體，體從心發，然限在小宗，曲從權意，別立異名。退非是小，進不成大，密使行人，心希實道，多方之義，其在茲焉。故業疏云：由此宗中，分通大乘，業依心起，故勝前計等。問：『此句既明戒體，何以但云軌用多方？』答：『此宗法相，不唯談體，如羯磨疏五義分通，故茲一句，通含多意。復彰今體，望前雖勝，對大猶偏，但云多方，足彰部意。故戒疏云：斯人博考三機，殷鑒兩典，包括權實，統收名理等。』『若爾，前宗何以直示？』答：『彼部所立，正合小宗，定為偏計，更無他意。故直顯體，義兼隨行，亦非圓故。』」（一六六頁中）鈔批卷三：「立云：指是宗，亦云教指。指，由心也。體謂戒體。明彼宗之中，言表、無表戒，俱用色為體，云表既是因，無表是果。因既是色，果何非色？此宗不然。作戒是色，無作非色心。以色可惱壞、形段方所，無作之體不爾，故斥彼未圓。其『指』字，須從『手』作指，謂彼宗擬戒體未圓，故曰也。」（二八六頁上）簡正卷三：「准南記云：『指』謂意指，即教體也。以聲名句文為體，前文戒本既有繁略，（二〇〇頁上）即是教體，未得周圓也。（已上申正釋。）搜玄記約戒體未圓，以彼二戒俱以色為體。（廣如彼述。）或有約果體未圓，以薩婆以（【案】『以』疑剩。）多宗，是執計小乘極位，但證阿羅漢故。（已上解覽即知非，不能繁破也。）又，此三段之劣，番於四分，亦有三段。若將戒本繁略自作段釋者，便成四段。至下將四分翻時，即全成剩長矣。」（二〇〇頁下）【案】體，此處指戒體，是出家眾經由授受戒法之後，所得到的一種防非止惡的功能。因其雖屬色法但又外表無相，故又名「無表色」。十誦律和四分律對戒體有不同的主張，道宣站在四分律的立場上理解戒體。

〔一六〕**接俗楷定於時數**　資持卷上一上：「『接俗楷定』對下『提誘生善』。多宗：五戒必須盡形，八戒唯止一日一夜，此『時定』也；二戒不開分受，縱有分受，得善無戒，此『數定』也。四分：二戒長短，並通全分，皆得接俗之教，但存住善，故非楷定。」（一六六頁上）鈔批卷三：「謂與俗人受五、八之戒，名為接俗也。五戒要終身，八戒要一日一夜，不許延速，是『時楷定』也。受五定五，不得分受一、二、三，受八定八，不得增減，是『數楷定』。礪云：多論所明，受五、八戒，具受方得。即難云：『何故經云一分乃至滿分憂婆塞者？』答：『此據持有多少，故云一、二分等，非謂受中一、二也。薩婆多雖執此義，自與本律相違。』案十誦皮革法中，億耳憂婆塞與諸商人入海採寶，船破失濟，伴死獨存。迴還經餓鬼城，到一樹下，見有男女，顏貌端正，着天寶冠，共相娛樂。夜過女滅，即有狗來，噉男女肉。億耳恠問：『何緣乃爾？』答言：『我先作屠兒，迦旃延化我，我言：先祖常習此業，何得不作？遂教我言：晝既屠殺，可受夜戒。由是今生，業報如是。』億耳前行，復至一樹下，見有男女，（二八六頁上）晝日娛樂，如前廣說：『此由好婬。迦延化言，夜既貪婬，應受晝戒。故我等今生，晝樂夜苦。』億耳還來，具說所見，因就迦延出家受戒。據此律，亦有分受。然多論第一、婆沙百二十四，諸大論師共會此文。且婆沙云：如是所說，當云何通？謂若不許晝夜分受，如上律文，當云何通？答：『彼妙行攝，非是律儀；受妙行果，非律儀果，是以無過。復有說者，是彼尊者迦旃延，神力化作，非是真實，令俱胝（億耳也）猒世間故，故不須通。復有說者，亦得分受。評曰：前說為善晝夜戒故，今若許分受，乃當婆沙不正之義也。』若准成實第十二卷七善律儀品云：若但一日，或但一夜，若半月，若夜，隨能受得。准此成實，則許分受，部別故也。若准俱舍十四，頌云：近住於晨旦，下座從師受，隨教說具支，離嚴飾晝夜。（述曰：）要晨旦受此戒也，要經一日夜也。下座者，要就卑座也。從師受者，無容自受故也。隨教說者，要遂師語，勿前勿俱也。具支者，要具八支也。離嚴飾者，離憍逸故也。晝夜者，終晝一夜至明便捨也。俱舍論主依大毗婆沙正義，造此論故也。」（二八六頁下）簡正卷三：「接引也誘也。俗謂在家二眾，塵聾滯事之者。揩者，准也。決，定也。如為俗人受五戒須盡形，八戒唯一日夜清足而受。縱有緣礙，雖開齊後，至明晨即謝，此並是『揩定時』也。又五、八之戒，俱須具受，即『揩定數』，彼云以佛制定故，又五戒感人身故。『若爾，何故經中，有一分、二分乃至滿分優婆塞耶？』答曰：『此約此隨中，或持一分、二分等，不

論受時。若有人於彼宗，求受一、二等戒，不開則於接俗走之益。（是二劣故。）』」（二〇〇頁下）

〔一七〕**御法例通於無准** 資持卷上一上：「『御法無準』對下『人法有序』。彼宗人位雖同，不無差異。如無和尚得成受戒，及界內一人四處足數，一界之（一六六頁上）內，多處作法，互相受欲，此『人無準』也。三種羯磨，加則彌善，減則不成，即『法無準』也。（文中似單明法，然『御』之一字，即『能秉人』。對下須知，二皆無序。）四分僧有四位，四人除三法，（白志受滅、悔、殘；）五人除二法，（中受悔、殘；）十人除一法，〔梅（【案】『梅』疑『悔』。）、殘；〕二十人通作一切。又，須精簡足數別眾，即『人有序』也。法有八位，心念有三，（但、對、眾也。）對首有二，（但及眾也。）眾法有三，（單白、白二、白四。）眾別羯磨，各攝分齊，互不相通，少有增減，判歸非法，此『法有序』也。上明兩宗不同之相，皆是如來隨機施教，淺深不等，懸鑒未來，部計支分，作輕重說。教興之意，於茲明矣。（古師科此，為分部教，興者遠矣。）」（一六六頁中）鈔批卷三：「『御』謂秉御也。『法』即羯磨，明秉羯磨聖法。若作單白，加白二亦成，眾多白亦得；若作白二，加白四亦成，作眾多白、眾多羯磨皆得。唯得增為佳，不得減，故言無准。若作白四，加至白五、六、七皆得，故曰例通。以類於僧四人說戒，此且約少為言，五人、六人豈不許說於戒耶！人既得加，法亦應爾。」（二八七頁上）簡正卷三：「『御』謂秉御，『法』即羯磨，將『所秉法』例同『能秉僧』也。謂彼意道，如能秉僧結界、說戒，但要四人，今集僧或有百千萬人，唯多無過。若減四人，即不得也。今法亦爾，本秉單白，今作白二，本作白四，乃至剩十番，唯多即善，減即不許。（二〇〇頁下）又開黃門為和尚，和尚或在千人數外等。（此三劣也。）」（二〇一頁上）

〔一八〕**今曇無德部** 簡正卷三：「述讚當部之優。言『今』至『約』者，翻前三劣，成三優也。曇無德是部主之名，舉人收法也。」（二〇一頁上）

〔一九〕**人法有序** 鈔批卷三：「立云：一人唯得心念，二人對首，四人秉羯磨眾法，少則不成，名為『人有序』。又解：人謂『能秉法』人也。如十誦，用四人、五陰實法為僧体。此宗不然，直取四人和合，謂同戒見等以為僧体。羯磨疏云：僧者以五陰實法為体，總陰成人，人為別用，謂一人秉心念別法，四人和聚成於僧用。故俱舍云：僧和合者，以不隱沒無記為性，行陰所攝。又有人云：約律准論，取成實意，攬指成拳，攬陰成人，人假為体，實法無用。四人假用為僧之体，而用更無別體，還以四人陰本為體，如身口業，無別有體，還以色聲為體。今存後義，此名『人有序』也。又慈解云：人有序者，『人』謂所為之人，『法』謂將五、八戒法授與前人，皆有由序也。（二八七頁上）亦可人者，此四分受戒，須十八清淨。十誦：破戒和上、黃門、和上，不現前皆名受具。又釋，言人法有序者，指羯磨之法，皆有由序，單白、白二、白四及對首、心念，乖法不成，有其楷定。又，白等三法，必有指約，不得加之，不同彼宗，加多為善。故戒本疏云：獨斯一宗，未懷支派，良由師稟有由，知時不墜故也。又解：『法有序』者，不同上多宗，戒本繁略，此宗戒本正有二百五十。何者？如四重、四提舍尼為八，加二不定，為十，加九十為（原注：插入『為』字。）一百，加眾學為二百。以十三配七滅為二十，加三十尼薩耆為五十，正成二百五十。此名法有序也。又解：此宗以非色非心為無作戒体，指体也圓，故言人法有序也。」（二八七頁下）簡正卷三：「此正翻前句『御法例通於無准』。人有序者，四人、五人、十人、二十人，更加一人、二人、三人，皆能辨事，並須清淨。乃至百千人說戒等，犯者不許聽戒，故瞻波中一一簡擇等。又，於受戒時，和尚在十人內，不類彼將破戒人為師，又在十人之外。（此皆有序也。）又單白、白二、白四等，皆不許增減。故文云：如白作白，如羯磨法作羯磨。又下鈔云，羯磨亦漏是非而乖違，號為非法。又，心念不許作對首，對首不得作心（原注：心下疑脫「念」字。），此皆法有序也。」（二〇一頁上）【案】「人法有序」即「人有序」和「法有序」。

〔二〇〕軌用多方　鈔批卷三：「謂法用濟時，多有方便，亦多有方法。」（二八七頁下）資持卷上一上：「此宗法相不唯談體，如羯磨疏五義分通，故茲一句通含多意。復彰今體，望前雖勝，對大猶偏，但云多方，足彰部意。故戒疏云：斯人博考三機，殷鑒兩典，包括權實，統收名理等。」（一六六頁上）簡正卷三：「軌儀用解，多般方法。如能秉僧七種，隨事用時，各有區別，是人軌用多方。所秉法八般，但心念至白四，所辦事各別，是法軌用多方。此段共翻前文第三劣。（為一優也。）」（二〇一頁下）【案】此句與上文「指體未圓」相對應。

〔二一〕提誘唯存生善　簡正卷三：「『提』謂攜。『誘』謂接。唯者，專也。存，在也。誘接俗人，意在生善，不可限局。如有求受一分、二分，或盡形，或一年、半季，五月、三月，或一日、半日，皆隨他心，並聽受也。故經云：半分、滿分等，皆約受得故。（二〇一頁上）如薄俱羅受持一不煞戒，感五不死果。故知隨其多少，皆得利益。此段翻前第二劣。（為二優也。）」（二〇一頁下）鈔批卷三：「對上接俗楷定時數也。賓云：依成實宗，五戒、十戒，要盡形受，唯有八戒，隨時長短也。提携誘引俗人，為受八戒，不局長短多少，隨能與法，不限時數，一年、一月，一戒、二戒，任彼前人好樂多少。如受一戒，名一分優婆塞，乃至盡受，名為滿分。務存生前人之善，開發信心也。」（二八七頁下）【案】此句與上文「對上接俗楷定時數」相對應。

〔二二〕**立教意居顯約**　鈔批卷二：「顯者，明也。約者，限也。謂單白、白二、白四，此三種羯磨，對眾宣唱文須明，名之曰顯。不得加減，限齊於此，故曰約也。」（二四〇頁下）鈔批卷三：「對上御法，例通無准。顯者，明也。約者，限也。謂法明如秉單白，白二不成。若秉白二，白四不成。故文云：如白法作白，如羯磨法作羯磨也。翻前『無准』。三種羯磨，對眾宣白，文句須明，名之曰顯。不得加減限齊於此，故曰約也。」（二八八頁上）簡正卷三：「『教』謂能詮也，『意』即意旨也，顯者多也。四分敬塔制於多戒，謂佛塔聖境，理合導仰，一興供養，千返生天，故有二十六條戒。不同彼宗全無，即太成疎略也。約者，要，即少也。如四分著衣小事，但言齊整著內衣，以齊整之言，通收諸戒。不同彼宗，列十二條，極成繁也。此翻前第一劣。（為三優也。）故戒疏云：四部之文，無越斯律，名不虛稱，見重於今也。」（二〇一頁下）【案】此句中教即律。揚律志在簡明、實用。此與上文「戒本繁略」相對應。

〔二三〕**上則通明教興，今據當宗以辨**　資持卷上一上：「上句指前，下句標後。言通明者，以前三意，統毗尼藏，義該群部，不局一宗。然上三意，能所互彰。初就能施，必兼所被，以慈不虛發，專為劣機。後之二種，文約所為，用顯能施。次則彰正法之尊高，後乃明教門之差別。」（一六六頁中）鈔批卷三：「上則通明教興者，結上三段之文，正是通家大教之興意也。今據當宗以辨者，生起下文。第四，當宗教中，有輕重開制持犯之意，就中自分五段，如文可尋。問：『前言對異宗故來，與此文中令據當宗以辨，有何簡異，文相似繁？』答：『前是對異宗明四分之教，顯異餘部之意，今此言據當宗辨者，明四分教興意中，自有五段之異。』」（二八八頁上）簡正卷三：「謂通明一大律藏三種教興。下句生後，局辨四分一律教興之意。謂前文中，明佛隨機說法，雜通該三藏，及至引論，但明律藏說在慈門也。又於結集教興之中，云『故制斯戒』，亦是偏明律藏。又於第三分宗教興中，唯明各律部，亦是偏明律藏。又將四分一律，對十誦辨優劣，意在歸宗。唯明四分一律，是據當宗以辨。若准古記之中，相承云永通明，即約三藏教興。下云『當宗』，即律藏八十誦也。（此非解。）問：『若言當宗，唯約四分者，何以向下開制例中（二〇一頁下）引五分律文？又，下云五部異執，豈不然耶？此豈非通明五部教興？』答：『不然。若引五分，但為證於當部隨方教興，非說五分教興。又，引五部異執者，但即成機悟不同之例，亦非通說五部教興。今鈔意歸宗，唯明四分一律教文興也。』」（二〇二頁上）【案】指通過以上三項，概述行事鈔律學興起之緣由。當宗，即四分律宗，以對十誦律分辨優劣，意在歸宗。下文中分為五種之異。另，鈔批卷二、卷三，將上句科為上段末句，次句科為下段首句。

〔二四〕**夫教不孤起，起必因人**　鈔批卷三：「夫教不孤起者，謂若無機緣，佛則不說，故曰教不孤起也。言起必因人者，謂有漏病生，法藥隨被也。如身子請佛制廣教，佛言：『且止。我弟子未有大名稱，未有利養，未有有漏法，所以且止。我自知時。』後因比丘不勝名利，造有漏業（原注：『業』疑『法』。），壞其略教。有須提那，還家乞食，因行不淨，即制初戒。復因林中比丘起過，制三趣同犯。及檀尼迦制盜戒等，皆因人起過，隨制禁之。（二八八頁上）或有一人犯多戒，有多人犯一戒也。」（二八八頁下）簡正卷三：「不孤起者，謂教不獨興，要因緣感，如舍利弗唯先請制廣教，佛但許（【案】『許』疑『斥』。）之，未肯便制，謂未有起過之人也。起必因人者，後有須提那、檀尼迦、六群、十七群等，相次而起漏洹（原注：『洹』疑『過』。），因茲制戒防過也。」（二〇二頁上）

〔二五〕**攝誘弘濟，軌用實多**　資持卷上一上：「『人既』下四句，明機別教廣。『攝誘』謂曲施方便。『弘濟』謂普令護益。『軌用』即一切事法止作兩行。上句明能說之意，下句顯所說之教。」（一六六頁中）簡正卷三：「六群、十七群等，起過既各不同，立教亦有多別。喻似病多，故藥眾。便有一人犯多戒，謂跋難陀、迦留陀夷；或多人犯一戒，謂助破僧違諫是；或一人犯一戒，即須提那是；或多人犯多戒，六群、十七群等是。因茲遂有僧、尼二部戒本，安、恐（原注：『恐』疑『恣』。）、二十犍度等廣教興焉。言『故攝』下，釋成多義也。謂攝受誘進，弘揚濟拔，軌儀用解，其數非一，故曰實多。今未說諸餘，且舉制戒一事釋者，皆先有能犯過人，次俗呵，僧呵白佛。佛問彼『取其自言的實已乃呵，汝非沙門，非釋種子，何故最初犯』，（二〇二頁上）乃以十句義，為諸比丘結戒。又，須心境相當方犯；若心不當境，境不稱心，亦不犯。因茲便有『通』、『別』二稱（原注：『稱』字疑剩。）種闕（原注：『闕』一作『開』。）

緣，更有初制、重制。又對五眾，犯有輕重。所對之機既多，佛所立戒亦廣也。」（二〇二頁下）鈔批卷三：「立謂：人人各犯，緣起不同。二百五十，隨犯即制，非一時頓制也。又云：如五、八、十、具，皆因人根不同，故教非一則也。故攝誘弘濟，軌用實多者，弘，由廣也。『濟』謂救濟也。謂佛大慈救濟眾生也。人既不同，故攝持誘引方法則多，此語同前軌用多方義也。」（二八八頁下）

〔二六〕**貴在得其本詮**　資持卷上一上：「『貴』下六句，敘今從要。『本詮』謂教之大旨，對下『條緒』，即事之別相。」（一六六頁中）鈔批卷三：「此明佛制教意，貴存斷惑，終獲道益。教為能詮，道為所詮，藉教見道。本詮之意，意在道也。故一毫之善，皆趣涅槃，謟涅槃為本詮也。」（二八八頁下）簡正卷三：「通標貴得本詮也。謂若據教興，所為本意為人，今但約教本詮，為人之意即得，如律遮性，開制機報，事法之本，各詮緩急之義。今但要如此本詮大意於制戒，緣由國主犯人親厚等，並是枝條，頭緒不用，一一研覈考窮。如得魚忘筌、得兔忘罤、得（【案】『得』下疑脫『意』字。）忘言之喻，故曰誠難覈其條緒也。」（二〇二頁下）

〔二七〕**誠難覈其條緒**　鈔批卷三：「『條』是枝條，『緒』是端緒。明佛立教意，欲令識根本所詮之趣。問：『其枝條次緒實難尋。遂測覈謂須得本，何須論末？』『說文云：緒者，絲端也。廣疋云：緒，由末也。餘也，亦事業也。誠者，信也。覈者，實也。明四分律藏條數極多，一戒一經，總有六百一十四段。中間教法既多，實難尋究其本末，故曰條緒也。皆是趣果真詮軌眾，但使識其本意，何須覈教之始末、條緒也。『條緒』即如或在其處制其戒，或為其人緣其事。今若一一覈其人處所事，實亦難尋，故曰也。』」（二八八頁下）

〔二八〕**所以約開制，驗旨在為人**　資持卷上一上：「『所以』等者，探後二例，示本詮相。（開制即第二，持犯即第一。或可此二，通該五例，以一一例中，並具兼故。）」（一六六頁中）簡正卷三：「謂上明起過之人既多，對機設教非少。窮其本詮之意，開之與制，皆是為人。如儉開八事，為存色身，豐時還制，為蓋法身成就，並是為人。又如斷草，無緣則制，止俗免謗僧之過，僧復免違制之愆。若野火燒寺，則開意據，護於住處，亦是為人也。」（二〇二頁下）鈔批卷二：「如儉時開八事曰開，豐時還禁曰制。又為五種根性，開制三衣、百一眾具等，皆為人也，故曰。」（二四一頁上）鈔批卷三：「如儉開八事曰開，豐時還禁曰制，豈非為人？又云：隨三品根性不同，即有三衣之制、百一開聽之教，並為人也。又如分別功德論中，天須菩提七寶房舍，一夜得道，豈非為人故開？餘非為道，一杯之水，一納之衣，亦不開之，況七寶房舍耶？」（二八九頁上）

〔二九〕**顯持犯，諒意存無過**　資持卷上一上：「『驗』、『諒』二字，謂以智窮考。『旨』、『意』二字，即立教本懷。諒，信也。」（一六六頁中）鈔批卷二：「諒者，高也。高，由相也。顯持犯相，意存無過也，故曰。」（二四一頁上）鈔批卷三：「諒，訓『信』也。謂顯持之與犯信存離過也。又釋云：諒者，亮也。亮，由相也。顯持犯相，意存無過也。勝解云：如來所制是持是犯，並皆可信。即言持犯可信，即須遵行，不令有犯，故曰意存無過也。」（二八九頁上）簡正卷三：「信持一戒，能招生十利，近得人天之果，遠證三乘。並令人厭犯忻持，意在無過，信知犯一一戒為因。如目連問罪經，因六欲天歲數（二〇二頁下）於地獄受報。今其厭怖，不造惡因，亦意在無無（【案】次『無』疑剩。）過也。或有解云：諒者，相也。即一部文中，顯持犯兩相，人離犯成持。若此馳知，亦可求其興意。此解亦通。」（二〇三頁上）

〔三〇〕**今束一律藏，以「五例」分之**　資持卷上一上：「『今』下，總標一部之文，不過五例。以少明多，故云束也。」（一六六頁中）簡正卷三：「今者，指法之談。束者，收束、束略也。一律藏者，四分律也。以，由用也。例者，類例也。謂對機所說，能證之教，文相雖多，下所詮意旨，不過於五也。用茲五例，往律藏中，徵求教興之意，可得是一見也。」（二〇三頁上）【案】即下文五個層次所言，教中差別，不出此五種例也。道宣文中，多處提及「五例」，各有其義。

〔三一〕**遮、性往分**　資持卷上一上：「毗尼所制，無出遮、性。用此二門，求一律藏，總歸二意，故曰往分。」（一六六頁中）簡正卷三：「謂一部律中，僧尼二部戒本三十卷文，對境制戒雖多，不離遮、性二種。凡對有情境上制者名『性』，對非情境上制者名『遮』。今以此例，往律藏中，分別遮、性，以一『性』字，例收一切『遮』，明其興意。」（二〇三頁上）鈔批卷三：「宣云：如斫伐草木、墾土掘地，體非違理，威儀塵醜，不光俗信，聖未制前，造作無罪。由非正業，無妨福善，自制已後，塵染更深，妨亂修道，招世譏謗，故名遮也。所言遮者，能遮正道，故言遮惡。……言性戒者，如十不善等，體是違理，無論大聖制以不制，若作違行，感得苦果，故言性惡，是故如來制使防約。若不制者，業報三途，不在人道，何能修善，故因過制。從本惡以立名，（二八九頁上）禁性惡故，名為性戒。此之性惡，能遮於福，若前之遮惡，能遮道故。首律師疏云：若論性戒，捨惡以求福，若論遮戒，捨福以求智，此是道分善。故龍樹論云：十善對十惡，名為舊戒；五篇七聚，名為客戒。前十善惡，不假制有，若論篇聚，必假聖制。意明今將此遮、性二文，徵其教興之意，則得識遮性之興本意，故曰性徵等也。」（二八九頁下）

〔三二〕**性惡則通於化、制**　鈔批卷二：「性戒者，如十不善等，體是違理，無論大聖制不制，若作違行，感得苦果，故言性惡。禁性惡故，名為性戒。此之性惡，能遮於福。前遮惡能遮道，故佛制斷。性惡則通於化制者，如殺生、婬、盜等，經中還結業道之罪，制教中又結夷等罪也，故曰通化制也。」（二四一頁上）鈔批卷三：「如殺生、婬、盜等，經中還結業道之罪。制教中，又科夷等罪也。亦如五逆十惡，二教同有其罪也。遮則不爾，唯犯制教一罪，無違化教之愆。又准心疏言：謂性惡之罪，俱違化、制兩教也。以其体是違理，無論制與不制，作俱有罪。如三千威儀，四句辨之：或有犯佛法罪，非世界罪，如制戒後，畜財、離衣等是。二、是世界罪，非佛法罪，如來未制戒前，殺、盜等；三、俱是者，制廣教後，犯婬、盜、殺等；四、俱非者，未制廣教前，殺草木是也。以此義推，未制廣教前，無問道俗，雖無教可違，隨作性惡，但犯業道。故經云：是殺生殺生報，雖是妄語妄語報。此見化教，佛制廣後犯者，又得違教之罪，此是制教，故曰性惡通於化教也。」（二八九頁下）簡正卷三：「性、遮惡者，體性是惡故。十惡業道，不由佛制而有。佛未出時，輪王化世之日，以將十善化人，不令作此十惡。若作有違，得業道罪，此通化教。佛成道後日，諸比丘起過，於此十中，重策前七名戒。僧尼若犯，更加違制之罪，此通制教。故戒疏云：如十不善，體是違理，無論大聖制，若作違行，感得惡果，故言性惡。是故，如來制戒防約。（二〇三頁上）又智論云：十善十惡，名為舊戒。亦云：主戒五篇七聚，名為客戒，亦云新戒。今僧尼於此前七若犯，得兩重罪：一、業道道，二、違制。設依篇聚懺，除違制之愆，猶有業道之罪。後三意業，小乘不制，以佛慈悲，接外凡夫，恐舉心動念皆成犯戒也。」（二〇三頁下）

〔三三〕**遮戒因過便起**　資持卷上一上：「十不善道，違理之業，體本是惡，三藏齊禁。然毘尼中，但制七支，更增篇聚，故通二教。壞生、掘地等，本非不善，息世譏疑，制方成過，故（一六六頁中）局制教。據文合云遮戒，則局於制教。文中為示遮性之義，故云因過等。然性戒元有，無論大聖制與不制，無非結業，感報三途。遮戒不爾，佛出方制。故經論中，或名主客，或號新舊，或約違理違事分之。餘如戒疏。」（一六六頁下）鈔批卷二：「謂以彼外道俗人，計其草木有命，佛因制。故曰。」（二四一頁上）鈔批卷三：「謂為俗所訶，沙門釋子，壞生草木、掘地等事，夏中遊行、蹋傷物命等，佛即制安居，以彼外道俗人，計其草木有命，佛因制之。亦如不受食食，為人所呵等，廣如下九十中『不受食戒』明也。」（二九〇頁上）簡正卷三：「解遮名也。此戒佛未出世時，及初成道後，未制戒昨（【案】『昨』疑『時』。），並無此戒目。俗流外道見草木等春生夏長，執有命根，沙門行慈，不合斷命，有此謗僧，故招當來惡果。佛為遮彼人情，制令不斷草木、堀地等。若作有違，但有一重違制之罪，欲云因過。」（二〇三頁下）

〔三四〕**然則性戒，文緩而義急**　鈔批卷三：「濟云：唯約性戒，文緩義急也。其遮戒不得云文緩義急，如怨逼行婬，開與境合，是文緩；三時禁樂，是義急也。又解：一一戒下，皆有開通之文，是文緩；若心境不差，並結正罪，是義急也。」（二九〇頁上）簡正卷三：「釋性戒例也。文中許得，作為文緩。開中更有一重，制限名急。如作前事時，狂亂無心，許作無罪，是文緩；若一念心了知，是比丘即犯，是義急。怨逼之緣，許與境合，是文緩；三時須無深心，是義急。（請戒例此云。）或有記中，將違戒通、別二緣，於此釋者，恐乖文勢也。」（二〇三頁上）

〔三五〕**謂隨諸重戒，並有開文**　資持卷上一上：「謂『下』，釋成。初二句示文緩，此收一切性戒，故云並有。」（一六六頁下）簡正卷三：「釋成緩急義也。隨諸重戒者，指二百五十中所有性戒，名為重戒也。（非謂獨稱初篇四戒。）並有開文者，謂戒戒之下，皆有通開、別開。如顛犯心亂、痛惱所纏，（二〇三頁下）是通開；怨逼及睡眠，無所覺知，是別。如盜戒開作無主想，煞戒開作杌木想，忘語開作非聖法想及戲笑錯悞等，戒戒各有別開，例此委知。」（二〇四頁上）鈔批卷三：「如戒戒下有開通文是也。如殺戒，人作非人想、畜生想，蘭，皆開，不犯重。餘性戒例知。今言隨諸重戒者，謂初篇四戒名為重戒，二篇已下防其重戒。既從重戒而生，故曰隨也。四重既有開文，下戒隨此四重是性戒者，亦應有開文也。准濟解云：文緩義急，惡局性戒，今隨諸重戒者，但合是隨四重之性戒也。謂皆是四重之種類，不得是遮戒也。又，上言性戒，文緩義急。既的語性戒，明非遮戒，遮戒下門，會自別明耳。」（二九〇頁上）

〔三六〕**文雖是開，開實結犯**　資持卷上一上：「明教急行難。」（一六六頁下）鈔批卷三：「慈云：如大妄語戒開文，若戲笑說，開不犯重，還得吉羅，故言開實結犯。（二九〇頁上）夷、吉雖殊，犯義是一。又如婬戒，若為怨逼，開與境交。雖開境交，若三時中隨一時受樂，還後結犯，故曰開實結犯也。又勝解云：文雖是開，開實結犯者，釋上義急意也。隨諸重戒，並有開文者，釋上文緩意也。」（二九〇頁下）簡正卷三：「謂律中雖有開文，然於開作事時，心與教不相應，不免放逸，故云開實結犯。」（二〇四頁上）

〔三七〕**縱成持也，持之寔難**　簡正卷三：「設使成順教無違實當不易，故云縱成持也。『持之寔難』下，舉戒條釋云。」（二〇四頁上）鈔批卷三：「諸如婬三時之中，難以禁持，縱得成持，持之大難也。下即出難持之由，且舉婬、呰二事也。」（二九〇頁下）

〔三八〕**如淫則三時無樂**　資持卷上一上：「『如』下，略舉兩戒，顯上教急。……三時者，謂初入、入已、出時。於三時中，微動樂念，還即成重。」（一六六頁下）簡正卷三：「如婬則三時無樂者，如初戒怨逼己身，雖許與境合，應須三時中無一念深樂，方開也。」（二〇四頁上）

〔三九〕**毀訾則始終慈救**　資持卷上一上：「毀呰，即『九十』中罵戒。慈心誨勗，雖罵無犯。微生瞋怒，亦結正科，故曰開實結犯等。（二戒開文，並見戒本。）」（一六六頁下）簡正卷三：「毀呰慈投（【案】『投』疑『救』。）者，舉罵戒也。毀，罵也。呰，呵也。初罵曰始，罵了曰終。如文中開慈心毀呰弟子不犯者，約有慈濟人之心，念改惡從善，內壞慈育，外現成威嚴，方名不犯也。」（二〇四頁上）鈔批卷三：「謂心有慈濟前人之意，令彼因我呰，故改惡從善。若有此心，呰他不犯。雖然縱有此心，始終難一，初罵曰始，罵了曰終，故曰始終。深云：宜作四句料簡：一、內有嗔心，外無利益，謂自心懷毒，呰其前人，前人不改者是也；二、內無嗔心，外有利益；三、內無嗔心，外無利益；四、內有嗔心，外有利益。四句之中，唯第二句得行呰法，謂內無三毒，外復益他也。」（二九〇頁下）

〔四〇〕**既是根本貪嗔，何能禁心無逸**　簡正卷三：「釋成難持也（【案】『也』疑剩。）相也。謂初戒，三時不能制，染樂心是根本貪；毀呰始終，無慈救心，是根本嗔。謂諸有情無始時來，慣習已久，遇境相應，發言纔呵，必先嗔恨。故下文云：火內發先自焚身。如此貪嗔，對境之時，何能楚心令無逸也！如毗尼母云：凡夫著水益薪、足火全筌不沸者，無是處也。身如筌，煩惱如火，外境如薪。今若能滅煩惱火，去外境薪，即心水不沸也。」（二〇四頁上）鈔批卷三：

「謂結上二文。婬是貪為因，呰是嗔為因。此是眾生心中之毒，故曰根本。期之本毒，無始鎮懷，雖復欲禁，慣習難捨，故曰何能禁心無逸也。」（二九〇頁下）

〔四一〕**義存急護**　鈔批卷三：「此句通結上文。於婬三時無樂是急護，毀呰始終懷慈亦是急護也。」（二九一頁上）簡正卷三：「如律云：下至草葉不盜。又云：過死不犯，證知護持須急也。所以偏舉此二戒者，謂此二戒別約三時以明，但舉斯二，收諸性戒俱盡矣。」（二〇四頁下）

〔四二〕**遮戒一往制止，有益便開**　資持卷上一上：「初明緩急。制即是急，開即是緩。對前性戒，義立四句：一、文緩義急，性中開也；二、文急義緩，遮中制也；（以非性業，隨緣開故。）三、俱急者，性中制也；四俱緩者，遮中開也。」（一六六頁下）簡正卷三：「言『遮』至『失』者，辨遮戒例也。此遮開制，以性不同，性戒開迷，忘制明白，遮戒迷忘，本分是開，兼開明白。又，性戒制定，遮戒開制不定。（云云。）一往制止者：一往，謂已前也。謂俗人計草木有根，見比丘斫伐，謂有損命之致此譏呵，一往且制。若壞生者，結提也，謂有損命之致此譏呵，一往且制。有益便開者，謂若有野火燒寺等，緣開斷草斫伐，護守任處，是昔制今開也。開後若譏毀，過興無緣，依前又制，即昔開今制也。後忽更有緣事，又更重開，即昔制今開，如是重重，重制。」（二〇四頁下）鈔批卷二：「『遮戒一往制』等者，如安居，是一往制。若有生善滅惡緣故，開受日去，是開（原注：插入『開』字）也。」（二四一頁下）鈔批卷三：「意明遮戒，一制已後，不令應開，為有其益，体非違理，隨人情故，所以取開。如至儉時，聽開八事，為安身存道有益，故開也。又如安居是一往制，若有生善滅惡之緣，故開受日去是也。又如壞生、掘地，當時制竟，忽有野火燒寺，聽護伽藍，聖開掘伐是也。又如行險欲倒，聽捉草木枝葉，隨捉隨斷，更開後捉，為護身故，是益便開也。」（二九一頁上）

〔四三〕**開之過興，還復令制**　鈔批卷二：「如三衣，是一往制，後為寒苦，即開畜長，故曰有益便開。既因開故，貯畜過多，招譏妨道，名曰開之過興。因即制說淨，故曰開之過興，還復令制也。」（二四一頁下）鈔批卷三：「如上險開八事。若至豐時，還後招譏，不生俗信，名曰過興還復制也。又解：如本制畜三衣，是一性（【案】『性』疑『往』。）制止，後為寒苦，不能進道，為其安身之益故，即開畜長，故曰有益便開。既因開故，貯畜過多，招譏妨道，名曰過興，即制說淨，故曰開之過興，還復令制也。」（二九一頁上）

〔四四〕**豈非為存化俗，恐墜枉坑**　資持卷上一上：「『豈非』下，正示興意。……枉謂邪曲，以於僧起謗，必墮邪道，永無有出，喻之若坑。或可約報，即喻苦趣。」（一六六頁下）簡正卷三：「『抂抗』即地獄也。草木實無命，彼言有命。謗云損生名抂。因此墮地獄，名曰抂坑也。故攝論云：由誹謗正法，無底抂坑故。」（二〇四頁下）鈔批卷二：「謂俗人因毀僧，後生必須墮地獄，故佛為哀愍眾生故，設教故曰爾。」（二四一頁下）鈔批卷三：「此句是通上文意也。又可云結上文也。枉坑者，地獄也。書云：罪福無門，唯人所召。今謂儉時行八事，俗見不訶，豐時猶開者，俗人必生譏謗。既譏且謗，生報必然。今愍其生報，須遠譏疑，（二九一頁上）莫於豐時行八事等，故曰為存化俗也。諂地獄為枉坑者，順理而行，不墮地獄，橫造非法，故落其中，名為枉入也。」（二九一頁下）

〔四五〕**大慈設教，意唯撿失**　資持卷上一上：「上明護俗。『大慈』下，明制道。道既無失，俗則生善，一制兩得，權巧在茲。涅槃所謂『息世譏嫌』，即其義也。」（一六六頁下）簡正卷三：「謂佛施設其教，意專撿校俗人謗僧之罪失故。」（二〇四頁下）鈔批卷三：「應師云：撿者，攝也。釋名云：撿者，禁也；失者，過也；撿亦繫也。故律中云：沐浴踈頭，速疾撿髮。據此，撿是繫也。立又解：撿失者，如廚庫官物封印門戶，一閇已後，不許人開，名之為撿。如來制戒亦爾，一受已後，不得毀破，喻如封印，不得輙開。此是撿義。（二九一頁下）破則得罪，此是失義。罪即失也。只是撿閇身口過失也。」（二九二頁上）

〔四六〕**毗尼母論具立緩急二儀**　資持卷上一上：「彼論第七，明犯罪有三種：一、初犯緣；二、因犯故制；三、重制。於重制中，又有二種因緣：一者急，二者緩。『急』謂乃至共畜生與人同犯；『緩』即聽捨道還家行婬，後若樂道，還聽出家受具。（此明性戒。）又云，世人嫌言：『云何比丘無慈心，斷樹生命？』佛因制戒是急，為護住處，開斷草木是緩。（此明遮戒。）二儀，『儀』謂法式。」（一六六頁下）鈔批卷二：「相承云：比丘欲行婬，聽捨戒還家是緩，乃至不得共畜生是急，無三時樂等也。盜無主想不犯是緩，下至草木不得取是急；殺人非人想殺，無罪是緩，下至蟻子不得殺是急；妄則說時前人不解不犯是緩，下至戲笑亦犯是急。故云具立緩急二儀也。」（二四一頁下）鈔批卷四：「撿彼論云，犯罪凡有三種：一緣，即須提那與本二行欲他；二制，謂因犯即制，若比丘行非梵行，波羅夷、不共住；三重制，即是林中與畜生及死馬等行欲也。

復有三處決斷非犯：一緣，二制，三重制。緣者，佛未制戒前，初作者是緣也。二、制者，謂最初作婬人不犯是制也。三、重制者，若比丘為強力所逼行欲，不受樂不犯，名為重制。此三處決斷不犯，此上約婬戒作也。更約盜戒作之。如檀尼迦盜瓶沙王材木是緣，若比丘不與物，盜心取，乃至不共住是制；後有遣使取，燒埋壞色，佛制同犯是重制。重制有二：一緩，二急。下至草葉，不得盜是急；若有主物無主想取不犯是緩。復有三處決斷不犯，准前思可解，餘下一一戒例然。論文如此。講人相承云：比丘欲行婬，聽捨戒還家是緩，乃至不得共畜生是急；若為怨逼與境合是緩，三時禁樂是急；盜約無主相（【案】『相』疑『想』。次同。）不犯是緩，有主下至草木葉不得取是急；殺則迷人無相殺無罪是緩，下至蟻子不得殺是急；妄則（二九二頁上）說時前人不解不犯是緩，下至戲笑亦犯是急。故云具立緩、急二儀也。」（二九二頁下）簡正卷三：「論第七云，犯罪有三：一緣，須提那等；二制，謂用犯也；三重制，初唯制人，後目林中與畜生行非。重制云乃至共畜生皆犯是急；若餘厭戒，心生欲，捨戒還家，後若重來，許其七返名緩。又，三處各有緩急：一、緣中，最初未制戒，前作者不犯；二、制者，最初作人不犯；三、重制中，若強力逼迫緣，不受樂不受，犯皆名緩。反上是急也。」（二〇五頁上）【案】毗尼母，八〇一頁上。

〔四七〕**令尋之以通望**　資持卷上一上：「『令尋之』者，出論家意。謂前且引二戒顯相，意令準此。例尋諸戒，無不皆然，故云通望。用此證前遮、性二戒急緩之義，（一六六頁下）通該一切矣。」（一六七頁上）鈔批卷四：「謂二百五十戒，皆有緩急二儀。今應將此二儀，通望一切戒。若解其緩急之意，則識大聖制教，意在撿失也。又可引此二儀意者，欲成上句義存急護之言也。」（二九二頁下）簡正卷三：「尋此緩急二儀，通望一切戒皆有緩急也。如盜戒，作無相（【案】『相』疑『想』。）、親友想不犯，是緩；若心境相當，下至草葉不盜，是急。煞戒作杌木想不犯，緩；若明白，心了知初識是人，有殺心皆犯，是急。忘忌語戒向同意比丘說，或戲笑等不，是緩；若為名利，自稱得聖皆犯，是急也。遮中，若有野火燒寺緣，許斷草、掘地等可知。」（二〇五頁上）【案】指緩急二儀，一切無不皆然。

〔四八〕**教則通於二世**　資持卷上一上：「唯據遮戒與前為異。標云『徵』者，訓求、訓驗，二義皆通。」（一六七頁上）鈔批卷四：「明教中有制有開。今據此開制之文，徵教興之意，故知此教通於現、未二世也。謂如五分：雖我所制，餘方不為清淨，則不應用；雖非我所制，餘方有益者，行之。如多論：寒國用皮為三衣等，比丘命過。此皮三衣同十種衣分之。此一既爾，餘亦例然。但非破戒之事，則餘方一切皆開也。」（二九二頁下）簡正卷三：「謂前約遮性已明，然佛立教，對機更有開遮兩別，今更以此例往律藏中，徵求教興之意。問：『上遮性例中，云隨諸重戒，並有闕文是開也，開實結犯是制也？又云：遮戒一性制止，是制有益便開。既前科已明，今何重述？』答：『前約性緩急，（二〇五頁上）以辨開制。今據教文，非但佛在世開制，亦通未來，皆有開制，與前別也。『教』則通於二世者，謂現在及未來也。約斯二世開制，即是本詮，謂佛在日，同是一事。又，同時此處則制，或彼處開，此處制名現在世教也。或同一處今季制，或明季開，後季制，此名未來教也。故知律中開制之教，不唯西國及諸方，不准（【案】『准』疑『唯』。）佛在世時，柔通末代。今以此例往律中，徵求教興意也。』」（二〇五頁下）

〔四九〕**制已更開，開已還制**　資持卷上一上：「『下文』者，即五百結集文。彼明迦葉結集已，長老富那羅重更詰問結集次第，迦葉一一答已，彼云：『我盡忍可，唯除八事，親從佛聞，憶持不忘，佛聽內宿、內煮等。』迦葉答言：『實如汝所說，世尊以穀貴故聽，時世還豐，佛仍制斷。』彼復言：『佛是一切知見，不應制已還開，開已復制。』（意云：開制無定，則非一切知見。）鈔引迦葉答辭，仍易知見為智人耳。此明時有豐儉，不可一定，故興此教，被及後世，即了論中『時毘尼』也。」（一六七頁上）鈔批卷二：「謂如儉時八事，儉開豐還制。」（二四二頁上）【案】五分卷三〇。簡正云「文當第四分」，疑誤，或所引版本有異。

〔五〇〕**通未來教**　簡正卷三：「今引其文，證佛在日立教，不唯現在比丘，（二〇五頁下）至於像末已來，亦同開制，故曰未來教也。此是上下豎說，名『時毗尼教』。於此時中，亦有『方毗尼教』，謂今季此處豐制八事，明季彼若豐還制，此若儉還開，名『方毗尼教』也。四分雖有文，非巧勝故，引五分證之。」（二〇六頁上）鈔批卷四：「立云：如迦葉所答，儉開豐制，明此教雖是佛在時制，然亦通於未來行用，故曰通未來教也。有人云：此通未來教也者，緣有『通』字，義則難見正意，只道五分教是佛自說，故曰此如來在世教也。四分教則是結集時迦葉說此言，以據佛在日望結集時名未來也。自意云：通未來教者，即是迦葉能開通於未來教意也。謂佛在日開此八事，猶未再制，未有制言。迦葉結集之時時豐，為更制約。其諸比丘，競呵迦葉。如上已明此義竟。」（二九三頁上)【案】上下竪說，即時毗尼教。通，底本為「還」，大正藏本、鈔批為「通」，依其及義改。

〔五一〕五分　簡正卷三：「明現在此教也。此但引五分證成『方毗尼教』，非謂說五分教興，故著『如』字也。准五分二十六卷食犍度，文云『雖我所制』等者。五分律疏云：雖我所制手揣食，若至餘方不生善，則不應用也。今云：手揣食是西土風俗，如然不由佛制不可依也。更有解約大揣、小揣等分別，亦不用也。今且舉三時分房以釋。謂佛理平等，無有主客，三時分房，本是佛制。若此土，依王法永係名額住持，不依三時分，即不應制。雖非我所制者，如用匙筯著襪等，本非佛制，今順此方須行，故云不得不行。（諸如此例。）斯乃約時無別，處所不同，傍去橫論，名『方毗尼教』，亦名現在世教也。」（二〇六頁上）

〔五二〕**雖非我所制，於餘方必應行者，不得不行**　資持卷上一上：「『雖非』下，明聽從他制。（如用匙筯及鞋履、偏袖，及依王制等。）問：『消文可爾，興意如何？』答：『時數遷流，豐儉不定，方隅隔越，風土不同。立法檢非，難為一概。意使隨時適變，逐處所宜，故立未來，竪通像末，仍施現在。橫被邊、夷，旨在為人，義見于此。』問：『時方名相，未知何出？』答：『明了論有時處毘尼。彼云：邊地受五，得數浴洗，中國不聽。（此名處也。）昔用三歸，今時不得；熱時數洗，寒時不得，（此即時也。）故知時、方，不唯一事。』問：『既曰當宗以辨，那引五分而明在世耶？』答：『本律明開邊方五事，但文局事定，未顯通收，故假彼文以申當部耳。今世愚僧，不知教相，破戒作惡，習俗成風。見持戒者事與我違，便責不善，隨方呵為顯異，邪多正寡，孰可言之？法滅世衰，由來漸矣。又，東南禪講，半夜噉粥，過午方齋，木鉢紗衣，不殊外俗，循名昧實，並謂隨方。不學愚癡，一至於此。慎之！』」（一六七頁上）鈔批卷四：「立云：五天竺之外，名曰餘方也。猶如西國用巨摩塗為淨，用（二九三頁下）手揣食，此等制雖是佛立，且如此土、邊方將為不淨，不得用也。又如佛制比丘云有出家者，制與剃髮，不由國王，乍（【案】『乍』疑『作』。）由父母。此方國法，不得自度，要由國王，豈得仍依本佛教也。雖非我所制，餘方行者，不得不行者，如國王制僧不得入城市、非時午後、道行入俗等，佛教中有緣，開白入聚，故言非我所制，由王不許，須依王教，故曰不得不行。故多論中，違王制故，吉羅。又如提匙、筯箸、靴履等，並非我制，而餘方將為淨者，必須行之。」（二九三頁下）

〔五三〕**如來在世教**　資持卷上一上：「在世教中，五分文出第二十二卷，上明聽違佛制。（彼疏釋云：如手摶食，此方不為善。又，如袒膊、跣足之類。）」（一六七頁上）簡正卷三：「現在者，但通約現在論，亦不局佛在日也。謂通萬二千年中，同一日一時，皆名現在。」（二〇六頁上）鈔批卷四：「謂如五分教，佛自彰言，故曰在世教也。有云此五分教，正制未來，傍兼現在。所以知者？既語於餘方不為清淨等，明知佛慮當來餘方有此事也。上四分則是正制現在，傍通未來，謂現在已開制於八事竟。未來飢儉，還例准開，故前云此通未來教也。」（二九三頁下）

〔五四〕**二教相融，互兼彼此**　資持卷上一上：「二教即二世教。此有二釋。前教本為未（一六七頁上）來，即兼佛世；後教本興現在，仍通像、末。或可恐疑引用五分，故此釋之。『彼此』兩字，即指二宗。謂四分制已更開，即兼在世，五分雖制不用，亦兼未來。既而彼此相兼，即知本宗自具二世。但文不顯，故用彼文。問：『遮性中亦明開制，與此何別？』答：『前通遮性，此唯在遮，若是性戒，不論時處。故了論中，一切時處毘尼，謂婬、盜等是也。』」（一六七頁中）簡正卷三：「『方毗尼』、『時毗尼』為二，非謂四分、五分也。相融者，謂相和融會也。今『時』中有『方』，『方』中有『時』也。且『時』中有『方』者，諸解雖多，不無雜亂。今依鏡云：如儉開八事，本是竪說，為時毗尼，今將橫論，隨方開制。如同是今日西土典（【案】『典』疑『豐』。），即制八事，東土儉，便開八事。東西不同，豈非『時』中有『方』！二、『方』中有『時』，反上可解。隨舉一事，餘皆例之。」（二〇六頁下）鈔批卷四：「覺云：五分曰彼，四分曰此。五分中，教亦通四分。四分中，教亦通五分也。此解是。二教者，五分現在教及四分未來教，名為二教也。融者，明也。兼者，并也。此明上之二教，互得相通，未來教通現在，（二九三頁下）現在教通於未來。如此釋者，只是結會上文也。」（二九四頁上）

〔五五〕**以報有強弱，教亦重聽**　鈔批卷四：「立云：如上根人制四依行，中品畜百一物，下根畜長衣乃至房舍等。言重聽者，有云下根弱故，開已復開，故曰重聽。如開畜長十日令說淨。又忘更開不犯，故言重聽。聽即開也。謂聽上加聽，故曰重（去音）聽也。亦可根強者，制是重。報（【案】『報』疑『根』。）弱者，則開是聽。如上行之人教則重，即四依行也。下品人教，則即七寶房舍也。以隨報故，若一向唯制無開，中下則絕分，若唯開無制，則上行慢求，故須二教被於三根，有輕重之異也。」（二九四頁上）資持卷上一上：「酬因曰報。言強弱者，或約男女二位，對下就制也。又男女中各分三根，對下約行也。所以不言重輕而言聽者，以重輕之言，不該約行，故以重聽，通收二種：就制即止持，約行即作持。」（一六七頁中）簡正卷三：「第三例也。上雖知開制之教被於未來世，然於所被之機，報有男女差別，對其設教，亦有多般。前既未明，故次當辨也。釋名者，酬因曰報。男報優強，女報劣弱。男即志性堅強，女即稟性惋順，所以強弱不定也。教亦重（上君呼）聽者，謂佛隨機說教，女報弱故，能詮之教即重。如捨戒不許重來，夏中有緣，但開受七日。十六牧器須說畜等，僧報強故，清淨捨戒，開七返重來。夏中有緣，皆開三種受日，十六牧器大須說淨等教意，即開聽也。文中『重』字，或平聲呼亦通。僧即約重重開聽，以強故；尼不許重重，以弱故。（上申正解竟。）顯正集中。約僧報強故制四重，尼弱故制八重。又，上根人果報強，中下根人即報強，意恐不然。（二〇六頁下）若約僧尼制戒，是約制說，與此文不相應。若約上、中、下根以解，又是機悟不同科中意也。（不取。）」（第二〇七頁上）

〔五六〕**就制，則深防、限分**　資持卷上一上：「準戒疏，深防限分，各有通別。制四重、防三毒，即根本防；制種類、防四重，名深防。（此即『通』也。）又云：過犯未窮，預加重約，禁微防著，故曰深防。如尼觸，犯夷等類。（等餘三重，約戒以論，即名『別』也。若飲虫水防殺畜，手搏防打，亦號深防。非此中意，以不對報故。）言限分者，指重緣心，以為下凡限分之制。（此即名『通』，通諸戒故。）又云：若就相論，可有修學，並是限分。如漏失，僧殘、尼墮。（此為『別』也。又如僧中輒教尼等，及尼中四獨紡績，一切不同之戒是也。）令（【案】『令』疑『今』。）此約報強弱，須從別論。（古記反破此解，請以戒疏為準。）」（一六七頁中）鈔批卷四：「如用水是深防，飲虫是限分也。又，殺是限分，打搏是深防。故戒本疏云：深防限分者，初解深防，有通有別。通者，無聖戒制為止業，因造業之來，必由三毒，非可卒禁。且約身口二業，制戒防心，故制四重，以為道體，對四制也。餘並號為深防。恐犯四根本，制餘令護。何以知然？如配戒種類說。如下持犯篇中，廣明此義。所言別者，如禁微防著，例曰深防，如尼觸臂犯夷等類。所以爾者？（二九四頁上）女人性懦，制不由己，恐被違逼，情亦自發，故須深防。餘同前解。此後釋應今釋也。言限分者，亦有通別。言通者，通為防心，一切緣想，無非我倒。因之結業，迷墜生死，故隨限分，還制其心。故律本云：發心作，心念作，皆名犯也。言別者，如先云制為當機，止存力分。若不能行，雖作無犯，如漏失，僧得僧殘，尼得墮罪者，即是限分之根也。所以爾者？僧是丈夫，煩惱輕薄，其情易制，故得重罪。尼是女弱，煩惱垢重，若斷重罪，苦惱眾生。存其力分，制其輕過，後解當今文也。有人云：聲聞具防身口，未能禁心。菩薩一向制心，斯並限（原注：插入『限』字。）分義也。」（二九四頁下）簡正卷三：「玄云：如摩觸戒，尼深防中，制與夷罪，以順煩惱重故，既受觸身，恐成大惡。僧但得殘，限分中制，以大夫綱強，未必成大惡。故尼八事，亦深防中制，僧或提、吉，限分中制也。或有釋，約飲用蟲水並打搏戒為深防限分者，非也。」（二〇七頁上）

〔五七〕**約行，則山、世不同**　資持卷上一上：「『山』謂蘭若，即上根也；『世』謂聚落，即中、下根也。然上士不獨居山，中下豈唯在聚？取其大約，以處分機。初明『山』者。僧尼二眾，通行四依：一、糞衣，二、乞食，三、樹下坐，四、腐爛藥。（此上根也。尼樹下坐，但非蘭若。）二、明『世』者。衣中根報，次者制三衣，又次者畜百一，又次者畜長，又次者被褥等重物，又次者聽眾寶莊嚴。（此非常教，唯天須菩提耳。）上準戒疏明五開，彼云：良由眾生根報不同、強弱不等，致令大聖方便開遮。（一六七頁中）（此五前強後弱，中間互通。）食中開受僧別二請，僧常檀越送等，處開二房、藥開三種。（此四開中下幾。）問：『制行二位，強弱何分？』答：『制則強輕而弱重，（強依限分，弱假深防。）行則強制而弱聽。（強者堪耐，弱必隨開。）』」（一六七頁下）鈔批卷四：「欲明上士居山而求道，下士依世而養身，此約報力義也。且如蘭若無人之處，開遣淨人火淨米已，自煮食等。亦開從牛（原注：『牛』疑『手』。）受食，及無知小兒、畜生等並成。在聚落中，則不許也。若論報強弱，上品，制頭陀、蘭若之所修行；中、下品者，聽依聚落，不妨修行。故曰約行等也。此解應文。深云：如是具已，佛令五年學教，依止師僧。女（【案】『女』疑『如』。）有上行樂靜之人，處山開離依止無罪，此是約（二九四頁下）行，山、世不同義也。此上深防、限分、約行三種，皆據報有強弱，設教所以不同。上來釋第三報有強弱教亦重聽義竟。」（二九五頁上）簡正卷三：「玄云：此約所行之行也。『山』謂山問（案：『問』疑為「間」）蘭若，『世』則聚落城湟。僧許居蘭若，有六夜離衣，及不作日限離衣及過量，不乞造方殘等。尼不許居蘭若，無前諸戒，設作有違，但得蘭、吉，猶其報有不同故。（已上正釋竟。）若准繼宗記云：上根之人居蘭若，佛為說塚間、樹下、頭陀等；下根居聚落，佛說造房舍等。（已上記文。）乍觀所爾，細觀文勢卻

落。第二制教輕重門，第七約行彰異，喧靜科中，非此段文意也。」（二〇七頁上）

〔五八〕機悟為先　資持卷上一上：「初句明機差。此謂佛世起教之機，非五部師也。」（一六七頁下）簡正卷三：「標機悟為本詮也。謂前雖以男女強弱例往收，然於律中，約所被機，根有利樂（【案】『樂』疑剩。）鈍，對其立教，亦有不同。前所未明，故次辨也。機者，根機。悟者，悟入也。為先者，佛先觀機，後方稱機說法故。」（二〇七頁上）鈔批卷四：「大聖制教初興，本無異轍，後人神解自異，隨機悟入不同，致有五部之差，乃至十八之別。言機悟為先者，謂樂欲不同，悟有先後。悟既有其先後，所見則亦不同。見既不同，教門即輕重致隔，故曰為先也。」（二九五頁上）

〔五九〕教門輕重致隔　資持卷上一上：「示教別。即對諸部以明輕重，輕重言通不出罪事。如初篇重犯，婬制毛頭、盜限滿五。羯磨楷定，受法簡人之類，即此重餘輕。又開結淨地、捨財還主、接俗生善之類。又，諸部境想不同，五分不開疑想，僧祇性惡無疑想，十誦前有方便除疑想。（今鈔準用。）四分除破僧婬酒，不開疑想，餘戒通開。」（一六七頁下）簡正卷三：「由前所被之機多別故，能詮之教，亦輕重多般。如律中問，是事有輕重差殊，且就資身具中，便有六別。故戒疏云：如上士面王，比丘胎衣隨身，及將入法，誓不服餘衣，如來隨機教門制一也。二者，堪耐寒苦，大聖量機，故制三衣。三者，雖制畜三，手足猶露，如來量機故，開百一記識受持也。第四，心用非利，待時待處，須煙須如，方能進業故，開畜長隨施而受也。五者，要假重物，安身進道故，開被褥不令淨施。六，須眾實方字，方遂心安，佛開受用一宿得道。（已上疏文。）於此六中前前重，後後輕，只向資身具上。既有六般，豈非輕重致隔！佛先觀機而制教，或有機聞說重，則厭離心生，悟入道門。佛為說重重，或有機聞說輕，則生厭佛，則為說輕。由機有殊故，教多別也。」（二〇七頁下）鈔批卷四：「僧祇四錢三角犯重，四分得蘭是輕。如五分，想與疑，俱結根本。以疑心通是非故，殺人起疑心：為人為非人？作此疑者，結重。四分但蘭。又如十誦：一切器皿，二斗已下，應分是輕。四分：一切器皿，不分是重。又如說廣、略二教，本是被機，有宜聞略，即說一偈，有宜聞廣，即說五篇。」（二九五頁上）

〔六〇〕五部異執　資持卷上一上：「上並此輕他重，下二句證成。異執即是各計，非貶斥也。問：『此就當宗以辨興意，那以五部為證耶？』答：『此舉群宗，為顯四分。』」（一六七頁下）鈔批卷四：「此句結成上機悟不同之意也。」（二九五頁上）簡正卷三：「引證即成上義也。然，是也。意道佛涅槃後，百歲之餘，分成異部，亦是根機悟解不同。如曇無德部師，執結淨地，歌聲念戒，五錢成重，護明相三品受日等；彌沙塞部師，執直聲念戒；薩婆多師，執癡淨地八十小錢成重等。皆由機悟不同。以此證前四分機悟亦別，（二〇七頁下）非謂通明五部教興也。」（二〇八頁上）

〔六一〕**事法相對**　資持卷上一上：「『事』謂止持門，一切諸戒如婬、盜等。『法』即作持門，一切制法，如結、說、安、恣、衣藥、受淨及餘一切眾別羯磨。」（一六七頁下）簡正卷三：「謂前雖四例，以辨教興，然於律中有羯磨法并所被事，是比丘之葉。前既未說，故此明焉。言事者，即所被事也。法者，能被之法。今以事對法，並於通局也。」（二〇八頁上）鈔批卷二：「如三衣一鉢是『事』，如法受持是『法』。將此法被於前事，故曰相對。既有其事，則須有法，由對事須法，故有此教興也。」（二四二頁下）鈔批卷四：「如受戒等是事，羯磨是法。又如三衣一鉢是事，如（原注：『如』疑『加』。）法受持是法。謂將此法用被於前事，（二九五頁上）故曰相對。既有其事，則須有法。因對事須法，故有此教興來也。」（二九五頁下）

〔六二〕**法唯楷式**　資持卷上一上：「『法』下，別釋。初二句，明制法意。上列諸法，通制一化，行必有方，違則獲罪。如諸羯磨，並託緣成，必須四準評量，七非撿校，故曰『法唯』等。」（一六七頁下）簡正卷三：「如單白三句『大德僧聽，若僧時到僧忍聽，白如是』十四字，羯磨五句『大德僧聽，誰諸長老忍者，默然，不忍者說』等三十一字。如是十四字，並須楷定，缺剩不成。」（二〇八頁上）鈔批卷四：「謂一切羯磨辭句不得增減，要須軌定。且如持衣說淨之法，要須辭句分明，不得錯脫，故曰楷式。『式』是法式，『楷』是則也。」（二九五頁下）

〔六三〕**乖旨則事不成**　簡正卷三：「若乖文意指，即中間所被之事亦不成也。」（二〇八頁上）鈔批卷四：「立云：指，由意，謂是佛意也。由作法乖儀，則乖佛意，以乖故，作法不成，事亦不就也。勝云：法唯楷式，乖指則事不成者，此明法托事而起，即制法以楷定。若乖本制意，秉法亦不成。如開離衣羯磨，本緣人病衣重，今人病衣復不重。若乞法者，乖本制意，故曰乖指。雖復加法，事無不成。何以故？以事不應法故也。」（二九五頁下）

〔六四〕**事通情性**　資持卷上一上：「『事』下四句，出制事意。『情』謂有情，『性』即三性。性因情起，故云情性。然以情變不常，隨緣無量故，令聖制教等塵沙。」（一六七頁下）簡正卷三：「即二、四、三中間所被之事，通情、非情，並一合事。懺治、舉受日等，是情事；二房、結諸界等，是非情事；離衣杖等，是合事。」（二〇八頁上）鈔批卷四：「此明法所被事、事含情性也。慈云：且約情通，智慮利者曰情，智慮鈍者為性。如新生小兒體性，自知苦樂憂喜，名之曰性。漸漸長大，更增其智，名曰情也。如云大有情思等。又言性者，謂人生世間，稟五常之性，亦是性識之性，並通善等，故名為性也。情者，謂人各有情欲不同，遇善遇惡、情相染習，故云情也。又解，情性者，『情』謂有情之類也。謂如為人受諸戒及治擯等，是情事也。言性者，謂是金、木、水、火、土五行，此曰非情。（二九五頁下）即如結、解諸界，分功德衣、亡人衣等，並是非情事也。性中攝之，謂有識之者曰情，無識之者曰性。所以爾者？如地、水、火、風，各有體性。如地以堅為性，水以濕為性，火以煖為性，風以動為性。又如火上水下、風輕地重，皆是其性。性取不改為義。」（二九六頁上）

〔六五〕**隨境制其得失**　資持卷上一上：「事託境生，故云隨境。有犯不犯，故云得失。」（一六七頁下）鈔批卷四：「立云：謂隨有情、無情之兩境，制其得失，如持是得，犯則是失。且如情中有持犯者，如不殺是持名得，殺則是犯名失。性中亦有得失者，如不壞生、掘地是持，名得，若掘是犯名失。又，勝解：有情家（【案】『家』疑剩。）得失者，如為人受戒，身無遮難者，發戒名得，有難不發名失。無情得失者，結界唱相，托處分明，結成者名得；唱相不明，作法暗托，結界不成名失。濟同此解。又如治人，或有藥無病，或有藥有病，施不相當，並名失也。」（二九六頁上）

〔六六〕**或託三性之緣**　資持卷上一上：「三性犯戒，廣如中卷篇聚名報及戒疏中。今依疏文，略引示之。彼云：託善緣以興教者，如坐禪、讀誦、講導、開悟，必以正命居懷，制伏煩惱，此名善法。方希名利，邪命自居，相雖是善，反成貪毒。壞心障道，勿過於此，是故大聖興教防之。（此通『遮』『性』。『性』如慈心，斷命好心，互用三寶等。『遮』如乞衣、過受、勸增等類。）言不善緣以興（一六七頁下）教者，如十惡等，體是不善，能廣三途，增惱障道，故聖因過制教防之。（此局性惡。）言託無記以興教者，如草、土等，體雖無記，數作不已。外彰譏醜，內增心亂，教制防約，作者犯墮，餘廣如後。（此唯遮戒。）」（一六八頁上）簡正卷三：「就有情事中，更約三性分別。如受戒、懺罪、受日等是善性，治舉、呵諫等是不善性，顛狂、羯磨是無記性也。」（二〇八頁上）鈔批卷四：「即善、惡、無記也。善性犯者，如比丘拔塔上草，為女說說（【案】次『說』疑剩。）法過限等；言惡性者，如嗔心、打搏、殺人畜等；言無記者，如不攝心意、壞生草木、掘地等。又談話世俗，是無記也。又如僧祇律文，摩摩帝互用三寶物，山中坐禪比丘食殘宿食，一乞留多日，不惱俗人，自得靜緣修道，（二九六頁上）此並善心。由此三性而造罪，故有教興也。又解，三性者，謂貪、嗔、痴為三也。若貪三境行婬者，名從貪起。若婬怨家，名嗔心起。若共母女、姊妹、六親行婬，名從痴起。就盜論者，樂財故盜是貪，盜怨家物是嗔，謂無業道而行盜是痴。戒疏中，約緣之三性明，不論心之三性也。疏云：託善緣以興教者，如坐禪、誦經、講導、開悟，必以正命居懷，制伏煩惱，此名善法。悕求名利、邪命自居，相雖是善，反成貪毒。壞心障道，勿過於此，是故大聖興教防之。言不善緣以興教者，如十惡等，體是不善，能感三途，增惱障道，故聖因過起，立教防之。無記緣以興教者，如草、土，體雖無記，若作不已，外彰譏醜故制防，作者犯墮。謂就草木緣，性是無記。此上三種，並從緣說，非就心思之。此解應文。」（二九六頁下）

〔六七〕**或隨世譏而起**　資持卷上一上：「世譏者，即諸戒緣多，因俗譏起過方制，一往以分。則上句通『遮』、『性』，下句唯局『遮』。然性戒緣起，亦兼世譏，故此二句，不可偏判。思之可知。（古多錯解，故為曲示。）如上五例，三、四約機為顯於教，餘三就教非不對機。又，前二，局就止持；後三，通於止作。」（一六八頁下）簡正卷三：「『起』如學家羯磨，目比丘往學家受施，令他竭盡，招世譏嫌，乃作羯磨，遮令不往。此法因世人譏嫌而起也，遮不至白衣家法然。（二〇八頁上）今明此一例者，下文云：頭尾一言，不得增減，故衣教秉法，披事方成，准此以為大綱也。」（二〇八頁下）鈔批卷四：「如非時乞食，被女恚詞云『寧破腹，莫非時食』。又，夏中遊行，被呵『不及鳥獸，尚有巢窟』，故制安居。如不受食，呵言『不與而取，與賊何殊』。又，如教尼逼暮，早從城入，譏言『夜共婬樂，晝便放還』。又斬草、捉寶等事，因譏而制。故云或隨世譏而起也。」（二九六頁下）

〔六八〕**且略引諸條**　鈔批卷四：「即指上來五例者是也。」（二九七頁上）

〔六九〕**薄知方詣**　資持卷上一上：「『薄知』言可取解。『方詣』明有所歸，『方』謂方所，『詣』即至詣。」（一六八頁中）簡正卷三：「薄知者，粗魯之意。方者，所也。詣，至也。且約大途，引斯五例，教興之意，亦得薄知，總撮包舉，即為求菩提也。（上申正解也。）或有記中釋云：且將此五，向律藏中收教興意。然於五中，皆有輕重，此由未明至等，二所方作七例辨釋。今且約五例明之，故薄知方諸（【案】『諸』疑『詣』。）也。今意不然。若作此解，似生下第二輕重門，意念拋卻三種、五種興意，為求泥曰之門，去而不取言。」（二〇八頁下）鈔批卷四：「爾疋云：詣者，進也、至也、到也。彼云：造、奏、詣，進也。造者，詣也、適也。明我上引五條，薄知制戒本意之方所及所詣之處，即是下心懷泥曰，是所詣之意也。方謂方所也。又解云：詣者，趣也。謂引上條即知制教之趣向也。又，詣者，佛果也。謂制教之意，全乎佛果三乘等，名此果處為詣也。私云：方詣者，謂觀上五條，則知本制興之意。有此五種差別，約此五處為方詣也。從此已下，言總攝包舉教興意耳。上五條是別教興意。今言方詣者，且結上別門之義也。」（二九七頁上）

〔七〇〕**總攝包舉**　資持卷上一上：「統一律之始終，故云總攝；指一意以該攝，故云包舉。」（一六八頁上）簡正卷三：「謂上明三種、五種教興，未審興此教文究竟，怖求何事，故立此門，通明興意。總者，通也、攝略也。包者，包羅。舉者，起也。覽上三種、五種教興，名為總攝。」（二〇八頁下）鈔批卷四：「謂總一化教興始終之說也。觀施教興之意，只令眾生至於無上菩提之道也。」（二九七頁上）

〔七一〕**莫非拯接凡庸**　資持卷上一上：「拯，拔也。凡庸者，若據所化，實通諸趣，若取可度，別在人中。三歸五戒，餘道俱霑，具足律儀，唯人可受。必約通別，兩意釋之。然此所明，乃是如來出世大意，語該三藏，義涉五乘。且就所宗，故為律意耳。」（一六八頁上）簡正卷三：「今包羅舉起教興之意，皆為極濟接誘凡夫、庸常之流，令依教進修，斷惑證理，是本意也。」（二〇八頁下）

〔七二〕**心懷泥曰而興教**　資持卷上一上：「『泥曰』，或云『泥洹』、『涅槃』等，西音之轉。小遠疏中翻之為『滅』。智論：『涅』名為出，『槃』名為趣。言永出諸趣。疏就所證之理，論約能證之智。古記至此，廣列義章。今意不存，如前已示。然須略舉，以遣文相。諸小乘論，通明二種涅槃，謂二乘之人，見思永盡，真空極證，報質未亡，故名『有餘依』也。及乎化火焚身，身智俱滅，同太虛空，故名『無餘依』也。若約大教，即指常住、不生滅性為大涅槃。今文須通，『泥曰』兩釋：若就權宗，即指前云；若取開會，須歸後一，扶律談常，即其意也。下文『調三（一六八頁上）毒、求四果』等，並同此釋。」（一六八頁中）簡正卷三：「『泥曰』、『泥洹』、『涅槃梵』，皆是梵語，此云不去不來、不生不滅也。新云『波利泥嚩喃』，此云『圓寂』。圓者，周遍義，簡異有為諸法自相，（二〇八頁下）非如地水火風，各附本體。寂者，寂靜，簡異有為法共相，非如生住異滅，雖遍不寂。（二〇九頁上）

〔七三〕文云　簡正卷三：「律增三文也。彼云：（二一〇頁下）佛語諸比丘，增戒學、增心學、增慧學，學此三學，得須陀洹、斯陀含、阿羅漢，是故當學。爾時，阿難在波羅奈城鷄園中，有孔雀冠波羅門至阿難所。問：『瞿沙門，何故為諸比丘制增戒學？』阿難答曰：『為調入貪欲、嗔恚、愚癡，令盡故，制增戒學。』又問：『云何為學？』答：『為求須陀洹等四果故。』今鈔中，迴改律文詞句也。』問：『斷惑由慧，云何言戒？』答：『能為遠因故，先須戒為首，定慧方生。故論云：戒防鹿非，定除細亂，慧剪性結。慧不孤起，必依於定，定生有原，功由淨戒。從本立稱，言戒能調也。鈔文之中有四果字，雖是引證，然屬小乘，次漸修行，必略不明，卻成疎脫，廣如義圖，寄在臨文，別抄解釋。』」（二一一頁上）資持卷上一上：「兩段並本律增三中文。初段三句，上二句即孔雀冠婆羅門問阿難之語，下一句即阿難答詞。（彼其云為調貪、欲、瞋、恚、愚、癡，令盡故。）增戒學者，出世正道增上勝法，非謂漸制而言『增』也。（定、慧亦同。）」（一六八頁中）【案】四分卷五八，九九六頁下。

〔七四〕世尊何故制增戒學　鈔批卷四：「首疏云：始於外凡，專加護持，悟達生空，理解益成，戒品牢固，餘勝於前，故曰增戒學也。云何為求四學者？欲解其學義，且假問生起來由，故曰云何也。」（二九七頁上）

〔七五〕三毒　智論卷三一：「以我心故生我所。我所心生故，有利益我者生貪欲。違逆我者而生瞋恚。此結使不從智生從狂惑生故，是名為癡。三毒為一切煩惱之根本」（二八六頁下）

〔七六〕云何為學　資持卷上一上：「上句即佛問諸比丘語，『為』字平乎。下句是比丘答詞。（彼具云：云何增戒、增心、增慧學？學此三學，得須陀洹乃至阿羅漢等。文中束之。）所引二文，辭理無異，但上約所斷，下據所證耳。問：『戒止業非，那云調毒及求果耶？』答：『如戒疏說，尋之可解。古記於此廣談斷證，紊亂學宗。戒疏委斥，如前具引。又云：今所學者，正為求此四果，以斯宗正屬聲聞乘，故談至此以為極矣。昔嘗聽習，每臨此語，不勝痛咽，可謂屈抑祖乘，聾瞽來學。受戒篇明上品發心，沙彌篇說出家學本，篇聚所引勝鬘、智論並以毘尼，即摩訶衍。羯磨疏中，圓教出體，即同三聚，終歸大乘。域心於處，何得不思，致虧發足？如是等文，云何銷釋，致使一家教門，宗骨俱喪。後賢有識，深須鏡諸。』」（一六八頁中）鈔批卷二：「云何為學者，將欲解其學義，且假問生起教興來由，故曰『云何』也。」（二四三頁上）【案】為學，解其學義，明其教興之由。

〔七七〕**為求四果**　鈔批卷四：「積生植因，方證四果。極少亦須三生持戒，方證初果。或至盡漏，亦云七生持戒不犯，得證初果。濟云：相續七生持戒，乃入初果。入初果已，（二九七頁上）人天七反生死，即入羅漢。今我凡夫，創始發心，初生持戒，此第一生。但是種解脫分善，未得名修。第二生修其解脫，第三生始證。此約利根，三生即證。故羯磨疏云：第一生種解脫分善根，第二生修，第三生證是也。上言七生證初果者，此約鈍根也，今須勤修，則解脫可期。故南山云：非聖學聖，謂已入聖位，更不學聖，唯是凡夫，應須勤求學於聖耳。若大羅漢，如身子、目連等，要經六十小劫修行，方護為聲聞上首。若佛果須三大阿僧祇劫，初一阿僧祇，修至初地；次第二阿僧祇，修至七地；次第三僧祇，修至十地。更須百劫，修其相好因，方得成佛也。新經論中，四果名殊：第一、『預流果』；第二，『一來』；第三，『不還』；第四，『無學』。舊言阿羅漢，此翻乞士、殺賊，皆是義翻，總名應供。已永害諸煩惱故，應不復受分段故，應受人天細妙供養故。言佛果三阿僧祇劫名者，婆沙一百七十八云：於初劫中，逢事七方（【案】『方』疑『万』。論中作『萬』。）五千佛，最初名釋迦牟尼，最後名寶髻。第二劫中，七萬六千佛，初是寶髻，最後然燈。第三劫七萬七千，初即然燈，後即勝觀。故俱舍十八頌曰：三無數劫滿，（二九七頁下）逆次逢勝觀，燃燈、寶髻佛，初釋迦牟尼。又，俱舍云：彌勒菩薩、釋迦菩薩，過去俱為底沙佛弟子，舊名弗沙。彼佛觀此二人，何當成佛，乃見彌勒在釋迦前九劫，又更觀二人所化眾生，何者成就，乃見釋迦眾生已成熟。彌勒眾生，全未成熟，底沙念言：『此二菩薩，既此差互，念欲方便，使不差互。』又念言：『寧可迴一人就多人，不可迴多人就一人。』謂欲迴彌勒就後，釋迦置前，不可迴所化生，以就化主，即作方便入石窟中，放大光明奇異之相，令釋迦見生願樂心。于時釋迦從外行來，見佛光明，心生歡喜，口說一偈，忘下一足。經七日七夜，翹足誦偈，更不暫捨，由此精進，超彌勒九劫。偈云：天上天下無如佛（云云）。新經論云：天地此界多聞室。（云云。）解此偈詞，如下文僧像致敬篇中，至彼當說。言超九劫者，且一相說，總計會諸文，總超三十二劫也。」（二九八頁上）【案】婆沙卷一七八，八九二頁下。

〔七八〕下諸門中，所述制意　簡正卷三：「玄云：諸門者，指下九門也。所述制意者，即所敘述，制於九門之意也。」（二一一頁上）資持卷上一上：「上三句指下篇別事，下二句示此中總意。下諸門者，即三十篇。所以不言篇者，以一一篇中，隨諸別事，各有制意，今此遍指篇中別科，故云諸門耳。下總結云，此之十條並總束諸門，豈非指下諸篇耶！（有云後九門者，非也。）」（一六八頁中）

〔七九〕止隨前事　簡正卷三：「謂隨輕重等九條之事，更不重述涅槃之果，令後進修之人，尋下九條，皆知不離，為求泥曰，是其意。……今依顯正云：指三十篇門，本意在此。應先難曰：『此門明下諸篇興意為盡未？若盡，不得名大綱。若總盡，何故下篇更別有來意？』可引鈔答『下諸門中寺（【案】『寺』疑剩。）』。（云云。）（二一一頁上）諸門者，三十篇也。謂下篇維（【案】『維』疑『唯』。）明來意，但各敘本篇之意，不通明一切教興。如標宗但述標宗來意，集僧但述集僧來，故曰止隨前事。今此一門，通明一切興教，令後學人尋此一門之條，知下諸篇教興之本，皆在此門之內即本也。」（二一一頁下）鈔批卷四：「此明下三十門中，雖各各有制意，皆是對前所為之事而明制意，非是大家教興之意。如對婬戒，且述制婬之意耳。」（二九八頁上）

〔八〇〕尋條知本　資持卷上一上：「條即前事，是別相故。本謂今文示總義故。」（一六八頁中）鈔批卷四：「謂下三十篇是枝條，（二九八頁上）此教興一門是本。若尋下三十門之枝條，不識其意者，須尋此門，則識根本制意也。勝云：指三十門是條，尋此三十門，知佛本制心懷泥曰是本也。謂尋條得本，似如尋樹枝條，得其柯（【案】『根』疑『樹』。）根本也。」（二九八頁下）簡正卷三：「條，即前事，是別相故。」（二一一頁上）

第二，制教輕重意〔一〕

輕重兩意，裁斷實難〔二〕。何者〔三〕？原彼能施之教，教主窮機之人〔四〕。又推此所為之人〔五〕，人唯應藥之器〔六〕。所以藥病相扣，利潤無方〔七〕。豈可以情斷，寧復言論測〔八〕也？

雖然，重覈其遠標〔九〕，實被於來裔〔一〇〕。在文自顯，何假證成〔一一〕？今序斯大略，所謂有七〔一二〕：一、興厭漸頓〔一三〕；二、結正業科〔一四〕；三、報果不同〔一五〕；四、攝趣優劣〔一六〕；五、起情虛實〔一七〕；六、開制互立〔一八〕；七、約行彰異〔一九〕，如喧靜二儀〔二〇〕也。凡此諸例〔二一〕，並制教之本懷〔二二〕、據斷之宗體〔二三〕。

【校釋】

〔一〕**制教輕重意**　簡正卷四：「上以遮性五例，辨其教興。夫教不孤然，必有輕重，故前文云：教不孤起，起必因人，人既不同，教亦非一。隨機有於多種，寧無輕重者乎？今若不明，憑何處判？故次辨也。釋名者：第者，居也；二者，增數。『制』謂所制，『教』謂能詮，『輕』者輕微，『重』謂麤重。即此四分所制之教，有於輕重，『意』謂意旨，故云第二。」（二一三頁上）鈔批卷四：「為下諸篇中，既持犯有輕有重，恐人不練，故立此門，序不同之意也。」（二九八頁下）

〔二〕**輕重兩意，裁斷實難**　資持卷上一上：「前二句標難。上句指佛心，下句即祖意。」（一六八頁中）簡正卷四：「裁，裁量。『斷』謂割。謂所制教文，文中輕重，難以裁斷（原注：『斷』字疑剩。）量斷割。所以然者？唯似五篇昇降，前重後輕。又於一事之上，或制教意輕而罪重，或制教意重而罪輕，或俱重俱輕不定。且如性戒，煞人得夷最重，非人得蘭漸輕，畜生得提最輕。遮中，嫫房，得殘即重。斷草、掘地，得提漸輕。此皆是佛在日，應病施張。今以凡情，不易裁量斷割，故云難也。」（二一三頁上）鈔批卷四：「明判割重輕，唯佛能知。末代僧尼，輙為斷割，不識機教之通塞，故言難也。若佛在日，明了機緣，識知輕重，明練通塞，則不為難也。」（二九八頁下）

〔三〕**何者**　鈔批卷四：「此明上既嘆斷輕重為難，須出離之所以。徵，其意，故言『何者』。」（二九八頁下）簡正卷四：「謂上已歎輕重之教難以裁量，然且未述難之道理，欲釋下文，故先難徵起，故言『何者』。」（二一三頁上）

〔四〕**原彼能施之教，教主窮機之人**　資持卷上一上：「上二句約人推教，則教密難裁。……原，亦推也。窮，即極也。」（一六八頁下）簡正卷四：「原，本也。又，心恕於總曰原。『彼』者，宗記云：此方望西土，謂佛在日制教，在於西國也。夷（【案】『夷』疑『豈』。）可將人望教以釋彼此，亦得人為此教為彼也。能施之教者，『施』謂施設。若據理佛，『能』為設教人，『教』卻（【案】『卻』疑『即』。）是所施。今云『能施』者，但對所教之機說也。教主窮機之人者，教主是佛。佛在人中，或道後得智中，能見一切根機者悉基（原注：『基』字原本不明。），故曰窮機。」（二一三頁下）鈔批卷四：「能施之教者，則是佛也。佛是能施教之人，教是佛之所說，眾生是所為之緣。教主窮機之人者，謂佛是能施之教主也，故言教主。此之教主，能窮機緣。『窮』是盡也。『機』是眾生心機。『人』謂佛也。明佛窮達眾生心機，盡識上、中、下品之

性，故說教有輕重也。」（二九八頁下）

〔五〕**又推此所為之人**　資持卷上一上：「『又』下，就教推機，而機差叵究。……眾生性欲，唯佛窮盡，隨宜授道，毫釐不差。既出聖謀，故非凡測。若取偶對，上句對下，合云『識病之人』，下句對上，合云『受法之器』。法喻互舉，語簡義彰。」（一六八頁下）鈔批卷四：「如上根之人，制其重教，但三衣、乞食等也。中、下機弱，不堪此教，即許喫僧食、受長衣等。」（二九九頁上）簡正卷四：「玄云：推者，想也。想於六群等緣起之人，並是應如來教藥之器。或可『惟』字，惜（【案】『惜』疑『借』。）訓『是』，亦得。」（二一三頁下）

〔六〕**人唯應藥之器**　鈔批卷四：「此教則輕，教則是藥，教有輕重，被三品人。人既與教相應，故曰應藥之器。明其人是初教之機，故曰應藥之器也。又云如須提那子，名之曰『人』。以犯婬故曰『病』。佛即制戒，是藥即能依行，不復更犯，此是應藥之器也。」（二九九頁上）

〔七〕**所以藥病相扣，利潤無方**　資持卷上一上：「扣，音『口』，亦去呼，擊也。『方』謂方所。如來立法，量同空界，群生萬類，無不沾益，故其所利，不在一隅，故曰無方。」（一六八頁下）簡正卷四：「『所以』兩字，躡上而生。由前教主窮達物機，故無虛受之損。『藥』即教病即機。相者，相當。『扣』謂扣擊，如洪鐘之待扣。義類相常（原注：『常』疑『當』。），隨彼病緣者，差別也。利閏無方者，謂利益閏及。方，由比也，更無比故。如前六群等類，從制已後，奉於教藥，不敢有違，利閏之門，不可比喻。故經云：應病與藥，令得服行，乃至見聞，無不蒙益。此段鈔文，都有六句。上二句原教窮機，下四句推機應教。」（二一三頁下）鈔批卷四：「明機教相感，故曰藥病相扣也。謂佛知機制教，機有上下不同，教有重輕之異。機病既發，教藥亦興，教（原注：『教』疑『故』。）經云：應病與藥，令得服行，藥病相投，利益無方。方，比也。」（二九九頁上）

〔八〕**豈可以情斷，寧復言論測**　資持卷上一上：「既其無方，則非思議所能及，故云『豈可』等。」（一六八頁下）鈔批卷四：「自意云：明佛是窮機，故識輕重。今人異佛故，不能裁斷於重輕，故曰豈可情斷等也。此句是遠結上文『輕重兩意，裁斷寔難』之句也。」（二九九頁上）簡正卷四：「結歸難斷意也。謂上重輕之意，（二一三頁下）皆是大聖在日，觀機援（原注：『援』疑『授』。）法或重輕。佛智所宣，豈可以凡夫情懷、言論，測度得知當初所制之教？故

云豈可。」（二一四頁上）

〔九〕**雖然，重覈其遠標**　資持卷上一上：「次科。雖然者，與奪未決之語，對前乍覽，故云重覈。……『遠標』即律教。『教』以指道，喻之如標。超諸世典，命之云遠。」（一六八頁下）簡正卷四：「言『雖』至『成』者。『雖然』兩字，縱奪之詞。若縱之，則重輕教旨難知；若奪之，亦有得知之理。問：『據何教有得知之理？』鈔自釋云：『重覆覈共遠標實，被於來裔重再也。』覈者，研覈，又實也。『遠』謂遠謂（原注：後一『遠謂』二字疑衍。）遠詮。標者，表也。毗尼之教，軌範僧尼，萬二千年，咸皆有分。鈔主披覽研覈，尋求文意，故云重覈等。又，宗云：標者，示也。意道此之律教，不局佛在且（【案】『且』疑『日』。）期之間，實亦有心標示此教至於今日也。」（二一四頁上）鈔批卷四：「自意云：雖如上斷輕斷重，出在教主窮機之人，豈可以今凡情能斷等也。然雖非今人情之所斷、言論所測，然亦有可斷之義。何以知然？謂佛說一切教，皆通末葉，據此容有斷割之義也。」（二九九頁上）【案】「雖然」下分三：初，本句及下；二、「一」下；三、「凡此」下。

〔一〇〕**實被於來裔**　簡正卷四：「今師既乃推求文意，即知此教被及未來，所以亦有得知制教重輕之道理。『若爾，便請引教證之？』可引鈔答云：『在文自顯，何假證成，知制教重輕之道理。』『若爾，便請引教證之。』『故律序云：時世飢饉，乞求難得，目連縱運，通往北洲，取自然粳米。佛呵云：汝有神通，可爾。諸（原注：『諸』下疑脫『無』字。）神通足，又復如何？目連曰：我以神力接之令往。佛言：汝若在世可。然未來比丘，自無神通，又無他接，（二一四頁上）招世譏嫌，便云不如佛在世時比丘等。（云云。）又，律文列十利，最末後云令正法久住等，此皆是在當部律文中自顯，所（原注：『所』疑『何』。）勞更引別教證成也。』」（二一四頁下）鈔批卷四：「裔，由末也。應師云：（『餘制』反。）說文云：『裔』謂衣裙也。以子孫為苗裔者，取其下垂之義也。裔，亦遠也。覈者，實也。標者，望也、教也。此明制教意，（二九九頁上）遠通遐代，名遠標也。」（二九九頁下）

〔一一〕**在文自顯，何假證成**　資持卷上一上：「前約當機，故難裁斷。今取被後，故言自顯。……在文者，即下七例並見律中。凡論教義，或無明文，須引證據。律文既顯，故不假證。示現總相，故云大略。」（一六八頁下）鈔批卷四：「『文』即律文也。明佛制教，皆被末代眾生，故不繁引證也。故四分佛受毗蘭若婆羅門請，夏安居，以時儉故。佛與諸比丘一夏，唯食馬麥。目連欲反大地，取其地肥，以供時眾，佛止不聽。又欲以神力，往北方，取自然粳米，佛亦不聽許。又欲牽鬱單越地連此閻浮。佛不聽，皆言：『止！止！汝等丈夫，有茲神力，可得如此。未來弟子無神力者，當如之何？』據此文證，大聖立教，皆通末代。約教既通於末代，故今約律文，亦得處斷於輕重，以應機故。有云：在文自顯者，如戒戒中皆有十戒，令正法久住，豈非教通遐代耶？勝云：在文自顯何假證者，即五篇輕重在文自顯，次第而證也。今據此後解，亦有一途道理也。明上既云教通來裔，我既是裔，亦合裁斷，約律文篇聚裁斷，自知輕重，故曰在文自顯。『文』是律文。律文自明顯，輕重可證，不假外求餘證，故曰何假證成。」（二九九頁下）【案】「在文「，即下文中的七例。鈔批引文也可見善見卷五，七〇七頁中。

〔一二〕**今序斯大略，所謂有七**　簡正卷四：「謂上再覈，覆覈前文，通被末代。今日僧尼，既皆有分，亦可序述裁量。又云：今序斯大略，『大』以簡小為義，『略』謂綱格之談，不越七般輕重，收之皆盡也。」（二一四頁下）鈔批卷四：「此解應文，今序斯大略，有七者，明序其輕重兩意，不過此七種義也。若識此七條者，輕重之義可解。」（二九九頁下）

〔一三〕**興厭漸頓**　資持卷上一上：「初例，準業疏中，明受捨漸頓。先五、次十、後具，名漸；徑受具足，三戒俱得，名頓。捨具戒作沙彌，捨具、十，作優婆塞，名漸；直作白衣，名頓。（此古記解，未見制教輕重意。）今約持犯篇中，不學無知，漸頓釋之。戒疏云：行違本受，厭而不學，故名止犯。『不學』具漸頓，起心有通局；『無知』，唯局漸，緣境不了，犯不學罪。漸中隨境結故輕，頓則一切犯故重。（『不學』出受戒說相，『無知』出不攝耳戒。）」（一六八頁下）鈔批卷四：「興，由起也。猒者，飽也，謂起猒之時，（二九九頁下）有漸有頓。何以知然？類下『結正業科』門、『報果不同』門，起情虛實等，理令然也。不得云『興』即『忻』也。此解錯也。今舉事明之。如起猒善心，盡一時犯一切戒名頓，得罪即重；若隨前後，別別犯一、二、三，名漸，得罪即輕。又如盜人錢，若一時取二、三、四，名為漸，結蘭是輕；若一時取五，名為頓，結夷是重。又如行婬，動身就境，忽諸緣礙，不能得遂，罪住方便，名之為漸，即得輕罪；若直至境所，身手相加，入如毛頭，名之為頓，即得重罪。若起猒惡心，亦通漸頓。濟云：且如有人猒惡漸時，且受三歸，次受五戒，後受十、具等，名漸，則是受其輕教；若於惡境，頓起猒心，即頓受具戒，此具戒則是重教。此上是正義。相承解云：興猒者，作過起無害心，三時業重為興。如怨逼，情所不願，為猒。何故此門中，明漸頓義？謂事漸教則輕，事頓教則重也。」（三〇〇頁）簡正卷四：「此有多種：一、約受捨以明興心。受中漸頓，但受五戒、十戒名漸，一切皆受為類（【案】「類」疑」頓「）。又，厭心捨中，有漸有頓，捨具戒作沙彌是漸，捨具戒為白衣為頓。次，就持犯四行。約起心明者，興心成二持，厭心成兩犯。人眾惡皆斷，諸善咸修，名二持。心頓，少分斷惡修善，是二持；心漸，眾惡皆作，諸善悉止，名二犯。心頓，少分作惡止善，名二犯；心漸，漸即教意輕，頓即教意重。一切興厭漸頓，皆在此明。（上依復云所解，甚為雅當。）若依繼宗記中，將制戒以辨：據喜犯者為興，希作者為厭；罪重處名頓，罪輕處名漸等。廣釋如彼。（云云。）今詳此說卻成第二結正業文意，與此稍乖也。」（第二一四頁下）

〔一四〕結正業科　資持卷上一上：「即篇聚之罪，各從種類，並約七支，業理輕重，以分上下。如篇聚云：正結罪科，止樹六法是也。」（一六八頁下）簡正卷四：「謂僧尼各有五篇，名為正業。簡於因業，前前重、後後輕。（二一四頁下）如殺人結夷正業，殺非人結蘭五（【案】『五』疑『正』。）業。此蘭雖非開五篇數，且是根本罪也。殺畜結提正業。又如一女境上，自有五種輕重正業科：如與其行婬，結夷正業；摩觸，結殘正業；同行同坐，結提正業；蘭若難處受食，結提舍尼正業；共作務非儀滅，結吉羅正業。皆前重後輕也。」（二一五頁上）鈔批卷四：「立云：佛以達了業體輕重，故使結戒，還約此業而科，故有輕重不同也。何者是耶？且約五篇相望，上下重輕，皆是約業道不同，故結罪所以有異也。且如殺人或（【案】『或』疑『戒』。若斷為下句首，『或』亦通。），以人多智慧，既是道器，形報勝故，殺者得夷；畜非道器，（三〇〇頁上）愚騃無知，殺結墮罪。乃至下篇，身口越散，其等是輕，則科小吉。以其科罪，與業相應，故云結正業科也。又，約五篇正果之罪與方便罪，相望重輕，如正果之罪。業思既暢，得罪是重。如犯婬、盜、殺、妄，作竟結夷。若犯下四篇，亦是果罪。業思還暢，隨結殘、提、舍者，此皆名重。若諸篇方便之罪，既未成根本，業思不暢，聖不極科，皆悉名輕。如盜滿五，即結正重，得四已下，即是正輕，故云結正也。今斷其罪，須問其犯，為住方便，為至果處。果處則重，方便是輕。又，解云：故犯則重，誤犯則輕，皆約情之虛實，故業則輕重。約此業因之異故，制戒則隨其輕重也。濟云：如初篇四戒，是性罪則重。下篇隨有遮戒，則以性罪有業道故。若遮罪無有業道，結時望此業道則重，故曰結正業科也。」（三〇〇頁下）

〔一五〕**報果不同**　資持卷上一上：「此明人類。報有差別，謂男女、黃門、二形之類。四夷俱重，摩觸、麤語、媒嫁等則有輕降。如律廣解，具列其相，可尋注戒。（舊約僧尼別制釋，或引母論犯報四句釋，於義似疏。）」（一六八頁下）簡正卷四：「過去脩因，感過去因，名為報果。約男女報，既不同為僧為尼，亦有差別。立教致有輕重，如僧報強故，但一部中，受戒懺罪，捨戒後，許七返重來。夏中有緣，開三法受日，教意即輕，尼報弱故，須二部僧中受戒懺罪，捨戒後不許重來。夏中有緣，但開清（原注：『清』疑『齋』。）七日，教意即重。又如僧漏失，得殘，意教（【案】『意教』疑『教意』。）重；尼得提，教意輕。僧摩觸得殘，教意輕；尼得提，教意重。」（二一五頁上）鈔批卷四：「如目連問罪經，說犯初篇夷罪。如他化自在天，壽六十千歲墮泥梨中，於人間數九百二十一億六十千歲，犯殘；如人間二百三十億四十千歲，犯蘭；人間五十億六十千歲，犯提；人間二十一億四十千歲，犯提舍尼；人間三億六十千歲，吉羅；九百千歲，墮於地獄中也。（三〇〇頁下）夷則科重，乃至吉羅最輕。若能持者，趣果亦乃不同，如五、八、十、具，感人天、聲聞為異（原注：『異』疑『輕』。）；持菩薩戒，乃至成佛果為重。濟云：約人根器，上下不同，以根器是報力。約此報力，教有輕重，故曰報果不同也。」（三〇一頁上）【案】持戒所得功德因其根器、持戒之異而不同。

〔一六〕**攝趣優劣**　簡正卷四：「約所對境，明輕重也。如人趣優，殺盜皆夷，教意即重也；非人次劣，殺盜皆蘭，教意次輕；畜趣最劣，殺提、盜舌（原注「舌疑吉」。），教意最輕也。」（二一五頁上）資持卷上一上：「律明趣有三種：人及非畜、非（一六八頁下）人。一種通含四趣：天、修、鬼、獄。又，非畜中各有男、女、黃、形，並如戒本所列。人趣為優，畜則為劣，非人通優、劣。且約四重，以示其相。初，人趣，四戒俱重；二、非人，婬重餘蘭；畜生，婬重盜吉。殺有智蘭，無智提。（餘篇自尋。）」（一六九頁上）鈔批卷四：「四、攝趣優劣者，且約初篇四戒說，若犯婬於三趣境，皆得重罪。下三戒者，則有優劣，如盜人物，重；非人、畜生，蘭、吉，漸輕；殺人則重，殺非畜蘭、提，漸輕；妄語，人則重，非畜蘭、吉，漸輕。並是約趣有優劣故，結罪有輕重也。濟云：如殺人夷、非人蘭、畜提，若能變化，畜殺亦蘭，此皆約趣論也。若約受戒，唯人趣得受，餘道趣劣不得。如律中，龍變為人來受具。佛言：『畜生於我法中，無所長益。』因制不許，是劣也。人則為優，優則長也，劣由短也。復約人中，亦自有優劣。自無遮難，得受是優，身含遮難，不得受是劣，故曰攝趣優劣也。」（三〇一頁上）【案】四分卷三五，八一三頁上。

〔一七〕**起情虛實**　資持卷上一上：「此有多釋。一如謗妄等戒，情虛故重，情實皆開。（諸戒不犯，文中並標，實爾無心等是也。）又，諸戒境想，初句情虛故重，疑想情實俱輕。（除婬、酒戒。）又，諸戒中，或標『知』『故』字者，即顯情虛；（如故斷畜命，知水有蟲等。）非故不知，即是情實。即如本律，犯必問心，無心不犯。制教重輕，尋之可見。」（一六九頁上）簡正卷四：「此對所為之機情之虛實也。實即輕，虛即重。如自知得聖是實，許向同意比丘說不犯；若向未受具人得提，教意即輕。若實無所得，自稱得過人法誑他，是心虛，故結夷，（二一五頁上）教意重。又，調達五邪三寶，心虛故，違諫得殘即重。利吒比丘說欲不障道，以心實故，違諫結提，即輕故。」（二一五頁下）鈔批卷四：「且如殺，人非人想、非人人想是虛，結方便則輕；若人作人想、是情實結重。盜，約有主作無主想，此句無罪，無主作有主想是虛，結方便蘭，是輕；有主物有主想是實，結夷名重也。約大妄語，若未得道，向他說云得者（三〇一頁上）是虛，犯重。若實得，向俗人道得，犯提；向同意說，無犯。此名實是輕，皆約心明虛實。若心境相當，名為實，即制重。若境差心轉，名為虛，即制輕。又想對於情則重，想對非情則輕也。又解：如境想五句，前一句由情實故重，後四句由情虛故輕，故曰起情虛實也。」（三〇一頁下）

〔一八〕**開制互立**　資持卷上一上：「一切諸戒，若止若作，有制未始不開，有開未嘗不制。二教相待，義無獨立。且如婬戒，乃至畜生，毛頭即犯，仍開怨逼，此即制中開也。雖許境合，三時無樂，開中制也。又如本制三衣，次開百一，復制加持，後開畜長，仍制說淨，時緣不暇。復開十日，不說則犯。又如本制安居，緣開受日，復制限內須還。又開難緣不返等，但制即是重，開並為輕。如是類求，方體教意。」（一六九上）簡正卷四：「如境想五句：初句，心境相當，結五篇，根本即重；下四句，心不當境，境不稱心，但結方便，教意即輕。就後四句中，且約殺戒說。如人非人疑、想二句，是濫境，非人疑、想是開心；後二句，非人人想疑，非人是開境，人想是制心。一切境想句，皆如此例。（云云。）及如壞生戒，無淨人時，得自淨菓，是開即不制。有淨人即不許，是制不開。又如離衣戒，從外婦（原注：『婦』疑『歸』。）會衣入界，不得聽捨衣是開輕，無制重。入界得，即不許遙捨，是制重，無開輕。（一切開制，並在此例。）互立者，遞互而立也，開輕中無制重。（云云。）中（【案】『中』前疑脫『重』字。）無開輕等，是互立也。」（二一五頁下）鈔批卷四：「立云：

如大妄語，制波羅夷是重，開其戲笑說還犯吉是輕。故知開制，皆有輕重也。亦如離三衣宿，制墮是重；若不得會，開遙捨，而得闕衣，吉羅是輕。又如：安居是制，受日是開；長衣是開，說淨是制；說戒是制，有難開；七略一直去是開，儉時八事是開，豐時便禁是制。此皆是制中有開，皆約時約緣而立。正制時不開，正開時不制，故言互立。犯制則重，犯開則輕，或復無罪。可思之。濟云：開中有制，制中有開，故曰互立。如婬是制，若為怨逼，開與境合，此是制中有開。雖開，若三時有樂即犯，此是開中有制也。」（三〇一頁上）【案】同一戒的開制不是絕對分開，開制均因緣而成。

〔一九〕約行彰異　簡正卷四：「前六皆約一事對教以明，今所被機所為之行有異，辨輕重也。」（二一五頁下）鈔批卷四：「如上行居蘭若，即許離衣六夜；下士居於聚落，不許離衣是也。」（三〇一頁下）【案】以戒行而分輕重之別。

〔二〇〕喧靜二儀　資持卷上一上：「『喧』即聚落中、下兩根，『靜』即蘭若、頭陀上行。四依教重，四開教輕。（此明如來制教重輕。又云：在文自顯，須就本律詳而求之，故今所釋，頗與昔異。）」（一六九頁上）鈔批卷四：「又如山中開自煑食、自泥房、從畜受食，聚落不開。故知山中則開，（三〇一頁下）此教曰輕，聚則制之，此教名重，此約行明也。亦同上『約行，山、世不同』之義。」（三〇二頁上）

〔二一〕凡此諸例　資持卷上一上：「上句屬佛，下句屬鈔主。據本制懷，臨事處斷，則輕重合教，萬無一失，料簡七種。初，受隨簡：一、是背於受體，餘六制於隨行；二、就行中，上作簡，二、三、四、五是止，第七是作，六通止、作；三、就止中，能所簡。第二，是所犯罪，三、四即所對境，五即能犯心，如是知之。」（一六九頁上）

〔二二〕並制教之本懷　簡正卷四：「懷者，情懷，即佛情懷之中，本制教有輕重者，莫越斯七也。」（二一六頁上）鈔批卷四：「謂佛本制教，有輕重之意者，不過此七種義，此七是制教之本意也。」（三〇二頁上）

〔二三〕據斷之宗體　簡正卷四：「『宗』謂宗主，『體』謂綱骨。今師既披尋律藏，知此教被於未來，遂作七例，揖之得知佛制之本懷。今時處量，依此以為宗主，恐條流未委，特立此開門為大綱也。」（二一六頁上）鈔批卷四：「若欲斷割重輕，理須據斯宗體，此七是其輕重之宗體。今人欲斷輕重者，須問為是漸、為是頓，為情虛、為情實等，為趣優、為趣劣，約此得知持犯輕重之意。」（三〇二頁上）【案】此七條大綱是處理之所依。

第三，對事約教判處意〔一〕

自佛法東流，幾六百載〔二〕。諸師穿鑿，判割是非，競封同異，不可稱說〔三〕。良由尋討者不識宗旨〔四〕，行事者昏於本趣〔五〕。故須學師必約經遠，執教必佩真文〔六〕。何事被於毀譏，豈復淪乎蚩責〔七〕！

今判其持犯，還約其受體〔八〕。體既四分而受，豈得異部明隨〔九〕！猶恐不曉大綱，更示其分齊〔一〇〕。謂輒將己所學者，判他持犯〔一一〕，脫罹愆失、其唯不學愚癡〔一二〕。今通立定格，共成較準〔一三〕，一披條領，釋然大觀〔一四〕。

【校釋】

〔一〕對事約教判處意　資持卷上一上：「對事者，一、約判罪，二、據行法，三、謂亡物。（二衣篇云：隨本受體，何律受戒？即以此律而定輕重。）應須問曰：『教門（一六八頁上）輕重，聖意可知。然現翻四律，互有乖違，重輕不定。今之學者，依何為準？』此門所立，其意在茲。」（一六九頁上）簡正卷四：「謂上明輕重兩意，為四分處判之宗。然須識宗，歸宗判處，故以辨也。釋名者，『對』謂能對之人，即（【案】『即』前疑脫『事』字。）處判之主事。即所對隨行之事，眾、自、共能所雙彰，故云對事也。（諸記之中，皆對前七例輕重之事，此釋恐成局也。）約教者，有兩釋。搜玄約當宗之律教，宗記中約五部不同之教，今意取前解為正。所以爾者，前來第一門中，云唯就當宗以辨。又，第二門七例亦但據當宗，此門雖通辨五部辨不同。究理尋文，亦據四分律教。受隨相類，縱明外部，亦是傍兼。故知唯局本宗，處量斷割。思之。」（二一六頁上）鈔批卷四：「立明：此門來意者，為明行事及判罪之時，須識本宗，恐橫加穿鑿，妄引他部，故有此門來也。故下文云：輒將己之所學判他犯，此乃蓋是不識宗指（原注：『指』通『旨』。）也。言對事者，對前受、懺、說、恣等事，約其教法，而定是非也。『法』，即始乎心念，終乎白四之法也。謂三衣、一鉢，結、解諸界，安、恣、分亡人衣，並名對事。言約教判處者，既有前事，理有法被，法即教也。撿事故云約教判處也。『判』謂判割，『處』謂處分也。且如對亡物為言，須判斷是非，處分輕重，可分不可分，故云判處意也。處有二解：若作去聲，即處分義也。若作上聲，（三〇二頁上）即是處量之義也。故說文云：處者，安也。謂安處也。」（三〇二頁下）【案】此為第三門，對事判教。雖五律互有乖違，但對事不取他律，唯尊四分。對事，依律對治。教即律教。依律教來處判三衣一缽、結解諸界、安、恣、分亡人衣等僧事。

〔二〕**佛法東流，幾六百載**　資持卷上一上：「佛滅千年，至後漢明帝時騰、蘭初至，人雖剃染，未有歸戒。跨及曹魏將二百年，曇摩柯羅（或作迦羅，此云『法時』，）依四分羯磨，立十人受戒為始，出僧祇戒本，令眾誦習。（第一差也。）至姚秦時（公元三八三年至四一七年），十誦廣律初翻，人即依用。（此二差也。）其次，四分、僧祇、五分，三部廣文並傳此地，人謂僧祇與先戒本文理相合，乃捨十誦，多演僧祇，〔此三義（【案】『義』疑『差』。）也。〕唯四分、五分曾未弘通。至于元魏，法聰律師方悟前非，於即罷講僧祇，首傳四分。然以人情執舊，多未伏從。及乎隋朝，智首律師作五部區分鈔，往往未能盡理，尚有紛紜，故今鈔中特須提示。歷年既久，執諍仍繁，不能備陳，故但通斥云『諸師』等。東流者，標其所至。或云『西來』，言其所從。幾字，平呼，近也。自漢至唐撰鈔之時，凡五百五十九年，故云近耳。（若取曹魏得戒已來，近四百年。）」（一六九頁中）簡正卷四：「後漢永平十年（公元六七年）丁卯，至唐武德九年（公元六二六年），已經五百五十九年，近於六百，此以甲子排之。（有處說，云五百六十四年，欠三十六年，不滿六百。未詳也。）載者，唐虞曰載。唐是陶唐堯氏，虞是有虞舜氏。又，時之終皆載於簡冊故。又釋，十數之終曰載，則顯數有始終也。又，周時曰『年』。年者，『禾』下『千』。千，犯也，謂禾犯於一熟故。夏時『歲』，歲者，星名也。」（二一六頁下）

〔三〕**諸師穿鑿，判割是非，競封同異，不可稱說**　資持卷上一上：「穿鑿者，學無師稟，肆意攻求，不從正理，故以比焉。（孟子云：所惡於智者，其為鑿也。注云：悉人用智，而妄穿鑿。）」（一六九頁中）簡正卷四：「此明四分律流行時，古德迷宗判處之失也。故羯磨疏云：自金河已後，名教互張。然諸講士，偏競不倫，各尚季宗，尠懷通量。僧祇大興關內，十誦江表流行。雖有沙門曇諦念得四分羯磨，本（【案】『本』疑『將』。）來律本來至江表，關內康四分羯磨，各用僧祇、十誦，以為隨行。非准（【案】『准』疑『唯』。）宗骨顛倒，亦乃緣急，隨情使受隨相乖，名為穿鑿。名（原注：『名』疑『各』。下同。）謂已判為是，化（原注：『化』疑『他』。）斥為非，故云判是非也。競封同異者，競者，爭競。封者，執也。競執依四分羯磨得戒是同，名執小誦（【案】『小』疑『十』。）或僧祇以為隨行是異。其數頗多，故云不可稱說。」（二一七頁上）鈔批卷四：「如昔有依十誦借衣鉢受具，而誦四分羯磨判為是者，非也。又如，將祇持衣文入四分家用，此亦非也。言競封同異者，封，由閇也。謂封執其懷，閇塞情犯，不能開通，故曰競封同異也。」（三〇二頁下）

〔四〕**良由尋討者不識宗旨**　資持卷上一上：「上句明迷教。……『宗旨』謂假實不同。」（一六九頁中）鈔批卷四：「謂各依當部受戒，及至行事之時，並不識其本宗指，所以即有競封同異，只是不識當宗之指也。又云：教起本宗之意，前競封同異之計，各判成懷。如律中為難結三小界，古師亦有無難而結者，乖本宗意。亦如結戒場，不以大界圍遶者，亦不識宗意。意，即指也。此上斥諸師不識當宗之意，故曰也。濟云：不識五部之宗指，輒以己宗，定他持犯，（三〇二頁下）故曰不識宗指等也。」（三〇三頁上）簡正卷四：「出異執之所以也。謂前來判割是非，競封同異，為於何取？可引鈔文，通云『良由』已下（云云）。良者，多也、實也。『由』謂因由，『尋』謂討尋，『宗』謂宗途，『旨』謂意旨。玄云，不識五部之意旨，致使隨行：行事昏闇乖受體，依四分得戒；隨中依僧祇，通衣護衣，不許轉敬。受事訖日出界，四錢三角成重；或依十誦，癈淨地八十小錢成重，受七夜并三十九夜，受戒時和尚破戒；或不現前，黃門為和尚，（云云。）在十人之外並得；或依五分，直聲念戒等，總是昏於本趣也。（有解云：不識成論是四分宗旨、多論是十誦家宗旨，致行事昏於本趣者，非也。）」（二一七頁上）

〔五〕**行事者昏於本趣**　資持卷上一上：「下句示迷行。……『本趣』即色非色別。」（一六九頁中）鈔批卷四：「明行事之人，於當部中斷割輕重，猶尚昏迷，不知本部輕重之相，故云昏於本趣。昏者，暗也。行事之時，須知本是何宗受戒，須依本受之宗而行事。今若取僧祇持衣文來此部行，名曰昏於本趣也。」（三〇三頁上）

〔六〕**學師必約經遠，執教必佩真文**　資持卷上一上：「初句勸久學，『學師』謂稟學於師。次句勸憑正教。」（一六九頁中）鈔批卷四：「此明學貴承師，承必智本。故論語云：勤學不如擇師，好師必有弘益。所求之師，復須經久泚遠見而學問者，器量宏博，方堪依之。外書云學而不思則罔，學不尋思其義師（原注：『師』疑『即』。）罔。罔者，無也。然此之人，都無所得也。又解，罔者，謂聞若不思，則心中罔罔（【案】次『罔』疑剩。）不了也。又言思而不學則殆，『殆』謂危殆也。謂學不承師，師心自思，則有濫解之失，故曰學非經遠也。執教必佩真文者，佩，由帶也。謂案律藏之文，非為邪教師心之計也。既帶真文，則識宗旨。」（三〇三頁上）簡正卷四：「由前昏闇不依宗途，今須明閑，方識本趣。『故須』兩字，躡上生下。『學』謂習學，『師』謂師承。（二一七頁上）……佛教之內，五夏依師。如南山大師聽首疏二十遍，五部律教，及諸經論，凡（原注：『凡』疑『無』。）不精通，方能執持律典、佩帶真正之文。」（二一七頁下）

〔七〕**何事被於毀譏，豈復淪乎蚩責**　資持卷上一上：「『何』下，明離過。二句語別義同，但上約破斥，下取輕誚。『淪』猶墮也。『嗤』即是笑。」（一六九頁中）鈔批卷四：「由識宗指，故行事不昏。由不惛亂，故不招他譏謗、毀辱之恥也。淪乎嗤責者，『淪』謂沒也，溺也、沉也。（三〇三頁上）……今明執案真文，並免輕蚩重責之過也。」（三〇三頁下）簡正卷四：「既如本異宗計，不同依宗行事，方無疑滯、毀呵也。譏，嫌也。豈，可也。淪，沒也。小笑曰嗤，形言曰責。免遭呵毀譏嫌，亦不倫沒，於嗤笑責及之地也。」（二一七頁下）

〔八〕**今判其持犯，還約其受體**　資持卷上一上：「上二句即曉其本趣。」（一六九頁中）簡正卷四：「正辨依宗判處也。還約其受體者，須依本受，以明隨行也。」（二一七頁下）【案】「今判」分二：初，二「今判」下；二、「猶恐」下。

〔九〕**體既四分而受，豈得異部明隨**　資持卷上一上：「『體』下，謂識其宗旨。業疏云：如戒一受，願行須同，焉有受依假宗，隨行實教！神州一統，約受並誦四分之文，及論隨行，皆依有部行學，非唯體相乖各，亦乃緩急隨情等。〔有將『體既』等語為總師（【案】『總』疑『聽』。）語，非也。〕」（一六九頁中）簡正卷四：「謂且此約此土僧尼，於曹魏之時，因曇諦三藏念出四分羯磨，納戒在身，隨行之中，只合依承四分，不合以十誦、僧祇、五分判四分宗之持犯，故曰豈得明隨。（此且約一面說。）若更通釋，如依十誦得戒，亦須自依十誦，以判隨行。（二一七頁下）若依祇、五，亦然，但名歸宗途，莫令混亂即得。」（二一八頁上）鈔批卷四：「謂本是四分受戒，今隨行中還約四分行護。四分文義具足者，則但申（原注：『申』疑『用』。）之，豈得用十誦、僧祇等文而判割也！若當部不足者，方得取用外部之文。故下文云『當部不足，取外引用』，即其義也。」（三〇三頁下）

〔一〇〕**猶恐不曉大綱，更示其分齊**　鈔科卷上一：「『猶』下，更示分齊。初敘妄判。」（三頁中）資持卷上一上：「據上所明，於理已顯。所以重示者，一、恐（一六九頁中）疑云：俱是聖教，縱令互判，亦有何過？二、又恐云：四分可爾，餘宗不然，故復釋之。初文上二句標。」（一六九頁下）簡正卷四：「猶，尚也。謂前約事通說，須依本受明隨，猶恐後來學者，未能曉明，故更再垂指示也。

言大綱者，即處判之大意也。」（二一八頁上）鈔批卷四：「自意云：如前不識宗指，昏於本趣，是不曉大網，詺此宗指，本趣為大網也。欲明上雖梗概，約略總相，說此大綱，猶疑今人未了，故曰猶恐不曉大綱也。今欲曉明示誨，故曰更示其分齊。分齊是何？下即出相。故從『謂』字已下，是釋其相也。謂不得將此所學之教，判他外部持犯，故此為示分齊也。自意云：更示其分齊者，通指此門也。」（三〇三頁下）【案】「猶恐」下分二：本句及下為初，二、「今通」下為次。

〔一一〕**謂輒將己所學者，判他持犯**　資持卷上一上：「如已學四分，即依四分判彼十誦受戒之者。餘互亦爾。」（一六九頁下）簡正卷四：「『謂輒將』下，正示分齊也。輒者，專擅也。古人以僧祇、十誦為己所學者，判他四分受體持犯，蓋是曹魏之時，僧尼雖依曇諦念出四分羯磨得戒，未有廣律本流行。至東晉時，後秦弘始六年（公元四〇四年），弗多羅初翻十誦，盛行江表。至十二年（公元四一〇年），方譯四分律。其時全未有人流傳，至東晉熙（原注：『晉』下疑脫『義』字。）年（公元四〇五至四一八年）中，又翻僧祇□□□，關內古德皆學十誦、僧祇。為己所學者，依僧祇判四錢三角結重，許其通夜護衣，斥夏中受事，說日出界，或依十誦七夜三十九夜斷盜約八十文。元魏以前，例皆如是。後因法聰律師忽考戒體，元興知從四分得戒，方改前迷，如歸本趣。南山或恐今時猶有類，所以重更示也。」（二一八頁上）【案】古人以其所學的僧祇律和十誦律，判他四分律受體持犯。

〔一二〕**脫罹愆失，其唯不學愚癡**　簡正卷四：「脫者，忽也。罹，遭也。愆，罪也。意云：儻有如斯錯判，皆由於教未明，不曉本異二宗緩急、是非意旨，所遭罪失，皆是不學、無知等。」（二一八頁下）資持卷上一上：「同則不言，乖則有過，故云脫罹等。脫，忽也。罹，遭也。『愆』即是罪。」（一六九頁下）鈔批卷四：「『脫』是不定之辭也。又云：脫者，誤也。罹，（『力知』反，）兔網曰罹，網曰羅。大而言之，羅是網也。又云：罹者，憂也。愆者，說文云：過也、失也。失者，過也、咎也、罪也。爾疋云：罹者，毒也，又云：遭憂也。皆是遭罪之意。欲明偏用此一宗，判他輕重持犯，誤他前人，悔罪不滅，自身獲罪，彼復得僣，俱墮罪網之中，如兔之墮羅網也。又解：如分亡比丘物，（三〇三頁下）亡人本是四分受具，今將亡人衣物，依十誦而斷重輕分之，復不識輕知重，自身得罪，現前僧等，並皆得罪，名為脫罹僣失也。由不學故，彼此得罪也。言其唯不學愚痴者，此明上來將己所學之法判他持犯，非但令他罪不

除，復增其不學、無知之罪，故曰愚痴。愚痴者，即是無知。以聖制，令其學教故也。」（三〇四頁上）

〔一三〕**通立定格，共成較準** 資持卷上一上：「上二句，正示諸宗判處，並同此列，故云通立等。格，式也。較，音『覺』，正也。」（一六九頁下）簡正卷四：「結成通格也，標今異昔。通者，總也。格，正也。於此一部文中，立二般定格。前二十九篇，四分律師行四分事之定格。第三十篇，四分律師行他部事之定格。較，由明也。寶云：車後橫木名較。較，正也。准者，准則均平。又，準，的也。」（二一八頁下）鈔批卷二：「今將此四分教文判事。被事若不同，則引諸部共成此一宗行事，使周備分明，故云成較准。較者，明也。准者，平均也、度也。（爾疋文也。）」（二四六頁上）鈔批卷四：「勝云：此明前執一隅，但識當宗，不練餘部。今立三十門，通顯諸部，一一出十誦、僧祇等，名為定格。格者，正也。謂引諸部共成，各示其名，即定正也。又云：通立定格者，前言受既四分，不得餘部明隨，即顯諸部各各自依當宗，以判持犯。格者，至也。各至當宗之所，共成較准。共成較准者，共成明了當宗，而有准則，約受顯前，故無雜亂也。又言：共成較准者，謂行事須依四分為本，今若不了，則引諸部，故下三十門，一一出十誦、僧祇等名者，明此四分文將教判事。若被事不同，所以故引諸部，共成一宗行事，使周備分明，故云較准。較者，明也。應師云：『較』亦猶粗略也。爾疋：較者，比校也。准者，平均也、度也。（三〇四頁上）案周禮云：匠人之法，平物以水曰准也。欲明今時取諸部明文，而各明較比校，皆使與本受宗不相違，名為平准。若輕重，等類者則取，不等類者不取。此是准義，故曰共成較准也。」（三〇四頁下）

〔一四〕**一披條領，釋然大觀** 資持卷上一上：「後二句結告。條領，即今所立。纔覽此門，疑滯即遣，如冰之泮，故云釋然。大觀，謂所見通遠也。」（一六九頁下）簡正卷四：「一披者，顯不再展此門，即條即領。披此一門之條，知下諸篇行事本異宗別。」（二一八頁下）鈔批卷四：「下三十門為『條』，諂此一門為『領』。欲明三十門中，約教所被事，引諸部文，一往處斷持犯、受體與隨、輕重、相違不相違、等不等義。恐迷引文，壅結在懷，將其此門照之。若披此門下，則疑壅悉除，名大觀也。釋者，除也、廢也、解也。觀者，照也。此明上文古人不識宗旨，昏於本趣等，不名大觀。今日由有學師，復約經遠，執佩真文，立茲定格較准。既披下條頓，釋然照了，識於宗指，不昏本趣，處斷得所，名為大觀。」（三〇四頁下）

第四，用諸部文意〔一〕

統明律藏，本實一文〔二〕，但為機悟不同，致令諸計岳立〔三〕。所以隨其樂欲，成立己宗〔四〕；競采大眾之文，用集一家之典〔五〕。故有輕重異勢〔六〕，持犯分塗〔七〕，有無遞出〔八〕，廢興互顯〔九〕。

今立四分為本〔一〇〕。若行事之時，必須用諸部者，不可不用〔一一〕。

故善見云〔一二〕：毗尼有四法〔一三〕，諸大德有神通〔一四〕者，鈔出令人知〔一五〕：一、本者，謂一切律藏〔一六〕；二、隨本〔一七〕；三、法師語〔一八〕者，謂佛先說本，五百羅漢廣分別流通，即論主也；四、意用〔一九〕，謂以意方便度用及三藏等廣說也。先觀根本，次及句義，後觀法師語，與文句等者用，不等者莫取〔二〇〕。第六卷中，廣明律師法〔二一〕。正文如此。

然行藏之務實難，取捨之義非易〔二二〕，且述其大詮，以程無惑〔二三〕。

謂此宗中，文義俱圓、約事無缺者，當部自足，何假外求〔二四〕？餘有律文不了〔二五〕、事在廢前〔二六〕、有義無文〔二七〕、無文有事〔二八〕，如斯眾例，並取外宗，成此一部。

又，所引部類，必取義勢相關者，可用證成〔二九〕；必緩急重輕〔三〇〕，是非條別者，準論不取〔三一〕。故文列四說，令勘得失〔三二〕；十誦墨印，義亦同之〔三三〕。若此以明〔三四〕，則心境相照，動合規猷〔三五〕，繁略取中〔三六〕，理何晦沒〔三七〕！若不鏡覽諸部，偏執一隅〔三八〕，涉事事則不周，校文文無可據〔三九〕。遂師心臆見，各競是非〔四〇〕，互指為迷，誠由無教〔四一〕。若四分判文有限，則事不可通行〔四二〕。還用他部之文，以成他部之事〔四三〕。或二律之內，文義雙明，則無由取捨，便俱出正法，隨意采用〔四四〕。

然行用正教，親自披閱，恐傳聞濫真故〔四五〕也。

又世中持律，略有六焉〔四六〕：一、唯執四分一部，不用外宗〔四七〕；如持衣、說藥之例，文無，止但手持而已〔四八〕。二、當部缺文，取外引用〔四九〕；即用十誦持衣、加藥之類。三、當宗有義，文非明了〔五〇〕；謂狂顛、足數、睡、聾之類〔五一〕。四、此部文義具明，而是異宗所廢〔五二〕；如捨淨地、直言說戒之類。五、兼取五藏〔五三〕，通會律宗；如長含中，不令更試外道〔五四〕。六、終窮所歸，大乘至極〔五五〕。如楞伽、涅槃：僧坊無煙〔五六〕，禁斷酒肉、五辛〔五七〕、八不淨財〔五八〕之類。

此等六師，各執正言，無非聖旨〔五九〕**。但由通局兩見，故有用解參差**〔六〇〕**。**

此鈔所宗，意存第三、第六〔六一〕**。餘亦參取，得失隨機，知時故也**〔六二〕**。**

【校釋】

〔一〕**用諸部文意**　鈔批卷四：「為三十門中，皆用他部，恐人不練其意，故有此門來也。如前序云『包異部誠文、括眾經隨說』，即應此門也。」（三〇四頁下）簡正卷四：「謂前門已明處判，（二一八頁下）須依本受為宗，今或（原注：『或』疑『戒』。）本受宗中，文義未周，須准用於他部。然其引用、取捨有准憑，故立此門，以為軌範，故以辨也。問：『前既斥古迷宗判處，將異部明。隨今此立此門以為軋（【案】『軋』疑『軌』。）範，故以辨也。復用外宗，與昔何別？』答：『不然。前是棄本從末，當律自有不依。此先准當宗，足為處判。若宗中欠少，方引他宗，亦取義勢相關、緩急相類者，以為補益故也。』釋名者。諸者，不一也。部者，類也。除四分外，五分、十、祇，并大小乘隨經、隨論、記傳。凡有說律之處，與律相應，皆含在『諸』字中收。部類均等，通引用也。」（二一九頁上）資持卷上一上：「上明考體，專用一宗，然或被事不周，須通他部，故此明之。欲曉此門文相大意，須以三問，前以激之。問：『受體既從四分，秖（【案】『秖』疑『祇』。）合專依本宗，何以今鈔備引諸部？約體明隨，其義安在？』問：『三藏所詮，事理兩異，既宗律藏，何以下引阿含等經及餘小論？豈非化制不分耶？』問：『律是小乘，教限須別，安得輒用華嚴、涅槃、地持、智論，豈非大小濫耶？』若不明示，學者俱疑，故此決之，尋文可見。問：『今鈔通用三藏，何以但標諸部？』答：『諸律體相既殊，須明引用分齊，是故此門正明諸律。至後六師，方通經論。』（有云諸部通收經論，非也。）」（一六九頁下）

〔二〕**統明律藏，本實一文**　資持卷上一上：「統明者，總括諸部也。如來滅後，迦葉結集為八十誦律，五師相繼一百來年，並無支派。後因諍計，遂分五宗。流既出於一源，枝必歸於一本，故云實一文也。」（一六九頁下）鈔批卷四：「本實一文者，原佛制戒，唯是一文，佛既滅後，大迦葉波結集法藏，名八十誦。異世五師，相承傳授，更無異見，故曰本實一文也。又解云：律教所興，本為防非止過，（三〇四頁下）名為一文。故戒疏云：適化雖殊，防非義等。防非雖是一文，機悟防過，取解不等，致使教門隨被不同，分為五部十八異。今若行事有闕者，取用有何過也！」（三〇五頁上）簡正卷四：「統，由通也，通明一大毗尼教藏。佛在日，對機所制，雖未詮上文墨，且是一藏毗尼；佛滅後，結集之時，詮上具文，亦是大教藏之教。結集已後，百載之中，五聖任持，與上不異，故云本實一文也。」（二一九頁上）

〔三〕**但為機悟不同，致令諸計岳立**　資持卷上一上：「『但』下，示分所以。上句明如來赴機設教不等，（有以『機悟』屬五師者，非也。）下句明諸師各執不同。岳立，喻其所執如山之固。注戒序云：云飛二部，五部之殊；山張十八，五百之異。（有謂『五嶽』對『五部』，非也。況諸計之言，不唯五部。請以注戒質之。）」（一六九頁下）（一七〇頁上）鈔批卷四：「礪解：依真諦三藏傳云：一百年後分為五部，二百年後分為十二部，四百年後分為十八部。分為五部者，憂波毱多在世末後，育王大集論師，共論佛法。是時諸人，各以情見不同，有所偏執。毱多不能刊正，遂分此藏為茲五典，故曰『機悟不同』等是也。言諸計岳立者，高山名之為『岳』。如諸五師各執己見曰『計』，謂執計情欲，各自稱言『我所見解，是高是長』。既各高故，言如岳立。如似五岳，各自據立，互不相望，不相許可。五師亦爾，遂為情見有限，受悟無倫，各擅己宗，自題聲教，故曰『諸計岳立』也。」（三〇五頁上）簡正卷四：「但者，專局之詞也。悟者，悟入也。根機既殊，悟入亦別，是不同也。『諸計』即五師惜計，因鞠多下有五弟子情見不同，所以分或（原注：『或』疑『成』。）五部也。岳立者，山嶽也。約字釋，『山』下安『獄』，管攝鬼神之所。……寶云：『有人難云：五岳在此方，五師分部在西土，彼無五嶽，何故言岳立耶？今云不然，分部雖在彼，制鈔且在此土。時舉此方五嶽，類彼西國五師，或可五數是齊，故舉為喻。謂彼五師頓起各競，情見不同，如此方五山，爭高競聳故。』」（二一九頁下）

〔四〕**隨其樂欲，成立己宗**　資持卷上一上：「義鈔云：鞠多受法，既少不能均融，故分五部。然既大聖懸記，蓋是時機所宜，執諍雖殊，無非證道。即大集云：五部雖異，不妨諸佛法界、涅槃是也。」（一七〇頁上）簡正卷四：「樂欲者，即五師受樂悕須之心也。成立己宗者，成五師自己之宗也。問：『既隨樂欲成立己宗，未審向何處取文？鈔答云『競秤（【案】『秤』疑『采』。）大眾之文』等。」（二一九頁下）【案】己，底本為「已」，大正藏本為「己」。據大正藏本及文意改。

〔五〕**競采大眾之文，用集一家之典**　資持卷上一上：「『競』謂爭馳。言大眾者，此濫窟外部。高僧傳律論云：上座、大眾創分結集之場，彼言『大眾』，乃是窟外。此云『大眾』，定是窟內，即今『摩訶僧祇』，此翻大眾。以五百人，亦大眾故。（智論則云千人。）是則大眾，名通二部，上座唯局窟內，學者須細辨之。一家者，且據五部，各自為言。」（一七〇頁上）簡正卷四：「競者，爭也。採，拾也、覽也。『摩訶僧祇』，此云『大眾』，即八十誦約法為名。（非謂大乘之『大眾』也。）用集一家之典者，如薩婆多於大藏內取情見之文，用集為十誦一家之典，餘皆此例。（云云。未要舉事辨。）」（二一九頁下）鈔批卷二：「初結時，則分為上座、大眾二部。城內為上座部，城外為大眾部。其上座部，迦葉滅後，五師傳持，過一百年，離分五部。今言採者，前上座部，其眾大故，名大眾部。非前所論城外結集之大眾也。今鈔文言濫。」（二四六頁下）鈔批卷四：「佛涅槃後，迦葉結集時，憂波離是高座，誦出大毗尼藏。迦葉年老，時居眾首，因此彰名，名上座部。後有諸方賢聖，不及前聞，遂於城外，更請憂波離，再誦毗尼，以集法藏，以眾多故，名大眾部。其上座部，迦葉滅後，五師傳持，過一百年，離分五部。（三〇五頁上）今言採者，採前上座部，其眾亦大，故名大眾部，非前所論城外結集之大眾也。今鈔文言濫，有智當思。」（三〇五頁下）

〔六〕**輕重異勢**　資持卷上一上：「本宗初篇重犯，餘部但吉。本宗犯罪，方便隨滅，餘律仍存。四分，女觸比丘蘭；十誦結殘。十誦，身根互壞觸者，蘭；四分，捉髮亦殘。（且略遣文，餘尋釋相。）二、約亡物釋。下云『然此亡物，諸部未融』等（【案】見二衣篇。），錫杖、澡罐、針錐等物，四分歸重，餘律並輕。（如二衣中。）三、約事釋。如四分，受戒緣具，方成故重，餘宗緣闕並開；（如無和尚、無衣缽等。）本宗轉欲則輕，餘宗不開故重；本宗悔殘，微乖法式，悔罪不出故重；十誦不行別住六夜，直得出罪故輕。」（一七〇頁上）鈔批卷二：「如祇，四錢三角犯重，四分但得輕也。摩、觸二戒，四分通體蘭；伽論云：意在男者蘭，意在女者殘等也。故曰輕重異勢也。」（二四六頁下）簡正卷四：「結成互缺也。故有者，因由義也，由於前來，各隨情見，採取律文，分為五宗，故有四般闕少，是以著『故有』二字也。言輕重異勢者，謂所行事是一，五部，（二一九頁下）互有重輕。如四分發尼諍戒得提是重，五分犯吉是輕；四分盜五錢得夷即重，十誦犯蘭為輕；十誦疑人邊得夷即重，四分但蘭是輕。輕重不同，便是異勢故，無別理也。」（二二〇頁上）

〔七〕**持犯分塗**　資持卷上一上：「即如上引境想不同。又，四分，婬戒並據毛頭，十誦論犯，過皮過齒；四分，隨處盜五成犯，十誦取本古錢方結；僧祇通夜護衣，四分限在明相。」（一七〇頁上）鈔批卷四：「如結淨地，十誦為犯，四分為持。又如，僧祇不捨淨作三衣犯提、四分不犯也。」（三〇五頁上）簡正卷四：「四分先說淨，初後作三衣，不須捨淨成持；十誦不捨淨得吉，成犯。又，四分戒戒下文，皆結，下三眾罪成犯，五分不結成持。（故曰持犯分途。）」（二二〇頁上）

〔八〕**有無遞出**　資持卷上一上：「『遞』亦互也。即如上引眾學有無及盜非畜物，四分無文，並準十誦。四分，二寶蠶綿，並無悔法，十誦出之。又，四分衣界通有勢分，餘部皆無等。」（一七〇頁上）鈔批卷四：「立云：四分有庫倉，僧祇有樓閣，多論有道行界，五分有水界，十誦有可分別、不可分別聚落，四分有三種受日，十誦有三十九夜，祇有事訖羯磨。又如，五分有輕三師提，四分則無；四分有不受諫戒，五分則無。又如持衣，十誦則有，四分則無。又如祇，單墮中無此不受諫戒、疑惱戒，彼有入尼住處教誡不白提，故曰有無遞出也。」（三〇五頁下）簡正卷四：「四分有多敬塔戒，十誦無；十誦有可分別聚落界，四分無；五分有輕三師提及水界，四分無。遞互而出。」（二二〇頁上）

〔九〕**廢興互顯**　資持卷上一上：「四分歌聲說戒用廢，五分直說取興；四分開結淨地用廢，十誦制斷取興。又如，僧祇牒事說欲用廢，四分不牒取興之類。」（一七〇頁上）鈔批卷四：「如結淨地，四分、十誦俱有文，但廢興不同也。一有一無，名互顯也。又，歌聲誦戒，五分所癈，四分為興。又如，僧祇欲法中，時集與清淨，非時集與欲，當今四分正是廢教也。」（三〇五頁下）簡正卷四：「四分興歌聲念戒，五分癈；四分興結淨地，十誦癈。互顯即遞出，但語別耳。」（二二〇頁上）

〔一〇〕**立四分為本**　資持卷上一上：「順本受體，離前互判過也。」（一七〇頁中）鈔批卷四：「即明今鈔用四分為本，故下文云：（三〇五頁下）其四分律，鈔者所宗，當部文缺，故引外文共成也。必須用諸部者，『諸』是不一之文也。」（三〇六頁上）簡正卷四：「別中立本，會取諸文。初言『今立』至『不同』（原注：『同』鈔作『用』。），謂由前准未分之時，同是一大藏毗尼，百載將末，既隨分出，致令事法不全。今依四分，行持不周，須引他宗補闕，猶如未分之前，無同一體也。四分為本者，准下第十門中云：曇無德部，四分律鈔所宗，即以此律為本。」（二二〇頁上）

〔一一〕**若行事之時，必須用諸部者，不可不用**　簡正卷四：「或本內有事、無事等引他部，故云不可不用。不同古來局執也。」（二二〇頁上）

〔一二〕**善見云**　資持卷上一上：「欲明取舍有所準故。此論五百羅漢造，釋四分律。初，牒釋婬戒緣起，已將入戒本，即變為宗論。其中一羅漢曰：於戒句中，（即下隨本。）於戒本中，（即下本也。）於問難中（即法師語。），若欲知者，有四毘尼。諸大德等，如鈔所引。然諸羅漢並具神通，不無勝劣，故選召能者耳。抄出者，傳于貝葉也。上是告眾之詞。」（一七〇頁中）簡正卷四：「善見者，謂五百羅漢共造。斯論解四分律，善能分別，令義易見，故云善見。夫造論文，西域有二別：一、釋論，二、宗論。若釋，即依一本教文，從始至末，以（原注：『以』疑『次』。）第解釋。龍樹菩薩造大智解六百卷般若經，又如天親造般若論解金剛經等。若宗論，即不解釋，但依一本聖教為宗。宗有繁處即刪除，有欠處即引諸教文補益，如大莊嚴論并瑜伽論是也。今茲善見，本是釋論，後改作宗論。鈔依此論規摸，似彼西土宗論也。彼論之中，謂諸羅漢本擬造論，次第釋四分文，至婬戒，早（【案】『早』疑『共』。）是六卷。若終一部，必慮文繁，所以商量，改為宗論。故彼云：法師曰律本已具，我當分別解說。法師曰：於戒本中，於句義中，於難問中，若欲知者，有四分毗尼。諸大德有神通者，抄出令人知。（已上論文。）今略解之。言法師者，謂律師也。五百羅漢，解法之人，號法師也。曰者，論詞也。律本已具者，意道四分律已自具足，不用更造釋論一一解也。我當分別解說者，今擬改為宗論也。」（二二〇頁下）

〔一三〕**毗尼有四法**　鈔批卷四：「一、本，彼文自解，謂一切律藏也。一切者，但是佛所制戒。一一之戒為結集者，名律藏也。二、隨本者，立云：如婬戒，初制不得婬人，後林中過興，制三趣同犯，將此重制，名為隨本也。濟云：隨本者，謂是隨律之經、隨律之論等也。其中明戒律者，並名隨本也。三、法師語者，即五百無（【案】『無』疑『共』。）著，名為法師，習（【案】『習』疑『皆』。）是論主也。佛先說本者，即大毗尼藏也。滅後，五百羅漢流通、作論、解釋者是也。四、意用者，謂是五百論師，意方便度用，非是凡夫意用也。今引此論，意欲取第四句意用義，成今門中之意。從『謂宗』（【案】即「謂此宗」。）已下，是釋第四句意用文也。」（三〇六頁上）【案】此處四法即上述之本、隨本、法師語和自意。鈔主引之，意取第四句意用義。

〔一四〕**神通**　簡正卷四：「一解云三明六通，二解云有神智心通也。」（二二〇頁下）

〔一五〕**鈔出令人知**　簡正卷四：「謂眾議抄取一本宗論，令人學知也。」（二二一頁上）

〔一六〕**本者，謂一切律藏**　資持卷上一上：「『一本』下，出四法之相。初本中，云『一切律藏』，即指當部諸戒，非謂通諸律也。」（一七〇頁中）簡正卷四：「依論別釋四法。言『一本』至『也』者，先敘本論文。爾語集眾。問曰：『何謂為法四也？』答曰：『一本、二隨本、三法師語、四意用，是謂四也。』人問：『何謂本？』答：『一切律藏。』又問：『何謂為隨本？』答：『四大處也。』又問：『何謂為法師語？』答曰：『集眾五百羅漢時，仙（原注：『仙』疑『佛』。下同。）先說本，五百羅漢廣分別流通，是法師語。』又問：『何謂意用？』答曰：『置本、置隨本、置法師語。以意方便度用度，以修多羅廣說度，以阿毗曇廣說，以毗尼廣說，是名意用。』（已上論文。）鈔中引文，意存省約，隨標便解也。言一切律藏者，即四分律二十犍度，其文不少，故云一切。非謂通八十誦律，為一切也。」（二二一頁上）

〔一七〕**隨本**　鈔批卷二：「重制名為隨本。如林中制，三趣同犯也。」（二四七頁上）資持卷上一上：「論云：四大處名為隨本。（論文難解，諸釋不同。且依古記，約通、別二緣注之。）佛告諸比丘：我說不淨（性惡、遮惡，俱是不善，故不清淨。）而不制，（癡狂、心亂，並通開故。）然此隨入不淨，（一念心憶是比丘，便入犯位。）於淨不入是名不淨。（不順開教，故淨不入，即是犯罪，故名不淨。）第二，佛告諸比丘：我說不淨（如上。）而不制（如上。），然此隨入淨是名淨。（心不憶知，順開入淨，由不成犯，故得名淨。）第三，佛告諸比丘：我說聽淨，（如婬怨逼、儉開八事。）然此隨入不淨，（三時有樂，時豈不止，二並歸犯。）於淨不入，於汝輩不淨。（乖於開教，故淨不入，並結正犯，故言不淨。）第四，佛告諸比丘，我說聽淨，（如上。）然此隨入淨，於汝輩淨，（順於開教，並無犯故。）一切諸戒，並具通、別二緣，通如持犯，別在隨相。今此四句，前二『通緣』，後二『別緣』。又前後二句中，並初句是犯，後句不犯。一一戒下，皆有二緣，故名隨本。是一切戒大要之處，名四大處。」（一七〇頁中）簡正卷四：「准論是四大處勹（原注：『勹』疑『句』。）。然釋此四大處不同，准論即在初戒中明，今約義遍通諸戒。今且於性戒中，對非戒辨，餘戒例之。斯之四句，前二句是戒本『通緣』句，後二是戒本『別緣』句。第一、第三是犯，第二、第四是不犯句。第一，佛告諸比丘：我說不淨（性戒體是惡故。）而不制，（癡狂、心亂時，開作前事故。）然此隨入不淨，（雖有開文，有一念心憶識，今作事時，是比丘以便入。）犯位故，於淨不入，是名不淨。〔有一念心憶身（原注：『身』疑『識』。）是比丘不入開文，是名不淨也。〕。第二，佛告諸比丘：（二二一頁上）我說不淨（同上。）而不制，然此隨入淨是名淨。（作前事時，無一念知，是比丘順開文，故名淨也。）第三，佛（原注：『佛』下疑脫『告』字。）諸比丘：我說聽淨而不制，（初戒遇怨逼緣，許與境合，名不制也。）然此隨入不淨，（三時中，一念生染樂心，即名不淨。）於淨不入，於汝輩不淨。（謂生染樂心入開文，名於淨不入也。）第四，告諸比丘：我說聽淨而不制。（同上。）然此隨入淨，於汝輩淨。（作前事時，無染樂心，入於開數無犯，故名淨。）自餘性戒，前二句通緣並同，後二句別緣即異。如盜戒作無主想、親厚想，殺戒作杌（【案】『杌』疑『坑』。）木想等，是別緣也。遮戒亦同於上。如斷草、野火燒寺等是別緣；酒戒、藥治不差，醫言須酒開飲，是別緣。若初咽得差（【案】『差』同『瘥』，『病愈』之義。律文中，『病愈』之『愈』，其字大都作『差』。），再咽即違開文，是於淨不入，犯提，是名不淨；若未差，許再咽，是隨入淨，不犯，是名淨。逼（【案】『逼』疑『違』。）諸戒皆爾，今文存略，但標『隨本』二句，不別句也。」（二二一頁下）

〔一八〕法師語　資持卷上一上：「即論中解釋之文，一一並云『法師曰』是也。『即論主』一句，祖師助顯，非本論文。」（一七〇頁中）簡正卷四：「法師語者，即五百羅漢之言。今文中言，云即『論主也』一句，鈔主指上諸羅漢，是造論之主故。」（二二一頁下）

〔一九〕意用　簡正卷四：「以意度用三藏者，文亦存略，但通云三藏如前，廣引論可委。（已上依論、記釋，如斯也。）」（二二一頁下）鈔批卷二：「今引此論意，欲取第四句意用義，成今門中之意也。及三藏等廣說者，等者，約三藏教，非約人也。」（二四七頁上）資持卷上一上：「意用，論作自意。彼云：『何謂自意？』答：『置本、置隨本、置法師（一七〇頁中）語。（如評一戒，則涉三法。且置此三，待加意度。及對三藏，方可取舍。）以意度，（籌量可否。）用方便度，（詳其理趣。），及三藏者，上是意詳，下以教勘。彼云：以修多羅廣說，以阿毘曇廣說，以毘尼廣說，以法師語。文略下句，故云『等』也。（此謂三藏中法師語也。）」（一七〇頁下）【案】善見卷六作「自意」，彼云：「何謂自意？答曰：置本、置隨、置法師語。以意度用方便度，以修多羅廣說，以阿毘曇廣說，以毘尼廣說，以法師語者，是名自意。」（七一六頁中）

〔二〇〕**先觀根本，次及句義，後觀法師語，與文句等者用，不等者莫取**　資持卷上一上：「『先觀』下，正示意用次第之法。根本，即本句義，即隨本。文句等不等者，謂以上三，對考三藏。『等』即同也。」（一七〇頁下）簡正卷四：「據論文重釋第四意用也。故彼論云：引義云何？莫輒取文而行，應先觀根本，觀句義，一一分別，共相度量，後觀法師語。若『文句』等者（二二一頁下）而取，若觀不等者莫取，是名自意用。（已上論文。）今鈔但略引云：先觀根本，（即是律文。）次及句義，（即曰大處也。）後觀法師語，（即五百羅漢之言。）謂度量三藏所說，與此文義相應可用、不相應即止，故云莫取。」（二二二頁上）鈔批卷四：「先觀根本者，謂觀一切律藏中，如來所說制戒，皆有緣起，非無因緣而制也。相承解云：此卻釋上『一本』起句文也。次及句義者，卻釋前『二隨本』句也。謂若有重犯，即便隨結，如林中等也。後觀法師語者，卻釋前善見論主五百無著（【案】『無』疑『共』。）之所說也。『與文句等者（三〇六頁上）用，不等莫取』者，立云：釋前『第四意用』文者是也。然今何故引此論中四法來？謂此是用他部文意門，故引此論中四法者。前三是便明，正意取第四句意用，即方便度用等文也。欲明我既用他部之文，應須效彼論文，方便度用也。」（三〇六頁下）

〔二一〕**第六卷中，廣明律師法**　鈔批卷四：「彼論云：若律師者，有三法，然後成就。問曰：『何謂為三？』答：『一者，於戒本諷誦通利，句義辨習，文字不忘；二者，於律本中，堅持不離；三者，從師次第受持，不令忘失。若具此三法，是名律師。若是律師，眾僧共集，判諸諍事。律師於中先觀六事，安詳而答。』問曰：『何謂為六？』答：一者觀處，二者觀本，三、觀文句，四、觀三段，五、觀中間罪，六、觀無罪也。』解云：若草、若樹葉，應覆身而來。若不覆身，裸形入寺者，得吉羅。如是觀罪相已，即取律本為證。而滅諍法，是名觀處。觀本者，若故妄語，得提。如是五篇中，可一一觀罪性，即取本為證而滅諍法，是名觀本。觀文句者，身未壞者，得偷蘭遮。如是七聚罪相，可一一觀罪性，即取本為證，滅而（原注：『滅而』疑倒。）此諍，是名觀文句。觀三段者，僧殘有三段，波逸提有三段。於一一段中，（三〇六頁下）『觀』即取本為證而滅諍法是也。觀中間罪者，舉火搽得吉羅罪。如是戒本中，觀中間罪，取本為證，而滅諍法是也。何謂觀無罪？謂婬不受樂、無盜心、無殺心、無妄語意。如是一一罪相，觀以本為證，而滅此諍是也。若比丘知四毗尼法，又善三法，觀六事已，成滅法者，如佛在世無異。（文極繁廣，

故不盡抄也。)」(三〇七頁上)

〔二二〕**然行藏之務實難，取捨之義非易**　資持卷上一上：「行藏者，約行事之廢立。取捨者，謂考古之是非。實難非易，文之互耳。」(一七〇頁下)鈔批卷四：「此下裁量取捨為難也。謂用之則行名取，捨之則藏名捨。行是取，藏是捨。欲明諸部既輕重異勢，持犯分途，復有無遞出，復廢興互顯，今欲取欲捨，大為難也。」(三〇七頁上)簡正卷四：「謂欲辨取文大意，先歎取捨意難。『然』字，玄記訓『是』也。行者，行用。藏者，藏置。故論語云：用之即行是取，捨之即藏是置。謂於文中要者，引來鈔內是行，不要置而不論是藏。引云不易，故云實難。(此約刪繁難也。)取捨非易者，謂於四分本宗若不足，取他部文補闕，又更是難。如四分無持衣文，祇、十皆有。未知取何、捨何即是，故云非易。(此據補闕難也。)」(二二二頁下)

〔二三〕**且述其大詮，以程無惑**　資持卷上一上：「大詮亦即總意。(前云『遠詮』，本全並同。)程，示也。下列科條，取捨有據，故云無惑。」(一七〇頁下)鈔批卷四：「且述其大詮，以程無惑等者，謂(【案】『謂』鈔批卷二為『詮』。)是能詮之大教也。上既明取捨不易，今則欲明我取外宗之文意，故曰述大詮。從『謂』字已下，即是釋其大詮。然大詮之意，只是述其用外宗之文意所以也。言以程無惑者，應師云：程，(『除荊』反。)，程，猶限也。禮記云：程者，量也。詩云：程，由法也。明我述大詮之意者，人若識之量，獲不疑惑也。」(三〇七頁上)簡正卷四：「且者，未盡之談也。述者，敘述。其者，助語之詞。大者，綱格之談。詮者，所詮之意。且說取之，取大綱意也。以者，用也。程，示也。惑者，疑惑也。用示學人，免生疑惑也。」(二二二頁下)

〔二四〕**文義俱圓，約事無缺者，當部自足，何假外求**　資持卷上一上：「初，明本圓不取，示有所宗。如重輕篇聚、眾法羯磨、受懺、治擯、結、說、安恣等，用人用法，多出本宗。又，下標云『部別不同，不取外部』，皆此意也。」(一七〇頁下)鈔批卷四：「謂此宗中文義俱圓者，此下正是釋述大詮也。文義俱圓者，立云：如四分宗中，四重之戒，文義俱足，不勞外求。(三〇七頁上)又如結界一法，文足義亦足，約結界事，更無缺少，故曰約事無缺也。」(三〇七頁下)簡正卷四：「『此宗』即曇無德宗。文義俱圓者，如中國十人、邊地五人受戒是文圓，皆須清淨和合是義圓。約受曰戒事，更無缺少。當部受戒揵度自己周足，何須更向他部之內尋求？十誦，和上在十人之外，并白衣為和上，和上不現前等。又如羯磨單白、白二、白四三法，綱骨緣地自足是文圓，作白如白，作羯磨如羯磨，增減不成，是義圓。約所被事無缺，即當部自己周足，何假求於他部！十誦無准之文。又如受日事，（二二二頁下）隨緣長短，三品受之是文圓，不得差互是義圓。約受日之事無缺，即當部受日法中，自己周足，何假更求外部？十誦三十九夜，及僧祇事訖之文等。（已上並是不取文之大詮。）」（二二三頁上）【案】此為初明；二為「餘有律文不了」下，又分四。

〔二五〕餘有律文不了　資持卷上一上：「『餘』下，二、列示四例。初，不了，有二：一、不明了，如十五種略說戒，及『東方有山稱山』之類；二、不了足，如四人法不除懺捨等。下文一一別標。用此二意，尋之可見。」（一七〇頁下）簡正卷四：「此段正辨取文大全也。餘有者，餘，外也。除前文義但（原注：『但』疑『俱』。）圓之外，更有四句，須取他文。言四句者：一、律文不了；二、事在廢前；三、有義無文；有事（【案】依句義，『有事』前疑脫『四、無文』三字。）。今初句云律文不了者，如四分『自恣法』中，明五德處，只言差受自恣人，不言數，是一不了。又，羯磨文中，但云『僧差比丘某甲』，不標二人，是二不了。下文引十、祇，並令差二人作法，方為決了。又如當部『安居法』中，明夏中，有船上人、斫材人、放牛人、押油人，請比丘安居，佛言聽之，詮（【案】『詮』疑『全』。）不言『先作住意』。（是一不了。）又，夏中分作雨明（原注：『雨明』疑『兩明』。）移去，佛言聽去，全不言『信樂并衣食豐足處』等。（是二不了。）下文引五分云：諸依如上人，先謂作往意，得依安居。若中間移徒（原注：『徒』疑『徙』。），聽隨信樂衣食豐足處去，方為決了。又如隨相中，與未受具人同誦戒律中，但云諸天仙人所說，同誦皆犯，全不說云『為佛印可』者。（是三不了。）下文引祇律，若餘人所說得佛印可者，同誦即犯，方成決了。（諸例頗有，恐繁不具錄。）」（二二三頁上）

〔二六〕事在廢前　資持卷上一上：「如歌聲說戒。鈔云：此是五分廢教（如試外道魚肉正食。雖同廢教，至下六師，方可言之。此中且據諸律，古記一混，學者須知。）」（一七〇頁下）鈔批卷四：「如律中兼（【案】『兼』疑『魚』。鈔批卷二為『魚』。次同。）肉為五正食，此不了之文。涅槃教興之後，一切悉斷。今取終教為定，明此兼肉之事是廢前之教，即不了之說。故律文不了之教，是涅槃廢時之前也。又如十誦，銅器二斗已下入輕，已上入重，四分並重，名為不了之教。今言事在廢前者，謂我家之制，是彼廢家之前，故云也。」（三〇七頁下）簡正卷四：「如律部皆許魚肉為正食，若准夫（原注：『夫』疑涅槃。）

等經，並癈斷之。彼云：夫食肉者，斷大慈種，水陸空行，有命者怨，故不令食肉。引是能癈之教，癈前律文。」（二二三頁下）

〔二七〕**有義無文**　資持卷上一上：「如顛狂人，前捨戒不成，是有不足之義，故引十誦等證之。（如定由旬，準律，十四說戒，十三先往。準強百里，遂用智論下品為定。又，十三難，不問壞比丘，準尼受反問，引善生明文，此皆屬後六師中。）」（一七〇頁下）鈔批卷四：「如四分有持衣加藥之義，而無其文，今取十誦。又以狂顛之人，四分有不足之義，而無不足之文，今皆取其十誦也。」（三〇七頁下）簡正卷四：「謂四分捨戒法中云：夫捨戒者，皆須解知。若對顛狂、啞聾具二、睡眠等人，皆不成捨。（此是有義也。）而瞻波不足數文中，只列二十八人，已外並無啞聾等不足之文。（即無文也。）鈔下文引十誦睡眠、啞、聾等人，並不足攝，補我四分闕少故。」（二二三頁下）

〔二八〕**無文有事**　資持卷上一上：「如云三衣應受持，及非時殘宿不受，皆明三藥加法，而無受文。或云：結界集僧，無自然六相文等。」（一七〇頁下）鈔批卷四：「如受鉢、受尼師壇、道行界、水界、受三衣、受七日、解戒場，並無其文而有其事也。」（三〇七頁下）簡正卷四：「謂四分中但有結界之事，無六相集僧遠近之文。下引六本教文於四分行事。（六本者：『可分別』依十誦、『不可分別』依僧薗（【案】『薗』疑『祇』。）、『無難蘭若』依雜寶藏、『有難』依善見論、『道行』依多論、『水界』依五分。如下對文自辨也。）」（二二三頁下）

〔二九〕**必取義勢相關者，可用證成**　資持卷上一上：「初，正明取舍緩急、重輕四義條別。初如受衣文，（一七〇頁下）僧祇通夜，多論無衣鉢得戒等，並『緩別』也。二、如僧祇轉欲即失捨財、入僧永棄等，名『急別』也。三、如前所引境想不同，即『重別』也。四、初篇無重犯等，謂『輕別』也。是非一句，通收上四，互望為言。又引事釋者。足數中，古師以破戒和尚在十人外，今斥云：不得輒用他部。又受日中云不得秉四分羯磨、用僧祇事訖等。餘尋諸部篇。」（一七一頁上）鈔批卷四：「如四分、十誦護衣，同護明相，此名義勢相關，故取十誦文成四分持衣也。」（三〇七頁下）簡正卷四：「又者，重也。謂此改向前四句取文中重述也。雖於四分欠闕，許引他文。然於所引部類之中，應須簡擇相應之文方引，不相應者，亦不引之。（故云『又所引部類』也。）義勢相關者，表云：如十誦持衣護明相，與四分同護明相關。又如十誦啞聾之人不足數，與四分對彼捨戒不得義勢相關。又毗尼母論許轉欲至於七返，與四分許

轉欲亦義勢相關，可引將來補闕。（故云可用證成。）」（二二三頁下）

〔三〇〕**必緩急重輕**　簡正卷四：「謂四分無文，外宗雖有，然與四分義勢不相關，亦不得輙取也。今將前緩急重輕，分為四段解判：第一段，緩者，如十、祇，並有持衣之文，十誦與四分，同護明相，是義勢相關，即如來可用證成。若僧祇通夜護衣，即大緩，故不取也。餘皆例此。二、急者，如『藥法』中，辨處分淨。四分雖有許處分之文，且無僧住之近制限，祇、五二律，各有限約之文。五分云：若僧住曾經明相，即處分不成。此與四分義勢相關，可用證成。若准僧祇云：僧住不許過初夜，即太急故不取。（餘准此例。）三、重者，四分但云『三衣不加法受持，得吉羅』，而無離宿得罪文。然多、見二論，各有其文。多云：俱有缺衣、壞威儀，吉羅之罪，即與四分義勢相關，可用證成。若依見論，離未加法，三衣宿亦犯提，此太重故不取。（餘皆例之。）四、輕者，如盜戒中，四分不辨盜六界罪之輕重，了論、十誦，各有斯文。了論，盜六界並結夷重，即與四分燒埋壞色之義勢相關，可用證成。若十誦律，俱得偷蘭，此太輕故不取。（諸皆例。）」（二二四頁上）鈔批卷四：「如十誦受日三十九夜，僧祇事訖是緩，四分約緩（原注：『緩』疑『報』。）而有三品是急；僧祇護衣，通夜一會是緩，四分限明相，是其急也。言重輕者，如祇，盜四錢三角得夷是重，四分犯蘭是輕，此乃僧祇用四分蘭為夷，（三〇七頁下）四分用僧祇夷為蘭。又云：四分用祇重罪（原注：『罪』疑『果』。）為方便，祇用四分方便為重果也。故涅槃云：或說四重以為偷蘭，或說偷蘭以為四重，即是此義也。」（三〇八頁上）【案】對諸律中的戒相緩急、罪相重輕進行取捨。

〔三一〕**是非條別者，準論不取**　資持卷上一上：「準論不取者，即同意用也。」（一七一頁上）簡正卷四：「寶云：謂前緩急重輕，若望彼宗，即自為是。若對我四分義勢不等，（二二四頁上）即名為非。與此既乃不同，執計條然亦別。准善見論云：與文句不等者不取也。（若准搜玄，義約勢功等，可引用為是，若緩急重輕，不引用為非者，全無理也。）」（二二四頁下）鈔批卷四：「是非條別者，立云：如十誦，和上不現前受戒名是，四分要令和上現前。此指彼是為非，彼指此非為是。五分借衣受戒，得戒為是，四分為非。又，十誦白衣受戒為是，四分為非。故云是非條別也。言准論不取者，即是善見論也。故論云：與文句等者取，不等莫取。今正指此文也。」（三〇八頁上）

〔三二〕**文列四說，令勘得失**　資持卷上一上：「四說者，本律增四中云：佛告諸比丘，有四種廣說：一、若比丘作是語：『長老，我於某村某城，親從佛聞，受持不忘，此見（【案】『見』四分卷五八為『是』。）法、是毘足（【案】『足』四分卷五八為『尼』。）、是佛所教。』若聞彼說，不應嫌疑，亦不應呵。應審定文句已，尋究法律。若相違者，應語彼言：『汝所說者，非佛所說。或是長老不審佛語，不須復誦，亦莫教餘人，今應棄捨。』若與法相應者，應語彼言：『是佛所說，應善誦習、教諸比丘等。』（此名一廣說也。）第二，從僧中上座前聞。第三，從知法眾多比丘所聞。第四，從知法一比丘所聞。（並如上檢校文同，不引。）」（一七一頁上）鈔批卷四：「立謂：律文有四大廣說，即增四文中明也。一、有人云『我從佛邊聞如是語』，未得即信，應勘校三藏，修多羅、阿毗曇、毗尼同者，應語云：『大德所說與修多羅、毗曇、毗尼相應』；若不同者，應語云：『大德所說，與修多羅、毗曇、毗尼不相應，此非佛說，應須捨置。』二、有人言『我從四人已上和合僧邊聞』，亦須如上勘定。三、有人云『我從三人已下眾多人邊聞』，四、有人云『我從一人邊聞』，亦須如上勘定。今引此四說，顯前句與文等者用，不等者莫取也。上言從佛聞者，非唯要親面見佛。若尋經所說，亦名從佛聞也。」（三〇八頁上）【案】四說，即四種廣說。廣說，廣為宣說。據四分卷五八，九九九頁上。

〔三三〕**十誦墨印，義亦同之**　資持卷上一上：「十誦墨印者，即是四分四說，故云亦同，但名異耳。四分約『能說人』，十誦據『能證教』。彼云：若言我從佛聞乃至一比丘聞，未應歎毀，應向三藏聖教印定是也。引此二文者，由先世諸師，隨情引用，今約部類，檢勘可否，即同意用。若作此釋，方見所引四說墨印，頗符論意。」（一七一頁上）鈔批卷四：「十誦墨印者，十誦文中無墨印事，直指在經。但有四大廣說，同四分義也。立云：墨印者，諸解不同。初，一解云：嘿然之義，如佛在日，菩薩、聲聞請佛說法，此有嘿許，故曰墨印。今云不然，此但論教是非，論何嘿許？既云嘿許，為許是、許非耶！又一解：用『墨』為『印』，故言墨印，亦如此方用朱為印。濟同此解。今亦不然。論教是非，何論朱墨之印？又解：墨者，一切三藏聖教，皆是文墨。今亦不然。若便文墨即名聖教，外道經書豈非文墨？既是墨印，應得依行耶？又解云：墨是外國事，此名曰『度』，以六尺為『度』，五度曰『墨』，五墨為『印』。『印』是定義也。西國名為五印度，以五天竺皆用此印度也，各言『我德是定』。立亦取此解也。景云：墨印者，是喻也，謂將印家之事，是楷定不改之義。喻前四大廣說為定義也。十誦律中，名四大墨印，以勘挍印定三藏聖教，一如四分四大廣說，豈曰文殊而乖其致哉！又解云：印者，信也，信文而成其事，謂承此印能成於事也。可尋十誦抄。」（三〇八頁下）【案】十誦卷五六，四一四頁上～中。

〔三四〕**若此以明**　簡正卷四：「結成有益也。若，如也。以，用也。若如前依善見，用文之意，義勢相應方取者，此則能取之心，照所取數境。」（二二五頁上）

〔三五〕**心境相照，動合規猷**　資持卷上一上：「次二句，明合教。『心』謂行心，『境』即前事。心不昧教，事非暗託，故云相照。『規猷』謂法則，即前四法、四說、四印也。」（一七一頁上）鈔批卷四：「若此以明心境相照者，以心度量聖教應取、不應取。與事相符，事即境也。謂心與境，明白的然，無復疑慮，（三〇八頁下）心淨境明，故曰相照也。動合規猷者，規者，圓也、則也、方也。猷者，法也。謂動合方法、動合法則也。應師云：自作規。規，圓也，字從『夫』、從『見』。言丈夫之見，必合規矩也。矩者，方也。猷，亦道也，見毛詩。」（三〇九頁上）簡正卷四：「所取數境，又照能取之心，故云心境相照也。『心』謂鈔主善取之心，『境』謂三藏教中與四分相應之事法也。」（二二五頁上）

〔三六〕**繁略取中**　鈔批卷四：「謂離繁離略，名為取衷。衷者，正也、善也。應師云：衷，（『知中』反。），左傳云：禁辭我衷。衷者，中、當也。」（三〇九頁上）資持卷上一上：「既無橫評之繁，條別不取，仍無闕事之略。」（一七一頁上）簡正卷四：「如四分無集僧來處之文，鈔遂廣引六本教文來補，雖繁亦中。又如四分闕持衣文，俱引十誦一文，雖略亦中。（故云繁略取衷。）」（二二五頁上）

〔三七〕**理何晦沒**　資持卷上一上：「前文所謂圖度取中，至此方彰，故（一七一頁上）非晦沒。晦，暗也。沒，隱也。」（一七一頁中）鈔批卷四：「晦是暗也，如月盡夜名晦。以暗故，其日不明，俱有魄在。猶有圓輪之相，故名魄。謂不令沒，但處暗也。如月末夜，雖無日明，空中猶有月形，但以暗也，名之晦魄。魄是陰神，魂是陽神。說文云：晦者，月盡也。朔者，蘇也。月初三，漸漸蘇醒，號月生也。謂我今作文者，其文義明顯，無有暗沒，故云也。」（三〇九頁上）簡正卷四：「『理』謂義理。晦者，闇也。沒者，沉也、淪也。心境既各虛，然義理終無闇晦，故俗中所計月缺也。盈而復缺謂之月，月初為朔。朔者，生也、蘇也。月生謂之望，望前望後。月末謂之晦，晦，由闇也。意顯上所引文，必無闇昧。」（二二五頁上）

〔三八〕**若不鏡覽諸部，偏執一隅**　資持卷上一上：「初二句，標其偏執，即同下文初師見也。『隅』即是角。」（一七一頁中）鈔批卷四：「謂不見諸部明文，直執四分一文。如下六師中第一師之執也。鏡者，明也，亦是照義。覽者，見也。」（三〇九頁上）簡正卷四：「恐有人疑『忘前既不許古人引他部文，（二二五頁上）今師著述又還引外部，莫相違否』，故作此文，遮局見之偏執也。『若不』等者，鏡，明也。覽，採也。隅者，角也。謂若不明閑，採覽他部，但依四分一文，乃是愚滯一角之小見。如下六師中初師不別也。」（二二五頁下）

〔三九〕**涉事事則不周，校文文無可據**　資持卷上一上：「『涉』下，示其過失。上句即行事闕，下句謂檢教闕。」（一七一頁中）鈔批卷四：「涉事事則不周者，謂如持衣、加藥等事。不周者，謂無文被前事，故曰不周也。謂如第一師，但手持，口不陳辭，是不周也。挍（【案】『挍』鈔作『校』。）文文無可據者，謂撿挍覓文，無可憑據也。立云，如下第一師云：我挍四分律（三〇九頁上）無持衣、加藥之文可據故，但即手持而已耳。」（三〇九頁下）簡正卷四：「『『涉』謂關涉。若不取他文，涉持衣事、集僧等事不周，以四分中無文說故也。挍（【案】『挍』鈔作『校』。）文文無可據者，挍，勘也。如有衣不加受法，結界之時不集僧，將此勘撿教文，文無准據也。」（二二五頁下）

〔四〇〕**遂師心臆見，各競是非**　資持卷上一上：「『遂』下，明自三乖諍，如手持衣藥之類。」（一七一頁中）簡正卷四：「臆，謂胸臆，即淺見也。凡所說事，不憑教文，信己情懷，名為臆見故。各競是非者，繼宗記云：一師作得三衣，但手持而已，直云『不用加法』，一師云『何不離宿』，即是受持，亦不假手持之也。手持者，謂已為是，將不手持者為非。不手持者，謂己為是，將手持者為非。（故曰各競是非。）」（二二五頁下）

〔四一〕**互指為迷，誠由無教**　資持卷上一上：「『互』下，出乖諍之由。」（一七一頁中）簡正卷四：「手持者指不手持人為迷，不手持人指手持者為迷也。此釋可以依承。若准搜玄，將僧祇通夜護衣之人，對全不加法者以解，乖文意也。」（二二五頁下）鈔批卷四：「明諸師不取他外部文者，遂即互相非斥。謂取他部者指不取者為迷，有不取者（【案】『者』後疑脫『指取者』三字。）為迷。誠，由實也。謂實由不通諸教，故曰誠由無教也。又解：誠由無教者，謂不廣識諸部之教，致使偏執，故曰也。自意云：互指為迷者，非是『取他部』、『不取他部』二人相指也。謂俱是不取他部之人，於中自互相指為迷也。謂既當律無持衣之文，名為無教。由無教故，各自師心不同，即互相指斥云『汝迷我是』也。向若有取他部者（原注：插入『者』字。），與不取他部者相指斥，則不得云『誠由無教』。取者，即是有教也。承上文意，此解相應。思之。」

（三〇九頁下）簡正卷四：「誠，實也。宗記云：謂指上之二師，互指為迷，遽相非斥者，實由無教文為據。若解依必教，能引用十誦之文，（二二五頁下）亦不手持，及不離宿之說也。（諸記中皆云『寶目四分律教之中無說處，致令互執』者，此非解也。）」（二二六頁上）

〔四二〕**若四分判文有限，則事不可通行**　鈔批卷四：「立云：四分衣鉢不足，是不得戒之限，不可取五分借衣之文。又如四分受戒，要須出家相具，此是有限。不可取十誦長髮而為受，故言不可通行也。」（三〇九頁下）簡正卷四：「謂四分文中，或有一事，律文雖有限約，且無對處行事之文。今引他部文來，限約元依四分。若向依他部文，即還成他部之事。又，准律中，或有一事，雖有限約，而無對事之文。今若取他部文來，他部中無此限約，亦須於所引文中，加此四分限約。（云云。）今指事釋。表云：如集僧篇中引十誦律可分別聚落，隨聚落界是僧寶界，補於四分行事。下注文云『齊行來處』，即十誦下文，於聚落外，加十三步分齊。此十三步分齊內人，由制令集。今若依四分聚落界，只約院相內，以為限約；院墻外邊，縱有比丘，不集無過。鈔主雖引十誦可分別集僧之文，限約無（【案】『無』疑『元』。）依我四分，但盡院相內集。若依他文，院相外十三步分齊內有人，更須集之，即還用他部文，以成他部事也。又如『離衣戒』中，引他宗四種自然護衣界，補於四分欠少。若在彼宗，但齊界體防護，以部外衣界，無勢分故。今依四分，須加勢分。故下文云：即以此量十五自然通著。（二二六頁上）今若引彼文來，不加十三步勢分，即是還用他部文，以成他部事也。」（二二六頁下）

〔四三〕**還用他部之文，以成他部之事**　資持卷上一上：「用他事者，上科所引，既號相關，乃是彼此相通之事。必若本律限齊分明，止可全取彼部，故云還用等。如僧中有緣自說，欲行僧祇事，（四分止有受轉說文，即有限故。）通結淨地，行五分事，（四分止有別結。）不應量衣說淨、行多宗事，（四分但明應量。）十三難中，犍、黃門得受。鈔云：必須勸取依餘部為受，（四分自截滅擯。）別眾食，開緣後二，〔四分有七，士（【案】『士』疑『十』）、多論僧次、五分衣時。〕自然衣界，後四，（本宗，十一洲并水道，並出他部。）」（一七一頁中）鈔批卷四：「如為長髮僧受戒，十誦許，僧者還秉十誦羯磨，以被此人，成其受戒之事。又如十誦許借衣得戒，還須秉十誦羯磨，不得用四分羯磨也。又如依祇文行事者，（三〇九頁下）即得判四錢三角成重也。」（三一〇頁上）簡正卷四：「玄云：此改（【案】『改』疑『段』。）文與前段不同。前約四分有其限分，而無對事之文，遂引他部。然雖引用，須解臨時，順四分宗而加減。今引文者，四分但有其事，若至行事之際，律且而（原注：『而』疑『無』。）文，不唯無文，亦無其義，三十一於他部文中，二處並有其文，俱堪行事，不可取一捨一。今須總引將來，任於後人簡擇行用也。」（二二六頁下）

〔四四〕**或二律之內，文義雙明，則無由取捨，便俱出正法，隨意采用**　鈔科卷上一：「『或』下，示兩存。」（三頁下）資持卷上一上：「四分楊枝不受，僧祇咽汁須受。又如，教授師壇外受衣（五分），或在眾中戒師受者（僧祇），多論須請淨主，五分但令漫標。僧祇淨主三由旬內；多論：若死、若入異國，更須別求。（下並云隨意用。）又，善見三衣穿破失法，多論緣斷等。餘自尋之。」（一七一頁中）簡正卷四：「二律者，謂離四分外，別明二律，不得將四分對他宗為『二』也。如受戒篇中，明受衣鉢時，四分不明時節，若准他部，有二種教文，各有說處。初，准五分，令教授師受前為受，後方進具。若准僧祇，令羯磨師受後為受。既言二如鳥翼，制必相隨，恐有闕衣，理須為受，是則二律具明。今鈔一時引來，任其行用。故下文云『若依諸部』，此處即為受衣鉢，或在眾中，戒師為受，四分無文，亦隨爾存。（上之『或』字，顯不定之談也。）或二經之內，文義雙明者。如僧網篇明治罰惡比丘處，四分但明七、九法，不言許王臣謫罰，然於經中，說皆不定。初，准十、論，不許王臣治罰。（二二六頁下）故下文云：若比丘內外有善相，識聞廣博，生信處多，如牛黃、石香等喻，不聽王臣治罰。次，准涅槃、大集許治，謂愚闇自纏，是非不曉，開於道俗三門者，即許治之。故鈔下文雙引將來，隨意採用也。或二論，文義雙明者。如二衣篇補治浣染處，四分但云三衣破，應令早補，而不出破相之大小。若准善見云：長邊一搩手，廣邊八指，內穿不失，餘處夷。如指爪大即失，有橫縷者不失。若依多論，但緣不斷即不失，即二論雙明。今鈔並引安文中，意顯若緣斷，即准多論；若中間破，即准見論分齊也。或一律一論之內，文義雙明。如二衣篇說藥鉢主。四分不云須請、不須請，若准多論須請，故文云應求多聞人等。若死，若至他國，更求清淨者。若准五分，於五眾中，但隨意與之。觀斯文勢，似當時漫標，不要預須定請，豈非文義雙明？今總引來，臨機酌度。故下文云：若德望高遠，不可附反，依五分用；若可召請者，必前請之。此是隨意採用也。或二律一論之內，文義雙明。如二衣篇辨淨施主存巳（原注：『巳』疑『亡』。下同。）處，四分無文。若准僧祇，齊三由旬內如存巳。若准五分，知在世在道即不失。（二二七頁上）多論云：若死至他國更求清淨者作。今鈔雙引安文中，任後人隨時而用也。」（二二七頁下）鈔批卷四：「或二事之內，文義双明者，當宗為一律，取餘三部通名一律，故云『二律』。文義双明者，且如五分、四分名為『二律』，俱受十五日、一月日之文，則是双明。任情隨當宗採用也。慈云：如四分與欲中云『受他欲已，自言我是十三難』等，不成欲。十誦則云『取欲清淨，如取時，若取竟，自言我』等，不成。今則須依當宗行事也。」（三一〇頁上）【案】本句指鈔主為解決四分律判文有限而廣采他律時，如發現所採用的二律（如五分、十誦）對同一事相互有不同時，則根據正法，靈活採用。簡正言「二律」實為四分之外的他律；鈔批言「二律」則以四分為其一，他律其二。十誦卷五一，三七三頁中。

〔四五〕**行用正教，親自披閱，恐傳聞濫真故**　鈔科卷上一：「『然』下，檢閱無濫。」（三頁中）資持卷上一上：「傳聞者，或章疏所出，或口相傳授，容有舛誤，不可輒憑，故皆親檢，使後無疑。」（一七一頁中）簡正卷四：「此段文意，上來雖已辨取文規摸，與四分義勢相關即取之。若緩急重輕不等者，即准論不取，具已委明。然更有一種之由，未曾申述：謂凡引外部，皆先披尋三藏教文，親自覆疎，書安鈔內，非謂從人傳得派爾之詞。恐有此疑，故重敘說。然者，是也。引用三藏聖教，親自手披目閱，謂鈔主欲著述，先著三遍藏經。（有處說云七遍。）都引用一百七十餘本教文，並皆一一刊定文句等。問：『縱是傳聞，復有何爽？』鈔答云：『恐傳聞濫真，故恐疑也。從人傳聞，疑有汎濫，混真正故，即蕪穢真宗之例。』問：『此文云引用聖教親自披閱，與下第十門中云：每所引用，先加覆撿，何別？』答：『此據引文補闕以明，下就本宗刪繁以說。（不同搜玄釋，此前後兩段，賓主不分也。）』又問：『此門中云：傳聞濫真，是去濫意。與第十門去濫傳真，意復有別？』答：『此簡不是從人傳聞之濫非，下辨藏教為文之濫。其理全別也。』」（二二七頁下）鈔批卷二：「親自披閱者，有二說。初說，行事時須自披尋聖教，勸後人義也；二云，此句正是自述意也。云我今取他部者，是自披閱竟，不是傳聞。故云六師中，一、二文顯也。第三師意者，四分捨戒文中但謂對狂人不成捨戒，足數文中則不明得不，其義合有律文不了。此師依十誦了文，廣明足不足之相，便用他部也。餘無此義者，此師亦不取第四師。歌聲誦戒、結淨地等文明了，而但依他部所廢，故不用。」（二四八頁下）鈔批卷四：「立云：閱者，簡也。欲明行事採用之時，須自披尋聖教。若信問餘人之言，恐有傳聞之謬也。亦云：此句正是鈔主自述意也。云我今取他部者，是自披簡竟，不是傳聞也。言親自披閱者，手

自舒卷，名為自披，眼自看文，名為自閱，故云也。」(三一〇頁上)

〔四六〕**世中持律，略有六焉**　資持卷上一上：「問：『所以此門之後明六師者？』答：『此有多意。一、彰引用三藏，並有準據；二、顯諸計通局未融；三、示今意總通六見；四、明此鈔所宗有歸。』問：『所以唯標六者？』答：『前伐（【案】『伐』疑『代』。）已來弘唱，雖多取其建立，不出六見，故標六種。攝無不用，師資相傳，至唐不絕，故云世中也。列示中。問：『第二與第三阿（【案】『阿』疑『何』。）異？』答：『第二師但見缺文，直取外部。第三不爾，先求本部之義，後引他文，意顯事出己宗，不乖本趣。今鈔所取，意亦同之。』(一七一頁中）問：『第四師意復有何別？』答：『前雖取他，不敢廢本。此師不黨，以理為長。』」(一七一頁下）簡正卷四：「謂從元魏朝初（二二七頁下）興四分至今，於中有引用他文、或有不引用者，故於此辨通局。又，自古諸師，其數雖多，若見解異同，莫過六意也。」(二二八頁上）鈔批卷四：「佛法東流已來，此土諸師，雖各執不同，古今師匠，人雖無數，不出此六，攝云（原注：『云』疑『之』。）得盡。有云：其第一師雖不取他部，亦是一家道理，不可判其云是非法矣。」(三一〇頁上)

〔四七〕**唯執四分一部，不用外宗**　簡正卷四：「列六師也。第一最局。」(二二八頁上)

〔四八〕**如持衣、說藥之例，文無，止但手持而已**　鈔批卷四：「文無等者，南山闍梨云：然四分一律，衣鉢加受之文，文中缺者，以覺明論士誦本東傳。(三一〇頁上）云至於當時，隨出便寫，貴存一本，無暇覆疎，尋復返西，此無行用，故多缺也。十誦番弘（【案】『弘』疑『訖』。），當已隨缺，譯者問之，故文繁矣。」(三一〇頁下）簡正卷四：「注文『如持衣』等例者，謂四分無持衣、受藥之文，蓋是欠少。此師見律無文，便云『若比丘作得已衣，但頂戴手持既成，不必有其詞句』等。」(二二八頁下)

〔四九〕**當部缺文，取外引用**　簡正卷四：「此師見四分云『若疑，應捨已更受』，即知欠闕持文，即解取十誦加法之文補於四分行事也。繼宗記云：然此師於四分無文有事，解取他部相當文來，望初師即稍通。若四分有義無文，即未解取他部文來補闕，又似狹局。或有釋云：此師雖解引文，未解取外部義也。(此釋甚非。若論其義，非關此門之意也。)」(二二八頁上)

〔五〇〕**當宗有義，文非明了**　簡正卷四：「此師見四分有義無文，善解取他部文來補闕，望前第二又通也。」(二二八頁上)

〔五一〕**狂顛、足數、睡、聾之類**　鈔批卷四：「謂四分捨戒文中，但謂對狂人不成捨戒。足數文中，則不明得不。其義令有律文不了，此師則依十誦等了文，廣明足不之相，便用他部也。餘無此義者，此師亦不取也。」（三一〇頁下）

〔五二〕**此部文義具明，而是異宗所廢**　鈔批卷四：「立云：此是四文（【案】『文』疑『分』。）之師便依他外部，廢四分之歌聲結淨地等也。但依他部所廢，故不用歌聲及結淨地等也。」（三一〇頁下）簡正卷四：「此師取文，又大過分，背宗取異故。」（二二八頁上）

〔五三〕**兼取五藏**　資持卷上一上：「五藏者，四阿含外加一雜藏。（長、增、中、雜，是為『四含』。雜藏者，分別功德經云：非人、弟子、諸天所說，或說宿世因緣、三無數劫菩薩所生，文義非一，故名雜藏。阿含此翻『法歸』，謂眾法所歸也。）」（一七一頁下）鈔批卷四：「謂四含及雜藏為五也。礪云：集一切長經為長阿含。二、謂集一切中經為中阿含；從『一事』至『十事』、從『十事』至『十一事』，為增一阿含；又云『一』上加『一』，故言增一。雜比丘、比丘尼、憂婆塞、憂婆夷、諸天，雜帝釋、雜魔王、雜梵王，集為雜含。此上有四含也。又如善因緣經、方等經、未曾有經、譬喻經、憂婆提舍經、句義經、法句經、波羅延經、雜難經、聖偈經，如是集為雜藏。此謂結集三藏家作此次第，出在律文明也。首律師疏引多論云：此諸天、世人，隨時說法，集為增一。是勸他人誦習，為利眾生，（三一〇頁下）說諸深義，名中含。是學問者所習，說種種隨禪法，是雜阿含；是坐禪人所習，亦名相應阿含。破諸外道，是長阿含，說諸外道事也。又如分別功德論云：結集之時，阿難思惟，契經大本，義分四段。何者？文義混雜，冥（原注：『冥』疑『宜』。）當以事理相從，大小（【案】『功德論』中此處有『相』字。）次：第一『增一』，次名曰『中』，第三名『長』，第四名『雜』。解云：以一為本，次至十一、二、三，隨事增上，故曰增一阿含也。中者，不大不小、不長不短，事處中道，故曰中阿含也。長者，說久遠事，歷劫不絕，本末原由，事逕七佛，聖王七寶，故曰長也。雜者，諸經斷絕，難誦難憶，事多雜碎，喜令人忘，故言雜也。言雜藏者，非一人說，或佛說，或弟子說，或諸天贊頌，或說宿緣、三阿僧祇菩薩所生，文義非一，多於三藏，故曰雜藏。」（三一一頁上）

〔五四〕**如長含中，不令更試外道**　簡正卷四：「准四分律文，因跋難陀度外道出家，受戒已後，卻歸本道，又更重來。佛言：『此人內外俱破，故不許度。若但破外，來投內者，即先四月試之，觀其所以，察其所由。若心專正，方許度也。』

後准長含中說，佛度裸形，迦葉、諸比丘亦准前，四月試之。迦葉云：『我今任經四歲試之，心終不退。』佛言：『我曾有言，乖觀其人耳。』後度須跋陀之時，佛言：『阿難，我涅槃後，若有外道出家，勿更四月試之。若小，稽留也。』恐生本見故，所以律無不試之文。此第五師，引彼長含，補於行事。」（二二八頁下）鈔批卷四：「彼長含經則令直度，恐後異計，不須試也。其緣如長阿含抄所說可尋。（云云。）律中所以令試者，南山闍梨云：諸見外道，我倒未亡，忽爾發心，歸投大法。若不試練，輒與受具者，性既未調，恐返成難。且為沙彌，四月同住，以事陶冶得信，方開為受。」（三一一頁上）

〔五五〕**終窮所歸，大乘至極**　簡正卷四：「第六師終窮等者，此師最通也。」（二二八頁下）

〔五六〕**僧坊無煙**　簡正卷四：「楞伽經云：若有僧伽藍舍，烟火不斷，作種種食，是名不淨食。如實修行人，不應食此食。（二二八頁下）又云：酒、肉、葱、蒜、薤、葷之屬，悉不嘗之。」（二二九頁上）【案】入楞伽經卷九，五七三頁中。

〔五七〕五辛　簡正卷四：「慈、葱（胡葱是也。）、三萬蔥（即山葱。）、四大蒜、五興渠者。有多釋。若准菩薩戒疏云：『興渠』是梵語，此翻『芸薹』，或云『阿魏菜』；或有解云，即『老考子』也；更有解云：葉似韮，根似蒜人；又云：根似馬鞭，葉如馬蹄，云『京芥』；或云此土無，但存梵語耳。諸說不定，未可的指也。」（二二九頁上）資持卷上一上：「五辛者，葷菜也。（『葷』謂臭氣，一蔥、二薤、三韭、四蒜、五興渠。）除初師外，下五注釋，並見諸篇。第二師，文見衣、藥兩篇。第三，見足數。第四，見說戒、四藥。第五，見沙彌。第六，酒、肉、五辛，見四藥；八不淨見釋相。並如後引。」（一七一頁下）

〔五八〕八不淨財　簡正卷四：「謂田宅園林、種殖根栽、貯畜穀帛、畜諸僮僕、養繫畜生、錢寶重物、像今飾床，及諸重物。涅槃經中名八毒蛇。十餘處文，悉皆禁斷。」（二二九頁上）【案】大般涅槃經疏卷一〇，九八頁中。

〔五九〕**此等六師，各執正言，無非聖旨**　資持卷上一上：「上句總牒，次二句是『縱』。」（一七一頁下）簡正卷四：「謂上六師執見雖異，皆是真正之言，無非佛意。但申見解通局，故有六種不同。」（二二九頁下）【案】「無非」：沒有不是，都是。「聖旨」：聖教旨意。

〔六〇〕**由通局兩見，故有用解參差**　資持卷上一上：「下二句即『奪』，謂在教皆正，因人有殊。言通局者，初，約大小：前五局小，第六通大小；二、約三藏：前四局律，後言通經論；三、就前四，本異分別：第一局本宗，後三通異部；四、就後三，取捨分別：第二、第三取他成本，故局，第四捨本從他，故通；五、就二、三，融隔分別：第二缺文，直取則部類相隔，故局，第三有義方求，則彼此相融故通。若約相兼，明通局者，初不兼後，故局；後得兼前，故通；中間兩望，則含通局。」（一七一頁下）鈔批卷四：「立云：其第三、第六師是通，第一師是局也。其第一、第二相望，初則是局，第二曰通，乃至第六師最為通也。第五師更進節耳。阿含等經，所見更長，第四師也。」（三一一頁下）簡正卷四：「初師唯局，後師唯通，中間四師，相望通局。搜玄云：初師但執四分為局，二師取外引用為通；二師取文未足為局，三師廣引為通；三師但須宗明義為局，四師異宗瘕己為通；四師雖取異宗太過，又未兼經部為局，五師兼取五藏通；五師雖取五藏，猶是小乘經教為局，六師終窮至極為通。通局不同，故云兩見。（不同諸家錯解。思之）。參（『初今』反。）差（『惻居』反。），已上六師通局，所執不同，見解既有短長，（二二九頁上）蓋是不齊之貌也。」（二二九頁下）

〔六一〕**此鈔所宗，意存第三、第六**　資持卷上一上：「第三在律，為當識宗旨故。第六於三藏，為當知所歸故。上明正宗二師。」（一七一頁下）簡正卷四：「宗歸長見也。意存第三、第六者。玄云：第三師用解律文意足，第六師兼取大乘意足。此二最長，故鈔存也。」（二二九頁下）鈔批卷四：「申此二師既用外部是通見，故取也。其第三師為本，文不明了，而有足數之義。今欲取外部明文，將用顯本文之意，故須存此師也。其第六師，謂本文闕禁魚肉，今取涅槃後制，從今日去不得復食一切肉也。故知出家之人，宜修四等，亦欲明四分是大乘宗，皆共成佛道，故復須存此師。由此二師所見最長，故用為宗，故言意存第三、第六也。」（三一一頁下）

〔六二〕**餘亦參取，得失隨機，知時故也**　資持卷上一上：「『餘』下，示參取餘四。如結淨地，取第一師。業疏云：如鈔序中小持律也。持衣、加藥，直言說戒，廢試外道，下並用之。然於餘事有不取者，故云『參』耳。『得失』謂考其可否，『隨機』謂摘其時要，『知時』即祖師自謂。一取一捨，皆合宜故。聞（【案】『聞』疑『問』。）：『第六既是所宗，何以今鈔不廢淨地？』『若爾，合歸參取，豈是正存耶！思之。』」（一七一頁下）鈔批卷四：「參，由同也，亦云雜也。謂除初一師、次第三，除第六，此三取捨已定，自外所有三文亦參取，故云餘亦參取也。得失隨機，知時故者，立（【案】『立』後疑脫『云』字。）：此明鈔家之意也。謂上諸師若是得者，我今則取；若是失者，我今則不取也。此明諸執見不同。若取外文用者，名之為得；不取外文者，名之為失。言隨機者，得失俱名隨機。取外用者，名為隨機而得；若不取者，亦是隨機，名失也。（三一一頁下）以此得失取捨，並是隨於機宜，然以用須時故也。」（三一二頁上）簡正卷四：「此第三、第六之外，更有四師，或機要時宜相當，亦參雜而分取也。得失者，寶記云：第二、第五是得，第一、第四是失。第二得中，有取、不取，如中、下根須得，持衣、加藥之文即取。若上根面王，不畜餘衣，亦不要加法，文即不取。第五得中，有取、不取。若外道捨邪歸正，定不須四月試試（原注：『試』字疑剩。）之。若恐心未專，亦須四月觀之，即不取也。第一是失，有取、不取。如今一類比丘須得，受持衣法即不取。若似上根不要，即乃分取。第四是失，有取不取，若中、上機，須得淨廚安食；閑綏之時，須歌詠聲、念戒，不取。若上根人，但長乞食，不要淨廚，或盛夏嚴冬，戒文尚乃略之，豈更歌聲吟詠？亦須分取也。（搜玄記中解此一。上且申正義也。）隨機者，謂隨上、中、下等機，及外道之根機也。知時者，謂宜也。（玄記云隨六師機宜者，非也。）今文通釋四師中，得取、失不取，隨機取、不隨機不取，知時取、不知時不取也。」（二二九頁下）

第五，文義決通意〔一〕

夫理本絕名，故立名標其宗極〔二〕；名隨事顯，故對事而備斯文〔三〕。

然考斯律藏，言事並周〔四〕，但為年代渺邈〔五〕，聲彩靡追〔六〕，法為時移〔七〕，事多殘缺〔八〕。加以五師捃拾，情見不同〔九〕；重由翻譯失旨，妄生構立〔一〇〕；又為鈔寫錯漏，相承傳濫〔一一〕。

所以至於尋究，紛慮良多〔一二〕。今總會之，以通其大見〔一三〕。

若文義俱闕，則可舉一以例諸〔一四〕。或就理有，而成前事〔一五〕；或在文雖具，而於義有闕，便以義定之〔一六〕。故論言「以理為正〔一七〕」故也。或義雖必立，當部無文，則統關諸部，以息餘謗〔一八〕。

然文義決通，誠難廢立〔一九〕。自非深明律相、善達開遮〔二〇〕，不然便有累於自心，固無益於他境〔二一〕。故律云：文義俱同、文同義異、文異義同、文義俱異〔二二〕。具舒進止，不勞敘釋〔二三〕。

然決判是非〔二四〕者，必總通律藏之旨，并識隨經之文〔二五〕。如上六師所明，乃可究斯教跡〔二六〕。故十誦云：比丘有三事決定知毘尼相〔二七〕，一、本起，二、結戒，三、隨結。應思惟觀察二部戒律〔二八〕，并及義解〔二九〕、毘尼〔三〇〕、增一〔三一〕；開遮輕重〔三二〕：如五大色是不淨，遮〔三三〕；非色，淨，不遮〔三四〕。如是等，籌量本末已用〔三五〕也。明了論亦云：比丘能知五相，名解毘尼，不看他面〔三六〕。文略同上，廣如彼說〔三七〕。

【校釋】

〔一〕文義決通意　資持卷上一上：「文義決通，言通『能』、『所』。『所』則有三：一、文義俱闕，二、文具義闕，三、義具文闕。（一七一頁下）『能』則有二：一文，二義。義復分三，兼理及例，別開成四，捨『別』從『總』，但云文義。然此一門，從能為目，因前三闕，學者疑壅，故以此二，疏決令通。」（一七二頁上）簡正卷四：「第五門，分二：初，標言『第五文義決通意』者，來意謂前雖用他部相應之文補此四分闕少，或有一事，復是今時要用，三藏聖教，文義俱無，不可拱手而沐，故須約義補闕，故次辨也。次，釋名者。文者，謂『能詮』之教文；義者，今師之義；決者，擇也；無『壅』名通；意者，意指。此中文之與義，主句不同依。若諸家對此，即有四句。若文闕，將文決文；若義闕，將義決義；有文無義，將義決決（原注：『決』字疑剩。）文；若有義無文，將文決義。或依繼宗記，對此但立兩句：一、有文無義，即將義決文；二、若有義無文，即將義決義。若下文，文義俱闕，但是舉例決通。（不得言『將文決文、將義決義』也。）若就理有而成事，即名就理決通。（不得言『將文決義』等云。）今詳茲二說，各是一途，究理尋源，並無妨礙。門（原注：『門』字未詳。【案】『門』疑『次。』）第所解，道理極明，且不要論，只如初釋。『於四句中，將文決文，將文決義。既還用文，莫濫他第四門意不？』答曰：『不然。此中雖云用文，蓋是相似之文類例，以義意而用，即義補中收，且非正當之文，何得有濫！凡欲約義決擇，先須引聖教之文。若不引文，如何取義？故須據文中之義，（二三〇頁上）顯非臆見之談。進退評量，相同明鏡。思之。』（上双明之，隨情引用也。）」（二三〇頁下）鈔批卷二：「此文來意，前門中云有義無文，無文有事，今則決通元（【案】『元』疑『無』。）意，故下引『年代眇（【案】『眇』疑『渺』。）邈』等。」（二四九頁上）鈔批卷四：「勝云：緣前第四取諸部文意門云『有義無文，無文有事』，今則決通無意也。故下引『年代眇（【案】『眇』疑『渺』。）邈』等，則知其義識文缺之由，故曰決通。又如下文，文同義異等，亦須決通文同義異之意。然此決通之義，或有就諸部決通，或於當部文中，上、下自相決通也。」（三一二頁上）【案】「決通」文分二：初，「夫理」下；次、「然考」下。

〔二〕**理本絕名，故立名標其宗極**　資持卷上一上：「初句，示理體。言理有二（【案】『二』疑『三』。）：小乘有部，唯說生空；四分假宗，則兼法空，並名權理；大教則指常住真性，名為實理。當分過限，二意通之。然斯二理，體唯真寂，名字莫詮，言說叵及，故云絕名。次句明立教。『名』即是教標示也。美於理體，故云宗極。『宗』則萬化之同歸，『極』謂諸法之源底。通論名教，咸詮真理。羯磨序云：大教膺期，指歸為顯一理，故使高超輪梵之典，迥殊儒道之書。人天獨尊，良由於此。」（一七二頁上）鈔批卷四：「此明真如至極之理，本絕名言，言語道斷，心行處滅，離四句，絕百非，寂然常住。何名言之所有？故曰理本絕名也。然非至理絕名，今一切萬像，皆不離真理，亦本絕名，但是假名而已也，故立名標其宗極，此謂將名召於理也。且如一切名字，皆詮於理。然真理雖絕名言，要假名言方能識理。如月雖非指，終假指以見月。今若不標名，莫知理之至極。如作真如、涅槃、實際、彼岸、安樂、解脫，並是假名。若不立此名，將何詮無相之理？亦如三藏教法，隨緣詮理，如毗尼名，詮於行相，即戒之宗極也。修多羅標定宗，毗曇標慧宗，此並立名，標於宗極。據理而言，實言說之得也。（三一二頁上）今世中方像，亦體離名言。然假立名，以標其體。然實性皆非名言，故肇云：物無當名之實，名無得物之功。此上皆是將欲明其對事備斯文，故且作勢，約理而來，舉本令知其末也。」（三一二頁下）簡正卷四：「理本絕名者，初總釋，次別釋。且總者，謂性空理上，本絕名言，離四句，絕百非，不可以智知，不知（原注：『知』字疑剩。）可以識識。諸法寂滅相，不可以言宣。（故曰理本絕名也。）今為顯斯至極之理，假立等『涅槃』、『真如』之號，以表宗之極處，（故云立名標其宗極也。）次，約律說者，謂真如理上，本無淨戒之名，（故曰理本絕名。）若不立名，無由顯其戒德，為令識相防護，改惡從善，故向真理之上，假建立此淨戒之名，為比丘萬行之所歸，宗途極處。（故云立標其宗極也。）」（二三〇頁下）

〔三〕**名隨事顯，故對事而備斯文**　鈔批卷四：「立云：如唱涅槃、真如之名，此名約世俗中事相而立。對事假作此名，詺於真理，約事建名，故曰名隨事顯也。無名相中，假名相說也。勝云：名隨事顯者，且如指色是空，利根之徒，於斯見理，鈍根之類，於斯還迷，故色中分色、聲、香、味、婬、盜、殺等廣示名種，於此即被斯文。又云：名隨事顯者，事即情、非情事也。對此之事，約為名也。此是假名世諦之法，以眾生計是有，故佛隨其所計，即約所計之事，以立事之名也。故對事而備斯文者，如對三衣事，即有受持衣文；對結界事，即備結界文；如對婬、盜等事，即有五篇七聚之文；對安居事，即有安居之文來也。」（三一二頁下）資持卷上一上：「上明依理以立於教，下明教興必從於事。事即世諦。隨世假名，立教詮理。所謂如來說法，常依二諦是也。斯文之言，通含一化，所以下文別指律藏。問：『律文詮事，應非顯理；經論詮理，應非隨事？』答：『統明佛教，託緣而興，無非對事，皆為顯理。但藥病相對，不無親疏，故分三學，對治有異耳。』」（一七二頁上）簡正卷四：「謂行無別號，隨事顯名。如制止婬、盜等事，制作衣、鉢等事，聽作房、衣等事。如此事既多，名亦非一，皆隨善惡境事而顯，故對此事，而有斯文也。」（二三〇頁下）

〔四〕**然考斯律藏，言事並周**　資持卷上一上：「初科，初二句敘教本具周。斯律藏者，且據所弘，四分一部，言即能詮，事謂所詮。」（一七二頁上）鈔批卷四：「考，由定也。律藏者，藏是藴藏為義，謂藴積眾旨，故名為藏。非藏無以藴文義也。謂八十誦，通名律藏，明佛制戒，所被時機，滅後結集。（三一二頁下）言周事足，謂律中言教，對事對法，俱周備足，故云言事並周。今不周者，由年代渺邈等，即是出不周之由也。由有四事：一、年遠；二、五師捃摭；三、翻譯失旨；四、抄寫錯漏。為斯緣故，所以相承傳濫也。」（三一三頁上）簡正卷四：「斯律者，即是上來名隨夷顯之律也。『言』謂能詮言教，『事』即所對之事。周者，定也。大聖降生，本為說法，化度有情。被及前事，只是夏中受日事上，便有五種。言事並周，短緣七日，次半月，更三十夜九（原注：『夜九』疑倒。），及事訖之文。（二三〇頁下）又如羯磨，有心念、對首，中間直白、白二、白四。以此推之，教文本來，已自周備也。（云云。）」（二三一頁上）【案】「然考」下分二：初，「然考」下；次，二、「所」下。

〔五〕**但為年代渺邈**　資持卷上一上：「『但』下，正明遺缺，有四意。初，示正意。上二句明法聖時遙，次二句顯法隨時變。此約四分結集之時，即當佛滅一百年後，故云渺邈，即遙遠也。」（一七二頁上）鈔批卷四：「渺邈是深遠之貌也。明大聖收光，千有餘歲，教流東土，六百餘年，故曰渺邈也。」（三一三頁上）簡正卷四：「欲釋此文，應先問曰：『教文既自周備，皆是佛之所宣，何故今日事法，卻有疎遺？』更有用今師義，決可引鈔，答但為等。（云云。）季是周朝之號。代者，世代。子繼父為一代故。渺邈者，說文云：遠視貌也。

以今望佛在世，曰名綿遠故。」（二三一頁上）【案】時移，改變、失落、殘缺之因，使律分為五。

〔六〕**聲彩靡追**　資持卷上一上：「『聲』謂言音。『彩』謂好相。靡追，猶言莫及也。」（一七二頁上）鈔批卷二：「謂佛說法，必假言聲。聲者，教也。采者，色也。即佛身微妙色也。」（二四九頁上）鈔批卷四：「『聲』謂如來在世之時，聲教流布三千，故云聲也。又云：明佛說教，體必假言聲。聲者，教也。采者，色也。明佛說教，教益廣大，教有光澤曰采。故論語云『德潤身、富潤屋』是也。又，采者，如來具四八之相，光采如金山，人天瞻仰，有色可觀，名之為采故。『聲』屬佛之言教，『采』謂如來色身。靡，由無也。大師去世時淹，如日久沒，斯之聲采，難可見聞，故曰也。」（三一三頁上）簡正卷四：「聲者，音聲。彩者，光彩。靡者，無也。追者，及也。意道：從佛滅後至今，季代綿遠，不觀如來三十二相之光彩，不聞說法之音聲。追，攀無及也。」（二三一頁上）

〔七〕**法為時移**　鈔批卷四：「明佛滅度，年代既遐，時有遷謝，法亦隨流，因多失落。即羯磨序云：人既從緣，法寧證正是也。且如商那和修，道高四果，德跨九居，及歸物故，教隨那滅。文云七萬七千本生諸經，滿足二萬阿毗曇藏，具足八萬清淨毗尼。和修既終，法亦隨滅。又賓云：近時西國有王暴惡，毀滅佛法，一時蕩盡。（三一三頁上）有一長者，薀信情深，慨世無僧可用供養。忽於道路遇一老僧，形儀瓌偉，即請還家，設純乳粥。僧食一口，頻眉悲慘。長者怪問：『粥不好耶？』其僧報言：『長者識我以不？我是佛子羅睺羅也。所以悲者，今此乳粥，雖是純乳，自覺其味不如佛世純水煑粥，其味勝此。佛在之水，勝今之乳。我思此故，故以悲耳。』然佛子羅云，據聖教中，無涅槃處，今猶尚在，有緣時現，鬚髮霜白。西土來人，傳之云爾。」（三一三頁下）簡正卷四：「為，被也。移者，遷移。法被時所遷移，日漸一日，如毱多問尼之例，其時百歲尚然，何免至今？去聖時已更遙，所以事多殘缺也。（已上且是一重。）」（二三一頁上）

〔八〕**事多殘缺**　鈔批卷四：「法本被事，今法既不足，故事有缺也。即如四分無持衣等文，不能辨前持衣之事，故曰殘缺。」（三一三頁下）

〔九〕**加以五師捃拾，情見不同**　鈔批卷四：「方言云：捃謂拾掇取物也。亦云：捨遺曰捃。景云：如來在世，及滅後百年之前，而情無異見。及百年之後，五師異見，各於大毗尼藏採捃同己見者，集之為部。不同，置之不錄，故有五部之差。然五師者，古德相承，皆言並是毱多弟子，然無教可准。今詳五師，非全毱多弟子也，亦有是者，亦有非者。案宗輪論，五部名字流出之處，各別不同，豈其教主皆毱多弟子也！昔經論未具，古人浪判，由未達部執之原，妄加決判也。」（三一三頁下）資持卷上一上：「五師相付百年已來，如來在日親宣之事，莫能反追，教逐時訛，故有遺缺。如優波鞠多問尼佛在日事，及令魔現佛，斯可證也。『加以』下，三種，並是兼意，故例標重增之語。捃，『居運』反，採掇也。前云隨其樂欲，成立已宗，故不樂者，則捨而不存，故有缺矣。上二，並是西土結集之差。」（一七二頁上）簡正卷四：「加者，重也。於前非上，更增此重，故云加以。捃，（去聲），摭也、拾採也，不次取文故。五師者，曇無（【案】『無』後疑脫『德』字。）等（云云）。由其百載之後，五師情見各殊，乃於大藏毗尼，捃摭採拾與已見解相應者，自作一部，或樂八十錢成重、或樂五錢結重。（不許云四錢三角，以是根本僧所故。）或癡淨地直聲念戒等。因茲教法，又見陵夷。（此二重也。）」（二三一頁上）【案】參見上文「五師異執」注。

〔一〇〕**重由翻譯失旨，妄生構立**　資持卷上一上：「下二，即明此方翻傳之失。業疏云：覺明論主誦本東傳，至於翻時，隨出便寫，貴在一本，無暇覆疏，尋復返西。此土行用，故多缺耳。又結淨地，四句成白。疏云：此是結集缺文，（同上二意。）或是覺明漏誦，又可竺念遺筆。（同後二意。）此中欲顯決通，先明殘闕。殘闕之由，不必一致，故以此四，詳而求之。然亦不須舉事強配。」（一七二頁上）鈔批卷四：「如昔有外國三藏來至此方翻譯，欲翻『師子奮迅三昧』。此土三藏不解其語，二彼俱不相解，所以外國三藏即將水洒猧。猧即奮迅，示云如此事也。因茲，此方三藏乃悟之識，即云為『拜三昧』（土沙，『駭殺』反。）。後進英達，改之名為『奮迅三昧』。據此以言，翻譯大難，故容有失指也。且以儒學古文變猶紕謬，世人今語傳尚參差，況凡聖殊倫、東西隔域！要識梵言，乃閑正譯，薄閱蒼、雅，粗諳篆、隸，方能翻謂（原注：『謂』疑『譯』。）也。言搆者，架也。既由翻譯失指，即自搆立其法，出自胸臆，故曰妄生搆立也。濟云：然亦不欲說古人之短，但古人翻譯失處不無。至唐三藏譯經，稍盡義理，且如維摩舊本『毀譽不動如須彌』，今垢（原注：『垢』疑『譯』。）則言『八風不動如山王』。『毀譽』乃是八家（【案】『家』疑『風』。）別名。當其二數，脫餘六種，豈得稱能！亦如諸經之初，古本皆言『佛在舍衛』等，據其梵本，皆有『薄伽』之字，譯人略之，直言『佛』也。故佛地論云，謂『薄伽』，聲依六義轉也：一、自在義，二、熾盛義，三、端嚴義，四、名稱義，五、吉祥義，六、尊貴義。如有頌云：『自在熾盛與端嚴，名稱吉祥及尊貴，如是六種義差別，應知總名為薄伽。』（三一四頁上）長行釋云：謂諸如來永不繫屬諸煩惱故，具『自在義』；涅槃智火所燒練故，具『熾盛義』；妙三十二大士相等所嚴飾故，具『端嚴義』；一切殊勝功德圓滿無不知故，具『名稱義』；一切世間親近供養咸稱嘆故，具『吉祥義』；具一切德常起方便益（原注：『益』上疑脫『利』字。），安樂一切有情無懈廢故，具『尊貴義』。或破壞四魔怨故，名『薄伽梵』。然此一名，總稱眾德（原注：插入『德』字。），是故經首皆置此名。或云『婆伽婆』、『婆伽畔』，皆梵音一轉聲也。真諦三藏譯經，多分雙著，言『佛婆伽婆』，有其四句：一、是佛，非婆伽婆，即二乘無學，證二涅槃，故名為佛；不修功德，故非婆伽婆。二、是婆伽婆，非佛，即大菩薩修諸功德，未涅槃故。三、俱非者，即凡夫人，若單言佛，即濫二乘，若單言婆伽婆，即濫菩薩，若雙置者，無前二濫。然梵本中單言『婆伽婆』，真諦義加『佛』字，故唐三藏皆單『薄伽梵』也。古人就省直置『佛』者，豈非失他爾許義意！故云重由翻譯失旨也。」（三一四頁下）簡正卷四：「翻譯失旨也。（二三一頁上）於前非上，更加此一，故云重由也。『翻』謂翻彼梵書以就唐之餘字，『譯』者譯彼梵語以就此土秦言，據斯翻譯各殊故。或有解云：譯者，轉也。謂轉域外之語，與此乖違，故云失旨。如善見云：摩夷者，譯為二部波羅提木叉，即將梵語翻梵語。又摩夷是論，波羅提木叉是戒家所感之果也。妄生搆立者，謂翻時不體彼意，但以自己情懷構置竪立。如袈裟翻為臥具，略取其相，失其指也。」（二三一頁下）

〔一一〕鈔寫錯漏，相承傳濫　鈔批卷四：「且如四分一部之文，文皆缺少者，以覺論士（【案】『覺』後疑脫『明』字。）誦本東傳，至於翻時，隨出便寫，貴存一本，無暇覆疎，尋復返西，此無行用，故多缺也。」（三一四頁下）簡正卷四：「於前『三失』之上，更加此一，故云『又為』也。執筆抄文，上於帋素，故云抄寫。文字差殊為『錯』，全行全句脫名『漏』。有未翻時錯，即梵筴本錯；或正翻時錯，如唐三藏譯婆沙論了，付光法師講，覺文不次，遂白三藏知，尋撿梵文，果欠一葉不翻；或翻了錯，即今抄寫時也。今將錯設，莫越三般：一、字同聲異錯。如說戒中，對同犯者發露，即當（去聲呼）懺悔，古云即當（平聲）懺悔。又如相（平聲）、相（去聲）、樂字，通三呼；行字，通四音；度（去聲）、度（入聲）、（二三一頁下）差字，通四音等，皆是字同聲異也。二、字異聲同錯。如『訃請』字，與奔『赴』字別而聲同（云云）；又如『毼毼羅』字，與巾『帽』字同音也。三、體別義殊錯。如三衣中，引（【案】『引』疑『此』。）律明大衣量至十九條，云若復遇（原注：『遇』疑『過』。）是亦應畜，律文錯書『不』字等。（云云。）相承傳濫者，一本傳虛，萬人宗濫，寫『烏』成『馬』、『魚』成『魯』，『涅槃』為『七大』等，並是茲茲（原注：『茲』字疑剩。）例也。」（二三二頁上）

〔一二〕**至於尋究，紛慮良多**　鈔批卷四：「『紛』是紛紜，『慮』是疑慮。欲明上既備此諸失，若至尋究時，心地紛紛，意中疑慮，於事不決，於義莫知，疑滯鎮（原注：『鎮』疑『填』。）心難決通也。」（三一五頁上）資持卷上一上：「『紛慮』謂心想之亂。」（一七二頁中）簡正卷四：「由上來遭斯四種殘缺，教文不同。所以至於急要行持之時，當部不說，披撿諸教，又乃無文，遂致紛紜，使學者情懷思慮非一，故曰良多。由茲生起，決通之意也。（繼宗記中，約古師思慮良多等，云云。）」（二三二頁上）【案】「所以」下分三：初，「所以」下；二、「若文」下；三、「然文」下。

〔一三〕**今總會之，以通其大見**　資持卷上一上：「總會者，以三種條例收一部遺缺，後學披覽，不滯一端，故云通大見也。」（一七二頁中）鈔批卷四：「立云：律藏雖互殘缺，皆由五師情見不同，抄寫錯脫等。然其大藏，原本是一，今則會之。若文足者，以義補之。若當部文不足，則取外宗。若彼此俱無其文，則義通決例。不同諸師局執，不能通見。今我會通，名為大見也。又解，通大見者，即如下明。文義俱闕，則舉一以例諸，名為通大見也。又或理有而成事，亦是通大見也。又如，或在文雖見，於義有闕，便以義定之，亦名通其大見也。有人解云：通大見者，由前五師情見不同，不名大見，但名小見，今會五為一，是為大見也。又，自意云：五部之律，言義鉾盾，輕重相乖，不可以情通，不可以意解。古來執諍，連代不消，今總會通，故言為大見也。」（三一五頁上）簡正卷四：「總者，對『別』立名。『會』謂和會。『之』者，語詞。以，由用也者。『大見』簡偏局之小執也。今師以義決擇，令行事俱通，與大毗尼不引（【案】『引』疑『反』。）也。」（二三二頁上）【案】總會，基於四分律藏，融通諸本異見。通大見，大見，即從諸部律藏會通後得到的基本精神、旨意和結果。五部之律，或有言義矛盾、輕重相乖之處。此不可以情通，不可以意解。古來執諍不斷的原因，是因為不通會通，不識其同。如若會通，即能現其大見。

〔一四〕**若文義俱闕，則可舉一以例諸**　資持卷上一上：「初至『前事』，即第一俱闕例。前史（【案】『史』疑『文』。）有者，一例二理。例中，如律無『解戒場法』，例三小界，翻『結』成『解』；諾（【案】『諾』疑『又若』。），律無『受七日法』，例半月眾法白文立之。又，無『請二師文』，例準『請和尚法』。此據作法釋也。又如，破白讀羯磨，舉誦戒為例；忘不持衣往會不及，以長衣開忘為例；牒多緣受日，以懺殘多罪同法為例；惡心解界不成，疑界不得重結，並以淨地為例；三種安居，以三品缽為例。〔上是本宗，下引也（【案】『也』疑『他』。）部。〕明相會夏，以僧祇護衣為例；安居依閏，以多論受雨衣為例。此約行事釋也。」（一七二頁中）鈔批卷四：「立云：如非時食戒，則無開文，復無開義。此一既爾，餘戒例然。又如初戒，被怨逼，三時無樂不犯，是有文義；若云三時有樂，開不犯，是無文義也。又如大妄語戒，出家之人，言須稱實，內無道分，誑他得聖，制其重罪，言了結犯。若云言了不結犯者，則文闕義亦闕也。深云：如僧祇中有『尼寺不得畜女淨人』等，此律則文義則（原注：『則』字疑剩。）俱闕。又如大集『苦使不得過兩月』，又如多論『違王制者，吉羅』，又五分『不相識人，不許雲霧暗中為受戒』，四分並無文，其義復闕。今此則取餘部文，決通此律也。又如看病具德，須三衣賞勞，是有文義，若無德而將賞者，在文不許，於理撿括，亦不合賞，故曰文義俱闕也。」（三一五頁上）

〔一五〕**或就理有，而成前事**　資持卷上一上：「此謂無例，道理合然。如此界僧為別處三寶病緣及僧次請，皆開受日。又，當日出界遇難，義判得夏。又，十六遮中，負債人準理得戒。此等並無文義及例，故云理也。又，說、恣中，前後梵唄，偈詞唱告，上座誡敕不出教文者，及受戒中，開示境心，威儀安慰。正羯磨時，白告、警策等，亦名理有而成前事也。」（一七二頁中）鈔批卷二：「如持衣、說藥之例，義理合有，而成其持衣之事，故取十誦文，成此部持衣事也。」（二五〇頁上）鈔批卷四：「立云：如本法，尼往大僧中受戒，無請戒師之文，以義理合有，則須依理請之，成於受戒之事。又如二百五十戒，律中列二十六戒有境想，餘戒不列，理合有之。且如非時食，有時想、非時想疑等。又如下文，義立七非，皆就理合有也。」（三一五頁下）簡正卷四：「就理決通也。此文大意，亦有三、五條事，蓋是當今行用，當宗他部，文義俱無。今師遂約道理，決擇令通，免生疑滯故。『若爾，前句云文義俱闕，此句既居當宗，他部俱無，亦成義俱闕，若為取別？』答：『文義俱闕稍同，理例決通全異。

前將別事以例成，此據道理合有，全是今師義加也。如下不足數中，明醉人、不解人，露他隔障等，理下合足數。然於三藏，文義並無。所以爾者，以佛制出家僧尼不得飲酒，故無醉人。又，制從受戒，後便須習學，故無不解人等。今時或淨戒之人，暫服藥酒，及學未知之類，露地或有障隔，為堪足否，是今師義，並不足也。故下文自語不解顛倒異言，不解之人是不足攝等，斯皆就理決也。』（有鈔本中，剩有『前』字，即成前文。義俱闕事，謂於三藏文義俱無，但就道理合有，與前文義俱闕不殊，故指同前，故曰而成前事。）」（二三三頁上）

〔一六〕**或在文雖具，而於義有闕，便以義定之**　簡正卷四：「從義雖必立，直至以息餘謗，是有義無文，將義決義。（諸家即云『將文決義』也。）」（二三二頁下）資持卷上一上：「如律，盜四方僧物犯蘭，（一七二頁中）決云此約暫礙，僧用故輕，理須犯重。又云，至二三人所共作法，成賊住難，決云此約眾法對首為言。又，得受布薩錢，決云準須付他。四分，夏中和諍開直去，不須受日，決云約緣而受，不傷大理等。」（一七二頁下）鈔批卷二：「亦取諸部意。如五正食，是文雖具，義則有闕，涅槃教廢故。今取涅槃經文，定四分闕義，故曰義定也。」（二五〇頁上）鈔批卷四：「立云：如分亡人衣中，具列三衣六物，合與看病人，人須具德。今既人不具德，於理不合賞之，故曰於義有闕也。言便以義定者，此明若有德義合賞之，無德義不合賞，故曰也。深云：如結界文，合唱方相，名在文具也。（三一五頁下）不言四維，名於義闕。今須義立，從角而唱，名以義定也。又如受日羯磨，律文則具，名為在文雖具，則不明得重受。不得重受，名為於義有闕。義既不周，致令諸師各執云不許重受。今須義定之，隨有緣來，皆得重受。故云也。」（三一六頁上）簡正卷四：「在文，雖具足有文，於義有闕是無義，便以義定之。即足將義來決文也。次舉事釋。如無主房戒，但云長佛十二搩手，內廣七搩手，而不論長短尺寸。然於僧祇，佛一搩手，長二尺四寸。明了論同之。五分云二尺。善見云：中人三搩手，為佛一搩手。多論：凡人一肘半等。皆是在文雖具，而不知依何，定量既倍，搩手同之。約義但取五分二尺也。雖定尺數，然尺復有五種不同，如用何者？又成於義有闕。今以義約，律中，鉢量取姬周斗，今此尺量，亦合取姬周。應法度尺為定此，即是將義決文也。」（二三三頁下）【案】以義定之，如受日羯磨，律文中沒有具體是否得重受，此為律雖具文但於義有闕，故使諸師各執，或云不許重受。鈔主以義定之，隨有緣來，皆得重受。

〔一七〕**以理為正**　鈔批卷四：「慈云：即前善見論，文云以意度用，即斯義也。」（三一六頁上）簡正卷四：「故論云（原注：『云』鈔作『言』。）者，即善見論。『理』謂道理。如上來約佛倍人之道理，搩手合依五分二尺，即是以理為正也。更舉結界中，大界量釋亦得。（恐繁不錄。）」（二三三頁下）資持卷上一上：「論言者，古記云即是善見，尋文未獲。此所謂不以文害意也。」（一七二頁下）

〔一八〕**或義雖必立，當部無文，則統關諸部，以息餘謗**　資持卷上一上：「義具文闕。如有難移夏，準摩夷，不破安居，遇緣出界，忘不受日。引五百問，憶即悔者得。又四分不明重受日法，引五百、明了，二文決之。據義雖當，恐謂師心，故云息謗也。問：『如上所引，非無相濫，更請分之？』答：『無文引事相比，名為例決。又復無例號為理決。以意定文，曰義決通。引文成事，曰文決通。』問：『義之與理，如何分別？』答：『通而為言，理義不別。下義決云：以理為正，別而為語，非不如上。』問：『上則單配，有相兼否？』答：『理決一種，定無相兼。餘三相兼，略舉一二。初，明例得兼理，不兼文義。以無文義方成例，故如依閏安居，以雨衣為例，仍云夏是制教，理宜通護。二、義決中三句。自有義決，兼於例者，如四分邊罪等二十二人，今師定自言不足數。義云體既非僧，若僧同知，故不足數，必不知者成足。又引不持戒和尚四句為例等。自有義決，亦兼文者，如四分，盜、畜犯重。決云：此望鼠（【案】『鼠』『盜』。）心未定，從人判罪，仍引十誦、多論等文，盜畜物犯吉。復有兼文、例二種者，如律令夏竟解界，決云：此為諸界同受德衣，仍云文如十誦。又引安居未竟，自恣不破夏為例。三、文決通中，亦三句。自有文兼例者，如移夏不破，引摩夷文。又引十誦、僧祇二處受衣為例。亦有文兼義者，四分但云尼開受（一七二頁下）七日，引僧祇云尼無羯磨受法。仍云所以然者，以尼入俗生善義少故。又如，引五分一一說欲，又加義評等。自有兼義例者，如自然界無異界，定圓有則不定，此即義決。仍引了論三由旬界合角量取為例，又引十誦、善見等文。問：『今言決通，為決本宗、為他部耶？』答：『昔人不曉，並云決通四分。今意不然，但由時事。或昔所未行，或諸家異，見學者疑壅，故有決通。』『若爾，何以前文敘律闕耶？』答：『秖（【案】『秖』疑『祇』。）由律闕，故令事暗，更為明之。一、自有本文，還決本律。如受欲中，釋餘處行，即以自恣中，出界外決之。又，此律宿欲不被所為事，還以四分明相欲出，開略說戒決之。又如合河結界，還以尼律界中渡河決之。如前所引惡心解界、引淨地等，皆本律事耳。二、自有本律一文，即自決通。如三小界不立相，還以三小羯磨決之。又如淨地不得僧住，文云除去比丘，又立淨地唱相。律云：應唱房名，還即本文，以決本事。（上二句屬義決通。）三、自有他部，還決他律。如集僧中，多論道行一俱盧，即以十誦六百步決之。又如僧祇，七樹中間不明兩眾半分，乃以多論比丘遊行有縱廣自然決之。四、自有本宗，反決他部。如十誦可分別聚落，齊行來處，乃以四分村界院相決之，用此諸意遍尋一部，無不通達。』問：『文義俱闕，為局當部，為通他部？』答：『通該三藏，何止本異？他部有文，即落後句，由無文故，即無義也。』問：『義決通中，為通為局？』答：『亦通他部。十誦、伽論，尼無捨戒再受之義，決云：應得作下二眾。又十誦令五眾受日五眾邊受，（一七三頁上）決云：準此當眾相共作之，無者準前言告等。古多錯解，不覺太繁，略亦非難。但恐不解，餘亦未盡，學者更詳。』」（一七三頁中）鈔批卷四：「如前序云：或文斷而以義連是也。如聾、啞不足之例，須取十誦。又如結大界闊狹，四分但言一日往返，今義准取僧祇文三百由旬為量，故曰。以息餘謗者，謂若不取十誦加藥、持衣文，外人師（【案】『師』疑『即』。）云：汝宗中教法不足，外宗現有明文，何以不取耶？蓋並封懷守株之人也。」（三一六頁中）簡正卷四：「如律中重受日義必立，既列諸多緣事，皆聽受日。又且約父母信樂不信樂，自有四重等，即是重義。然且無正許『重重受日』之文。古人見律無文，便立夏但開三法，不許重重受故。今師遂統開五分、五百問論、明了論文，許有重受。五分云：若有諸（【案】『諸』五分卷一九作『請』。），若無請，一切聽受七日。既云『一切』，明知許重。（二三三頁下）又五百問云：先請七日出界行，後行不須更受，滿七日已乃復重受；又引明了論文：七日有難隨意，行善解三種、九品類等；方息得古人之謗。問：『上言統開諸部，為是文、為是義？』答：『呼為文亦得，呼為義亦得。』又問：『若呼為義，其理可然。若名為文，莫成第四用諸部文意否？』答：『不然。第四門中，約正當之文。今上所引立五分、了論等，且非重受分明之文。但向他文中取重重之義，所以不濫。若諸記中，將此句為將文決義，理亦不失。今依宗記，直取文下之義，便科為將義決義，亦善也。』」（二三四頁上）

〔一九〕**然文義決通，誠難廢立**　鈔科卷上一：「『然』下，評量可否。」（三頁中）資持卷上一上：「上二句示難。前四決中，文有取捨。『義』是意裁，寡學淺知，故非所及。對彼古解，故云『廢立』。下云決判是非，意亦同此。」（一七三頁中）鈔批卷四：「正結上文也。故上云，今總會之，以成其大見。然諸部復輕重不同，如四錢三角等。今若廢彼立此，廢此立彼，難可決通也。又解：是嘆今門意難行也。又，勝解云：且如羯磨、單白中分為二（原注：插入『二』字。）。第二句中，緣本俱牒。至第四句，單牒根本，更不牒緣。今若有本牒緣者，此是剩來，則便廢此剩句，立其單牒根本也。如此廢立實難，故曰也。」（三一六頁上）簡正卷四：「然，是已。誠，實也。癈，除也。立，取也。謂上四句決通難，為癈除古義，立取今文。癈古自讀羯磨，立今須念等。癈古逢見教文，即用立今五分二尺為況；癈古一夏三度受日，立今重重開受。如此癈立實難也。」（二三四頁上）【案】「然文」下分二：本句及下為初；「然決」下為次。

〔二〇〕**自非深明律相，善達開遮**　資持卷上一上：「『自』下二句，揀非顯是。律相言通，開遮語別。開遮二法，在律尤難，故別舉之。」（一七三頁中）鈔批卷四：「『開』是聽，『遮』是制也。」（三一六頁下）簡正卷四：「約義訓『不是』。曉會持犯根原，名深明律相；解制聽之本意，是善達開遮。」（二三四頁上）

〔二一〕**不然便有累於自心，固無益於他境**　資持卷上一上：「『不』下二句顯過。不然者，反上非深明等。『累』謂疑滯，或可約罪，二釋俱通。『他境』即前事。以不明教旨，皆是妄施，行不成持，故云無益。此約自行。或可他境，即指餘人，弘演化他，並非正教，故無益也。」（一七三頁中）鈔批卷四：「不然便有累於自心，故無益於他境者，謂若不如上善達開遮、深明教相者，為他斷罪之時，容有重則斷輕，輕則斷重，令他懺罪不出，自復招過，是自他俱累也。又解：若不識決通之意，秉法被於前人，自他無益，謂前事不成，自又得罪是也。」（三一六頁下）簡正卷四：「若不是上二類者，故云不然也。如讀羯磨，結界不成，得不舉（【案】『舉』疑『學』。）、無（【案】『無』後疑脫『知』字。）之罪，是累於自心。於此與人受戒辨事等並不得，是無益於他境。（二三四頁上）乃至如夏中，但許三度請日，不明教相，亦結不學、無知，是累於自心。不（【案】『不』疑剩。）心不能辨他生善滅惡等緣，是因無益於他境也。」（二三四頁下）

〔二二〕**文義俱同、文同義異、文異義同、文義俱異**　鈔批卷四：「四分增十二文中，佛在跋闍國，告諸比丘言：『汝等諸比丘，應和合歡喜，於毗曇中種種諍語，應語言：『長老所說，文義相應，不應共諍。』二者，復作如是言：『文異義同，莫共鬪諍。』三、復作如是言：『長老所說，文同義異，不應共諍。』四、復作如是語：『長老所說，文義俱異，莫共鬪諍。若作如是，和合眾僧，有諍事起應和合。』如是觀察，律文如此。其礪解云：明其佛告諸比丘，若欲評理，莫相牟盾，勿生諍也。初句云文義相應者，如僧尼二部，各有五篇。竪義者，言文義相應；論義者，言男女位別。既分二說，文義俱不相應，而生其諍。第二句：竪義者，言文雖少異，而義是同，如用飲虫水，同護命故；屏、露、二敷、坐具，同護僧物故；打摶等類，（三一六頁下）同防殺惱故。論義者，言文既是異，何得義同，而生其諍耶？第三，竪義者：言文雖是同，所表義異，如數胎閏，及增十七中利益損減等。論義者，言文既是同，何得義異，而生其諍？謂與減年受具，戒本之中有開胎閏，及受戒犍度中亦明開胎閏。兩文雖同，其義各異。減年戒為開和上墮罪，犍度之中為弟子得戒，故是義異。增十七利益損減者，謂如增十七文中，五德舉罪中，利益不以損減。此言與增十二中言，舉罪之人，於所舉罪人邊作念，故我得少惱，於彼無害，有受利益，能令捨不善作善法，則應舉罪。此二言同曰利益，如何取別？謂增十二中，望自身於己無惱，增十七五德中利益者，於所舉無惱故曰也。又礪云：竪義者，言麤語等性惡重，媒、房等遮惡輕。論義者，言既同一篇，何得輕重有異也？第四句：竪義者，言『文義俱異』；論義者，言科以一文，漫相比決，而生諍也。疏云：竪義者，言文義俱異，如僧尼不同戒；論義者，言同是聖說，文義不異，而生其諍也。賓云，竪義者言：且如四諦，四義各別，故曰文義俱異；論義者，言四義既不同，應不同名諦。（三一七頁上）益（原注：『益』疑『蓋』。）諦名雖同，苦、集名義別。又復四種，雖同名諦，苦、集既有漏，滅道亦齊，是有漏耶？故生其諍。律中四句：初文義相應，二、文異義同，三、文同義異，四、文義俱異。鈔文顛倒第二、三句者，欲取聲也。今時何故引律文四句來？為上既嘆文義決通是難故。既引律中四句，是其諍本，難可決通，一人云同，一人云異。既難決通，亦如我此門意也。」（三一七頁下）簡正卷四：「竪義者，云僧尼二部戒本，各有五篇是文同，俱防七非是義同。論義者，云男女二別，既分二種，當知文義俱不相應，因生爭論。若善者，應云：『文義雖同，僧尼形報有別。又患不可共說涉人疑嫌，故須別立戒本也。』文同義異者。律當第三句，鈔取語順故，迴作第二句也。立（【案】『立』疑『云』。）義異者，云如減秊戒，數胎閏受戒。犍度中，亦開胎閏，是文同。戒本中，開和上提。犍度中，弟子得戒是義異。論義者，云文既是同，義云何異，因茲起爭？三、文異義同者。律當第二句立義者，云飲用雖（【案】『雖』疑『蟲』。）水制二戒是異文，俱為護命是義同。論義者，云文既是異義，云何同因茲起爭？四、文義俱異者。立義者，（二三四頁下）云如紡績、言人等戒，及教誡日暮等戒，僧尼位別，兩戒各異。論義者，云僧亦合有紡績等戒，尼亦合有日暮等戒，何得不通？若善者，云僧雖紡績，且不喜為，尼是正功，所以偏制。尼雖有誡教，遇時不生譏謗，故不制也。」（二三四頁上）

〔二三〕**具舒進止，不勞敘釋**　鈔批卷四：「指律文中自明同異，不繁全述釋也。即指增十二之文。如前所出是也。」（三一七頁下）簡正卷四：「具在律文，舒張進止。今鈔引安文內，但為證前，決通意難，不更勞於毫墨，敘述解釋，起盡之文也。今將鈔文，類律四句：一、文義俱同者：如小三界與戒場，並制結解，是文同；三小界翻結成解，戒場例此，亦合如然，是義同。今師引三小界，翻結成解，文決戒場，翻結成解，實當不易。二、文同義異者：如護復護衣，總制明相是文同；護衣防缺衣之過，護夏防損命招機，是義異。今引護衣文，決護夏事，若非深達，即不可知。三、文異義同者：如房量、鉢量，是文異；既取姬周斗量，房亦合取姬周尺量，將此異文，決通義同。若非善達，造次難知。四、文義俱異者，如尼受戒及懺僧殘，受隨文異，受戒獲益，懺罪除愆，是義異。隨中懺罪，既須各結界，決其初受之時，亦須各結，受隨既等，何不結之？洞達方知，常途難曉，同者須進，異則須止，在於下文，此恐繁詞，不勞敘釋也。」（二三四頁上）

〔二四〕**決判是非**　鈔批卷四：「二持名是，二犯名非，故曰也。」（三一七頁下）簡正卷四：「決，比（原注：『比』字原本不明。）也。判，斷也。謂上四句，各有是非，非則除之，是則依用。如此取捨，須是明閑五部律文意旨，兼通大小隨律之經。如前第四門，後六師乃可究此決通之教也。」（二三五頁上）【案】「然決」下分二：本句及下為初，「故十」下為次。

〔二五〕**必總通律藏之旨，并識隨經之文**　資持卷上一上：「『必』下，示其博贍。上二句，明學通三藏。」（一七三頁中）鈔批卷四：「謂隨經之律，即如遺教、善生、涅槃、楞伽是也。涅槃盛顯八不淨名之類等也。」（三一七頁下）

〔二六〕**如上六師所明，乃可究斯教跡**　資持卷上一上：「下二句，明解總六師。吾祖律師即其人也。聖人出現，為物垂範，謂（一七三頁中）之教跡。雖言通三藏，而別指律宗，故云斯也。」（一七三頁下）簡正卷四：「跡者，老子（【案】『老』疑『孔』。）云：詩、書、禮、樂、春秋六經，乃先王之陳（音『陣』，勝也。）

跡。今密取彼意，以教為理跡，尋理等。」（二三五頁上）

〔二七〕**比丘有三事決定知毘尼相**　鈔批卷四：「十誦云比丘有三事：一、本起者，即是須提那還本村乞食為緣，故曰本起。二、結戒者，因茲本起，佛即集僧制戒禁之是也。三、隨結者，前雖結戒緣起，是人未云三趣，防過未盡，後因跋闍林中共畜，舉過陳佛，亦制夷罪，滿足戒本，故曰隨結。」（三一七頁下）簡正卷四：「隨結者，有二：一、跋闍心異隨結，跋闍子念言：『須提那子樂佛法，其戒即肥，作事故犯。我今不樂佛法，戒羸，作事應不犯。』佛隨結云：『戒羸不自悔，亦犯。』二、林間境殊，隨結者，比丘念言：『人境勝故應犯，畜生劣故應不犯。』遂於林中，共畜行非。佛隨結云：『乃至共畜生皆犯。』隨事而結，故云隨結。三中一二，戒戒皆有，於中隨結，有無不定。」（二三五頁下）

〔二八〕**應思惟觀察二部戒律**　資持卷上一上：「『應』下，勸籌量。又為三：初，總列一部律文，大為三節。二部戒律，即初僧尼戒本。」（一七三頁下）鈔批卷四：「即十誦文初列僧尼二眾戒本是也。彼名二部波羅提木叉，（三一七頁下）鈔家改云『戒律』也。」（三一八頁上）【案】本句結構即是：一、「應思惟觀察」，二、「應思惟觀察」開遮輕重。二部戒律即十誦律中的僧、尼二眾戒本，或稱為二部波羅提木叉。

〔二九〕**并及義解**　資持卷上一上：「『義解』即隨戒下廣解之文，故云『及』也。」（一七三頁下）鈔批卷二：「謂十誦律一部大藏通名『毗尼』也。謂彼律中初列戒本，已下即一一牒解。所解者，通是毗尼，故曰也。」（二五〇頁下）鈔批卷四：「義解者，撿十誦中，前列二部戒本；次明增文，從一至十，故曰『增一』；次即解釋上二部戒本等相，一一牒來，隨次解釋，故曰義解。亦如四分調部相似。」（三一八頁上）簡正卷四：「謂律中淶，滿足戒本解。云若比丘者，八種比丘等是。」（二三五頁下）【案】「義解」，即對二部戒律的解戒之文。「并及義解毘尼」，有兩種斷句，一是「并及義解、毘尼」，二是「并及義解毘尼」，今從前者。

〔三〇〕**毘尼**　資持卷上一上：「毘尼總中，問諸犍度。」（一七三頁下）鈔批卷四：「謂十誦律一部大藏，通名『毗尼』也。亦可連續云『并及解毗尼』也。即撿見彼律中，初列戒本已下，即一一牒解。所解者，通是毗尼，故曰也。」（三一八頁上）簡正卷四：「七毗尼，五百、七百結集，能定是非，生善滅惡故。」（二三五頁下）

〔三一〕**增一**　資持卷上一上：「『即律後法數。』（一七三頁下）鈔批卷四：「增一者，十誦律中有諸文，亦如四分無異。從『一』至『十』，上加『一』故，故名增一。賓云：增一者，初段之文是增之一，已下諸文以『一』增之，故云增一。文云：以『一』為本，『一』上加『一』，故言增一。」（三一八頁上）簡正卷四：「即律增文，從『一』至『二十二』等，皆一一而增故。」（二三五頁下）

〔三二〕**開遮輕重**　資持卷上一上：「上明觀教。二、『開』下，明判斷。開遮輕重，貫通一部，且舉衣色，略示相狀。」（一七三頁下）鈔批卷四：「如五大色名不淨，即不許服，名為遮；非五大是淨，許服，即是開。『開』即輕，『遮』即是重，故輕重也。」（三一八頁上）簡正卷四：「開遮者，『開』謂開聽，『遮』謂制止也。經（【案】『經』疑『輕』。）重者，成果為重，在因為輕也。」（二三六頁上）

〔三三〕**如五大色是不淨，遮**　資持卷上一上：「青、黃、赤、白、黑，五方正色，俗流所尚，能發貪染，故是不淨。佛所制斷，故云遮也。」（一七三頁下）簡正卷四：「如五大色者，釋開、遮也。東青、南赤、西白、北黑、中黃。更有五上染，東碧、南紫、西縹（軟治天青黃之色也。）、北緣（【案】『緣』疑『綠』。）、中紅。如此之色，並不許著是遮。青、黑、木蘭三，名為非色，許著，名淨，即開。」（二三六頁上）

〔三四〕**非色，淨，不遮**　資持卷上一上：「非色，即青、泥、棧三種染壞。三聖同遵，相超世表，所以云淨。是佛所教，故云不遮。」（一七三頁下）鈔批卷四：「彼律中復有淨、不淨。若青、黃、赤、白，色是不淨，則遮。非此色，若壞色名淨，則不遮。又云：五歲得離依止名淨，年二十得受具名淨；四比丘說戒名淨，五比丘自恣名淨。乖此，皆名不淨。文中說淨、不淨義，極廣也。」（三一八頁上）

〔三五〕**如是等，籌量本末已用**　資持卷上一上：「『如是』下，結告。通指一部始終，故云本、末。」（一七三頁下）鈔批卷二：「『即彼律前後文也。』（二五〇頁下）鈔批卷四：「『彼文中自明云：如是應籌量輕重、本末已應用，如上壞色應用、非壞色不應用，非遮應用、遮者不應用。（三一八頁上）言本末者，彼文意令觀律之前後。『前』是本、『後』是末，亦可本起名『本』，義解及淨、不淨是『末』。計意應是須作如此，決通上下文義之意也。」（三一八頁下）簡正卷四：「籌度思量，『本』是前三事，『末』（【案】『未』疑『末』。）即義解毗尼等，依而用之。」（二三六頁上）【案】已，底本為「已」，大正藏本、資持為「巳」，據文意改。

〔三六〕**比丘能知五相，名解毘尼，不看他面**　資持卷上一上：「彼云：如諸佛立戒，於一一戒中，應了別五相：一、緣起處，（即國土也；）二、緣起人，（即初犯人；）三、立戒，（即戒本；）四、分別所立戒，（若犯此罪，不得共住；）五、決判是非，（於三處犯。）不看他面者，判斷公直，不取顏情也。」（一七三頁下）鈔批卷四：「比丘能知五相者，一、緣起，二、結界，三、隨結，四、辨相，五、開通。言辨相者，入如毛頭，與離本處，言章了知，此名辨相也。心境迷忘，或戲笑等，痴狂心亂，皆名開通。不看他面者，彼了論疏自解云：既自有明解心疑畏，豈復看他顏色？故曰也。意明既識五相，能善決通，不假問他承仰，觀其顏色也。有云：如人面上下塵垢，則攬鏡自看，名為自看面。若知面上有垢，若問他人於事成就，名看他面。今若了教如前，攬鏡不用問人。若不了教，承他顏色，曰看他面也。濟云：毗尼教名為『五處求』，謂『觀緣起』乃至『辨相開通』等，則知是真偽也。修多羅教，名為『次第求』，謂觀經文，若有次序問答次第，即知真經偽經也。問毗曇名為『分別求』，亦名『通分別』。」（三一八頁下）簡正卷四：「明三處行非、輕重等相，於此五相精通，各解律者。心無怖畏，不復着他顏色也。」（二三六頁下）

〔三七〕**文略同上，廣如彼說**　資持卷上一上：「會前十誦三事也。初二兩相，同上本起。第三，同上結戒隨結。四、五二種，似同廣解。由不全同，故云略也。下文指廣，即如上引。」（一七三頁下）鈔批卷四：「謂了論文中五相，前三略同上十誦三事文。言廣如彼說者，如了論中廣說五相也。」（三一八頁下）簡正卷四：「前二如律本起，第三如律結戒，第四、第五與十誦隨結似有不同，故云文略同上。」（二三六頁上）

第六，教所詮意〔一〕

詮教之文，文雖浩博，撮其大趣，止明持犯〔二〕。

然持犯之境，境通內外〔三〕。**內謂行心之結業，外謂情事之順違**〔四〕。**但令教行相循，始終無犯，則為「持」**〔五〕**也。若生來不學，於法無聞，修造善惡，義兼福罰**〔六〕。**今欲科罪，但使與教相應，不問事情虛實，並名「犯」**〔七〕**也。此「通名持犯**〔八〕**」也。若結篇正罪，窮諸治罰，必令束其方便、攬成業果**〔九〕。**使量據覈其實情，輕重得於理教**〔一〇〕**，則斷割皎然，更何蕪濫**〔一一〕**！此「別名持犯」**〔一二〕**也。**

【校釋】

〔一〕**教所詮意**　資持卷上一上：「前五，並屬能詮教。教必詮行，一宗旨趣，萬行元基，理須明識，故云教所詮意。詮，顯也。」（一七三頁下）鈔批卷二：「前門決通，令取諸部，合文具足，未知其文所詮何等，因有此門也。」（二五一頁上）鈔批卷四：「教是能詮，詮於戒行，行是所詮。（三一八頁下）所詮之相，不過時、犯二事。其二持、兩犯，攝行得盡。以其二持、二犯，為所詮之意，故云教所詮意也。」（三一九頁上）簡正卷四：「謂前五門，辨能詮之教已圓，然未審其教文所詮何等，故次辨也。釋名者，教即能詮教，下旨趣為所詮也。」（二三六頁上）

〔二〕**詮教之文，文雖浩博，撮其大趣，止明持犯**　資持卷上一上：「上敘文廣，一部律文，總六十卷，故云浩博；下指行要，故云『大趣』。以前僧尼戒本及後調部，即止持行，二十犍度已後等文，即作持行。文多明犯，意在成持，翻上二持，即成兩犯。宗部之要，豈踰於此，故云『止』也。所詮中。通別持、犯，先知名相，然後釋文，謂學知戒相，明達持犯。於一切時，護本所受，通望受體，一無所犯，不隨緣別，名為『通持』；不學無（一七三頁下）知，制通篇聚，隨所不了，無非結罪，故云『通犯』。隨對一境，方便遮防，行順本受，名為『別持』；違受起非，則名『別犯』。言別，有三：一、制法別，篇聚重輕，種類異故。二、對境別，情與非情、三趣男女，道俗不同故。三、犯緣別，隨戒多少，不相濫故。又復，通別二持，俱通止作，『通犯』唯止犯，『別犯』兼兩犯。」（一七四頁上）鈔批卷二：「教者，是能詮也。所詮者，謂二持兩犯也。詮教之文者，謂即是律文也。其大趣者，謂持犯也。故曰止明持犯。」（二五一頁上）鈔批卷四：「明能詮之教，即是律藏。此律藏雖復廣大，其中意趣，不出持犯，故曰止明持犯。如律本中，前僧尼二部戒本是『止持』，及（原注：『及』疑『反』。）則名『作犯』。下二十犍度是『作持』，違則名『止犯』。」（三一九頁上）簡正卷四：「初約所宗律本詮釋。謂教之文，文雖浩博，即一部律文也。浩者，大也、博者。遮，廣也。（二三六頁上）六十卷二十揵度，實為廣大也。若撮所詮大意，不離持犯，謂二部戒本廣明持（【案】『持』前疑脫『止』。），二十揵度廣明作持。翻『二持』成『兩犯』，故云止明持犯。次，為鈔文釋者，謂三十篇若通而明之，順此一部行事即成持，違即成犯。若別明者，篇聚、釋相、方軌三篇，廣明持犯。餘二十七篇，廣明作持，翻持成犯。……或有人但約鈔明，不許向律本上釋，意道：本鈔於內明三十篇大綱，若就律文，上解之似涉他，古人將持犯為所詮故。今意不然：凡論一事，皆先案所宗，究理搜文，莫過持犯。蓋是宗中，順違之行，猶似下文云『律宗其唯持犯』。不可所以持犯為宗，何不恐濫所詮耶？細而詳之，殊無理也。請依前文，雙申二解，方周備故。」（二三六頁下）【案】教，指四分律。下文幾處同之。上述五項，重點說明鈔主撰鈔的目的、原則和方法。四分律共六十卷，前僧、尼二部戒本是止持，違之為持犯。後二十犍度是作持，違則名作犯。行事鈔作文三十篇，順之而行成持，違之成犯。或說，行事鈔篇聚、釋相和方軌三篇廣明持犯，餘二十七篇廣明作持，違之成犯。

〔三〕**持犯之境，境通內外**　資持卷上一上：「前敘境通，上二句通標。『境』即總指塵沙情、非情類。心隨境起，與理向背，構善惡業，故『通內』也。又，事由境生，身口動作，與教違順，成持犯行，故云『通外』。」（一七四頁上）鈔批卷四：「立謂：持犯二行，或用內心為持犯之境，或用外事為持犯之境。」（三一九頁上）簡正卷四：「『內』謂內心，『外』謂外事。問：『境者，細約心得名，今此內心，如何得為境耶？』答：『搜玄記中有兩解：一、約內心相緣，亦得為境。謂納法在身，名為戒體。依教防護，起不放逸心，有無貪等（【案】即無「貪、嗔、癡」。）三善行心，後起對此不放逸心。此三善行心，得為境。（二三六頁下）若違教起放逸心，使有貪等三毒心，後起對此放逸心，即此三毒心，得名境也。放逸、不放逸，為能起；三毒、三善，為所起。能所相因，得名為境。（今詳此解恐與大乘相濫，不取。）今依第二釋，約他人內心為我犯境。准下持犯篇中，自有約心為境。如觀許等想，染心衣食，此即他人心，望自己為境，如知池（【案】『池』疑『他』。）善觀滅爭，今更發起得提。望善觀之心，即為我心之境。又，知他物已，許僧迴入己得提，取彼許僧，總即為我所對之境。又，尼受染心衣食，知彼染心，與我衣食，取得殘。取彼染心，為此之境。（已上且釋境通於內。）若境通外者，即煞、盜等事，衣鉢等事，是外境也。鈔文既標境通內外，解釋之時，理須分開，先明內境，後明外境，更有維南（【案】『維』疑『淮』。）及近代繼宗等記，並約行人自己心為內者，但釋得能持犯心。既不以內心為境，即違鈔文甚矣。今多依茲解迷意。』」（二三七頁上）【案】「境」即持、犯之緣，有內外兩種。「內境」即謂內心，「外境」謂外事，如煞盜、衣鉢等事。持犯兩事都會因之而起，因納法在體，起護善心，即為止持和作持之內境。反之亦然。「然持」下分二：本句及下為初，「若結篇」下為次。

〔四〕**內謂行心之結業，外謂情事之順違** 資持卷上一上：「下二句，別釋。上句釋通內，即指化業；下句釋通外，即明制行。身口造作，故云情事，如婬、盜等，事由教制，故有順違。順即二持，違即兩犯。」（一七四頁上）鈔批卷二：「謂於識、想、受、行四心，『行』前三心，此屬無記，不能成業，流至行心，隨作善惡，方成結業。言結業者，結何等業？謂結持犯之業。內起三毒是犯，將毒為境，內起三善，翻此三毒名持，即將善心為持境也。此之二境，俱結在行心，（二五一頁上）非前三無記也，故曰。外謂情事順違者，『情』是有情境，『事』即非情境也。此之二境上，俱有持犯，故曰順違。」（二五一頁下）鈔批卷四：「約五陰中，前一是色，後四是心。就四心中，謂識、受、想、行。『行』前三心，此屬無記，不能成業，流至行心，隨作善惡，方成結業。言結業者，結何等業？謂結犯之業，內起三毒是犯，將毒為犯境，內起三毒，翻此三毒名持，即將善心為持境也。此之二境，俱結在行心，非前三無記也。外謂情事之順違者，立云：『情』是有情境，『事』即非情境也。於情、事二境上，俱有持有犯。且如殺戒，則是於情上有違，名為犯；若不殺是順，名為持。若如壞生、不受食等，是於事上有違，名為犯；不壞生等是順，名持也。今直一解，令人易解。謂對情之與事，於教若違即名犯，（三一九頁上）於教若順即名持。皆望自心，與前情事，有違有順，故曰也。」（三一九頁下）簡正卷四：「欲釋此文，應先難起。上來既云境通內外，未審內以何心，外以何事為境耶？可引鈔釋云：『內』謂行心之結業，『外』謂情事之順違。（鈔文至此，自釋『內』『外』字，正明成業處也。）行心者，簡識、想、受三心也。前三無記，不能成業，（二三七頁上）流至第四行心，方能遷流，造作結成二持、兩犯之業果者。宗分通大乘，成業極速，須四剎那，謂心王外，別無心所思，心王若起，定不同時。如初剎那識，是心王但了總相；二、起想取像；三、起受領。約此三體是無記，未能結業，直對第四行，方成其業。不同有宗（【案】『有宗』即成實宗。），心王外別，有心所起，必同時也。（前文將他人心為內境，至此釋時，還須納他人第四行心，方結我心持犯業果，不得雷同。）言外謂情事之順違者，『情事』通收『情事』、『非情事』及『情』『非』合事，於此三事，順三行心、違三毒行心成持。反之成犯。如堀地、懷生、造房等事，於此事上，順教成持，違則或犯也。」（二三七頁下）【案】「內」謂行心之結業，在色、識、受、想、行五陰之中，後四者為心。其中識、受、想三心屬於無記，不能成業。只有流至行心，才能因緣境而定，隨有善惡，結得二持、二犯之業果。「外」謂情事之順違，情事即情事、非情事及情非合事三義。「情」是有情之境，「事」是非情境。於此三事上，或順三行心、違三毒行心而成持。反之成犯。

〔五〕**但令教行相循，始終無犯，則為「持」**　資持卷上一上：「『但』下，次明持相。境緣雖通，今明持犯，不論化業，且據制行，故云『但令』等。『教』即律制，『行』謂身口。以教檢行，約行從教，故曰相循。循，即順也。隨一一戒，究盡重輕、犯不犯相，故云始終。古師所明但不作惡即是持戒。今師不爾，必約動慮，體達教相，起行防遏，方成二持，安有臥地而名持戒！無記非業，豈得名持！教行相循，義意在此。今明通持者，止持有二：一、行前三心，受體無污，義名止持；二、約行心，通緣受體，善惡事法，歷然不昧。即是二持也。」（一七四頁上）鈔批卷二：「『教』謂律教也，行者是心行也。循者，深云：循是環，謂是不間斷義也。勝云：循者，巡歷也。但將教約行，將相巡歷不與犯緣相應者，皆名持也。慈云：『循』是相應義也。」（二五一頁下）鈔批卷四：「『行』是心行，『教』是律教。將相循歷，其心若相應，無違則名持，皆謂行心作事，不違其教。且如教中不得壞生、掘地，今隨行中依教不違，是此義也。深云：『循』是環，謂是不間斷義也。勝云：循者，巡歷也。但將教約行相巡歷，不與犯緣相應者，皆名持也。慈云：『循』是相應義，與教相應者，即是與教中具緣成犯相應也。言始終無犯者，初受具已曰始，一期報盡曰終。護之光潔，名之無犯。」（三一九頁下）簡正卷四：「言『但令』至『也』者，『但』謂專但，『教』謂能詮，『行』即所詮。循者，諸家訓解絕多，今准說文訓『從』也。謂『教』與『行』相從，所行之處，將教驗之。如鏡照面，行既約復，須將教驗行，故曰相脩（【案】『脩』疑『循』。）也。始終者，且據一期始終說。初受時曰始，四捨為終，於中專精不犯即為持也。或對隨中，一一戒說。如殺戒，前境是人作杭木想名姑（【案】『姑』疑『始』。），斷命時亦作杭木想為終，於中更不轉想。既是迷忘不結前犯，即為持也。（餘戒例此。）」（二三七頁下）【案】相循相符。

〔六〕**若生來不學，於法無聞，修造善惡，義兼福罰**　資持卷上一上：「不學、無知二罪，通持犯故，通重輕故，通虛實故。然不學非（【案】『非』疑『罪』。），結犯有二：初，發心斷學，隨心頓漸，一一吉羅；二、臨境不解，隨事別結。若論無知，隨境不了，唯有『別結』，但該篇聚，得名通耳。文中，上二句，明發心斷學；『修』下二句，明隨境。無知善收二持，惡兼兩犯。不學之人，持亦成犯，望善是福，愚（一七四頁上）教故罰。其兩犯中，則通三性：不善、無記，一向名罰；善性犯者，亦兼有福。如知事互用，慈心歎死，塔上拔草，治生造像，穢食供僧，掘地壞生，塗治塔廟之類，根本罪外，例加二罪。」（一七四頁中）鈔批卷二：「謂從初受具已來，名曰『生來』，非出父母胎也。不識持犯、輕重、開遮，如非之相，故曰於法無聞。何以得知？受具已來，名為『生來』。律序偈云：『佛戒所生者，爾乃是真生，猶如鴦崛魔，如來所記別。』是（原注：『是』鈔作『義』。）兼福罰者，如新受戒人，不知教相，見塔上草，淨塔拔草（原注：插入『草』字。），望心得福，望違佛教得提，故曰兼福罰也。」（二五一頁下）鈔批卷四：「謂從佛法中，初受具已，名曰『生來』，非出父母胎也。若學三藏聖教，不識持犯、輕重、開遮，如非之相，即是於法無聞。何以得知出家受具已，名為『生來』者？即律序偈云『佛戒所生者，爾乃是真生，猶如鴦崛魔，如來所記別』是也。……修造善惡，義兼福罰者，如新受戒人，不知教相，見塔上草，善心淨故拔，望心得福，望違佛教得提。（三一九頁下）今則不論善心，但使違教，即得罪也。」（三二〇頁上）簡正卷四：「生來者，刱（【案】『刱』疑『初』。）獲戒時，從白四教法化生也，（二三七頁下）便起心不學，非謂從胎出已名生。故律序云：『從佛戒所生，爾乃為真生，猶如鴦掘摩，如來所記莂。』鴦掘摩羅，此言指『鬘』，本是外道，受邪師教，令殺千人，取『指』為『鬘』，得羅漢果。已損九百九十九人，唯少一人，遂擬害母。佛觀根熟，往至其前，彼使欲害佛。彼云：『住（【案】央掘魔羅經作『住住』。）大沙門，淨飯王太子，我是鴦堀摩，今當稅一指。』佛告云：『汝癡人自不住我常住。』彼問已，便覺悟，求佛出家。波斯匿王尋討擬殺，至佛處覔。佛言：『鴦堀摩羅，生來未曾造罪。』王曰：『此人殺害極多，何言未曾犯罪？』佛言：『入我法中，未曾犯故。』引此文，證前受戒了，為生來也。於法無聞者，既生來止心不學，於持犯、輕重之法，無因會解也。義兼福罰者，十誦云，波離問佛：『為善心犯，不善心犯，無記心犯？』佛言：『亦有善心犯。如新受戒人，塔上除草，是准此善心，義兼福罰。為淨塔得福是善，懷生得提是罰。更有修造惡，義兼福罰。求利販賣是惡，得財造像是善。善心得少分福，不免違教得罪是罰。善惡心為因，福與罰是果。』（二三八頁上）

〔七〕**今欲科罪，但使與教相應，不問事情虛實，並名「犯」** 資持卷上一上：「『今』下，明結罪。『科』即判也。與教相應者，『教』即通指止作、持犯。『行』與

『教』合，無非結犯故。『虛』謂可學，『實』即不可學。故持犯篇約二教四行、可不可學，歷位辨罪有無多少是也。」（一七四頁中）鈔批卷二：「謂可學九句中，識事識犯，則結根本，此情實也。不識事、不識犯及疑等，亦結根本，名之為情虛。事虛者，境想五句中，一、二句境實，第三句有虛、實，可知非人、畜來替也。初句結夷，後句結蘭罪。夷、蘭雖殊，莫非是犯，故曰不問等。」（二五一頁下）鈔批卷四：「自意云：約持犯篇中可學九句明之。謂識事識犯，亦結根本，名為實也。虛者，謂不識事、不識犯及疑等，亦結根本，名之為虛。更加不學、無知之罪。由事是可學，以不學故不識，聖不開之。此解與文相當，此名『情之虛實』。何者是『事虛實』？且如境想五句中，初句，殺人作非人想，是境實。若非人、畜、兀，來替處，心緣畜兀，作人想殺，亦結蘭罪。夷、蘭雖殊，莫非是犯，故曰不問事情虛實也。」（三二〇頁上）簡正卷四：「但驗前所為之事，與佛制相應便犯。不問事情虛實者，（二三八頁上）『事』即所作之事，『人』謂能作之人。情懷虛之，與實並犯；淨塔善心，為實亦犯；販賣惡心，為虛故犯。（有約『知有罪為實，不知有罪為虛』者，非解也。）此通名持犯者，結也。以一行心，對一律藏所攝諸戒等，戒行相循，行心與犯教相應成犯，與持教相應成持。今可迴文應言：此名通持犯。謂通說一切戒上心境持犯。蓋是方軌篇之大綱也。」（二三八頁下）【案】科罪，即判罪。事情虛實，即「事虛實」和「情虛實」兩種。

〔八〕**通名持犯**　鈔批卷二：「謂汎於情事上明其持犯，未辨其輕重等相，故曰『通』等。」（二五二頁上）鈔批卷四：「立云：結上文也。謂但通家汎於情事上，明其是持是犯，未辨其輕重等相、犯之分齊、因果差別。下則約篇別明也。」（三二〇頁上）【案】通說一切戒上心境持犯，即方軌篇所詮。

〔九〕**若結篇正罪，窮諸治罰，必令束其方便、攬成業果**　資持卷上一上：「此約六聚根本果罪，具上三義，故云別也。初四句，示犯相。『正罪』即目果頭（【案】『頭』疑『報』），『治罰』義兼懺悔。由有犯者，拒必加治，順即開懺，並須考實，不容濫故。四分果成因沒，故云必令等。」（一七四頁中）鈔批卷二：「謂結五篇之正罪也。窮諸治罰者，謂斷割罪時，先須窮覈其輕重也。束其方便等者，謂攬方便為果罪也。」（二五二頁上）鈔批卷四：「謂結五篇之正罪也。明其上既是通明持犯，未的約篇聚所明。今欲約篇聚別明，故今先生起下文也。窮諸治罰者，謂若斷割罪名，皆先問其前人，為犯夷、為是殘吉？為住方便、為至究竟？若至果處，則重，無方便；若未至果，則輕，須窮覈其輕重。約篇聚明之。束其方便攬成業果者，謂攬方便為果罪也。」（三二〇頁上）簡正卷四：「謂結五篇根本正罪，窮究諸治罰。初篇不肯懺悔，須作滅殯治；若肯懺，作學悔治。僧殘有覆先治、覆奪三十五事等，束其方便如初戒。未至根本時，有一吉、二蘭，即成就根本。若至果位，既攬因成就果，即隨順根本義。不同他部，因成果已，更有本時方便。言『便』（原注：『便』鈔作『使』。）至『濫』者，示處判之方也。量者，審量，據謂憑據。覈者，研覈。謂審量所犯之罪，憑據所作之事，研覈取其實情。如盜戒，審於盜罪，憑據盜事，研覈其人：為復如起心，為已進步？為動物離本處，未為作恣心取？為作親厚想，為作無主想等？如是一一窮彼犯人實情，方可治罰，使不違於理教。（即詮事理之教也。）又，須審量犯者之情，若故心違教，季（【案】『季』疑『學』。）與不學人，俱結五篇根本，（二三八頁下）是判重，得於理教。若學生不可學，迷作前事，便准境想開之，此亦得於理教。」（二三九頁上）【案】結篇正罪，結五篇根本之正罪。五篇，即五種罪名：波羅夷、僧殘、波逸提、波羅提提舍尼、突吉羅。五篇總括比丘之二百五十戒及比丘尼之三百四十八戒。窮諸治罰斷割科判罪名時，先需窮究律中諸種治罰，以判其犯夷、殘吉等，為住方便、為至究竟等。若已至果，則重無方便，若未至果則輕。

〔一〇〕**使量據覈其實情，輕重得於理教**　資持卷上一上：「『使』下，二，明能斷。初句勘心，心容疑想，罪即差降，實情之語，通犯不犯。次句明合教，教無非橫，故云理教。」（一七四頁中）鈔批卷二：「先須問其情所犯，觀其所犯與教何處相應？為與方便相應，為與果處相應也？此則量據覈其實情義也。輕重得於理教者，理者謂業道違理罪，教謂違制教罪。即違理重，違教輕。今斷割人，好識其輕重，乃得分其理教二種分齊，則斷割皎然。」（二五二頁上）鈔批卷四：「若作事不成，則但結方便，方便故可懺，至果不可懺也。（三二〇頁上）須問其情所犯，觀其所犯，與教何處相應？為與方便相應，為與果處相應？故曰輕重得於理教也。」（三二〇頁下）

〔一一〕**則斷割皎然，更何蕪濫**　資持卷上一上：「『則下』二句，獎其能斷。既非妄判，不乖真教，同彼嘉苗，不雜穢草，故非蕪濫。」（一七四頁中）鈔批卷四：「蕪者，芒也。又云草穢地曰蕪，謂既覈得實情，與教相應。斷其持犯者，無有濫科之過也。」（三二〇頁下）

〔一二〕**別名持犯**　資持卷上一上：「『此』下，雙結。而前不明持者，翻犯顯持，易故不出，今明其相。如婬觀不淨，殺起慈悲，怨逼無樂，毀呰慈救等，如是知之。」(一七四頁中)鈔批卷四:「謂此約對治為言,故曰別明持犯。又可解云:約對事的明,故曰別名持犯也。」(三二〇頁下)簡正卷四:「亦可迴文應言:此名別持犯,對五篇一一別明。如非盜殺等,不隨相篇,唯此以為大綱。」(二三九頁上)【案】因其不是泛明,而是對事為言,與上文「通名持犯」相應。

第七,道俗七部立教通局意〔一〕

顯理之教,乃有多途〔二〕,而可以情求,大分為二〔三〕:一謂化教,此則通於道俗〔四〕。但汎明因果〔五〕,識達邪正〔六〕。科其行業,沈密而難知〔七〕;顯其來報,明了而易述〔八〕。二謂行教,唯局於內眾〔九〕。定其取捨,立其綱致〔一〇〕;顯於持犯,決於疑滯〔一一〕。指事曲宣,文無重覽之義〔一二〕;結罪明斷,事有再科之愆〔一三〕。

然則二教循環,非無相濫〔一四〕,舉宗以判,理自彰矣〔一五〕。謂內心違順,託理為宗,則準化教〔一六〕;外用施為,必護身口,便依行教〔一七〕。然犯化教者,但受業道一報;違行教者,重增聖制之罪〔一八〕。故經云:受戒者罪重,不受者罪輕〔一九〕。文廣自明〔二〇〕。所以更分者,恐迷二教之宗體,妄述業行之是非〔二一〕。故立一門,永用蠲別〔二二〕。

【校釋】

〔一〕道俗七部立教通局意　資持卷上一上:「若『約人』稟教,則道通、俗局。若『約教』被人,則化通、行局。今從後義,故云立教通局。」(一七四頁中)鈔批卷五:「出家五眾,在家二眾,名為七部。所言教者,即能詮之文。通約三藏,齊稱為教。教雖眾多,不出化、制二種。化教是通,通於道俗,制教是局,局被僧尼。以化教中,總明因果、善惡二業,教化令修出離之道,故曰化教。言行教者,五篇七聚,禁約緣非。教由制興,故曰制教。言通局者,謂化教通七眾,(三二〇頁下)制教局五眾,故曰也。又解:通中一向是通,更無有局,若是局中則有通。如制教中,得與俗人受五、八戒是也。局中復有局,如制教雖通僧尼,若犯邊罪、十三難等,受戒不得。及犯重僧尼,不預僧事,是故局中復有局也。」(三二一頁上)簡正卷四:「謂前五門辨『能詮』文,第六門又辨『所詮』,持犯已知。然其引用,教文雖多,不越化、制二教。行之宗體,分齊混然,對所被機,有何通局?故次辨也。釋名者。通物曰道,以心通達三乘菩提心,即是道。約修行(去聲)立名,即出家五眾也。俗者,一日(【案】『日』疑『曰』。次同。)風俗,謂隨時改轉不恒故;二曰聾俗,滯事迷理故；三日塵俗，為六塵所拘故。或可事務煩黷，喻似於塵，即在家二眾也。舊梵云『優婆塞』，此翻為『清信男』。『優婆夷』，引（【案】『引』疑『此』。）云『清信女』。新梵云『鄔婆索迦』：『鄔婆』翻為『近』，『索迦』云『事』。『索』是男聲，即翻『近事男』。謂五人等戒，（二三九頁上）堪能親近承事苾蒭、大阿羅漢。若云『鄔婆斯迦』：『斯迦』，『斯』是女聲，即翻『近事女』，亦受戒品，業行清潔，堪能承事大苾蒭尼、阿羅漢故。七部者，俗二、道五部類也。通局者，化教通，制教局。意即門下所詮之旨，故曰也。」（二三九頁下）【案】本門明二教通局意。出家五眾（比丘、比丘尼、式叉摩那、沙彌、沙彌尼）和在家二眾（優婆塞、優婆夷），合為七部。教，經、律、論三藏總稱。其所詮意不出化、制二種，化教通道俗七眾，故為通。制教唯與內眾，故為局。

〔二〕**顯理之教，乃有多途**　資持卷上一上：「上二句，示所判之繁。顯理教者，通目聖典，如上所明。有多途者，大小兩乘，各分三藏、三學等故。」（一七四頁中）搜玄：「總標諸教以『情求』為分二之由。顯理之教者，謂顯明菩提涅槃、五乘之理。逗機緣而不一，教乃有其多途也。故論云：牟尼說法蘊，數有八、十、千等。」（三二二頁下）鈔批卷五：「謂佛隨機設教，皆為顯真如之理。眾生機有乖各，教則隨機差別，故有多途。雖復多途，不出化、制二門，往收皆盡。」（三二一頁上）簡正卷四：「若總相說者：為顯菩提，顯涅槃真理之教，故云顯理也。追機不少，故曰多途。所以俱舍云：牟尼說法蘊，數有八、十、千等。若別相說者：為人天機，顯五戒、十善之理；為聲聞機，顯四諦理；為緣覺機，顯十二因緣之理；為菩薩機，顯三聚淨戒之理。」（二三九頁下）

〔三〕**而可以情求，大分為二**　簡正卷四：「此顯理教，雖則眾多，若以情意求之，不越化、行，收之並盡，故云大分二也。七眾通者，取佛出現化儀，名為化教；局內眾者，偏據所行三行，目為行教故。」（二三九頁下）資持卷上一上：「下二句，標能判從要。如戒疏中，或約三輪，或約化行，或約化制，或約制聽。彼取三輪，今用化行，隨時用與，未須和會。但在古猶局，於今乃通，名同理異，對疏可見。言情求者，顯義判故。言分二者，（一七四頁中）一代時教，總歸化、行：開其信解，用舍任緣，故名化教；制其修奉，違反有過，名為行教。一謂化教，此則通於道俗，但汎明因果，識達邪正。」（一七四頁下）搜玄：「教雖多種不同，而南山以情求之，可得分為化、行二別。故戒疏云：化通道、俗，必□無乖，行但出家，局唯戒律。如上情求，故依化、行，大分為二。七眾通者，取佛出現化儀，名化教也；局內眾者，偏約所行，三行目為行教。若約化、行二判，五篇七聚是行教，收十□定慧□□□攝。今且約十善，□其七□五□□不無相濫。約其所宗，條然自別。化則內心會理，行則外事護防身口。以情求之，取分二也。」（三二二頁下）【案】情求，即以義而判。

〔四〕**此則通於道俗**　簡正卷四：「通於道俗者，標所被機也。」（二三九頁下）搜玄：「言『一』至『述』者，有四意：初，標所被機通；二、約教辯；三、明行業；四、顯來報。謂小乘經論等，雖有隨律之處，通俗人者，故曰也。」（三二二頁下）鈔批卷五：「南山師云：如阿含等中，開演導化，令識邪正、因果業性。言無所壅，義通道俗，教本化人，令開慧解，故曰化教。然此化教，三藏之中，修多羅藏攝。或云『修妬路』，或云『素怛纜』，皆是梵音一轉聲也。東塔云『修多羅』訛者，非也。然『妬路』、『怛纜』、『多羅』，是一轉之聲，有輕重也。如悉曇章中有十四轉聲或十六轉聲。一轉之中，自有轉（原注：『轉』疑『輕』。）重數種，豈有訛也！」（三二一頁上）【案】化教，道宣將一代教法分判為化教和制教。化教即經論之所詮義，以定慧為本，分為大、小二乘。

〔五〕**但汎明因果**　資持卷上一上：「『但』下，示教相。十不善業、三惡道因、十善五戒、三善道因。此世間因果，三十七道品、六度萬行是三乘因，即出世因果。大小雖殊，行業無異，隨緣開示，教非定約，故云汎明。」（一七四頁下）簡正卷四：「『但汎明因果』下，約教辨也。但者，偏局之詞。汎者，一云『不尅定』之談也，二解訓『廣』也。如儒書云：汎愛眾，君子運廣愛之心。今取後解，即廣明因果邪正。而行業不可得知，勝（二三九頁下）因生人天，惡業墜三途等。八萬四千波羅蜜門，一切善法為因，能獲天人三業等果，一切煩惱惡業因，即招三途惡業果。」（二四〇頁上）搜玄：「汎者，論語侃疏云廣也。彼云：汎愛眾，君子運廣愛之心也。但者，偏詞也。但廣明因果邪正，而行業不可知之。經論廣明善惡二因、苦樂兩果。善因者，八萬四千波羅蜜門，一切善法，皆是善因，獲得三乘、菩提、人天等位，皆是善果。如惡因者，八萬四千諸塵勞門，一切惡法，皆是惡因，獲得三塗等趣，是惡果也。有云：泛者，不尅定論，但通途說苦、樂兩因果也。」（三二三頁上）鈔批卷五：「謂但汎明善惡二因，感苦樂兩果。『修善』得福，『作惡』得罪，『忍辱』端正，『不殺』

長壽等，引皆是汎明也。」（三二一頁上）

〔六〕**識達邪正**　資持卷上一上：「經中多破外計，委辨魔事，指示正道，恐墮邪逕，故云識達。」（一七四頁下）鈔批卷五：「如經云：此是佛說，此是魔說。若八不淨物，畜者是邪，（三二一頁上）不畜是正。畜者，是魔眷屬，非佛弟子。又，如不信因果是邪，歸依三寶是正。廣如涅槃邪正品說。」（三二一頁下）簡正卷四：「四諦之法為正，二十五諦為邪；正見為正，六十二見為邪；四依為正，五邪為邪；八支聖道為正，撥無因果為邪；擇滅涅槃為正，冥諦涅槃為邪；母緣為宗為正，自然為宗為邪；篇聚之戒為正，鷄狗等戒為邪。意欲令人識知了達，棄耶從正也。」（二四〇頁上）

〔七〕**科其行業，沈密而難知**　資持卷上一上：「行業是因，通收善惡，心因冥邈，故曰難知。」（一七四頁下）搜玄：「花嚴云：化行（原注：『行』疑『教』。）但論煞生，而不分煞生有其輕重。今欲料（【案】『料』疑『科』。次同。）輕重之業，故難知也。立云：此教論心，外相難識，故難知也。今解：料，分也。分別所行之行、所作之業。汎深秘密而難知也。且如淨名，身居俗位，入婬舍、酒肆，博易、興販，而內懷四等，利物為先。若以行分別，汎深秘密，不可知也。業者，無厭足王治國大業，多以煞戮，善才聖者籌佇生疑，況今凡夫而能知也。遂執善才手，示以宮殿百千光明，語善才言：『我得如幻法門，上於虫蟻不起煞心，況人是福德者而興加害！』乃至波須蜜多女等，（三二三頁上）示色為業。語善才言：『坐我床者，即得解脫，接我脣吻，得三昧門。』其業汎密，而難知也。」（三二三頁下）鈔批卷五：「且如化教，但論不應殺生，而不分殺生有輕重之門。今欲料（【案】『料』為『科』。次同。）其輕重之業，故曰難知。又如盜，不言滿五不滿五，則不知結業分齊。若行教中，即有夷、殘等分齊。立明：此化教中，但論心中所有善惡，或起三毒四倒，或起慈悲念定，但在心外相難顯。若將化教，料其罪福輕重之相難知也。」（三二一頁下）簡正卷四：「科，分也。即分別所行之行，分別所作之業。如淨名居士，入諸婬舍，示欲之過等。又，如無猒足王治國，以殺害化人。善財生疑，執彼善財手，示以宮殿百千光明，云：『我得如幻三昧，至於虫蟻尚無殺心，況於人也！』又如婆須密多女，示色化等。（云云。）只似此土齊、梁之時，有志公、杯渡、社順之輩，皆逆化於時，應跡同凡，難為測度。雖非化教所明，且舉茲為例故。」（二四〇頁上）

〔八〕**顯其來報，明了而易述**　資持卷上一上：「來報是果，亦通苦樂，果相麤著，故云易述。」（一七四頁下）搜玄：「如善報者，法花中，授舍利弗當得作佛，號曰花光。國劫正像住世，皎如目見，故云明了易述也。惡報者，花嚴經云：煞害之罪，能令眾生墮於地獄。若生人中，得二種果報：一者多病，二者短命。乃至口業之罪，能令眾生墮於地獄。若在畜生，則受鵄鵂鳥形。聞其聲者，無不憎惡。若生人中，有所言說，人不信受，斯事皎如目對，故云明了易述。」（三二三頁下）鈔批卷五：「謂觀今因知來果，驗現果知過因，如殺生得短命報。故經云：是殺生，是殺生報；是惡口，是惡口報；是邪行，是邪行報等。又如持五戒生人中，持十善生天上。若不受五戒，當來墮三途；不忍辱，來世定醜。但觀現因，則知來報，故曰明了而易述。」（三二一頁下）簡正卷四：「謂報通善惡。如經中記『諸弟子，當來作佛』等是善報。若明惡報，即經云『殺生之羅（原注：『羅』疑『罪』。），墜於地獄、餓鬼、畜生、受諸苦報』等。如此善惡二種果報，分明曉了易見，故云明了易述也。」（二四〇頁上）

〔九〕**行教，唯局於內眾**　資持卷上一上：「制其修奉，違反有過，名為行教。」（一七四頁下）搜玄：「文有四意：初，局所被之機；二、約行業取捨；三、辨教文委回（原注：『回』疑『曲』。）；四、顯結罪再科。富陽云：行教者，毗尼事相，非行不成，教能論之，故云行教。大毗尼藏，匠御出家五眾，發足興行，終登道益也。取捨者，輔篇云：二持依行名取，兩犯須辨為捨。又，犯重求辨名捨，犯殘可救名取。故律序云可救有十三也。又七法治，令改過名取；惡馬、滅殯，無再收義名捨。有人云：十三難，沙彌定捨，輕遮；已出家者，不應，駈出。」（三二四頁上）鈔批卷五：「礪云：毗尼大藏，匠御出家五眾，發足興行，終登道益，隨言即行。但以隨言行故，是使能詮之文判為行教，故曰也，亦曰制教。以此教門約勑五眾，許無違犯，故曰制教。南山律師云：言行教者，依教興解，非行不成，故曰行教，亦曰制教者。（三二一頁下）教由制興，故曰制教也。」（三二二頁上）簡正卷四：「辨制教功用也。毗尼事相，非行不成，教能詮之，故云行教，亦云制教。以教禁制，令斷惡修善故，唯局於內眾者，明所被機也。」（二四〇頁下）

〔一〇〕**定其取捨，立其綱致**　資持卷上一上：「『定』下，示教相。初二句，明『眾行』，上句正示。若取能秉，即簡人是非。若論所被，並須合教。如受戒、遮難、說、恣，有犯，七、九治罰，六聚悔露。一一事中，皆有取捨。次句，釋成取捨之意，謂顯佛法尊高，超于世表。僧門清白，不容非濫，住持萬載，功由於此。」（一七四頁下）搜玄：「致，舉也。如網有綱，舉目正也。今立五篇、七聚之綱，舉二百五十戒目也。又立『眾行』（三二三頁下）為住持之綱，非法舉治，『自』『共』二行，網目然正也。」（三二四頁上）鈔批卷五：「若依教如法者，乃可行之名取；若是違教非法者，不可行之名捨。又言：取捨是得失之義。如受戒時，若要期三世，境因緣具，則得戒，是取；若反上，受戒不得，名失，須捨也。立其綱致者，立云：『綱』是綱網，即網家之綱。『致』是意致，亦是心致。取五篇七聚為綱致也。又云：佛法之中，所以結界、受戒、說戒、自恣，如此等法，並佛法之綱致也。」（三二二頁上）簡正卷四：「初出家時，身無遮難，可以受戒，為取；反上不得，為捨。又隨行中，二持之行，須依為取，兩犯之行，須離為捨。若犯僧殘已下，可救名取，犯四重罪，永棄為捨。又，治罰中，七法名取，九法權棄名捨。立其綱致者，綱，喻也。如綱如網，舉綱目整。今立五篇七聚之綱，舉二百五十戒網目也。」（二四〇頁下）

〔一一〕**顯於持犯，決於疑滯**　資持卷上一上：「『顯』下二句，明『別行』。上句正示，下句釋成，亦同上。如條部（【案】即『調部』。）中，波離對聖，重條咨問，意可見矣。上明教有限齊，反前汎明。」（一七四頁下）鈔批卷五：「有云：如前了論，能知五相，名解毗尼是也。若能明識二部戒律之相者，有疑問者，須為決之。又解：決疑滯者，謂疑犯、疑持，疑於輕重，壅滯積年，於事不了。一見律文，解便通達，故曰決於疑滯也。」（三二二頁上）簡正卷四：「戒戒之下，有通、別二緣，緣具戒持。又，狂亂等，緣不犯等。決於疑滯者，於言教不了名疑，於事羅（【案】『羅』疑『罪』。）不通為滯。既興廣教持犯，自分輕重等文無不顯達，即免生疑滯也。又如條部文，波離以疑事，一一問佛，佛為割決疑情，令無壅也。又如『戒後』下，皆有境想，四句、五句之文，皆為決於疑滯也。」（二四〇頁下）搜玄：「顯於持犯，戒戒釋相，是謂為犯顯犯，不犯者下顯持。又，僧尼戒本，廣顯止持，略顯作犯。廿揵度，廣顯作持，略顯止犯也。決於凝滯。於言教不了曰疑，於事罪不通曰滯。謂調部增一，波離於一一教罪疑滯，問佛，世尊一一解釋，決疑滯也。又，戒戒境想，後四句中，兩句疑、兩句想，而於事罪本迷，始終無罪，轉想有前心蘭，是名決疑也。乃至諸揵度文，皆有決疑滯也。」（三二四頁上）

〔一二〕**指事曲宣，文無重覽之義**　資持卷上一上：「『指』下，示其顯了，反上沈密。上二句示文顯，下二句明事備。初文，如諸戒相，國土犯人，舉過呵責，制戒牒釋。方便境想下，眾同別犯，及不犯輕重等相，一一皆然，聖智通明，故言不勞重覽。凡愚淺識不可，輒爾僭同，且祖師聽二十遍，猶言未是心證。僧休聽三十遍，尚恨逾增逾暗。是知昏鄙，安可自務！」（一七四頁下）搜玄：「有人云，指婬事委曲宣說。約『境』三趣：人男女、非人男女、畜生男女。於上三趣男女，有覺、睡眠、新死未壞、少分壞，委曲而宣，有三千六百句。律文一披即解，不在（【案】『在』疑『必』。）再看，故云。又，無重攬之義，一戒既爾，餘戒句法不定，委曲亦然。」（三二四頁上）鈔批卷五：「覽，由見也。且如大律藏中，僧尼戒本行用儀式易解，皆是可學。顯於緣起，犯相開通。且如殺人得夷，殺（原注：插入『殺』字。）畜得提，無心不犯。如此之說，皆是指前事，曲見（原注：『見』疑『宣』。）分明，不繁再見。謂一一戒，皆指一一事，委曲宣說。不同前化教，汎說婬盜，不顯於境犯處等。然今行教，即顯其境、三趣優劣、得罪差別分齊。一披盡解，不假重覽。」（三二二頁上）簡正卷四：「謂隨指一事，委曲宣說。如初戒，造他境有一人、非人、畜生；就人中，有男子、黃門二種，非畜亦爾，〔成云（【案】『云』疑『六』；）〕每境非處有二，（成十二也；）又，人中有童女、婦女、二形三種，非畜亦爾，（成九；）每境非處有三，（成二十七也。）兼前十二，成四十九。（二四〇頁下）對覺境、睡眠、新死、少境，四境以論，（成一百五十六句。）又配褁隔等四句，（成六百二十四句，並是犯句也。）若怨逼等緣，配六染樂句，（都成三千七百四十四句，並是犯。餘戒例爾。）如此一戒，指事一披，即知不在再展，故云文無重攬之義也。」（二四一頁上）

〔一三〕**結罪明斷，事有再科之愆**　資持卷上一上：「『結罪』等者，如淫兩結，（不捨戒，共畜生，）別眾七開，（施衣、作衣等七緣開，）一一通前，重入戒本，故云再科。所判初科，上二句示相濫，以七支、十業，無別體故，如環連續，以喻相涉不易分故。」（一七四頁下）搜玄：「初戒結罪。初，動身口，吉；進趣，輕蘭；執捉，重蘭；入如毛頭，得夷。因中隨住隨結至果，攬因成果，但有果罪，是明斷也。事有再科，於此婬事上，學而識知，故作其罪有二：一則違制，二是業道。不學而犯，有不學，吉；於事疑，吉；不識，提。」（三二四頁上）鈔批卷五：「性戒罪者，（三二二頁上）如殺盜等科違戒罪，復加業道一罪。『科』，罰之義也。濟云：取重犯義，故曰再科。如前作犯夷，後亦得夷，故曰再科也。」（三二二頁下）簡正卷四：「結罪明斷者：如欲作前事時，初起斯業，心結遠方便。欲取境時，名次方便。臨成根本時，結近方便。若對果位結根本，更起慶快心。又結後心吉，隨其作時，皆制與罪。如此結罪，分明斷割，故云結罪明斷也。事有再科愆者，且如大僧二百五十戒中，若向七文，性戒有違，於制罪上，更有業道，都成二重之過，故云再科也。（非謂約枝條『不學無知罪』以說也。）」（二四一頁上）

〔一四〕**二教循環，非無相濫** 資持卷上一上：「初文，即約（一七四頁下）三業，相對以分。」（一七五頁上）搜玄：「初，雙標二教相濫，宗判自分；二、『謂內』下，正對辨宗，自分之相。言『然』至『矣』者，化、制二教也。修（【案】『修』疑『循』。），說又（【案】『又』疑『文』。）云行也。環，圓也。謂化、行二教，皆有婬、盜、煞、妄，教文環圓，次第攝護，修行不別，非無相濫也。」（三二四頁下）鈔批卷五：「應師云：循環，謂旋遶往來也，巡也、遍也。明其二教互有相涉，猶如兩環相鉤之相。然雖相鉤，終自各別。欲明化、行二教，雖復相濫，然理各別。言相濫者，且如殺畜生，二教俱明得罪。而化教中，但明業道之罪，而無違制之僁。若制教中，先結違制教之罪。復受業道之罪，即是相濫義也。又解：如化、制二教，起心造善惡，心有相濫，大乘制心，小乘亦制心，故律中心念作是也。然大乘單心起即犯，小乘有擬動身口之心方始結犯。然此二教，防心是同，但假身口為異，故言濫也。濟云：化教中亦有制教，制教中亦有化教，故曰相濫。何者是耶？如涅槃、楞伽、遺教，豈非化教！其中即明戒律之義。又如四分受戒揵度，初明如來度五俱隣等，說四諦、十二行法輪，乃至三輪（原注：『輪』疑『轉』。）、度外道等，豈非制教中而亦有化？故曰非無相濫也。」（三二二頁下）簡正卷四：「環者，圓也。謂二教中，皆有婬、盜、殺、妄教文，環圓次第，不無相濫。如化教經、論，本詮定慧，於中亦有明其戒學；律藏本詮於戒，其中亦有明定、慧。處罪二教，循環相濫，今如何簡，得令無有濫耶？可引鈔通云：舉宗以判，理自彰矣。」（二四一頁下）【案】化制二教，內容互有呼應，次第詠歎。非無相濫，相濫，即相涉。指二教不是截然區割，化教中有制教內容，制教中也詮定慧之理。如涅槃經、遺教經等多有對戒律的闡釋，四分律受戒犍度也明四諦之事。「然則」下分二：本句及下為初，「謂內」下為次，「文廣」下為三。

〔一五〕**舉宗以判，理自彰矣** 簡正卷四：「此文兩解。初依順正記云：經論化教之中，雖明戒律，似有濫於行教，然正詮定慧為宗，縱說律等文，亦是兼助故。又，律文行教之中，雖明定慧，（二四一頁下）似濫他化教，然律藏正以戒為宗，縱有定慧之文，亦是兼助。今但舉二教正宗，收攝傍詮，理自彰矣。（已上記文。）意謂不然：此文是標鈔，下句自釋。若於標中約正詮，傍理以解，乍着道理，頗至分明。然下句鈔文，卻成無用，故取也。今依搜玄釋之，欲解下文，應先問曰：『上言舉宗似（【案】『似』疑『以』。）判，其理自彰，未委舉宗如何甄別可別鈔？』釋云：『謂內心違順，託理為宗等。（云云）。鈔文自釋，何勞預解？』（二四一頁下）搜玄：「由上相濫，今舉宗以判，理自明矣，即下文『化教約理為宗，行教制防身口，以事為宗』也。謂制教所防處淺，化教所防處深。深淺既自差殊，事理條然自別，故云理自彰矣也。」（三二四頁下）鈔批卷五：「立明：化教用理為宗，（三二二頁下）約心以明得失，亦云用心業為宗；行教約事為宗，則用身口業，以明得失。上既云循環相濫，今舉此二宗分判，道理自分，故曰自彰也。又解：舉宗以判者，未動身口，但有心起，則違化教，未犯制教。若起心擬動身口，則違制教。兩宗如此。今若違制教得二罪，即是違教及業道也。若違化教，但得一罪，是業道罪，故云理自彰也。」（三二三頁上）

〔一六〕**謂內心違順，託理為宗，則準化教**　資持卷上一上：「上三句判化教。經論明心顯理，是故心業以理為宗。」（一七五頁上）簡正卷四：「謂化教初心為體，以理為宗；行教以身口七支為體，以事為宗。若內心所發善惡，未動身口，便結其犯，即准化教而斷，以理為宗。理即真如寂靜之理，理是心本。若起三毒，於理有乖，便結其犯，即依化教也。」（二四一頁下）搜玄：「辨常云：如以內心所發善惡，未動身口，早結其犯，須准化教所斷，以理為宗。」（三二四頁下）鈔批卷五：「上文云：舉宗以判，理自彰矣。若為自彰，欲解其意，故曰。『謂內心』等，謂內心有違情、順情二心，起者，以托真如一來之理為宗。若違理起心，是名犯也；若起心順理，則成持也。只道起惡心違於真理，即結業理之罪，此是化教之宗如此也。此但名破大乘無相戒。以大乘局制心犯，故云內心違順，托理為宗，引（【案】『引』疑『此』。）屬化教。私云：化教制心，謂內心纔起惡念，與理相違，即結業道，是其化教之宗趣也。」（三二三頁上）【案】內心違順，託理為宗，違順，即違情、順情和違理、順理。理即真如之理。若起心違戒，則成犯也。反之亦然。此兩種現象，均以是否符合佛理為分判標準。

〔一七〕**外用施為，必護身口，便依行教**　鈔批卷五：「此明行教，唯約身口不動。雖復起心，未違行教，要動身口，方可科罰。」（三二三頁上）搜玄：「如律有所運為，若持若犯，要動身口已，方准行教，判以事為宗。內心違順者，違則嗔，順則貪，貪、順、嗔纔發，則有所違。且化教約心，理是心本，理既寂滅，有動則乖。若違順俱無，則順於理體。又釋：違理起惡，順理修善成持。若托理者，則准化教。約外施為，防護身三、口四，發言、身作事，始表彰約外，事離七非，即依行教也。」（三二四頁下）資持卷上一上：「下三句判行教。『施為』即事也。律藏約事辨行，故身口業以事為宗。如篇聚中，起業輕重，受報淺深，篇聚即約行，起業即依化。又持犯中，單心三時辨犯，八句重輕，此依化也；八殺俱重，即約行也。又如懺篇，三品理觀，即是化教，六位悔法，即準行教。又沙彌篇，凡福聖道，即依化教，剃落與戒，即是行教。餘更尋之。『若爾，化教應不禁身口，行教應不制內心？』答：『此據道眾雙稟二教為言，世多不曉，故為委示。初，約違明四句：一違化不違制，（瞥爾貪嗔，律宗不制，及在家人作十不善是也；）二違制不違化，（即犯諸遮戒也；）三俱違，（犯諸生戒；）四俱不違，（理觀內照，戒律外撿。）次，約順四句：一順化不順制，（性相唯識，三觀破迷；）二順制不順化，（心無慧觀，專守事戒；）三俱順，（如上第四；）四俱不順，（造業凡愚。）三、約受戒四句：一稟化不稟制，（淨名云：汝但發心，即名具足是。）二稟制不稟化，（自智不明，循律軌度。）三俱稟，（心希出離，受律禁戒，趣向聖道；佛世，利根善來三語即得道果；又涅槃出家菩薩是也。）四俱不稟，（可知。）四、約懺罪四句：一化淨制不淨，（如犯篇聚，理觀明照，達罪性空，而不依律懺，縱得好相，不入淨僧；）二制淨化不淨，（犯依律悔，而無觀慧，但滅違制，業性確然；）三俱淨，（篇聚依教，滅業道任靜思；）四俱不淨，（愚者犯不肯懺。）』問：『化行二教，為大為小？』答：『化收大小，制唯局小。』『若爾，梵網、善戒，大乘行教，那判為化？』答：『大乘三藏制不制，別得名為行。若望今宗，還屬於化，以菩薩戒通道俗故。』問：『五、八二戒，既是戒制，應是行攝，然局俗人，不通兩眾，如何判之？』答：『化教所攝，律中明者，隨律之經，引證如別。如是簡判，略識化行，更須精辨，恐繁且止。（一七五頁上）今時學者，尚不知名，況明行相。若不曉此大小三藏，一切皆迷。』」（一七五頁中）簡正卷四：「謂若動身口有所運，為造作前事，即准行教以判，以事為宗，謂小乘不制意地。發心未犯，待作七非，方結其罪，即准行教。此言違順者，須即貪違是嗔，貪嗔纔發，便於理有違。若違順俱無，方順於理體。若違理造非成犯，順理修善成持，即理自彰矣。（斯為足義。）」（二四一頁下）【案】外用施為，必護身口，行教唯制身口不動。雖若起心，但未外行，即不違行教。如動身口，方可以行教加以科罰，故而行教即是外護身口。

〔一八〕**然犯化教者，但受業道一報；違行教者，重增聖制之罪**　鈔科卷上一：「『然』下，罪異單重。」（四頁下）簡正卷四：「約二教辨罪單也。意道：不准約宗以判二教不同。（二四一頁下）然其結罪，亦各差別。若違化教，只有業道，一罪是單。違行教者，更加違制之愆是重（平聲）。」（二四二頁上）資持卷上一上：「罪異中。上二句明在家為惡，（出家亦有犯者，如獨頭、心念是。）下二句明出家毀戒。犯化不必違行，違行必兼犯化，業外加制，故云重也。問：『性戒可爾。遮非本惡，為有幾罪？如壞生、掘地，非不違慈；畜長、捉寶，寧無貪染。來者有智，請為通之？』又問：『化教亦兼事，行豈無身口？行教通禁，三業豈不明心？何以上文離開三業，以配兩教，亦請答之。』」（一七五頁中）搜玄：「如違化教則輕，謂煞、盜等，但受業道一報也。違行教者則重，非但業道，兼有違制，故曰重，（三二四頁下）增聖制之罪也。」（三二五頁上）鈔批卷五：「然犯化教，但受業道一報，違行教重增聖制之罪者，（三二三頁上）戒疏云：化教所明，即業性罪。犯者，唯有二義：一是違理惡行，二者能妨道，具此二義也。若佛制廣教後，犯具三義，兩不異前，有違佛制罪也。上云『業道』者，論中解云：業者，意也。意從中行，故曰業道也。」（三二三頁下）

【案】重，音「蟲」。

〔一九〕**受戒者罪重，不受者罪輕**　資持卷上一上：「『故』下引證，即善生經。彼明二人同作一罪，受戒者重，不受者輕。智論文同，如懺篇引。徵意中。初躡上經文以為徵詞，謂彼經既顯，此不須分。」（一七五頁中）搜玄：「經明二人同作一罪，不受戒者罪輕，受戒者罪重，違理故。豈非業道，及違佛制？故得二罪也。問：『佛既知眾生應犯，何須制戒，重增其罪；若其不知，非一切智？』答：『佛何不知。所以制者，有能持者，則功成聖果。若不制，則失斯益。縱有破者，遠有出期，以善業孰得解脫故。若其不受，長淪生死，無有出期，譬如病人服於寫藥。雖知加困，即有差期也。』」（三二五頁上）

〔二〇〕**文廣自明**　鈔批卷五：「遍指一切教中之文也。」（三二三頁下）簡正卷四：「善生經文，彼自廣明。今此但引他文為證上來出家之人，業道之上更增違制，不論餘義也。」（二四二頁上）

〔二一〕**恐迷二教之宗體，妄述業行之是非**　資持卷上一上：「『恐』下，示所為。上句指迷。言宗體者，即上所判也。次句遮妄。言是非者，化行相濫也。世聞淨名發心即是具足，妄判戒之有無，或迷三性犯制，乃謂業均一品。或云：營福違戒無過，或執心觀便毀律儀，或謂堅持無勞慧觀，或依方等二懺而云制罪都亡，或依篇聚六治乃謂性業皆滅，故有依大教懺夷足小乘僧數。如斯迷濫，從古至今。至下懺篇，更為廣說。」（一七五頁中）鈔批卷五：「諸教雖明化、制二宗，恐人不練，故我分別作此一門也。恐迷二教之宗體者，化教以防內心為教宗，制教唯防七支為教體。作此分別者，恐後人迷故，所以我更分之也。妄述業行之是非者，立云，恐有人言：『律師殺牛犯提，同殺草木無異；殺草還提，今共作提罪懺悔，二罪俱滅，不知總報雖滅，別報未亡。』既不識業道之罪，直言罪滅，此名妄述是非也。又解：妄述業行是非者，勝云：如依制教之人殺畜得提罪已，不知有業道，妄述己之清淨也。復有僧尼依化教者，見受苦之眾生，殺之應有福，有何過失。（三二三頁下）雖無業道，而不知與制教中具緣相應得違教罪，妄述我是清淨也。」（三二四頁上）搜玄：「慈濟等云：謂指上證文，善生經中自廣明也。古人將此文結上，今將向下，生下徵起之因。謂經文中，自廣明二教差別，此中更約化行分三者，何也？故言『所以更分者』。『恐迷』已下，正釋更分所以也。恐迷二教之宗體，所以更分。化教以理為宗，用心為體。行教以事為宗，用身口七交（原注：『交』疑『支』。）為體。今於經律廣教之內，分其分齊，故更明也，恐妄述業行之是非。化教，以內心無相為行。行教，外事防非止惡為行。（三二五頁上）化教犯者，有業道，無違制業，但依理事二懺皆除。行教犯者，有違制業，及業道業。事須篇聚，依律明懺及與理懺方滅。恐行教犯者，不依律懺，妄述依於事理，是之與非，故更分也。又，恐行教自對外事，防護身口七支為是，妄述化教約心無相為非。又，恐依化教者，約心無相為是，妄述防護身口七支者為非也。」（三二五頁下）簡正卷四：「更，由重也。分者，判也。此文古今，有其多解。初，依搜玄云：此徵為躡前善生經文。謂前引經文，受戒者罪重，不受者罪輕。彼文已自廣明，何用今師於此更重分判，故云『所以更分者』。（今云不然，南山本為分判二教結罪不同，故引他經文為證。不可躡此證文，以興徵意，良不可也。）次，准繼宗記云：此為徵三十篇也。意云：向下三十篇，對文自引他（【案】『他』疑『化』。）、制二教，有何所以，於此更分。〔今云：搜此（【案】『此』疑『玄』。）以明其文以倒，不取也。〕二（【案】『二』疑『三』。）、准法寶云：據前諸門以釋，謂前已辨能詮教周圓，向下諸篇，但依二教行事即得。何用於此，更分判耶！（已上記文。）諸方講人皆依此釋，余十五季中，亦同斯述。近詳文勢，其義極乖此段。鈔意本為重徵前大，若言約諸門已棄、能詮教已圓者，且前諸門，（二四二頁上）但是律文制教，並未治敘化教之文。鈔既未彰，何得此中云『所以更分』，故知不爾。今有新理，故略明之。但據此門，以興徵意。謂前文略辨二教中，於制教科內云『事有棄科之愆』，即業罪上更加違制罪，反顯化教但有業道，無制可違？豈非度分根了適。又，於重單文中云『然犯化教，但受業道，違行教者，重增聖制』，豈不是重分判耶！只於此文，二教兩度明罪有無，莫不文太繁？不恐後人疑慮，故作段徵之，故云所以更分者。即引鈔釋云：恐迷二教、二宗、二體差別，不知化教以心為體，以理為宗，令犯化教罪，不肯依大乘事懺及大小理懺。又恐不知行教，以身、口、七支為體，以事為宗。犯行教者，有違制之愆，不肯依小乘事懺，便云我是大乘、不開小教等。恐有慈迷，故立一門蠲簡，辨其二途差別。若出家人，是五眾者，犯身口七非性戒，先依行教懺除違制五篇，然後依大乘事懺等，求除業道之罪。故下文云：篇聚依教，自滅業道，任自靜思。若犯遮戒，但懺違制之愆，便成清淨。如下篇中，俱具明通局，疑恐迷惑，故立此門也。」（二四二頁下）【案】「述」，底本為「迷」，據大正藏本、鈔批釋文及文義改。

〔二二〕故立一門，永用蠲別　資持卷上一上：「『故』下明今立。通及後世，無復謬濫，故云永用等。蠲，簡也。標宗、僧網、懺法、沙彌等，皆辨二教，臨文詳之。」（一七五頁中）搜玄：「故立此第七一門，永（原注：『永』字原本不明。或『承』歟？）用蠲簡，除不達二教之迷也。故下諸篇，不通俗者，是行教收；懺篇及道俗（【案】『道』疑『導』。）、化方，通道俗者，是化教攝，並依此大綱也。」（三二五頁下）鈔批卷五：「永者，長也。蠲者，除也。謂除上妄述之見所由也。」（三二四頁上）

第八，僧尼二部行事通塞意〔一〕

然二部同戒同制，則事法相同〔二〕。**行用儀式，類準僧法，具在諸門，隨事詳用**〔三〕。**若辨成犯相者，戒本自分**〔四〕**；隱而難知者，具在隨相**〔五〕。**餘有約位之戒**〔六〕**，謂輕重不同**〔七〕**、有無互缺**〔八〕**、犯同緣異**〔九〕**，而是當世盛行、種相難知者，及「別行」「眾行」等法，方列尼別行法中**〔一〇〕。

此但分其宗類〔一一〕**，猶未顯其來詮**〔一二〕。**諸有不同之意，具在大疏**〔一三〕。

【校釋】

〔一〕僧尼二部行事通塞意　資持卷上一上：「前門人法並通，此門並局。以人唯二眾，教局行科。然而報相兩殊故，使教分同、別，故須辨示，方見諸篇。」（一七五頁中）簡正卷四：「謂上准明二教宗體，行業不同。然於道中，僧尼有別，相對行事，有異有同，前既未明，故此當辨。釋名者，『僧』存略梵，『尼』是女聲，男女位殊，故云二部。部者，類也。若同戒同制，事法一種曰通；或輕重不同，有無事缺等為塞。意即所詮之旨也。」（二四三頁上）搜玄：「上對道俗七部，明化制二教宗體，行業不同，足無疑濫，而於道中，更簡僧尼二眾同異之相，故明也。『僧』存略梵，『尼』約女聲，男女類殊，故稱二部。」（三二五頁下）鈔批卷二：「立云：如受戒懺罪，僧通得作為尼名通也。自餘結界、受日等，但可『自』『眾』相對而作，互不得通，名之為塞也。」（二五三頁下）鈔批卷五：「通謂同戒同制之處，如安居、自恣、說戒、結界等，僧尼同用，義有相涉，名之曰通。言塞者，互有互無，如教誡等法是也。立謂：行事通塞者，如受戒、懺罪，僧通得為尼名通也。自餘結界、受日等，但可『自』『眾』相對而作，互不得通，名之為塞也。」（三二四頁上）【案】僧尼二部，戒相有別，行事有異。二部戒相，義有相涉，名通。如教誡等法，互有互無，故為塞。本門明二教通局意。

〔二〕**然二部同戒同制，則事法相同**　資持卷上一上：「『同戒』，即止持戒本。『初篇』四重、『二篇』七戒、『三十』中十八、『九十』中六十九、眾學一百、七滅諍也。『同制』，謂作持諸法。」（一七五頁中）搜玄：「婬、盜、煞、妄，（三二五頁下）壞生、畜寶、非時不受食等，僧尼戒同，名『同戒』。如集僧、明足、與欲、結界、持衣、加藥等，同是佛制，故名『同制』。事法相同。『事』則情事、非情事、情非情合事。『法』則羯磨，白四、白二、單白，對首、心念並同。謂與大僧相似，故曰相同。靈山問云：『何不言共戒耶？』答：『受法別故，故不言共戒也。』」（三二六頁上）鈔批卷五：「即四重等是也。但是五篇中，僧尼同戒，皆名同戒。安、恣、受、說，此皆同制。言事法相同者，『事』謂情、非情事，即長衣鉢等皆同也。『法』謂三藏（原注：『藏』衍文歟？）羯磨，及對首、心念是同，名為事法相同也。」（三二四頁上）簡正卷四：「即情、非情等事法，即心念、對首、眾法，一百八十四等。如此事法，相狀並同（『相』字，或平聲呼為『得』。）『若爾，何故下篇准明大僧行事，不別出尼之儀式？』鈔答云：『行用儀式等，（云云。）進趣施為，謂之行用；人法如非，謂之儀式。同僧法者，謂除尼眾篇外，餘二十九篇故曰諸門。』（繼宗記云除尼及沙彌篇外，二十八篇及諸門者，非也。）」（二四三頁上）【案】「然二」下分二：初，「然二」下；次，「餘有」下。

〔三〕**行用儀式，類準僧法，具在諸門，隨事詳用**　鈔批卷五：「立明：若同事法，如安、恣等法，並在三十門中，任意詳用。但改作『尼』為異。」（三二四頁上）資持卷上一上：「『具諸門』者，同戒在中卷，同制則上、下二卷，其全同者，則無別舉，如集僧、與欲、羯磨、（一七五頁中）僧網之類。少有異者，隨事點示。如結界中，尼界二里，有難同僧；捨戒中，明尼無再受；受日中，尼唯七日；二衣中，尼加二衣之類。上通明兩同。」（一七五頁下）搜玄：「對事進趣施為，謂之行用。人法如非，謂之儀式。類，例憑。准僧法，具在二十九篇之中。除尼眾別行一篇，隨意詳用。發正云除三篇，尼眾、沙彌、諸部等三。意謂不然，如沙彌篇，尼、沙彌法式不異。若知諸部行事，曉識宗途，極為要也。」（三二六頁上）【案】即諸門日用儀規，如安、恣等法。

〔四〕**若辨成犯相者，戒本自分**　資持卷上一上：「『若』下，別顯同戒，上文指易。戒本分者，即律廣文。」（一七五頁下）搜玄：「如尼家弁成犯相，尼以僧俗男為犯相，僧以尼俗女為犯相。僧尼戒本，從來自別。」（三二六頁上）鈔批卷五：「謂二眾戒本中，自明持犯之相，二部自分，故不同也。」（三二四頁上）簡正卷四：「如尼以僧及俗男為境犯相，僧以俗女及尼為境犯相。在二眾戒本目（【案】『目』疑『自』。）明。」（二四三頁上）【案】辨，分辨、辨析。成犯，起心動念，外顯身口，成違戒之相。意思是，若要分辨是否成犯，已經有僧、尼兩種戒本可憑。

〔五〕**隱而難知者，具在隨相**　簡正卷四：「如隨相篇具辨。如尼婬處有三，以七毒歷之，得二十一句等。」（二四三頁上）資持卷上一上：「『隱』下，顯難。隨相即中卷。如離衣中，三衣、五衣皆提。眾學中，通示尼等同犯。又，篇聚中示尼八重。又，持犯境想，云尼中非無，亦指同僧。通緣中，總標五眾之類。」（一七五頁下）搜玄：「如婬即有眾多難相。且如尼婬處有三，七毒歷之，得二十一句。如此難相，具在鈔僧隨戒釋相中也。諸戒總有，不能繁序。有人釋云『取律本隨相』者，不然。此之十門鈔意，皆統易知。指在尼家戒本，男女互為犯相，彼處易知。若隱指在鈔隨相，因明僧戒相、尼戒難相，便為出也。若指在律中，如何論鈔中行事？故尼別行中云：尼八重中，（三二六頁上）前四大同僧中，故未出也。故知。即指鈔隨相中。」（三二六頁下）鈔批卷五：「立云：下隨戒釋相中，僧尼二眾之戒，廣釋其名相也。然釋相中，雖約僧戒解釋，然尼戒名相同者，亦皆寄在大僧隨相中辨之，（三二四頁下）故曰具在隨相也。」（三二五頁下）【案】「隨相」，此處指其後的隨戒釋相篇。儘管有戒本可尋，但由於戒相複雜，故而輕重、持犯難辨，所以在隨後的隨戒釋相篇中，廣釋僧尼二眾之戒。

〔六〕**餘有約位之戒**　鈔科卷上一：「『餘』下，明塞。」（四頁下）鈔批卷五：「謂僧尼兩位各別，故曰約位也。」（三二四頁下）資持卷上一上：「前明止行。初句標示。約位，戒即與僧異者，『八夷』後四，『十七殘』中十戒，『三十』中十二，『單提』中一百九，八提舍尼，尋尼戒本，對之可見。」（一七五頁下）搜玄：「男女形報既別，防過亦殊，故云約位之戒，故尼別行。云『今簡取唯別者，共為此科，使臨事即披，不事浮繾。』（【案】見尼眾別行篇。）」（三二六頁下）簡正卷四：「謂准尼家不同之戒，故下文云『今簡取唯別者，共為此科』等。」（二四三頁下）

〔七〕**輕重不同**　搜玄：「如摩觸，尼得夷則重，僧得殘即輕；又漏失，僧得殘則重，尼得提則輕；尼造房得提則輕，僧得殘故即重。一事上，僧尼輕重不同。」（三二六頁下）鈔批卷五：「如尼摩觸得夷，僧得殘；漏失，僧殘尼提；尼不安居犯提，僧得吉。故曰輕重不同也。」（三二四頁下）簡正卷四：「三種不同，一輕重不同。如摩觸戒，僧犯殘輕，尼犯夷重。漏失戒，僧犯殘重，尼犯輕。」（二四三頁下）資持卷上一上：「『謂』下，釋異，文列三句，例括異戒，略為引之。轉（【案】『轉』疑『輕』。）重不同。中三：初，僧殘六戒，（漏失、二麤、二房，僧重尼輕；摩觸，僧輕尼重。殘篇，唯有此句。）二、捨墮九戒，（『五敷』為五，六、取尼衣，七、浣故衣，八、擔羊毛，九、擗羊毛，並尼吉僧提。）三、單提十三戒，（一、為尼作衣，二、與尼衣，三、屏坐，四、期尼行，五、期同船，六、期女行，七、受贊食，八、勸足食，九、索美食，十、牙角針筒，十一、過量坐具，十二、覆瘡衣，十三、佛衣等量，並僧提尼吉。）」（一七五頁下）【案】僧尼兩眾，違戒受處輕重有所不同。如尼不安居犯提，僧為得吉。

〔八〕**有無互缺**　資持卷上一上：「有無互缺，中二：初捨墮，尼無二戒；（一、過前求雨衣，二、蘭若離衣。）二、單提尼無三戒，（一、輒教尼，二、說法日暮，三、譏呵教尼人。）」（一七五頁下）搜玄：「僧有，輒教不差；教誡、日暮等戒，尼眾即無。尼有不作本法六法，言人、紡績、四獨等戒，僧則無也。故云互缺。」（三二六頁下）簡正卷四：「有僧（【案】「有僧」疑倒。）尼無，或尼有僧無，故云互缺。僧有輒教、日暮、譏教等戒，於尼即無。尼有言人、四獨、紡績等戒，於僧即無。」（二四三頁下）

〔九〕**犯同緣異**　簡正卷四：「如僧尼畜長鉢，不說淨，皆提，是犯同；尼但一宿成犯，僧開十日，是緣異。僧尼與外道食，皆提，是犯同；尼與女外道食，不犯，是緣異。（以上玄解。）躬又云：與年未滿人受具，二眾並犯提，是犯同。僧即以十七群為緣，尼因十八童女是緣異也。（此解亦通。）」（二四三頁下）資持卷上一上：「犯同緣異，亦二：初，捨墮一戒，（長鉢同提，僧開十日，尼止一夜。）二、單提五戒，（結罪同提，緣相有異：一、背請，二、足食，二戒合為一制；三、與外道食，兼白衣男；四、與年不滿二年學法；五、雨衣，常開。）上約鈔疏以明，更以義求：八夷，後四及二不定，即是有無；八提舍尼，四、八相望，亦即有無。對索美食，即同輕重。」（一七五頁下）搜玄：「畜鉢不說淨，僧尼二眾俱得提罪，即是犯同。僧開十日，尼須當日說淨，即是緣異。又，與外道食戒，同犯提罪，即是犯同。僧與外道，男女皆犯，尼與外道，男犯女不犯，是緣異也。」（三二六頁下）鈔批卷五：「高云：如與外道食戒，犯雖是同，與緣有異。僧與出家、外道犯，尼與出家、在家、外道皆犯。又如畜鉢戒，僧開十日，不說即犯，尼入手當日不說即犯提也。其罪是同，開緣有異，故曰犯因緣異。礪云：犯同緣異者，如背正足食，犯提同。而開緣不同者，賓云：僧有餘食法，背足別制，尼無餘食法，合制一戒也。僧開餘法，故曰開緣不同也。又復減年一戒，受緣不同者，尼與式叉作本法也，僧即與沙彌而受其十戒也。過量浴衣，生犯緣同。（謂過量作僧尼同犯。）用緣不同，僧則用者時限，謂屬夏中，尼則聖開長時常用。」（三二四頁下）

〔一〇〕**當世盛行、種相難知者，及「別行」、「眾行」等法，方列尼別行法中**　資持卷上一上：「『而』下，指尼篇。如上多異，不可盡列，故選時要方入『別行』。『盛行』謂數犯，『難知』謂微隱。互專一義，亦所不出，即如下篇。上列六戒，夷中出三，觸八及覆殘中出二，言人、四獨單提，出紡績一戒。『及下』一句，示作行。言眾行者，下列七門，（一七五頁下）上即『隨戒』一門，餘之六種，并屬『眾行』，謂受、懺、說、恣、安居、師資也。『方』下，總指。」（一七六頁上）搜玄：「不同戒中，簡取種相難知、當世盛行，指在尼眾別行篇明也。後四重中，觸、八〔雨／復〕，『三十七』殘中言人、四獨，『單提』中紡續，並是當世盛行及種相難知，故釋。如摩觸是婬種，腋下、膝上、腕後，（三二六頁下）此相難知。『八〔雨／復〕』已下，例然則顯，世不盛行，種相易知，不釋。如本法，六法不作即犯，易也。自餘諸戒，世不盛行，故總略也。故鈔云：『餘上下戒，非無種相，行希寡用，且略而已。』（【案】見尼眾別行篇。)『別行』即『自行』。七法相攝,及八敬等,是『眾行』,即受、說、安、恣等是。皆指在尼眾別行篇中明也。」(三二七頁上)簡正卷四:「簡取盛行難知。緣下別立篇同,一、當世盛行,而種相易知;或雖種相難知,當世不因行者,皆止而不釋也。及『別行』、『眾行』等法者。『別行』即七法,『自行』即相攝及八敬等法,『眾行』即受、說、安、恣,并懺、僧殘,須來僧中等,皆於尼別行篇具述。」(二四三頁下)【案】法之於世,可分四種:當世盛行,種相難知;當世盛行,種相易知;當世不行,種相難知;當世不行,種相易知。「尼別行法」即鈔之尼眾別行篇。

〔一一〕此但分其宗類　鈔科卷上一:「『此』下,結意指廣。」(四頁中)資持卷上一上:「分宗類者,即向所明通塞條別。」(一七六頁上)搜玄:「謂結略鈔本末,明尼戒來詮,指歸不同之意,在首疏也。有無互缺,即是分宗。宗途自別,輒教日暮不差,即是僧宗。紡績四獨,即是尼宗。輕重不同,犯同緣異。『眾行』即是分類。約摩觸、鉢、說淨及別眾行,僧尼同制同依,而男女之類不同,輕重約緣有異,故云分類。」(三二七頁上)鈔批卷五:「謂且分兩位,有開(【案】『開』疑『同』。鈔批卷三作『同』。)有異、(三二四頁下)互缺、輕重等如此。然未明不同之意也。」(三二五頁上)簡正卷四:「結略指歸也。謂分若干戒,僧有尼無,若干戒是僧宗類等。」(二四三頁下)【案】「分其宗類」,指將戒分為兩位,如有同異、互缺、輕重、通塞等。

〔一二〕未顯其來詮　資持卷上一上:「不明立教同別來意也。」(一七六頁上)搜玄:「如其篇中但直明宗類不同,觸八、四獨等戒,猶未明本犯緣起人,誰見、誰可、誰舉自?佛世尊在何處制?如是制戒來由,能詮教顯,故曰來詮。此但分其宗類,未辨如是來詮。」(三二七頁上)鈔批卷五:「未顯僧尼之戒不同、有無,意之所以也。又解:未顯尼制教來由教詮之意也。」(三二五頁上)簡正卷四:「顯,明也。『來詮』有兩釋:一、搜玄云,(二四三頁下)謂制戒之由、能犯人名字、犯罪處所、僧制呵等。如是緣起,並未曾彰顯。(此未成解。)今依宗記云:來詮者,即來由意旨,前未宣釋即有何由致?僧尼互有不同,何以犯同?其緣復異,如此未由意致,鈔未論之。指有首疏,敘述也。疏自問云:『大僧畜鉢,何故開十日,尼唯一宿?』答:『尼制有伴,有人對首故,僧即反之。』『若爾,何以長衣尼慇開十日?』答:『尼雖有伴,容有同活共財之義。既俱是財主,說淨不成,須別待人,故開十日。鉢唯一口,必無共義,是以隨得,便須說淨。(此犯同緣異,來詮也。)又,僧是上眾,故有教尼;尼是下眾，受僧之教。又僧無伴，便招嫌疑，有二不定；尼制有伴，涉嫌疑故無不定。餘並例此。〔（有無、互缺之業登（【案】『登』疑『證』。）也。）〕又，尼受觸得重，為其煩惱垢重。既受觸身，必作大惡；僧若觸境，無陵逼過，不假染防，故犯殘也。（此輕重不同之來詮。）如此來由意旨，鈔指疏述也。』」（二四四頁上）

〔一三〕諸有不同之意，具在大疏　資持卷上一上：「『諸』下，指廣。不同意者，即上止作別相，各有所以。大疏，即祖師所稟首師律疏二十卷。而言『大』者，或隨大部為言，或簡今家戒、業二疏，非謂尊師故也。今見義鈔、戒疏，不能廣錄，學者自尋。」（一七六頁上）搜玄：「上但明其不同，未明不同之意。不同之意故，指首大疏中。彼疏云：如畜鉢，大僧何故開十日？釋云，具二義，一、僧寔多利用，於十日，欲使籌量布施人故；二、大僧不制有伴，喜獨遊行，無伴可對，（三二七頁上）故開十日。使覓伴對說，尼師反前，故不開一夜，此即是不同意。又，摩觸，尼重僧輕者，尼則煩惱厚重，既受摩觸，必為陵逼，成大過故。方便之內，制與重名，故得夷罪。丈夫摩觸，必無陵逼，不須深防，限分中制，故犯輕也。又，女人貪觸情重，得有背夫從他之義，此則輕重不同之意。問：『尼有伴故，鉢制當日，經宿結犯者，如長衣戒。尼亦有伴，何故由開十日耶？』答：『二尼同伴，有同活之義。既總是財主，說淨不成，須求別人，故由開十日。衣有分義，同活故開，鉢不可分，決屬處定，隨有即說，故不開也。』」（三二七頁下）鈔批卷五：「言具在大疏者，如首律師疏中具說所由，不能繁述也。」（三二五頁上）【案】大疏或稱為廣疏，二十卷，系智首律師（公元五六七年至六三五年）對四分律的注疏。智首另有五部區分鈔二十一卷、續薩婆多毘尼毘婆沙序、出要律儀綱目章一卷、小阿彌陀經鈔二卷等。道宣曾從智首受業。

第九，下三眾隨行異同意〔一〕

二眾沙彌〔二〕**，若約戒體，同大僧無作**〔三〕**。撿其本數，唯顯於十**〔四〕**。就餘隨行，類等塵沙**〔五〕**。結罪居第五篇**〔六〕**，就位在諸戒末**〔七〕**。自外行法不同**〔八〕**、取捨有異**〔九〕**者，各就別篇具明**〔一〇〕**。**

式叉摩那〔一一〕**，「六法」是其學宗**〔一二〕**，戒體更不重發**〔一三〕**。自餘隨行對治，同諸三眾學之**〔一四〕**。必有不同，具如尼別法所顯**〔一五〕**。**

【校釋】

〔一〕下三眾隨行異同意　資持卷上一上：「標云異同，有二：初明沙彌，即對大僧；

下明式叉，即望三眾。」（一七六頁上）搜玄：「靈山云：雖下三眾戒法未具，然俱是內眾，為制教所局，戒戒之末，皆結其罪，而未知『隨行』之相與大僧同異如何，故有此門次之明也。五眾之中，『三』是下位，云『下三』也。發正云：一、梵云『戒叉摩耶』，此翻為『學法女』。學法之義，如下所解。二、梵云『沙彌』，舊為『息慈』，謂息惡行慈。唐三藏翻為『懃策』，謂為大僧勤人所駈策也。三、梵云『沙彌尼』，此翻為『勤策女』，謂為大尼勤人駈策也。隨中之行（三二七頁下）異之與同，於此門中，辨其意也。下三十篇中，皆統斯大綱之意耳。」（三二八頁上）鈔批卷五：「式叉及沙彌、沙彌尼，名為三也。三眾隨行中，行事與大僧、大尼有同有異，須出其異意所以也。」（三二五頁上）簡正卷四：「上雖明僧尼行事異同，然於二部之下，有餘三眾，雖則未圓具戒，且是內眾所收，戒戒下文，皆結其犯，未委所行三行，與僧有何同異？前既未明，故此辨也。釋名。下三眾者，（二四四頁上）一沙彌、二沙彌尼、三式叉尼。隨行者，即隨中之行。共有為『同』，各別為『異』。『意』即意旨。」（二四四頁下）

〔二〕**二眾沙彌**　資持卷上一上：「初科，上句標名。『沙彌』是梵語，此云『息慈』。（息其世染，慈濟群生。）」（一七六頁上）搜玄：「有二意：上則體一，下辨數異。」（三二八頁上）簡正卷四：「『沙彌』是古梵語，此云『息慈』，謂息世染之情，以慈濟群生故也。初入佛法，多存俗情，故須息惡行慈也。若准新（【案】『新』後疑脫『譯』字。），梵云『喹囉摩拏路迦』，此云『勤策男』；『喹囉摩拏里迦』，此云『勤策女』。謂此二眾，刱入佛法，須假大僧、大尼，勤人之所策勵故。今鈔文存舊梵語，故稱沙彌也。」（二四四頁下）

〔三〕**若約戒體，同大僧無作**　搜玄：「此謂沙彌能令心相與大僧同，所發業體故不異也，故云同大僧無作。曇云：准律大小揵度中，沙彌得戒，具列七支，則總發故。善生經云十戒，無無義語、兩舌、惡口，是義不然。我今受持淨口業，故俱得七支。智論亦同，彼云：佛法貴實語故，以不妄為先，自餘通攝，不待言及，則許沙彌於情非情，皆發得戒，與大僧不異，故云同大僧無作。故鈔下文云：十戒，三眾、情及非情，同大僧發也。又相疏云：十戒者，案心論及多論，並須普緣情非情發，如戒體引，乃可有漏、不滿（原注：『滿』疑『漏』），具不具別。『若爾，何故但列十戒耶？』答：『以非具位，且就力分，故唯說十。復以惡作義通故，戒戒結罪不得，以但說十，（三二八頁上）即不令分學，其猶大僧，豈可盡說五篇戒耶！位雖未滿，然戒分學，故普緣也。又復此十，即為具戒體。故報恩注云：沙彌十戒，比丘具戒，始終恒一，隨時立名。譬如樹葉，春夏青、秋時則黃、冬時則白，隨時異故。樹葉則異，而其始終故是一葉。戒亦如是，常亦一戒，隨時有異也。問：『體與大僧既同，所發境不異，何須更受具足戒耶？』答：『約其所防，有五篇輕重，先但得一。今如其四為滿足，故佛制受也。非謂後受戒體更新得也。』」（三二八頁下）鈔批卷五：「明其所發無表之戒體，量同大僧，故下云『隨行，類等塵沙』。舉喻如春時草木，枝葉盡出，未經盛夏，色未變黃，過五月已，盡作黃色。明下三眾所發戒體，律儀具足，未秉白四，如樹未變色也。故報恩經云：沙彌十戒、比丘具戒，始終常一，隨時立名。譬如樹葉，春夏則青，秋時則黃，冬時則白，隨時（【案】『隨時』即隨時間不同。次同。）異故，樹葉則異，而其始終故是一葉。戒亦如是，常亦一戒，隨時有異也。賓云：古人此判，稍違道理。若受沙彌戒，即普緣境，應普發戒，即應沙彌已具獲得二百五十，如是便違婆沙。論百二十四云：『近事』受勤策律儀，不捨五戒，受得十戒，爾時成就十五律儀；（三二五頁上）『勤策』更受苾蒭律儀，爾時成就得二百六十五律儀。『論既分明，言十戒位但得十五，至具戒位，方加其數，何容沙彌普發耶？』答：『論據十戒，成沙彌性。不遮普緣，普發無表。此即十戒立為律儀。所餘無表，善而非戒，設便違犯，通名惡作。不可即名犯戒惡作，為調機器，令普學戒也。』」（三二五頁下）簡正卷四：「謂能領心相所發業體，一同大僧具發七支，無表以非色非心為體。准大小揵度中，沙彌得戒，具列七支，則所發業體同僧也。或依俱舍及善生經，但發四，文（【案】『文』疑『云』。），身三、口一也。故彼經云十戒，無義語、兩舌、惡口，是義不然。我今受持淨口業故，俱得七支。又智論云：佛法貴如實語故，以不妄為先，自餘通攝，不待言及。（准此亦許發七支故。）又雜心云：並須息緣，情非情發。故下文云：十戒，三眾情與非情，同大僧發。」（二四四頁下）

〔四〕**撿其本數，唯顯於十**　資持卷上一上：「『檢』下，示相局。」（一七六頁上）鈔批卷五：「即戒相中，且明十事，餘則不出。礪云：『沙彌既死，無作同大僧發，何故但只說十？』答：『以非具位，且就力分，故唯說十。復以惡作義通，故戒戒結吉。不得但以說十，即不令分學。其猶大僧，豈可盡說五篇耶！』」（三二五頁上）簡正卷四：「今列十者，以非具位，且就力分，故唯說十。雖但說十，餘須分學，由如大僧，但說四重之例。又此十戒，即為具體故。報恩經云：由如樹葉，春夏青、秋黃、冬白。（二四四頁下）隨持（【案】『持』疑

『時』。）異故，樹葉即不異，而始終是一葉故。戒亦同然，隨時有異也。十戒者，婬、盜、殺、妄、五不飲酒、六不華鬘香塗身、七不歌儛倡伎故往觀聽、八不坐高廣大床、九不非時食、十不捉錢寶。」（二四五頁上）

〔五〕**就餘隨行，類等塵沙** 搜玄：「此釋『行同位別』也。隨行類等塵沙，對諸惡境，皆能防護。無作之體若異，何故能治是？『同』即行同也。」（三二八頁上）簡正卷四：「塵沙惡境，皆能防護，顯無作之體不別，即行同也。」（二四五頁上）

〔六〕**結罪居第五篇** 資持卷上一上：「『結』下，明犯第五篇，即突吉羅。無論遮、性，一概結吉，示教輕故。」（一七六頁上）搜玄：「靈山云：沙彌但有所犯，無論輕重，皆結吉羅。吉羅居第五篇，非謂第五篇中別有沙彌吉也。」（三二八頁上）鈔批卷五：「立謂：所犯之罪，無問輕重，通結吉羅。若犯初篇，但以滅擯，吉羅為異。吉羅居第五篇，故云然也。」（三二五頁下）

〔七〕**就位在諸戒末** 資持卷上一上：「『就』下，顯位。諸戒末者，即指廣律。並列戒後，別尊卑故。問：『體既是同，那分大小？』答：『境量雖同，志願碩異，有願無願，豈不明乎？』『若爾，既遍塵沙，何唯列十？』答：『若論戒體，發在三歸，後說十戒，略陳其相，如大僧四重之例。故下云『且列十戒，喜犯前標，餘所未知，二師別教』等。』（【案】見沙彌別行篇。）」（一七六頁上）鈔批卷五：「僧尼二部律中，戒戒下皆云沙彌、沙彌尼突吉羅是也。」（三二五頁下）搜玄：「律結成犯相，云比丘、比丘尼，波羅夷；式叉摩那、沙彌、沙彌尼，突吉羅。沙彌在其戒末位也，此『位別』也。」（三二八頁上）

〔八〕**自外行法不同** 資持卷上一上：「自外者，如五德、十數，持衣、說淨、別堂、說、恣，有緣掘、壞之類，並如下篇。事容是非，故云取捨。」（一七六頁上）簡正卷四：「『行』謂五德，『法』即十數。破外道等，並別堂、說戒、持衣、說淨，自稱沙彌名等法，此與大僧尼全別，故曰不同也。」（二四五頁上）搜玄：「行其五德是『行』，說十種法、破於外道是『法』。大僧都無，即不同也。」（三二八頁下）鈔批卷五：「勝云：說五德十數等是也。意云：沙彌亦有安居、自恣、說戒等，故言行法不同。謂不同大僧、大尼之類也。」（三二六頁下）

〔九〕**取捨有異** 簡正卷四：「若供養三寶，得開摘花、壞生名『取』，反此不得是『捨』。大僧尼無此事，故云有異。又釋：若犯婬、盜、殺、妄，滅擯，不許受具名『捨』，不同大僧尼，懺竟卻得入眾。若犯餘，吉羅，得受具名『取』

也。」（二四五頁上）鈔批卷五：「勝云：如壞生，為供養三寶，緣有則開，餘無此緣則制。制故名『捨』，開則稱『取』，亦云持名『取』、犯名『捨』也。」（三二六頁下）

〔一〇〕各就別篇具明　資持卷上一上：「沙彌尼附尼法，故云各就等。」（一七六頁上）搜玄：「此等諸文，在下沙彌別行篇中具明也。各者，謂二種沙彌。同者，同在沙彌別行篇明。尼沙彌與僧沙彌別者，在尼眾別行篇中明之，故云各也。」（三二九頁上）

〔一一〕式叉摩那　資持卷上一上：「此云『學法女』。由尼報弱，就小學中，別提六行，為具方便。二年則驗胎有無，六法則顯行貞固。十誦所謂『練身練心』，即此義也。」（一七六頁上）簡正卷四：「梵語『式叉摩那』，此翻為『學法女』。（二四五頁上）且約童女出家，年至十八，曾受沙彌尼戒，為彼集僧，令對尼僧乞學法，尼僧遙以羯磨被之，後召入眾，為說六法名字：一、不得受染心男子摩觸，（防大婬戒；）二、不盜人四錢，（防大盜戒；）三、不斷畜生命，（防大殺戒；）四、不小妄語，（防大妄語；）五、不得飲酒；六、不得非時食。（前四是性，後二是遮。）」（二四五頁下）搜玄：「發正云：為對古師立義，於受六法言下，更發得無作戒體。為破此義，以受沙彌戒時，此六法戒體已發竟，故云。或體更不重發，首、願同破也。『式叉摩那』，此云『學法女』。今為女人煩惱垢重，將欲受其大戒，先以調伏身心，則以六法調心，為受大戒緣。二年調身，知有胎、無胎，身心清淨，堪受大戒。以律中度任（原注：『任』『妊』，音通。）身女人起過故，制二年學之。」（三二九頁上）鈔批卷五：「此是外國語也。此翻『式叉』為學法，『摩那』翻為女，故名『學法女』，謂學其六法，防於四重。六法者何？一、與染心男子摩觸；二、盜四錢已下；三、故殺畜生；四、小妄語；五、非時食；六、飲酒也。言防四重者，觸防婬，盜四防五（【案】義為：通過持戒，防盜四錢以下，以達到能夠防盜五錢以上的目的。），殺畜防人，小妄防大妄。若犯此六者，更從初與法，要滿二年，方得受其大戒。若學法時，犯根本四事者，則滅擯。」（三二六頁上）

〔一二〕「六法」是其學宗　搜玄：「六法者，一、不受染心男子摩觸，防初戒故；二、不盜四錢，防大盜故；三、不煞蟻子，防煞人故；四、不得小妄語，防大妄語故。此四為護初篇根本四性戒故。五、非時食，六、飲酒，此二是遮戒。此六種法，女人喜為，偏制令學也。若犯四根本即滅償。若犯四戒，方便隨缺，皆得一一重與，不限多少。如至二歲垂滿，於此六中，隨犯一法，皆須更與六法也。」（三二九頁上）鈔批卷五：「上六法是其學體，故曰是其學宗。其人位居大尼之下，在沙彌之上，要先受沙彌尼十戒已，方加此六法。所以制學六法者，南山羯磨疏云：六法以淨其心，二歲（【案】『歲』義為『年』。）學戒，以淨其身。言淨心者，以女人志弱，愚教者多，隨緣造過，特由學淺，是以聖制增位勸學。言淨身者，由曾出適言婦事人，後為夫喪從道，懷胎受戒，誕育懷狹，譏過由生，故限二年可知染淨，即律中度妊身之緣是也。」（三二六頁上）

〔一三〕**戒體更不重發**　資持卷上一上：「以式叉尼轉根為男，即入僧沙彌故。業疏云：此學法女無戒體也。但受別教，位過沙彌，以人不解，謂分三眾有三戒體等。問：『沙彌尼戒既遍塵沙，何以式叉方行此六？』答：『選其喜犯，重更約勒，無體再發，即其義矣。』」（一七六頁中）簡正卷四：「破古也。古云：六法女於十戒上別發六條戒，以由羯磨受故，又於六法有犯故。今師云不然，只於前十戒之內，重策前六，令彼習學，戒體更不重發也。今以轉根義證知，兩戒可發。如僧受戒時得比丘戒，成就亦現行；懸發得尼戒，但成就不現行。若轉根為尼，便是比丘尼，不須更受尼戒。尼轉根為僧亦爾。示今沙彌受戒時，發得沙彌戒，成就亦現行；懸發得沙彌尼戒，但成就不現行。若轉根為女人，當體便是沙彌尼，不須更受沙彌戒也。若式叉尼轉根為男子，但號『僧沙彌』，且不呼為『僧式叉』，明知不別發戒也。（若准玄記，古人受六法時，更發得式叉無表體。今師云：但是舊來沙彌十戒體，非謂新納式叉體，故云戒體更不重發也。准斯所釋，其理過分，古來亦無此執，上已是述。）」（二四五頁下）搜玄：「此六法女，（三二九頁上）受沙彌戒時，體已發竟。今但遙作羯磨後，喚來語六法，令三（原注：『三』疑『二』。）歲脩學，故云是其學宗。此體更不重發也。」（三二九頁下）鈔批卷五：「明受沙彌尼戒時，發戒體已竟，但是更加學法，無別式叉之戒可發也。」（三二六頁上）

〔一四〕**自餘隨行對治，同諸三眾學之**　資持卷上一上：「『自』下，明『行』同三眾。……同三眾者，指下文也。同大僧則具在諸篇，同大尼、沙彌則各如別篇。沙彌合一，故言三眾。」（一七六頁中）簡正卷四：「隨戒起行，名為『隨行』。同諸三眾者：一同比丘，二同比丘尼，（二四五頁下）三同沙彌尼。（已上正義。）或依諸記中，大尼為一，沙彌為二，沙彌尼為三者，非也。既受六法時，戒體更不重發，即自己當體，便是沙彌尼，何須更列？故知無理。」（二四六頁上）搜玄：「言『自』至『顯』者：上明其同；二、『必有』下，辨異，謂除六法之外，名自餘也。隨行者，隨戒起行，名『隨行』也。同諸三眾者，諸釋不同。當陽、折中云：僧尼為一，沙彌為二，沙彌尼為三。輔篇兩解，初解同前；次解云：一、大僧，二、大尼，三、二眾沙彌。進退無在學之者。問：『位既未滿，聞戒成難，云何令學？』答：『於其戒律雖未合聞。准母論，若於隨行，和上須教，而不得說罪名種相，但行護離過也。』」（三二九頁下）鈔批卷五：「大僧為一，大尼為二，二眾沙彌為三也。勝云：僧尼為一，沙彌為二，（三二六頁上）沙彌尼為三，故曰同諸三眾學也。」（三二六頁下）

〔一五〕必有不同，具如尼別法所顯　資持卷上一上：「如無沙彌尼，得與大尼授食之類，下文具委。」（一七六頁中）搜玄：「得與大僧尼授食，自從沙彌、俗人等食，又不得與沙彌尼過三夜，自不得與大尼過三夜，是不同之相。如下尼眾別行篇中明也。」（三二九頁下）簡正卷四：「謂得與大尼授食，自從沙彌尼、俗人受食，不得與沙彌尼過三夜，不得與大尼過三夜等。」（二四六頁上）

第十，明鈔者引用正文，去濫傳真、科文酌意〔一〕

初明引用正經，次明世中偽說，後明鈔與本意〔二〕。

初，言正本〔三〕者。

僧祇律〔四〕，是根本部。餘是五部：曇無德部〔五〕，四分律也，鈔者所宗；薩婆多部〔六〕，十誦律也；彌沙塞部〔七〕，五分律也；迦葉遺部〔八〕，解脫律，此有戒本；婆麤富羅部〔九〕，律本未至。此依大集分別〔一〇〕。毗尼母論〔一一〕；善見論〔一二〕；摩得勒伽論〔一三〕；薩婆多論〔一四〕并傳；毗奈耶律〔一五〕；明了論〔一六〕，釋正量部〔一七〕，并真諦三藏〔一八〕疏；五百問法〔一九〕；出要律儀〔二〇〕，梁武帝準律集。自餘眾部，文廣不列〔二一〕。并大小乘經〔二二〕，及以二論與律相應〔二三〕者，名「隨經律〔二四〕」，並具入正錄，如費長房開皇三寶錄十五卷中〔二五〕。

次明諸師異執〔二六〕。法聰律師〔二七〕；覆律師〔二八〕，出疏六卷；光律師〔二九〕，兩度出疏；理、隱、樂三師〔三〇〕，各出鈔；遵統師〔三一〕，疏八卷；淵律師〔三二〕，有疏；雲、暉、願三師〔三三〕，各自出鈔、疏；洪、勝二師〔三四〕，有鈔；首律師〔三五〕，有疏二十卷；礪律師〔三六〕，有疏十卷；基律師〔三七〕，有疏。已外，曇瑗、僧祐、靈裕諸師已下〔三八〕，及江表〔三九〕、關內〔四〇〕、河南〔四一〕、蜀部〔四二〕，諸餘流傳者，並具披括，一如義鈔〔四三〕。

次，明世中偽經〔四四〕。

諸佛下生經六袠、淨行優婆塞經十卷、獨覺論、金棺經、救疾經、罪福決疑經、毘尼決正論、優波離論、普決論、阿難請戒律論、迦葉問論、大威儀請問論、五辛經、寶鬘論、唯識普決論、初教經、罪報經、日輪供養經、乳光經、應供行經、福田報應經、寶印經、沙彌論、文殊請問要行論、提謂經。如是等人造經論，總有五百四十餘卷〔四五〕。代代漸出，文義淺局，多附世情〔四六〕。隋朝久已焚除〔四七〕，愚叢猶自濫用〔四八〕。且述與律相應者，如前所列，餘文存略〔四九〕。

後，明鈔興本意〔五〇〕。

夫鈔者，固令撮略正文，包括諸意〔五一〕也。

余智同螢曜〔五二〕，量實疏庸〔五三〕，何敢輕侮猷言〔五四〕，動成戲論〔五五〕。

雖然，學有所承，承必知本〔五六〕。每所引用，先加覆撿〔五七〕。於一事之下，廢立意多，諸師所存，情見繁廣〔五八〕。今並刪略，止存文證〔五九〕。及教通餘論，理相難知，自非通解，焉能究盡〔六〇〕？具如集義鈔所顯。而鈔略證文，多不具委，但取文義堪來入宗〔六一〕者。自外不盡之文，必欲尋討〔六二〕。知其始末，則非鈔者之意〔六三〕。故文云：諸比丘欲不具說文句，佛言「聽之」〔六四〕。毘尼母論云：佛令引要言妙辭，直顯其義〔六五〕。庶令臨機有用，無待訪於他人；即事即行，豈復疑於罪福〔六六〕？猶恐後代加諸不急之務，增益其中〔六七〕，使真宗蕪穢、行者致迷〔六八〕。鳥鼠之喻，復存於茲日〔六九〕矣！

【校釋】

〔一〕明鈔者引用正文，去濫傳真、科文酌意　資持卷上一上：「『鈔者』，祖師自號也。『引』下三句，即括三科。但科酌之言，對下少異。然下云鈔興，但明抄略之意，此言『科酌』，正明量處之謀。前後異名，共成一意。」（一七六頁中）搜玄：「前敘教門意圓，所被之機意足，則顯鈔所引用正文之意。去濫傳真，憑何刪略？聖言所未明，故次門辨其諸意也。……引用正文者，初標根本僧祇，明是本一之教。（三二九頁下）次列五師分部，即使有無不同，今取四分為所宗。當律無文，即辨引用餘部；餘部若無，次取釋律之論；論無，取釋律之集。自餘諸部，無教可用，略不言之，釋律集無，取大小乘經論、古人章疏。從『本列』至『未顯』，是鈔引用文意，欲望鈔文還如本一之教，此是引用正又（原注：『又』疑『文』。）意。去濫意者，文義淺局，多附世情，久已焚除，愚褰猶用。今列名使識，隔彼愚心，是其意也。傳真不可盡取，事須隨科要者，斟酌意取，堪來入宗，佛令直引要言，是科酌意也。」（三二九頁下）鈔批卷五：「濫有三種：一、謂律藏中自有濫；二、謂經論中有濫；三、謂佛法東度已後，諸師集疏，行事有濫。今則剪截浮辭，傳其真教，以斟酌也。言傳真者，謂取正錄、真經、實論，是抄所用也。言科酌者，『科』是科條，『酌』是斟酌。謂除偽就真，取多取少，任自斟酌，故曰也。」（三二六頁下）簡正卷四：「先明來意，謂前五門辨能詮教，第六明所詮旨。七、八、九之三門，明二教通局，并所被之機，意足然未審：所引教文，為是正翻？實錄為是人造偽經？又，『鈔』之一字，因何而興？前既未明，故次辨也。釋名者。宗記云：『鈔者』兩字，『鈔』字屬此所於能作之主。『引用正文』，即下所用引三藏題目等。去濫者，即下引偽經名目是。傳真者，皆是要當之文。科酌者，科，分也；酌，度也。意即門下之旨也。」（二四六頁上）

〔二〕**初明引用正經，次明世中偽說，後明鈔興本意**　簡正卷四：「云初明引用正經，（即第一判用正文也；）次明世中偽說，（即第二去濫也；）後明鈔興本意，（即第三傳真科酌也。）」（二四六頁上）資持卷上一上：「正，謂入諸正錄。經者，訓法、訓常，名兼通別，通該三藏，別在修多。今此從通，以收群部。」（一七六頁中）搜玄：「三段不同，則分三別：初明引用正經，次明世中偽說，後明鈔興本意。前二：初引正經，後明異執。前三：初標；次，『僧祇』下，列釋；三、『並具入』下，通結指歸。」（三三〇頁上）鈔批卷五：「就此門中，分有三，在文易見。何故前明正經，後明偽說？今解云：非無有意。先例真者，為顯抄中之所用，故須前列；後明偽者，顯知抄中不容偽濫也。又，欲真偽相顯，知取真捨偽，故以先真後偽也。」（三二六頁下）【案】「初明引用正經」分三：初句總標；二、「僧祇」下；三、「並具」下。

〔三〕正本　鈔科卷上一：「初，明三藏正教。」（四頁中）資持卷上一上：「小乘律論中，又三。初，明諸律具云摩訶僧祇，此翻『大眾』。（從眾為名，即窟內部。）『曇無德』，亦云『曇摩鞠多』，此翻法正，亦云法護、法鏡、法密，（從人為目。）『薩婆多』，或云『薩婆諦婆』，此云『有』，（亦云『一切有』，從計為名。）『彌沙塞』，此云『不著有無觀』；『迦葉遺』，亦云『迦葉毘』，此云『重空觀』。（此二從『行』為名。）『婆麤富羅』，亦名『婆蹉富羅』，此云『著有行』，（亦從計名。）上列六部。前之四部，戒本廣律此土已翻，即『根本』獲一，五部得三，翻傳時代，備如戒疏。下之二部，據非今鈔所引，相因列之，知名而已。」（一七六頁中）搜玄：「是佛所說，即是真正，兼明羅漢釋律本，亦名正本。列釋，文二：初，別列數本；二、自『餘』下，通舉餘文。」（三三〇頁上）

〔四〕僧祇律　簡正卷四：「先引律部，後引餘二，從親至踈。又於律中，先引祇文，以是根本故。（二四六頁上）此律是釋法顯後（【案】『後』疑『從』。）中天竺國天王寺將來，晉義熙十四年（公元四一八年），於揚州道場寺譯四十卷成文。（若准諸記中，對此廣引大集經文。又，搜玄判此僧祇是大天部律，並非正也。若引經分部，如玄談中自明。若言僧祇是大天律者，即違鈔文，反戒疏。廣如別破之也。）」（二四六頁下）鈔批卷五：「僧祇部，外國云『摩訶僧祇』，此云『大眾』，此是城內前結集者名上座部。以迦葉在座，年老得名也。眾既五百，名大眾部，呼此上座部為大眾部耳，實非城外結集之大眾部也。今茲五部，皆從前上座之大眾部出，故呼『僧祇』為根本也。濟云此古師立為本部，今據宗輪論，僧祇非四分之根本部也。其宗輪即是部執論異名，為翻時前後，所以立名不同耳，（三二六頁下）謂同本別譯也。所以古人及鈔主將僧祇為根本，非五部數者。據大集經云：廣博遍覽五部經書，是故名為摩訶僧祇。既言遍覽五部，明知非五部數，故判為根本部也。又宗輪論、舍利弗問經，皆言初破分為二部，一大眾部，二上座部，大眾即僧祇也。私云：宗輪論中，上座部是四分根本也。然大集、僧祇律，即是四分等根本也。引與宗輪論不同。部執疏中，乃判『摩訶僧祇部』是四分根本也。所以知者，彼云：根本有兩部，一上座部，計五陰及涅槃皆是有；二大眾部，計五陰涅槃是假，故與今四分義同。據此大眾，即當根本，如前已廣敘訖。今鈔言僧祇是根本者，或可依部疏說也。如上文云：競採大眾之文，即是其義也。」（三二七頁上）

〔五〕曇無德部　簡正卷四：「曇無德部，此云法藏等，四分律鈔所宗故。後秦姚興弘始十二年（公元四一〇年），覺明三藏於逍遙園中翻譯，六十卷。」（二四六頁下）搜玄：「經云：我涅槃後，我諸弟子受持如來十二部經，書寫讀誦，顛倒解義，顛倒宣說。以倒說故，覆隱法藏，以覆法故，名曇摩毱多。（此云法密部，經云『覆隱法藏』即密義，或云『法藏』亦密義，即四分律也。）觀音云：言倒說者，凡明行法，先因後果。今此律主（三三〇頁下）就化宣說，先果後因，以倒說故，故言顛倒解義也。鈔者所宗：鈔主師承，元依四分作鈔，故曰所宗。曇無德律者，前後兩譯。初覺明，弘始十二年（公元四一〇年）譯，四十五卷。後法領至弘始十五年（公元四一三年），譯六十卷，凡一千三百一十五紙。」（三三一頁上）鈔批卷五：「曇無德部，論名『法藏部』。舊人亦翻『法敬』、『法密』，並是也。部執疏中云：法上部者，舊名曇無德者，蓋似不然也。」（三二七頁上）

〔六〕**薩婆多部**　簡正卷四：「薩婆多部，此云『一切』者，即十誦律。晉弗若多羅於後弘始六季（公元四〇四年）譯，未畢而終。後有西國流支與羅什共譯畢，五十七卷成部，未及刪定。廬山遠大師致書與秦主，請出江表流行。後有卑摩羅叉三藏於壽州名閏寺（【案】依梁高僧傳卷二卑摩羅叉傳，『名閏』當為『石澗』。），又譯善誦律四卷，添前六十一卷。」（二四六頁下）搜玄：「經云：而復讀誦、書寫外典，受有三世，及以內外，破壞外道，善能論說一切性，悉得受戒。凡所問難，悉能答對，是故名為『薩婆帝婆』。（受者，執也。此部三世有實體，一切性者，三性之中，悉得受戒，即十誦律也。）薩婆多部者，晉弗若多羅弘始六年（公元四〇四年）譯，五十八卷，卑摩羅叉譯善誦為三卷，都六十一卷，凡一千四百三十紙。」（三三一頁上）鈔批卷五：「薩婆多部，此翻『一切有部』。賓云：根本并枝條，合二十部。此方傳者，其唯六部。一、僧祇部，宗輪論名『大眾部』；二、薩婆多部，此名『一切有部』，即十誦也。」（三二七頁上）

〔七〕**彌沙塞部**　搜玄：「經云：不作地相、水火風相、虛空識相，是故名彌沙塞。（此之六界，並說為空，云『不作相』也。彌沙塞者，此云『不著有無觀』，即五分律也。）彌沙塞部者，釋法顯至師子國得來，至宋景平元年（公元四二三年），佛陀什譯三十四卷，凡五百九十七紙。」（三三一頁上）

〔八〕**迦葉遺部**　搜玄：「（解脫律，此有戒本。）經云：說無有我及以受者，轉諸煩惱，猶如死屍，是故名為『迦葉毗』。（外道執有實義，受用塵境為受者，轉諸煩惱者。轉，猶捨也。故以舉喻，猶如死屍。此名重空觀，則解脫律。）迦葉遺者，此云解脫律。此有梵本未譯，唯有戒本一卷，後魏興和二年（公元五四〇年），般若流支譯也。」（三三一頁上）

〔九〕**婆麤富羅部**　搜玄：「婆麤富羅部，（此律本未至，此依大集分別也。）（三三一頁上）經云：皆說有我，不說空相，猶如不（原注：『不』疑『小』。）兒，是故名為『婆蹉富羅』。（解云：『婆蹉』者，此翻為『犢』，『富羅』此云『子』，正是犢子部也。此部計我非是，即蘊亦不離蘊，而有實我。梵云『婆羅畢栗吒託那』，新譯云『愚異生』，舊譯為『小兒』。准此經中，應言：猶如愚異生，以其異生，計有實我，指此為喻。經云『小兒』，即愚義。）經云：善男子，如是五部，雖各有異，而皆不妨諸佛法界及大涅槃。問：『此依大集分別。准大集經中，列有六部，云何亦有五部者？』答：『諸家不同。相部、東塔，通其僧祇，總有五部。鈔准首疏，總別有六。今依師承，不勞廣敘。僧祇是總，故云遍攬；後五是別，故云不妨諸佛法界及大涅槃。故經云：摩訶僧祇，其味淳正，餘部如彼添甘露也。』問：『經中僧祇在後，鈔列先者？』『戒本疏云：僧祇實先，滅後方有。以廣博故，通合五意，故是總也，所以初列。』」（三三一頁下）

〔一〇〕**依大集分別**　資持卷上一上：「義鈔所引。三藏口傳及遺教法律，並以僧祇列為五部，所出不同，故此示之。」（一七六頁中）

〔一一〕**毗尼母論**　簡正卷四：「正云失譯，方（【案】『方』疑『亦』。）云符蘭譯。」（二四六頁下）資持卷上一上：「『毘尼』下，次列諸論。此科所列，名為律論，亦名戒論。婆沙、成實等自屬經論，昔人不曉，例云小乘論，傳（一七六頁中）濫久矣。」（一七六頁下）搜玄：「問：『此之論集，云何在律本中列者？』答：『准南山目錄，並是律部所收也。譽云：毗尼母論八卷，苻蘭譯。毗尼之義，從此論顯，顯現是生。既從此論，而得顯現，故名此論號毗尼母。如母生子，故得名焉。」（三三一頁下）

〔一二〕**善見論**　簡正卷四：「善見論，十八卷，躬云：前齊武帝永平（【案】『平』當為『明』）六年（公元四八八年），外國祇跋陀羅與此僧漪（『依』音）譯，（廣州竹林寺。）」（二四六頁下）搜玄：「（五百羅漢善能解釋，名為善見。外國僧伽跋陀羅譯。」（三三一頁下）

〔一三〕**摩得勒伽論**　簡正卷四：「十卷，宋元嘉十二年（公元四三五年）僧伽跋摩（二四六頁下）於廣陵平等寺譯。」（二四七頁上）

〔一四〕**薩婆多論**　搜玄：「薩婆多論，九卷，失譯。即是律主名，依主得名。并傳者，僧祐撰薩婆多爾西江東師資傳五卷。」（三三二頁上）

〔一五〕**毗奈耶律**　搜玄：「十卷，或云毗奈耶，但梵音輕重不同，是大乘律，後秦竺佛念譯。『毗奈耶』是梵，『律』是漢音，漢、梵雙彰，名毗奈耶律。」（三三二頁上）簡正卷四：「亦名論，或號戒因緣經，秦耶舍與竺佛念翻譯。」（二四七頁上）

〔一六〕**明了論**　搜玄：「一卷，陳時真諦譯，兼出疏四卷。一一條牒律師事法，而釋其理分明，故云明了。」（三三二頁上）

〔一七〕**正量部**　資持卷上一上：「了論注云釋正量部者，此亦上座部中分出。律本不

到比（【案】『比』疑『此』。）方，即了論所宗也。」（一七六頁下）鈔批卷五：「據其此方傳斯六部也。」（三二七頁下）

〔一八〕真諦三藏　資持卷上一上：「陳朝翻經三藏，出疏五卷解釋了論，其文未流東南。」（一七六頁下）

〔一九〕五百問法　搜玄：「五百問法，二卷，後秦卑摩羅叉答惠觀法師五百問，因以立名也。時談曰：卑摩軌語，惠觀纔錄，都人繕寫，紙貴如玉。」（三三二頁上）

〔二〇〕出要律儀　搜玄：「梁武帝出，二十卷。以律教開，王得聞遣疑，令王心淨故，所以梁帝准律集也。出其律中行用要之儀，則名出要律儀。」（三三二頁上）簡正卷四：「出律中要事，以律教開，王得聞故。」（二四七頁上）【案】「出要」，即出離生死之要道。

〔二一〕自餘眾部，文廣不列　簡正卷四：「謂二部、九部、十一部、十八部、二十部等也。」（二四七頁上）資持卷上一上：「『自』下，三、指廣。如三千威儀、毘跋律、決正二部律論等，皆律之部類。（有云：二部、十八、二十部，或云：遺教、愛道經等，皆非。）」（一七六頁下）搜玄：「自前律論已外者，名曰『自餘』。二部、十八、二十部，別名眾部也。分部既多，名為文廣。無憑引用，故不列也。鈔雖不列，講解略明。准唐三藏傳，一百年後分五部，如上所列。二百年後，分為十二部。四百年後，分十八部。部執論、宗輪論：或十八、（三三二頁上）十九，文殊問經有二十部，舍利弗問經有二十二部，今總會之。為二：初明二部，次辨二十部。初者，准舍利弗問經，分二者，一大眾，二上座部。上座部內，耆年雖多，而僧數少，大天朋內，耆年雖少，而眾數多。准婆沙、部執，咸有緣起，不能錄也。第二，明二十部者。宗輪論云：如是傳聞，佛薄伽梵般涅槃後，百有餘年，去聖時淹，如日久沒。摩竭陀國俱蘇摩城王，號無優，統攝瞻部，感一白蓋，化治人臣。是時佛法，大眾初破。所以爾者？大眾部中，凡多聖少；上座部內，凡少聖多。是故二中，大眾先破。至二百年，流出三部：一、一說部，二、說出世部，三、鷄胤部。次二百年，大眾中復出一部，名多聞部。次第二百年，大眾部中復出一部，名說假部：說世、出世法，有假有實，不同一說，一向說假；又不同出世，一切皆實有也。次二百年滿，有一出家外道，捨耶（【案】『耶』疑『邪』。）歸正，亦名大天，非是前緣造逆大天，於大眾中出家受戒，多聞精進，居制多焉。彼部僧，重詳五事，因茲乖爭，分為三部：一、制多山部，二、西山住部，三、北山住部。如是大眾中，合成九部：一、大眾，二、一說，三、出世，四、鷄胤，（三三二頁下）五、多聞，六、說假，七、制多，八、西山住，九、北山住。其上座部，經爾許時，一味和合。三百年，初有小乖爭，分為兩部：一、說一切有部，二、上座部轉名雪山部。次三百年，從說一切有部流出一部，名犢子部。次三百年，犢子中流出四部：一、法上部，有法可上；二、賢胄部，賢者，部主之名，胄者苗裔之義；三、正量部，謂權衡刊定，名為正量；四、密林部，謂近山林青翠、蓊鬱繁密，部主居此，從所居為名。次三百年，從一切有部復出一部，名化地部。次三百年，從化地流出一部，名法藏部，或名法密，此羅漢是目連弟子，習師所說，以為五藏：一經、二律、三論、四呪藏、五菩薩藏，為法所護。次三百年末，從一切有流出一部，名飲光部，梵云迦葉波，此人身光極盛，飲蔽餘光，令不復現。此之部主，是彼苗裔，故名飲光。至第四百年，從一切有部復出一部，名經量部。此師准依經為正量，不依律論，此經部師，從主為名。如是上座部出十一部：一、說一切有，二、雪山，三、犢子，四、法上，五、賢胄，六、正量，七、密林，八、化地，九、法藏，十、飲光，十一、經量。并前大眾九部，合二十部也。諸解不同，（三三三頁上）不能繁述，且一家爾。」（三三三頁下）

〔二二〕并大小乘經　搜玄：「涅槃、花嚴等大，阿含、遺教等小。」（三三三頁下）

〔二三〕二論與律相應　鈔批卷五：「謂大乘、小乘之二部也。」（三二七頁下）簡正卷四：「列餘二藏也。雖已列論名，是釋律論，或宗律論，如此方疏、鈔無別，故入律部攝之。今此言『二論』者，但是執計宗途之論，非解律者，故別標出。」（二四七頁上）搜玄：「大、小乘二論也。智論、地持等大，成實、毗婆沙等小。問：『此大小乘論，與前釋律之論何別耶？』答：『前釋律論，一一皆解律文；後小乘宗途執計，所明定慧等法，即是小乘。非是正解律文，故不同上。與律相應者，此上大小乘論，與律相應也。』」（三三三頁下）

〔二四〕隨經律　簡正卷四：「謂隨經論中，有解律處故。如涅槃中，禁斷魚肉八不淨物等。又增一經中，阿難擊揵搥等並是也。據理合云：隨律經、隨律論等，今言隨經律，取語順故。」（二四七頁上）搜玄：「隨經中有解律文處，名隨經律。戒疏之中，有隨經律及隨律經。疏云：一部律文，知何不說，制局篇聚，出僧道所行，傍兼心視（原注：『視』疑『觀』。），通彼四部，時明餘戒，惟俗二眾，以義判文。初是當宗，餘二隨律也。隨經律者，如涅槃中八穢，七篇二戒，如阿含中，七滅六聚犯聚等相，豈是俗行！故名斯文，為隨經律。上所列者，是經中有解律處，即顯下三十篇中所引，皆是隨經律也。』」（三三三頁下）【案】名隨經律，即隨律經、隨律論，語序倒置。意為在經論中也有解律之文。如涅槃中的禁斷魚肉、八不淨物等文即是。

〔二五〕**並具入正錄，如費長房開皇三寶錄十五卷中**　簡正卷四：「指上所引大乘經論等，皆在三寶錄中，簡非偽濫也。費長房者，漢時亦有同姓名者，但解陰陽術數，不閑佛法。今此是後同（【案】『同』疑『周』。）時名僧，遇武帝毀二教，（二四七頁上）乃依例服儒。後至隋文帝登位，不更披剃，遂於開皇年中，撰三寶錄一十五卷，計三百八紙，題云代歷三寶錄（【案】『代歷』疑『歷代』）。今續有開元錄二十卷，智昇法師於玄宗朝撰，收五千四十八卷。至德宗朝，更有貞元錄四十卷，收三藏教文五千四百餘卷。今鈔不舉者，以當時未有也。」（二四七頁下）資持卷上一上：「結略中。費長房，後周高僧。周武滅法，遂為翻經學士。隋文帝開皇十七年（公元五九七年），撰歷代三寶錄，凡十五卷，今見大藏。」（一七六頁下）

〔二六〕**諸師異執**　搜玄：「情見不同，名為異執。」（三三四頁上）資持卷上一上：「有人謂，聰、覆二師，首傳四分，祖師不合，科為異執。今謂異執之言，目其各計，有何毀斥！縱容妄解，豈不思所稟？首師亦列于後。又，前云五部異執，則所宗部主亦在其中，又何獨黨於聰、覆耶？非聖人者，無法即斯人也。列示中。所列諸師，並出續高僧傳，古記廣引，今不同之。若依寫取，此復何難？但恐徒喪時功，糅雜鈔旨。必欲知者，取傳尋之。今但列名，略注師稟耳。」（一七六頁下）

〔二七〕**法聰律師**　簡正卷四：「法聰律師，元魏朝人，本是僧祇學者。因老（【案】『老』疑『考』。）戒本體，元從四分而得，遂息唱僧祇，剏弘四分。手披講解，未制章疏也。」（二四七頁下）【案】法聰（公元四六八年至五五九年），初學僧祇律，後於五臺山之北台弘傳四分，開弘習四分律章疏之先河，受到時人重視。但分僅以口傳，而無著述。

〔二八〕**覆律師**　資持卷上一上：「道覆，（聰師弟子，聰但口傳，覆乃作疏六卷。傳論云：怚（【案】『怚』疑『但』。）是長科，至於義舉，未聞于世。）」（一七六頁下）簡正卷四：「道覆律師，北齊人，聰講出疏六卷，釋四分文。（章疏文始起也。）」（二四七頁下）

〔二九〕**光律師**　簡正卷四：「光律師，北齊定州人，姓楊氏，年十二，隨欠（【案】『欠』疑『父』。）至中岳，遇見佛陀蜜三藏，即與受三婦（【案】『婦』疑

『歸』。）。見其目有神光，乃度為沙彌。執卷攬文，由若昔習，凡聽經論，一遍入神，時人號為『聖沙彌』。年滿受具，依覆聽律。覆雖有疏，但科律本，未有義章。先（【案】『先』疑『光』。）遂別著疏文十軸解判，多事文筆。乃披出，業師呵之：『吾本度汝，意在修證，如何駈駈事世語乎？』後改疏但作四卷，一百二十帋，故云二度出疏也。」（二四七頁下）【案】慧光（公元四六八年至五三七年），定州人，活動于南北朝魏末齊初時。從道覆學律，因其曾為僧統，故世稱光統律師。初講僧祇律，後弘四分律，並作四分律疏。慧光通梵文，多著述，曾將勒那摩提、菩提流支各譯的十地經論，對校異同，合為一本，地論宗遂因之而興起，並成為地論宗南道派初祖。

〔三〇〕理、隱、樂三師　搜玄：「理、隱、樂，謂洪理、曇隱、道樂，並北齊人。洪理著鈔兩卷、曇隱造抄四卷、道樂造抄一卷。」（三三四頁上）

〔三一〕遵統師　搜玄：「洪遵，北齊僧統，纘疏八卷。」（三三四頁上）【案】洪遵（公元五三〇年至六〇八年），相州人，因其曾僧統，故稱為遵統。從慧光門人道雲學律和華嚴，又受業於道暉，專究律部。隋開皇十六年（公元五九六年），敕為「講律眾主」，在崇敬寺講四分律，使從來僅重視僧祇律之關內律學為之一變。其門下有洪淵，再傳弟子中的法礪為四分律相部律學的開創者。洪遵著有四分律大純鈔五卷。

〔三二〕淵律師　搜玄：「洪淵律師，學承遵，後有疏，未詳卷軸。」（三三四頁下）

〔三三〕雲、暉、願三師　搜玄：「雲、暉、願三師，並光之門人。道雲造疏九卷，并抄一卷；道暉造疏七卷；法願，隨朝（【案】『隨』疑『隋』。）西河人，製四部律疏、是非抄兩卷。」（三三四頁下）資持卷上一上：「願即隋朝人，疏十卷、抄二答。）」（一七六頁下）

〔三四〕洪、勝二師　資持卷上一上：「道洪、法勝、智首，（並隋朝人，依洪聽習。首即祖師所承。）」（一七六頁下）

〔三五〕首律師　簡正卷四：「首律師者，鈔主受戒和尚兼承稟，姓皇甫氏，安定人，玄晏先生之後。初投相州雲門寺智旻和上出家。受具之時，於佛塔前諸祈顯證，感得佛降摩頂，身心安恭，方知感戒。初聽洪律師講，七百從侶，莫後超論。唐初，詔入京，勑住東禪定寺。貞觀八年（公元六三四年），勑量弘福寺，（今崇先是。）製疏二十卷、五部區分抄二十卷。貞觀九年（公元六三五年）四月二十三日終。」（二四八頁上）【案】智首（公元五六七年至六三五年），隋朝時律師，從道洪聽習，同學七百餘人，無出其右者。未滿三十，即開始講律。隋文帝在長安建大禪定道場後，住寺講律。主要律著疏有五部區分鈔二十一卷、四分律疏二十卷、出要律儀綱目章一卷。四分律的興起，智首直到重要作用，道宣即從智首學律。

〔三六〕**礪律師**　簡正卷四：「法礪也，即相疏主。姓學氏（【案】『學』疑『李』。），本趙郡人，因官遂住相州，出家於日光寺，依靈裕律師受具，依洪學律。唐武德六年（公元六二三年），製疏十卷，附往京崇福寺西塔院，與道誠律師講，（二四八頁上）因號西塔疏等（云云）。貞觀九年（公元六三五年）十月，終於日光寺，春秋六十有七。」（二四八頁下）【案】法礪（公元五六九年至六三五年），唐代四分律師，初從靜恒學四分律，後就學于洪淵研習律學，著有四分律疏十卷（今本開為本、末二十卷）、羯磨疏、舍懺儀輕重敘等書，是相部宗的開創者。弟子有明導、曇光、道成等人。

〔三七〕**基律師**　搜玄：「基律師，有疏，未詳根緒。」（三三四頁下）

〔三八〕**曇瑗、僧祐、靈裕諸師已下**　簡正卷四：「言『已外』下，結餘未盡之者。曇瑗者，陳朝金陵人也，初講十誦，後學四分也。僧祐者，鈔主第二生也，梁朝人，姓俞氏，住金陵鍾山定林寺，初學十誦，後學四分，著述不少，天監七年（公元五〇八年）終。靈祐者，隋朝相州演空寺，姓趙氏，定人，年登七歲，便欲出家，父母不許，喟然嘆曰：『七歲不得出家，一生壞矣。』年至十五，壞火畢，辭母往趙郡應學寺寶禪師處，求受度受具。已後學通律藏，製疏五卷。至後周武帝時，隨例服儒。隋文帝時，卻仍緇位。大業元年（公元六〇五年），終演空寺。（餘不具錄。）『已下』等者，約處明之。」（二四八頁下）【案】曇瑗，不詳出生。據僧傳，陳宣帝太建（公元五六九年至五八二年）年中卒，八十二歲，活動于陳隋之際，金陵人，以戒律處世，住持為要。講席專師十誦，常徒講眾二百餘人。宣帝下詔國內，初受戒者，夏未滿五，皆參律肆，無疑者方乃遣之。曇瑗曾為國之僧正，著十誦疏十卷、戒本兩卷、羯磨疏兩卷、僧家書儀四卷、別集八卷。僧祐（公元四四五年至五一八年），南朝齊梁代時僧人，受具後深究律部，曾應竟陵王之請，開講戒律。齊永明年中（公元四八三年至四九三年），奉敕入吳，開講十誦律，說受戒之法。作十誦律義記十卷。靈裕（公元五一八年至六〇五年），隋代僧人。曾學地論、成實、雜心、華嚴、涅槃、地論、律部等，並通儒籍。二十六歲從隱公學四分律，撰疏五卷。

〔三九〕江表　資持卷上一上：「『表』即外也，或云江外、江左，並指吳越，在江、漢之外故也。」（一七六下）簡正卷四：「即東、西兩浙（【案】『浙』疑『浙』。）。」

（二四八頁下）搜玄：「江是京江，表是江外。」（三三四頁下）

〔四〇〕**關內**　簡正卷四：「即同、業等州，長安城也。」（二四八頁下）資持卷上一上：「關內即京。」（一七六頁下）搜玄：「同州等並是從關西北，並名關內，同州、雍州等也。」（三三四頁下）

〔四一〕**河南**　簡正卷四：「即虢州、洛州、緇、青等是。」（第二四八頁下）搜玄：「黃河之南，號（原注：『號』疑『虢』。）州也。」（三三四頁下）

〔四二〕**蜀部**　簡正卷四：「即神、錦部，類數州、敘南、三川等。」（第二四八頁下）資持卷上一上：「蜀部，即東西兩川。」（一七七頁上）

〔四三〕**一如義鈔**　簡正卷四：「指略也，即集義鈔，亦是鈔主製，三卷成軸，未容傳寫，被海東僧擅將去。後重造羯磨疏，贊處具如彼述。」（二四八頁下）資持卷上一上：「義鈔者，未見其文。上來所明並是所鈔，即前序云包異部等，四句收之可見。又異執中，傳演雖多，不出六見，亦如上引。」（一七七頁上）

〔四四〕**偽經**　簡正卷四：「人造不真曰偽，以非實錄故也。若依搜玄，作四句分別：一、偽經，二、失譯，三、疑偽，四、正譯。（二四八頁下）（今云此一句是偽經，既非失疑，何勞更立句法？）」（二四九頁上）資持卷上一上：「一、世多不辨，隨得濫用；二、事乖正典，反為執據，如三百福罰、三十六碩餘糧、五部、五色衣，以錢贖佛食等，並如下破。今宗引用，並據真文，使來學生信，行事無疑。此章之來意如此矣。」（一七七頁上）搜玄：「發正引邁法師撰譯經圖記云：『夫言翻譯者，皆以記某時、（三三四頁下）某甲三藏同譯人、徒眾，執筆迴文及置大使，并判官翻譯使等，具注日月、譯記奏聞。然後依此人錄，即有流傳之益。』今大小乘經論，涅槃經、唯識論等，並是入正目錄數。費長房錄皆以廣論記傳，辨其佛法真偽。因茲撿古來大有造偽經及以諸論，如文所序。將辨真偽，大分有四：一者偽經論，金棺經、獨覺論等，一向是偽。此後代愚人，妄自造作，非佛所說，故稱為偽。二者失譯，准費長房錄第十三、十四，條踈大小乘經失譯，如提謂寶提謂寶印毗羅三昧經、像法決疑經等，並是大乘失譯中列。當時譯出此經，屬以國土喪亂，無有目錄記，得三藏名字，及以譯時年月。雖是正經，入失譯之目。三者疑偽，如諸佛下生經、淨行優婆塞經等，此經文理參餘正譯之經，以濫其真經，故云疑偽；又，名字與入藏目中少同，參涉真經，無有目錄記傳所載可憑，故云疑偽；又解，如上失譯，無傳記可憑，亦令人疑偽也。四者正譯，即如摩騰所譯四十二章經，涅槃等經論是也。今詳長房錄，更無疑偽之科，此失譯無可依憑，即疑偽也。」（三三五頁上）【案】所謂偽經，指非佛說、非自西域或南亞文字翻譯而成的經典，實為中國學者或僧人按照經文的風格或思想撰寫的著述。中國自漢魏以後即有偽經出現，至東晉時即常有出現。道安在其疑經錄序中道：「外國僧法學，皆跪而口受。同師所受，若十二十，轉以授後學。若有一字異者，共想推校，得便擯之，僧法無縱也。經至晉土，其年未遠。而喜事者，以沙糅金，斌斌如也，而無括正，何以別真偽乎？……安敢豫學次，見涇渭雜流，龍蛇並進，豈不恥之！今列意謂非佛經者如圖，以示將來後學。」事實上，偽經之「偽」，乃在其非佛說，或非譯文而成，不是佛教公認的著作，但仍然有著文獻學的意義，從中也能反映出所出時代的佛教思想發展史，折射出當時的社會思想狀況。從學術和歷史的角度言之，並不表示其完全沒有意義，所以其中一些受到學者的重視。

〔四五〕**如是等人造經論，總有五百四十餘卷**　資持卷上一上：「經論參列，凡二十五本，經有十四，論有十一。其間諸佛下生、乳光、提謂，並有真、偽二本，他宗或引，並正本耳。」（一七七頁上）簡正卷四：「舉都數也。非謂現定鈔中，有如許卷。」（二四九頁上）

〔四六〕**代代漸出，文義淺局，多附世情**　簡正卷四：「顯非一時頓起故。多附世情者，謂多分帶附今時隨方世俗之情，全不開於聖旨故。」（二四九頁上）

〔四七〕**隋朝久已焚除**　資持卷上一上：「隋帝敕令，長房錄中所不收者，並集焚毀，搜之不盡，當時猶用，故此斥之。然尼鈔、義鈔或復引用，未詳何意。」（一七七頁上）鈔批卷五：「久已焚除者，有本改為『禁』字，錯也。」（三二七頁下）

〔四八〕**愚叢猶自濫用**　鈔批卷五：「有云：一人無智曰愚；十人聚一處曰藂，亦如四樹名林，其義相似也。」（三二七頁下）簡正卷四：「蓋是其時收捨不盡者，猶有無知之輩濫引用之也。問：『因何得知是偽經？』答：『夫言翻譯，皆有時、氏及三藏同譯人，從眾、執筆、迴文及置大使，并本判官譯訖，開奏勸許流行，方入目錄所載，便知是偽也。』」（二四九頁上）搜玄：「藂者，聚也。謂愚者多聚頭為藂。猶自濫用者，商略猶濫引用此偽經論，於章疏中證成行事，即愚用者。非一，謂為叢也。」（三三五頁下）【案】叢，底本為「䕺」，大正藏本為「叢」，簡正為「藂」，據大正藏本改。

〔四九〕**且述與律相應者，如前所列，餘文存略**　搜玄：「謂偽經等，與律相應即列。與律不相應者，蓋不錄來鈔列，故云餘文存略也。」（三三五頁下）鈔批卷五：

「謂如上所列偽經，古來有師，濫用此經，由此經與律相涉，故今簡出。明我不用，異古人也。即前序中云『濫述必剪』，是此義也。餘文存略者，餘更有偽經極多，不能盡列。『且』字，略也。」（三二七頁下）簡正卷四：「謂前來鈔文中，所列題目，與律相濫，恐人疑悞，錯引用之，故偏於文中順列。若不與律相應之偽經，既無人引用，故去不列也。」（二四九頁上）

〔五〇〕**鈔興本意**　簡正卷四：「諸記皆問云：『前發記序，已并作鈔之意竟，今何更明？』答：『前但通明制作一部文之大意，謂攬前修疏、抄，不濟時宜，遂發情壞，而興著述。然未委此一部之文，名之曰鈔。『鈔』之一字，因何而興？又據何文？裁量聖旨，故次辨已。』」（二四九頁上）搜玄：「問：『鈔依何興耶？』答：『固令撮略正文，包括諸意，是鈔興本意也。』靈山問云：『前已序作鈔意竟，今何更明興意耶？』答：『上文見其古人章疏如非，行事之文繁略，不堪濟於新學，是作鈔興由，便明述作鈔文體勢，而未知鈔依何教跡而興，裁略聖教，今明本興之意也。』」（三三五頁下）

〔五一〕**固令撮略正文，包括諸意**　資持卷上一上：「攢多歸少曰撮略。舉一總眾，名包括。」（一七七頁上）搜玄：「總略明鈔興本意也。謂佛許撮略，是鈔興本也。律云：諸比丘欲不具說文句，佛言聽之。論云：佛令引要言妙詞，直顯其義。固者，實也。鈔主實依佛令，刪繁補闕式。固者，執也。謂鈔主執其佛教及與論文令，刪繁補闕也，（三三五頁下）乃曰『固令』。謂以筆採取三藏之中要當之言，逗機得益微妙詞句，為三十篇中行事之文，謂之撮略正文。包，舉也。該，羅也。謂包舉該羅律論之中事法大意，作三十篇中行事。文前之意，謂包括諸意也。」（三三六頁上）簡正卷四：「總略明也。固者，實也。令者，使也。（二四九頁上）謂實依佛語，使我艾除条虬，抄纂要詞，撮略正文，直顯其義。（此即刪繁意也。）包括諸意者，包者，含也、羅也、覽也。括者，攝也、撿也。若於當部不足，即包覽収，攝要當之成文，斯三軸行事同足。（此即補問意也。）准上所明，鈔者，且是略義也。」（二四九頁下）

〔五二〕**余智同螢曜**　搜玄：「上句自謙智短，如螢耀之最微也。輔篇云：以我智望佛智，如螢比於日月也。博雅云：腐草為螢，亦名熠燿。待之熠燿之羽，光盛之皃也。熠，（『為立』反；）燿，（『以灼』反。）又釋，佛智如日，無幽不朗；菩薩如月，比佛不如；聲聞如星，光更劣也。我智如螢，自不能照，豈兼於他。」（三三六頁上）鈔批卷五：「此是謙遜之辭也。云我智若螢光，以我之解，助佛之化者，喻若螢光助於日也。濟云：螢若晝出，則無其光，夜出則微有小光也。喻余亦然，若正法之時，不敢厝心助化，助亦無力，如螢晝出則無光也。今末代之中，故助佛弘化，如螢之夜出似有小光也。」（三二七頁下）簡正卷四：「謂佛之智，喻如日光，無幽不燭。菩薩智如月光，聲聞智如星光。凡夫智如螢光，自身照尚不周，豈能燭物！鈔主意云：我既是凡夫，便同螢耀。（此謙智淺也。）」（二四九頁下）資持卷上一上：「『智』謂識見。」（一七七頁上）

〔五三〕**量實疏庸**　搜玄：「下句謙其識淺，故比之踈膚。踈者，准溫室經：心遊理外曰踈。膚（【案】『膚』疑『庸』。），常小人之稱謂。自謙我識量淺近，不能深達至理，如彼膚常之人。」（三三六頁上）鈔批卷五：「不親佛法曰踈，非文非武曰庸。應師云：庸謂常愚，短者是也。心不節慎，口無法言，惡人為友，（三二七頁下）名之為庸也。」（三二八頁上）簡正卷四：「『量』謂器量。心遊理外曰『踈』也。庸，常也，下小人之稱故。」（二四九頁下）資持卷上一上：「『量』即器度。」（一七七頁上）

〔五四〕**何敢輕侮猷言**　資持卷上一上：「侮，曼也。猷言，即自所鈔。猷，法也。」（一七七頁上）簡正卷四：「輕，陵也。侮，慢也。猷，法也。言，教也。豈敢將螢燭之智、踈庸之量，裁剸當部！」（二四九頁下）搜玄：「『何敢』已下，正謙撮略意也。侮，謂慢也。猷，法也。豈敢輕慢三藏聖法之真言！謂撮略正文，包括諸意，有其去取，似於輕慢也。何故不敢為？動成戲論故，不敢輕侮而撮略也。」（三三六頁上）鈔批卷五：「謂我敢輕慢法言！若輕慢，則成戲論。」（三二八頁上）

〔五五〕**動成戲論**　資持卷上一上：「空、有二十（【案】『十』疑『門』。），雙亦雙非，四執相攻，名為戲論。今采摭眾典，取捨諸家，恐疑同彼，故須遮之。」（一七七頁上）簡正卷四：「聖言包羅三藏教法。舉動施為，便成輕陵侮弄、涉於謗讟，故曰動成戲論。諸家皆引智論中『四謗』之義。」（二四九頁下）搜玄：「戲論者，准智論四謗義，夫一切法不可定執：（三三六頁上）言『有』，增益謗；言『無』，損減謗；亦『有』亦『無』，相違謗；非『有』非『無』，戲論謗。我智短識淺，所略聖教，恐動則成四謗，故略舉末後一謗。安國法師釋云：第一，離增益謗者，然佛說有，而非增益，不說一切實有，但說圓成萬德為有故。二、離損減謗者，然佛說無，不成損減，不說一切皆無，但說遍計為無故。三、離相違謗者，佛說亦有亦無，而非相違，如乳中酪性，不應定答，但言亦有亦無：遇緣成酪，可說當『有』，不遇當壞，可說現『無』。四、離戲論者，亦云『愚癡謗』，佛說非有非無，而非戲論：眾生有煩惱，即得言『非無』，如來斷故無，即說言『非有』；涅槃，佛已證故，說言『非無』，眾生既未證故，得言『非有』。凡聖兩種，各有一種，非有非無，不成戲論。」（三三六頁下）鈔批卷五：「若云『有』，是增謗；若云『無』，是減謗；非『有』非『無』，即相違謗；若言『非非有』『非非無』，即名戲論謗。故我何敢綴緝也。」【案】戲論，錯誤或無意義言論，違背佛法真理。鈔主意為，因智淺量微，刪略聖言，動則成謗法，故稱戲論。

〔五六〕**學有所承，承必知本**　資持卷上一上：「上句推其師受，顯非自裁；次句呈於已懷，明須去取。」（一七七頁上）搜玄：「雖然者，前縱後奪之詞也。雖然智短識淺，不敢論其有無，我學有所承，承必知本也。謂鈔主親承首律師所學故。戒心疏末云：承首律師講律，凡得二十遍；靈山云：初聽首講，得十五遍，欲住出家，師頵（『居筠』反，大。）更勸，聽得五遍，中間僧事，頵自為知。故云學有所承也。……承必知本者，發正云：即曇無德四分律即是所承之宗。尋其本者，四分律主依大律藏分出此文，由於迦葉結集，尋其迦葉說自如來。今四部律文及諸經論，無非佛說。佛令欲不具說文句（【案】『不具說文句』即學律、講律，不必拘泥於字字句句。），聽之。今依此制之本，以作斯鈔，故前列正本，云曇無德部四分律也，鈔者所宗。若欲取他部者，從本至末，先觀與四分文義緩急輕重，相開（【案】『開』疑『闕』。）即取，不等者不取。上不違於佛本，中與迦葉相當，下復順我所承。撮略皆是佛聽，望無戲論。」（三三七頁上）鈔批卷五：「此明我雖不敢綴緝，然亦所承有本。謂我親承首律師所學，聽講得二十餘遍。其首師者，但是所承學問正行之師，非是和上。和上即日嚴寺贇律師也。言承必知本者，以下仰上曰承。明古來世世相承，上到波離，相傳不絕，親知如來制之本意，故曰承必知本也。」（三二八頁上）簡正卷四：「意道：智淺、識（【案】『識』後疑脫『淺』字。）、徵淺，不合裁量聖教，恐成戲論，且縱也。然其習學，皆有所永（【案】『永』疑『本』。），今刪剪聖言，不名戲論奪也。所承者，謂鈔主稟承大疏主，習學茲律二十來遍，固非道聽途說、無其師授也。承必知本者，此四分無（【案】『無』疑『原』。）從大毗尼藏中來，原其律中許不具說文句，即是刪繁本意，不名戲論也。」（二五〇頁上）【案】知本，此有兩意：一謂知如來制律教之旨，一謂知學律當以四分律為本。「雖然」下分五：初，本句及下；二、「及」下；三、「而」下；四、「庶」下；五、「猶」下。

〔五七〕**每所引用，先加覆撿**　資持卷上一上：「『每』下，正敘刪削。初二句示撿討。『覆』謂反覆。」（一七七頁上）搜玄：「覆檢者，先解之事，今日作鈔，親更披檢，覆之虗實。雖自曾聞，或兼學解，恐與本文有違，更覆其言，撿之取實也。靈山云：鈔主讀藏經得六遍，及諸文疏。如上下說也。」（三三七頁上）鈔批卷五：「明今鈔中但是引諸經論及古人章疏等，必先勤覆，看其如非，後方引用，故曰先加覆撿等也。」（三二八頁上）簡正卷四：「謂二十九篇，凡所引用本宗之教，先加覆撿者，於四分律本，親自披尋，覆其虗實，如欲制受戒篇，先先（【案】次『先』疑剩。）覆撿受戒揵度。（諸篇並例此覆檢諸犍度。）」（二五〇頁上）

〔五八〕**於一事之下，廢立意多，諸師所存，情見繁廣**　資持卷上一上：「『於』下四句，明所刪。『一事』舉少類多。一事尚然，況一部行事！其繁可知。文中，繁有二重：一、廢立多者，約諸家相望也；二、情見繁者，就諸家自論也。」（一七七頁上）搜玄：「自古諸德，制造章疏，皆存癈立，諸意如是。所存情見，實繁廣也。」（三三七頁下）鈔批卷二：「如律中，犯重比丘開其學悔，古人判云：若犯已未覆，開悔；曾覆竟，不開悔。今廢此義。但使臨懺之時，盡露一切開悔，此義須立。又，律中云『餘處行』，古人解云是『餘房行』。此義須廢。今解謂是『出界外』。此義須立。如是等事非一，故曰一一事下。諸師所存，情見繁廣者，古人立五種得戒義等，廣釋受緣、受體、發戒時節。當今闕緣，多述無益？是繁廣，故曰情見繁廣也。」（二五五頁下）鈔批卷五：「如律中犯重比丘開其學悔，古人判言：若犯已未覆，開悔；曾覆竟，不開悔。今廢此義。但使臨懺之時，盡露一切開悔。此義須立。又，律中云『餘處行』，古人解云是『餘房』，此義須廢。今解謂是『出界外』。此義須立。又如不可學九句中，古人判婬、盜、殺、妄之事是不可學，（三二八頁上）今須廢之；若心境迷忘，是不可學，須立也。又如捉寶戒，古人云：既拾遺為緣起，名拾遺落寶戒；若捉遺落寶即提，餘非遺落者不犯。今廢此義。一切捉者俱提，是立也。又自然界體，古人氷執，或云方圓。今則約實，定方須廢，若云圓者須立。又云：若有異界來邊，亦不定圓。濟云：廢立意多者，約律文中，雖復具列，則義有須廢者、有須立者。如五正食，用魚肉等此義須廢。又如破僧等義，末代豈有耶？皆是廢教，故曰廢立意多也。諸師所存，情見繁廣者，古人廣明善來上法三歸八敬，廣釋受緣、受體、發戒時節。當今闕緣，多述何益？是繁是廣，故曰情見繁廣。」（三二八頁上）簡正卷四：「謂隨對所行事，揵度之內，多有廢典。（二五〇頁上）今且約受戒法中具明，便有五受、十受廢立之意。（餘篇例此說之，云云。）諸師所存情見繁廣者，古人皆依律制疏，次第解釋。律文既繁，章疏亦廣。」（二五〇頁下）【案】「一事」，即一一事。廢立意多隨對行事，在揵度之內多有廢典，鈔主對此多有廢立。如律中，犯重比丘開其學悔，古人判云：若犯已未覆，開悔；曾覆竟，不開悔。鈔主廢此義，但使臨懺之時，盡露一切開悔。

〔五九〕**今並刪略，止存文證**　資持卷上一上：「『今』下，示能刪。此亦有二：一者全除刪，如受戒法及十三難羯磨戒本等，並廣列義門，今鈔不錄；二者對破刪，如下但云諸說，不同昔解多途、廢昔義等，而不委引彼說者，是如自然界體，廣狹方圓、三（【案】『三』疑『大』。）小立相、安居、（一七七頁上）受日等。並多古解，一一標破。此但直申今義，即引誠教，證令取信，故云今並等。且引一事，餘準明之。如，下問云：『自然界為方圓耶？』答云：『昔云定方。（下引彼說，即刪略也。）下引十誦、本律、丘分（【案】『丘』疑『五』。）、善見、了論等文，仍云廣引，誠證定方須廢。（此謂止存文證。）首題刪繁，文唯據此，如上所示，想無惑矣。』」（一七七頁中）搜玄：「今刪其不當之文，略除癈立之意，云『並刪略』也。故知。上釋刪繁，他部經論不取，並得稱『刪』也。止存文證者，謂心存其要行事文，及文前所立之意，取證以為鈔中行事也。指事釋者，古今咸引『羯磨竟』文釋也。今依羯磨疏引於羯磨言下何時得戒。此一事下，廢立意多。羯磨疏云：『具戒發時，在何言下？』答：『如智論云：羯磨竟時得。有律師云：與汝受具足戒竟得。又有師云：是事如是持者，是竟時也。又有云：心論，第三羯磨一剎那項（【案】『項』疑『傾』。），作及無作是根本業，律師已為第三說字，是得戒也。自古諸德制造章疏，總存上解，是情見繁廣，鈔主今並刪略，云解者多途也。』心存文證者，謂心存要當之文，取證鈔中行事。鈔云：今立一法以定，謂三說已，云僧已忍，與某事竟，此時羯磨竟也。故羯磨疏云：理同智論受戒竟也。」（三三七頁下）簡正卷四：「今並刪略者，今師制受戒篇，唯論羯磨一受，餘四皆略不明。一事既然，諸篇例此同。問：『若於當部刪除繁處，但略取要當之文，或依此行事未周，何成追機之益鈔？』答云：『止存文證。此句正生下補闕之意也。只如羯磨受戒，但依四分行事未周，即須廣引諸部教之證成，令行事周足。』〔已上依繼宗記解。雖不平（【案】『平』疑『憑』。）書記本，但略彼大意，云云。消之妙得其原，可為承稟。不同搜玄，引三師之義等。〕」（二五〇頁下）

〔六〇〕**及教通餘論，理相難知，自非通解，焉能究盡**　鈔批卷五：「立明：毗尼之教有通諸論也，謂『論』解於律，名教通餘論也。今言難知者，如諸論中，或云『表』、『無表』，或云『作』、『無作』，或言『教』、『無教』。如多論中，作、無作戒，俱色為體。成論中，作戒是色，無作非色非心為體。如此釋判，理相難知，要是博達，及通解諸論文，方能了達也。」（三二八頁下）簡正卷四：「辨教通餘論、指別所明也。如明戒體，通成、多二論，鈔准依成宗出體。多論不是崇（【案】『崇』疑『宗』。）承，即名餘論。又如四果、四諦、十二因緣等，通俱舍、婆沙論，亦名餘論。理相難知者，如多宗以色為體，六門分別、四果修證、小乘五位、十二因緣起，須明三世因果，如斯等義，若非通明教相，難可究窮，必若於此廣明。恐新學之人未學，並指如義鈔，後別著兩疏，彼置章門以辨也。問：『前總序後段中云：若思不瞻（【案】『瞻』疑『贍』。見前文校注。）於時事，固有闕於行詮，則略標指趣，以廣於後。謂許後別為撰文，（二五〇頁下）即羯磨等。今此又云：教通餘論，乃至指如義抄。兩處文勢，如何會通？』『有人云：前約總以論，後據別以說者，未成解也。今云：前序中但約當宗事相，如羯磨七非、十三章門、處量輕重等例，雖是事相，恐新學神思未周，故於鈔中略明。若廣說，即如疏并輕重儀說。今此約外部論中法相道理。難知通解者，方究其文。新學之人，何能曉了？故指如義鈔。今羯磨疏文，廣辨兩處文勢，似同理事，自他殊異。』」（二五一頁上）資持卷上一上：「然今此鈔，雖並刪略，諸師申釋，未必全非。或義章開其戶牖，或問答釋於幽微，何以此中一概除削？文明此意，據合存之。止由難解，不逗新學。故別為一部，目為義鈔，文有三卷，下卷已亡，故今所指，彼文多闕。義鈔興致，明文在茲。古多妄說：或云二疏之餘，或云二疏張本，如別所破。具云拾毘尼義鈔，此中語省，以『集』字代之。下單云義鈔、別鈔，皆此例也。文中，『通』猶容也。『餘論』即目義解。容彼之說，明其可存。上二句明義之幽隱。」（一七七頁中）搜玄：「及教通餘論等者，謂持犯篇末『雜料簡』中，有六律相：一、尅漫；二、錯悞；三、自他；四、分身口；五、教人自成，兩業各分；六、多人通使，緣別業同。如是教文，通多論解，故云及教通餘論。（三三七頁下）如是理相難知，自非通解律論之人，新學焉能究盡指義鈔所顯也？鈔主自云：鈔者，意在易識即行，前論難知，故且刪略也。又，鈔戒體，合通多、成二論，廣辨是非，唯依成論本宗而解，多宗則是餘論。彼論別有大種造等流色，約七十五法、六門分別。如是理相難知，自非通律論之人，焉能究盡？故鈔但標二論不同，是此義也。文中甚多，且舉一兩，消鈔文耳。富陽引律中有三寶、四諦法相之教義，與經論相通涉者，此之道理，體相難知。靈山約律用成實論為宗，明其戒體，名教通餘論。發正約律『文同義異』四句而興爭論，名通餘論。就此三中，富陽、發正應好，靈山論體，鈔中現用。」（三三八頁上）

〔六一〕**鈔略證文，多不具委，但取文義堪來入宗**　鈔批卷五：「明今鈔中，取經律論文，（三二八頁下）不（【案】鈔批卷二本句釋文無『不』字。）具述來，但是相應之言，即引將來入其宗也。」（三二九頁上）搜玄：「富陽云：謂此鈔中，鈔略律及經論、先德文紀，為其誠證之文，多不具足、委悉盡取，皆須與此部文義等者取。故云『但取文義堪來入宗』。自此已外，餘有不盡之文，若必欲於此所引文外，尋討事之始末，則非我行事鈔者之意也。且如標宗引文成德中，但是讚戒之文，即抄略將來證其戒德，而不具足委悉取其始末。如引地持云：三十二相無差別因，皆由持戒得。若不持戒，上（【案】『上』疑『尚』。）不得下賤人身，況復大人相報？今引此文來證戒德。如是讚戒德文義，堪來入宗。雖引此文，不知彼地持中，為何人說此，對治何事，即是自外不盡，必欲尋其始末，非鈔意也。」（三三八頁下）簡正卷四：「謂前刪除當部繁文之外，但依四分行事未周，不可拱手而休，須引他文補闕。然其引用，不書盡起之文，但取的當之言，迴改文詞，令人易會。兼又與四分相應，省少而引，故云『但取文義堪來入宗』等。其外閑文，則不全取，故云『非鈔者之意』。如標宗中，引地持三十二相無差別因，皆持戒所感。此但為證成戒德，故略引證。若子細而明，彼中無為何事而有斯文，又為對治何等說時，何人獲益，此即是不盡之文也。又如集（【案】『集』後疑脫『僧』字）中云『阿難昇講堂擊犍搥，此是如來信鼓』等。引此文者，但為證成比丘亦許打鐘。（二五一頁上）若委細論，未審其時有何法事而昇講堂、擊犍搥等，非鈔意。下篇凡引外部文處，皆為證事，並同前解。」（二五一頁下）

〔六二〕**自外不盡之文，必欲尋討**　資持卷上一上：「『自』下二句，明不益初心。言通解者，以目博知深識之士，具下正指彼文。明不具中，遮世疑云：『三藏正教，義無改作，何以引用輒有去取？』故此釋之，仍引證據。初明取意，堪入宗者，涉今行事也。『自』下，指所餘。」（一七七頁中）

〔六三〕**知其始末，則非鈔者之意**　資持卷上一上：「撮要包括，是鈔所宗，橫評繁文，即今所諱，故云非鈔者意也。」（一七七頁中）鈔批卷五：「勝云：且如破僧、違諫諸戒，始末大繁，不屬今時現行。若更窮所由，非鈔之意。故前序中云『橫評不急之言，於鈔便成所諱』，是義也。」（三二九頁上）【案】鈔主作鈔，意在臨機而用，便於披覽。如破僧違諫戒，始末繁廣，且不屬現行，對事相之由則不窮究。如標宗篇中，引地持三十二相無差別因，為證成戒德，故略引證，而不多加辨文。

〔六四〕**諸比丘欲不具說文句，佛言「聽之」**　搜玄：「問：『刪略諸文，皆是聖說，豈非損減？依何理教，而有取不取耶？』答：『有教可憑故，今引此律說戒揵度。因節會日，不知聽說何法？當說義時，不具說文句？諸比丘生疑，白佛，佛言聽之。准此文意，我今作鈔，若不具說，即無過也。』」（三三八頁下）簡正卷四：「准律說戒法中，諸比丘因節會受請，欲為他說法。裁量文句，不敢自專，以事白佛，佛許不具說文句等。又准母論，亦有斯文。彼云，諸比丘問佛云：『若說法時，從修多羅乃至優婆提舍，隨意所說十二部經。欲示此義，復有疑心：若次第說文，恐生疲猒，欲抄撰要言，妙詞直說，不知如何？』佛言：『皆得。』以斯文證，並是佛聽故也。」（二五一頁下）【案】四分卷三五，八一七頁上。

〔六五〕**佛令引要言妙辭，直顯其義**　資持卷上一上：「次引母論，文出第六。並因比丘為人說法，不能廣說，白佛，故聽。律文具引，論略白語。『要』謂精當該攝，『妙』即善巧適機。」（一七七頁中）鈔批卷五：「撿彼論云，諸比丘問佛言：『若說法時，從修多羅乃至憂婆提舍，隨意所說十二部經。欲示現此義，復有疑心：若欲次第說，大眾、大文（【案】母論作『眾大文多』。），恐生疲厭。若略撰集好詞，直示現義，不知云何？』佛言：『聽諸比丘引經中要言妙詞，直顯其義而說。』」（三二九頁上）搜玄：「謂非但當部有文許刪，母論亦許。花嚴云：彼論，諸比丘問佛佛（【案】次『佛』疑剩。）言：『若說法時，從脩多羅乃至優波提舍，隨意所說十二部經。欲示現此義，復有疑心：若顯次第說文，眾大、時文，多生疲厭。若略撰集妙詞，直顯其義，不知云何？』佛聽諸比丘引經中要言妙詞，直顯其義證成，（三三八頁下）堪來入宗者，取無過也。故知，撮略包括，皆是佛令。鈔主固依佛令，即上『固令』之旨顯矣。」（三三九頁上）

〔六六〕**庶令臨機有用，無待訪於他人；即事即行，豈復疑於罪福**　資持卷上一上：「示所為者，即鈔興意也。庶，望也。訪，問也。上明法有倫序，不假他求；下顯事有準承，無疑得失。臨機有用，即事即行，二句偶對，語別義同。此之四句，一部大宗，獨異諸師，高超九代，盡如來（一七七頁中）權巧之旨，闢群生解脫之門。三寶所以住持，五乘所以發軫者，功在於茲矣。是以行事之目，標在首題，訓蒙之詞，遍于一部。凡為道眾，率由此門。禪教雖殊，無不受賜。曲尋弘濟，可勝言哉！」（一七七頁下）搜玄：「上兩句明鈔臨機有用，不假問人；下兩句彰教理，明無疑罪福。庶，望也。上來如是刪略證文，望使新舊二學，臨前機宜有用，不待更訪，問他人求學。即事即因，所對前事，撿文依之即行。教文既明，可復更疑被事得成、不成之罪福也。故輕重儀云：即以此律為本，搜括諸部成之，則何事而不詳，何義而非決！即斯義也。且如受戒一事，即有一篇，廣明八法調理、九法往來，望令此篇，臨受戒機（【案】『臨受戒機』疑『受戒臨機』）有用，無待訪問他人。遇受戒事，依文即行。教文既明，豈復疑得戒、不得戒之罪福也？」（三三九頁上）鈔批卷五：「謂如對、受、說、安、恣、計請等事，即披文而用之，不勞問於他人也。豈復疑於罪福者，既執事案文，何所疑也！福則是持，罪則是犯，謂我不疑其持犯也。」（三二九頁上）簡正卷四：「明鈔之所為也。庶者，說文云冀也。冀，訓『望』也。臨機者，臨前生善、滅惡等機，披文便明，不要諮請、訪問他人也。即事即行者，即對前集僧、簡眾等事，便可施行。不疑被事成、不成之罪福，此即利用義也。」（二五一頁下）

〔六七〕**猶恐後代加諸不急之務，增益其中**　簡正卷四：「遮詮不急之文也。謂述此一部之文，繁處須繁為是，當今要用，略處須略。蓋當世不行，猶恐後人見鈔略處，不知非急，不明便添閑詞，以安文內。如善來之例等，即致此鈔之文，非所要也。」（二五一頁下）資持卷上一上：「遮妄增者，此即聖意。懸鑒未來，各興解釋，必乖本趣，故此止之。初敘妄增不急務者，即世現行諸家章記，或廣張法相，或多雜俗書，顛覆祖宗，緊昏智眼，請詳聖訓，自可鑒之。」（一七七頁下）鈔批卷五：「謂恐後代人加閑言遊辭，增其鈔中，故曰加諸不急之務也。」（三二九頁上）搜玄：「輔篇、豈云：鈔主自意所作，繁處須繁，略處須略，特為折衷，濟其新舊二學。但恐後代之人加不急之言，增益鈔文也。」（三三九頁上）

〔六八〕**使真宗蕪穢，行者致迷**　資持卷上一上：「『使』下，次，顯過患。上句明壞教，今鈔始終盡稽聖典，故曰真宗。次句明迷行。教行兩亡，則破戒造惡，非沙門行，如鳥鼠焉。」（一七七頁下）簡正卷四：「此鈔堪為濟世行事，號曰真宗。若加不急之詞，（二五一頁下）如野草混於良田，名蕪穢也。行者致迷者，行持修行（去聲）之者生迷云：『若是疏，又不見解律文，若是鈔，又不合有閑繁之說。』由茲疑惑也。」（二五二頁上）搜玄：「真宗無穢，荒草曰蕪。不急之務，時所不行，喻若荒草，恐穢鈔之真宗也。學行教者，見有不急之務，乃致迷惑：『若言行事，鈔復有不急之言；若言是疏，復不牒解。』律本兩不成之，故致此迷也。」（三三九頁上）鈔批卷五：「指鈔為真文。若更增加不急之文，便是荒穢，致使後人行用則昏迷，不識其意，則真偽兩取，俱不可知。」（三二九頁上）

〔六九〕**鳥鼠之喻，復存於茲日**　簡正卷四：「破戒之人，形貌同僧，行業如俗，猶同鳥鼠故。本文雖爾，今但喻鈔非開惡比丘故。茲，此也。存，在也。隨彼加添之日，便成鳥鼠之喻也。」（二五二頁上）搜玄：「鳥鼠之喻，即存於加不急之務日矣。……今鈔引意，與經少異，恐將不不（【案】次『不』疑剩。）急之教穢我真宗，非鈔非疏，如似蝙蝠，非鳥非鼠，不似一物故。辨正論云：蒼蠅招黑白之論，蝙蝠有鳥鼠之譏也。」（三三九頁下）鈔批卷五：「喻其鈔中若加不急之務，竟致後行事之人，真取不得，偽取不得也。濟云：今時口說大乘之人是鳥鼠之流，或加大乘之言益其鈔中，即是不急之務也。又解：蝙蝠雖有鳥鼠之濫，但愚者迷之，有智之人知其非鳥非鼠，欲明後代愚不知真偽。智者洞閑三藏，豈復迷耶！」（三二九頁下）資持卷上一上：「此出佛藏經。彼明：比丘不修戒行，非道非俗，猶如蝙蝠，非鳥非鼠。具引如篇聚中。意謂此鈔既興人知持奉，由彼穢雜，後進還迷，故云復存也。茲日，通指斯時。」（一七七頁下）

此之十條，並總束諸門，例科分析〔一〕。若攬收不盡，自下別論〔二〕。

【校釋】

〔一〕**此之十條，並總束諸門，例科分析**　資持卷上一上：「上三句結前。言總束者，則驗十門非別序明矣。諸門者，即下諸篇，則顯教興中，指諸門非九門明矣。析，辨也。」（一七七頁下）簡正卷四：「通收前來十門，故曰十條。總束諸門者，三十篇為諸門也。十門是『能收束』，三十篇是『所收束』。例科分折（【案】『折』疑『析』。次三同。）者，類，例（【案】『類，例』疑『例，類』。）也。分，別也、辨折也。十門是『能分折』，十門（【案】『十』前疑脫『三』字。）是『所分折』。三十篇中，不越此十條，大意皆盡也。」（二五二頁上）【案】本結句是上述十門之總結。

〔二〕**若攬收不盡，自下別論**　資持卷上一上：「別論者，則三十篇，望序為別，又復明矣。」(一七七頁下)搜玄:「『若攬』下,生起三十篇首,對事興之別意。靈山、輔篇、折中、富陽並云:此之十條,即是十門。並總束諸門者,下三十篇為諸門也。發正將此十條為總牒,以十門為『諸門』。然兩捨之,取其令釋。有人云:如來三藏,一切教意,有眾多門。以此十條,並收來諸門大意。如『如來教興意』、『迦葉結集教興意』,乃至第十『去濫傳真料酌意』,皆是三藏教中諸門之大意,故日(【案】『日』疑『曰』。)也。……若十條中,攬收如來三藏一切教中別意不盡者,(三三九頁下)下三十篇首,對其篇中所明之事,一一別論興意也。如結界篇,對結界事,明來意云『但為剡浮洲境』等是也。」(三四〇頁上)鈔批卷五:「謂將此十門攬收三十門中有不盡者,下三十門,還出其法相,不必須此十門統括也。」(三二九頁下)簡正卷四:「諸記相承,皆謂此十門為大綱。篇篇皆具十意如網,諸篇行事如網目。若於十門收不盡者,非其大綱。在下諸篇自述,即諸篇首,皆總意。既隨篇各別,非此所明,故云『自下別論』也。〔古今皆依此諸(【案】『諸』疑『論』。),自是一途。〕或依湖州仲平座言:(二五二頁上)科此兩句,生起三行之意。謂上兩句,結上十門,明攬收下三十篇大意將盡。然於十條中,攬收一部鈔文,雖詮三行未盡,未約三行判文,故此兩句生起。(今意存斯解,妙得其原。思之。)」(二五二頁下)【案】「下文」即後文三十篇。

夫宅身佛海〔一〕,餐味法流〔二〕,「形」厠僧伍〔三〕,「行」唯三位〔四〕。若遵仰正戒,識達持犯,則中卷之中,體相具矣〔五〕。「自行」既成,外德彰用,則上卷之中,綱領存矣〔六〕。自他兩德,成相多途〔七〕,則下卷之中,毛目顯矣〔八〕。此三明「行」,無「行」不收;三卷攝文,無文不委〔九〕。

然則事類相投,更難量擬〔一〇〕。若長途散釋,則寡於討論〔一一〕;必隨相曲分,便過在繁碎〔一二〕。

今隨宜約略,通結指歸〔一三〕。使舉領提綱,毛目自整〔一四〕,載舒載覽,隨事隨依〔一五〕。

四分律行事鈔卷首鈔序

【校釋】

〔一〕**夫宅身佛海**　鈔批卷五:「從此『夫』字已下,生起立三卷之意。宅,是居也,明居身在佛法海中也。又解:五陰身是火宅,今將此宅身投在佛法海中,故曰也。」（三二九頁下）資持卷上一上：「大段第三，示所詮行相。初，總示中。宅，居也。佛門廣大，包納清澄，喻之如海。僧稟佛化，即居其中，如犯重禁，（一七七頁下）名為『邊罪』，謂漂出佛海邊外，即其義也。」（一七八頁上）搜玄：「折中問云：『前序中已分三卷竟，今何更分者？』答：『前序中，約能詮教分，則眾法居首，先集僧、結界、受說、安恣，然後方顯護持。今約所詮行辨，要自行居初。自行氷潔，方堪秉其眾行。為眾、自別，前後兩異，復顯能、所詮殊。謂前約能詮文次第，要眾法居初。今約所詮行之次第，要自行居首，故重分也。』宅，居也。佛者，覺也。覺道深廣，喻如海也。」（三四〇頁上）簡正卷四：「言『夫宅』至『位』者，今師制作，文同鈎鏁，結引萬端，義等聯還，始終不絕。十門既畢，生下正示行事之文，故有有（原注：『有』字疑剩。）此段。又，總序後，約『行』分文。今據所詮，時（【案】『时』疑『分』。）卷判行，能所條別。（更有妄解，不錄。）問：『總序後排，眾行為先。今此將自行在先，何故不定』？答：『前約能詮教以分，謂能秉法僧，欲行持佛法，先須集僧簡眾等，故眾行居初。今約行詮行以分，須自行精潔，方堪秉御，故自行居首。二處所列，各有意也。』夫者，如常說。宅者，居也。身者，形也。佛者，覺也。海，是喻也。世海浩渺深廣，大小眾生共居；佛海覺池深廣，大小賢聖，同供止住故。」（二五二頁下）【案】「夫宅」下分三：本句及下為初，「若遵」下為次，「此三」下為三。

〔二〕**飡味法流**　搜玄：「經云：法喜禪悅食，解脫味為漿。非但居身，於覺道海中，復須資飡法食，得解脫味，故曰飡味法流也。」（三四〇頁上）鈔批卷五：「謂心服於道水，故曰也。」（三二九頁下）簡正卷四：「飡，噉也。味者，滋味。法者，十二分教解脫之法，能軌生物解。故經云：法喜禪悅食，解脫味為漿等。」（二五二頁下）資持卷上一上：「『流』即是水。法能滋物，故比於水。」（一七八頁上）

〔三〕**「形」厠僧伍**　資持卷上一上：「厠，預也。伍，眾也。此明比丘身具三寶，所修法行，雖乃萬途，以眾、自、共，攝無不盡。然據行體，止是二持，但就作中，別簡一色。羯磨僧法，以為『眾行』。」（一七八頁上）

〔四〕**「行」唯三位**　簡正卷四：「上言宅佛海，（是佛寶也；）飡味法流，（是法寶也；）形厠僧伍，（是僧寶也。）纔受具後，便具三寶之義。今身所行之行，（二五二頁下）列上亦三，故曰行唯三位也。（意顯此三行，准三寶義立。）」（二五三頁上）資持卷上一上：「自餘雜法，總歸共行，欲使綱目兩分、眾別無濫，故云唯三位也。」（一七八頁上）鈔批卷五：「明今三卷，稱三位行盡也。蓋今鈔主立茲三卷，用稱三行。據礪解云：然實行雖眾多，略明不過有兩：初，謂『自行』之法者，謂四依八正。行之所依，生行之軌，別人所行，不假眾成，（三二九頁下）是故名為自行之法。二、言『眾行』法者。如說、恣等，理合詳遵，許無乖異，同崇水乳，軌成僧用，要假共成，是故名為眾行之法。所以要須此二法者，若無自行之軌，行無由立。行既不成，寧能戒禁定靜、發智斷惑、終皆出益？是故便有別行之法。別行雖成，若無御眾之方，任持綱統，何成僧寶，益利世間？故須眾法管攝僧徒，方成眾益。是故要須此之二法也。」（三三〇頁上）搜玄：「發正云：教行雖廣，且約所修諸行，行乃眾多，要唯三位，攝無不盡也。謂身居佛海，所飡法味，形居僧伍，即佛、法、僧寶。所依有三，所行之行亦有三種，故云行唯三位，即自行、眾行、共行。」（三四〇頁下）

〔五〕**若遵仰正戒，識達持犯，則中卷之中，體相具矣**　鈔科卷上一：「『若』下，別對。」（五頁中）資持卷上一上：「初，明自行。上句明建志攝修，次句示學知教相。出離聖道，不類邪術，故云『正戒』。文指體相，必具法行，體附釋相，相總四篇，故此二字，統於中卷。」（一七八頁上）簡正卷四：「遵仰正戒者，謂篇聚及懺篇；識達持犯，即隨相及方軌篇。『體』謂戒體，『相』謂犯不犯相。具在四篇，故云具矣。」（二五三頁上）搜玄：「發正云：中卷四篇，明其『自行』。以脩道之本，先項（【案】『項』疑『須』。）自行清潔，然後方堪秉法住持。謂識達持犯，故先明自行也。富陽云：遵仰正戒者，即篇聚、懺六聚是，即戒身清淨；識達持犯，即釋相及持犯是，明其所解。體者，表體，牒上遵仰正戒。正明『自行』。相者，犯相、不犯相，牒上來識達持犯相狀。正明所解，解行具彰於四篇，名為具矣。」（三四〇頁上）鈔批卷五：「識達持犯乃至體相具矣者，明中卷廣明戒體相狀及隨戒之相，故言體相具矣。」（三三〇頁上）【案】體即體質、實質，相為外顯之貌。此處指戒體相狀和隨戒之相。依鈔批卷二之文，此處先明中卷是為了強調「自行是立身本」。體相既立，方能秉上卷家僧眾之法，所以先明中卷。

〔六〕**「自行」既成，外德彰用，則上卷之中，綱領存矣**　資持卷上一上：「『自』下，次明『眾行』。……凡行僧事，必先簡眾，故須體淨，方應秉宣。言『綱領』者，對下『毛目』也。匡攝住持，存乎眾法，隨事奉修，在乎別行。眾法存則別行修，綱領舉則毛目正。上下作持，離分在此。」（一七八頁上）搜玄：

「發正云：『自行』既成，結前外德彰用，生後眾行。謂上戒身清淨，復能識達，即自行成。德相外彰，堪秉持佛法之用，即有一十二篇，廣明『眾行』，以其眾行為綱領。如網之要者在綱，衣之要者在領，舉領毛端，提綱自整。眾行亦爾。結界秉法，治罰惡之，匡濟眾務，勿過此也。」（三四〇頁上）鈔批卷五：「謂既識達持犯，具如中卷，方能秉法被時，善解匠物，故曰外德彰用也（原注：插入『也』字。）。綱領存矣者，明上卷是佛法綱領，統收萬法，下卷乃是毛目，還是綱領之所攝持。舉領則毛端，提綱則目整也。」（三三〇頁上）簡正卷四：「自行既成者，結前。外德彰用者，生後眾行。謂前明戒既清淨，復識持犯即自行已成，德相外彰，堪秉持教法，辨於眾務，須依上卷一十二篇。廣眾行為綱為領，即四現前，如網之綱，如裘之領，乃逕整一切眾務也。」（二五三頁上）【案】意為通識上卷一十二篇，則能夠識達戒體相狀，秉法被時，持戒既成，善解匠物，則戒德之相外彰。

〔七〕**自他兩德，成相多途**　資持卷上一上：「『自他』下，明『共行』。上句示行相。凡為道眾，彼我同須，即是共義，故云兩德。『德』亦行也。下句顯繁多，除僧法羯磨已外，一切作行，皆歸共收。唯此『共行』，攝相最廣，故曰多途。或可上句躡前兩行，次句正示行相，謂必須『共行』，輔成『自』、『眾』，故云成相多途。問：『自、眾兩行，亦制同遵，豈非相濫？』答：『自行則護體防心，義非他共，止作體別，此不在言。就論眾行，作業辦事，多是為他，義非常行，有緣方舉。共行不爾，日用恒須，是僧俱稟，獨彰斯目。如衣藥、鉢器、計請、導俗等類，比（【案】『比』疑『此』。）論二行，別相可知。然三行之目，古德所傳。若取今文，明標自行。又復，前云上卷則攝於眾務，則自、眾二行，名義灼然。唯斯共行，雖復無文，兩德之言，義取無爽。古多妄解，不免繁詞。』（古云『四人羯磨為眾行，一人心念為自行，二人對首為共行』者，誤矣。）（一七八頁上）問：『前文已分，何意重迷（【案】『迷』疑『述』。）？』答：『前判能詮，則以文攝行，此明所詮，則指行在文。雖文行俱明，而正意兩別。』問：『前以上卷在初，此則中卷為首，何以不同？』答：『意如上解。』『若爾，何不依行次第，以自行為上卷耶？』答：『此有二意：一、約行次第，則先止後作，自行合初；二、約事勝劣，則住持功大，眾須在首。故律序云：以眾和合故，佛法得久住。今取後意，如文所列。』」（一七八頁中）簡正卷四：「一解云：如下二衣、四藥中，持衣、加藥，是對首法。或要受持衣藥，須得他人來成於我，謂前人既是淨行，足得我對首之數，是他有德，故云『他德』。又，他要持衣等，須我成他，我行既淨，堪足他對首之數，故名『自德』。二解云：他來成我自行，名『自德』；我往成他自行，名『他德』。今云：衣藥可爾，如頭陀及諸行，不假他成。既聞彼此相成之義，如何辨自他兩德？已上兩釋俱非，不取。今依玄記正解，上句是躡前，下句是生後也。謂中卷是『自德』，上卷是『他德』。（此躡前文也。）次生後『共行』云成相多途，意道：上、中兩行，說事未盡，更須得『共行』以辨，故曰多途。如持衣、如藥、說淨、攝衣、攝食（二五三頁上）、十二頭陀、受三歸五八戒等，並是前二行中說未盡處。此中明之，在文端直，如裘之毛，如網之目，攬之自顯，通收三行，方為盡矣。」（二五三頁下）鈔批卷五：「明下卷之文雜行乃有益物及自利也。如導俗化方是利他，若頭陀等是自德。如看病篇，望看前人得差是他德，自復得福是自德。故曰自他兩德也。」（三三〇頁上）搜玄：「輔篇云：下諸篇中，為成兩德。自能成他，他能成自，故曰自他兩德。如二衣中，對首持衣：自欲持衣，假他對首，若堪對首，成他有德；（三四〇頁上）他來對我，證我衣持，自他相成，為兩德也。若准此解，衣、藥二篇可爾，頭陀諸篇，有何相對，得成自、他？思之。今解：自他兩德，則是牒前成相多途，生後『共行』，眾別相望，總曰自、他。皆有功成，名為『兩德』。牒前引下『共行』意也。成相多途者，謂上自他，不唯兩德能辨，更有多種隨機要行，途道成就相收，則下十四篇，事務不少，一事之下，隨機有法。如頭陀，要行隨機，有十二不同；如攝食，隨機有其四種之法。其事不一，故曰成相多途。」（三四一頁上）

〔八〕**則下卷之中，毛目顯矣** 搜玄：「毛是裘衣，目者網目。舉領則毛端，提網目整。謂上之眾行，綱領既存，下之隨機，共行在文，端直如毛，方整如目。要者覽之，自顯然矣。」（三四一頁上）（二五三頁下）鈔批卷五：「宣云：明上兩卷，已具僧體，即是綱領。下卷即目也。然上卷僧體雖立，此乃『自行』，未兼化他，故下卷接俗、看病、遇客等，（三三〇頁上）並是化他之行。如頭陀等，是『自行』也。上二卷既是綱領，依此綱領，能起餘行。若網目之在綱，如裘毛之依領，故曰毛目顯矣。問：『上序中，明三卷之意，前明上卷，次明中、下。此何故先明中卷，次明上、下者何？』答：『大有所以。上序中明者，是大家眾法而言，故須作法次第，先明眾行住持，然後明受戒、懺悔罪之別行也。先僧後別，義次第故。今此所明，將中卷居前者，欲明自行是立身之本。體相既立，方能秉上卷家僧眾之法，所以先明中卷也。』」（三

三〇頁下）

〔九〕**此三明「行」，無「行」不收；三卷攝文，無文不委**　鈔科卷之一：「『此』下，雙結。」（五頁中）資持卷上一上：「教行兩備，攝機斯盡。」（一七八頁中）搜玄：「折中云：三千威儀、八萬細行，教行則雖眾，『三行』收之無餘，故云此三明行，無行不収。名隨事顯，對事而偹斯文，教法雖多，三卷之文攝盡，故云三卷攝文，無文不委也。」（三四一頁上）

〔一〇〕**然則事類相投，更難量擬**　鈔科卷上一：「『然』下，示難離過。」（五頁上）鈔批卷五：「應師云：擬者，向也。說文云：擬，由度也、比也。類者，例也。如受戒事，則有受戒類。如結界事，則有結界之類也。今若不從類例標名題者，但散亂而說者，尋討則難，故曰也。有人云：事類相投，更難量擬者，言若總牒三十門中一一事類，將來此十門，更對門子細解釋者，此則更難量度，故曰更難量度。但可今此十門中梗概而明其意，故曰隨宜約略。」（三三〇頁下）簡正卷四：「『然則』兩字，含進退兩意也。謂約三行，分成三卷。若令三行，不離即難，故更明也。事類相投，更難量擬者，『事』謂謂（原注：『謂』字疑剩。）眾、自、共三行之事也。類者，流類。投者，尋。若將『眾行』流類投寄上卷，『自行』流類投寄中卷，『共行』流類投寄下卷，此難更甚於前，故曰更難量擬。量者，斟量。擬者，比擬。問：『如何是難分之相？』答：『若單分三行，配於三卷，即亦不難。今蓋為三卷，諸篇之中，各有參雜，致不易也。且如上卷，本是眾行，唯四人已上之法，號為眾行。今標宗中辨法、體、行、相四門，受戒中有六念等法，即是自行義。又羯磨中，明對首即共行義，心念法又是自行義，豈非眾行中亦有自、共二行相雜？」（二五三頁下）資持卷上一上：「初二句標難。謂事隨篇類，則使『三行』互有投寄。如上卷標宗亦明法、體、行、相，及捨戒、六念、別人、說恣、識疑、發露之類，則『眾行』兼『自』、『共』也。又，中卷懺六聚中，眾別悔法，則『自行』兼『眾』、『共』也。下卷攝衣、攝食、亡物等諸羯磨法并雜行等，則『共行』兼『眾』、『自』也。三行相參，不可一判，故云難也。」（一七八頁中）搜玄：「問：『前云但境事寔繁，（三四一頁上）良難料擬，今復云事類相投，更難量擬。二處之文，云何取別？』答：『前境事寔繁，良難料擬，今取物類相從，以標名首；作三十篇名首難，今約三行，分名首難，與前異也。言事類相投，即有『眾』、『自』、『共』別，乃至三十篇內，各有『三行』，事類相投。今但通將『三行』分篇，篇內由來『三行』交雜，故稱量比擬，更難前也。事類相投者，則三十篇各有事類，『三行』相投聚一處也。且如羯磨，則有心念、自行之事，各有其類；對首、共行之事，各有其類；單白等眾行之事，各有其類。如是三行，事類相投，總標羯磨，以為名首。今將『三行』分三十篇，謂諸篇中各有『三行』，以此望前之難，此更難前，故云更難量擬也。』」（三四一頁下）

〔一一〕**若長途散釋，則寡於討論**　資持卷上一上：「『若』下，釋其難相，成繁闕過。上二句，示闕略過。長途散釋者，謂不約『三行』收束也。寡討論者，謂不稱機宜也。以言無所歸，人難披撿故。」（一七八頁上）簡正卷四：「應先問云：『若每卷之中，皆有三行相混雜者，處判誠難。今但約三卷收『三行』，通途解釋，得不？』可引鈔答云『若長途』等。（云云。）意道：若通途辨於行事者，隨於一行之中，卒難尋撿，故云寄（【案】『寄』疑『寡』。）於討論。」（二五四頁上）搜玄：「有二意：初，明不取篇目，但隨行釋，恐討論難；二、『必隨相』下，若以『三行』，就一一篇內曲分鈔文繁碎過。若不約行，通分其篇，有此二過，謂今以『三行』之位，總分三十篇中。『三行』隨行，各聚一處，不取篇目，隨行長途散釋。若要心念、持衣行事，卒不可尋。為無篇目管之，散在『自行』中釋。文相難尋，寡於討論，即同古人言：章疏繚亂，不可披拾也。」（三四一頁下）鈔批卷五：「勝云：若今十門更長途，一一散說。下三十門事意，此則不可盡其底，故曰寡於討論也。（三三〇頁下）又解：今十門中，不可作散亂解釋，隨意即說。居（【案】『居』疑『若』。）作如此散亂說其意者，後代之人尋討則不識門戶，故曰寡討論也。濟云：此是自謙之辭。謂我若廣釋，則復闕尋討論也。論語中馬融釋『討論』者，討，由治也。治而論之，詳而審之，故曰討論也。」（三三一頁上）【案】本句意為，若在三卷之文中，處處隨文闡釋，一一散說，則會卒難尋撿，不可盡究其綱目。「兩過」即「寡討論過」和「繁碎過」。

〔一二〕**必隨相曲分，便過在繁碎**　資持卷上一上：「下二句，明傷繁過。言曲分者，謂逐卷隨篇，明『三行』簡判也。過在繁碎者，亂於教旨也。」（一七八頁中）搜玄：「若存篇目，（三四一頁下）但以『三行』隨三十篇中，委回細分，則繁碎也。如一篇中：有『眾行』事處，將『眾行』科；有『共行』處，以『共行』科；有『自行』處，以『自行』科。則使三十篇中，『三行』交牙，即同古人言章璅碎，不可披撿也。」（三四二頁上）簡正卷四：「更問：『若爾，但向三卷文中，凡有眾、自、共三行處，逐行延科，出得不？』鈔答云『必隨相』等。（云云。）意道：若存篇題，不以三行分判，隨有眾、自、共處，璩（【案】

『璩』疑『據』。）名科出者，即每卷之中，三行卻成雜亂，故云過在繁碎。更問：『上言長途而已，恐披撿者難；欲隨相曲分，復成繁碎。兩種既並非，如何即是？』」（二五四頁上）

〔一三〕今隨宜約略，通結指歸　鈔批卷五：「正結十門之意，但約略如此，通家結束為十意之義也。」（三三一頁上）資持卷上一上：「上二句，正示對翻兩過。隨宜者，離前『寡討論過』也。約略者，相前曲分也。通結者，謂大分三行，翻上散釋也。指歸者，雖有相投，舉行攝屬，離上『繁碎過』也。」（一七八頁中）簡正卷四：「鈔答通也。結上所分之意用，簡上非二之等。宜約略者，謂隨前事，宜前十二篇，隨明眾務之事，（二五四頁上）宜應判此上卷一十二篇文為『眾行』。中之四篇，隨明戒體持犯之相，宜應判此中卷四篇為『自行』。下之一十四篇，隨明機要之務，宜應判此下卷十四篇為『共行』。（故云隨宜約略。）通結指歸者，謂通結前上卷十二篇，指歸『眾行』。其間雖有『自』、『共』兩行隨增勝說，『眾行』既多，且判歸『眾行』。通結中卷四篇，指歸『自行』。其間縱有『眾』、『共』二行，亦從多而判，且指歸『自行』。通結下卷十四篇，指歸『共行』。其間縱有『眾』、『自』二行，亦從多判，且指歸『共行』。（故云通結指歸。）」（二五四頁下）搜玄：「言『今』至『依』者，有二意：初，結上『三行』分篇，指歸隨宜約略；二、『使舉』下，意令提綱目，整舒覽事，而隨依所。言『今』者，簡非『長途散釋』及『隨相曲分』，准上約行分篇目也。隨宜者，隨前事宜，故曰隨宜。三十篇內，前一十二篇，隨明綱領之事，宜以『眾行』科之。中之四篇，隨明戒體持犯之相，宜以『自行』科之。下一十四篇，隨明機要之務，宜以『共行』科之。離其長途散釋、討論難。約略者，事不委明，故云約略。約前一十二篇，多明『眾行』之事，或有『自』、『共』二行之事，隱略不科。約中四篇，多明『自行』之事，或有『眾』、『共』二行之事，隱略不科。約後一十四篇，多是『共行』之事，或明『眾』、『自』二行之事，隱略不科，離繁碎過。鈔主云：此三明行，無行不收也。通結指歸者，通途結略前一十二篇指歸，上卷綱領存矣；其中亦有非綱領事，通途結略。中之四篇指歸，中卷體相具矣；其中亦有非體相事，通途結略。（三四二頁上）下一十四篇指歸，下卷毛目顯矣；其中亦有非毛目事。故鈔云：三卷攝文，無不委也。」（三四二頁下）

〔一四〕使舉領提綱，毛目自整　資持卷上一上：「『使』謂令於後人也。『綱領』即三行，『毛目』即諸篇行相整理也。」（一七八頁中）鈔批卷五：「將此十門名為綱領，下三十門中所有諸事盡是毛目也。若識此十門綱領者，下三十篇毛目自顯現也。」(三三一頁下) 簡正卷四：「古以毛為裘，毛附於領，舉領則毛端。古以綱持網，提綱則目整。今以上卷『眾行』為綱、為領，中卷內凡有明『眾行』處，如毛、如目。又中卷『自行』為綱，上、下二卷內，凡有明於『自行』處，如毛、如目。又，下卷『共行』為綱，為上、中二卷內，凡有明『共行』處，如毛、如目。今但舉上卷『眾行』之綱領，中、下二卷所有『眾行』之文，毛目自然端整，皆屬上卷『眾行』攝也。」(二五四頁下) 搜玄：「古人以毛為裘，毛附於領，舉領則毛端。今將『眾行』為領，一切『自』、『共』二行，因之而立，則使舉『眾行』之領，『自』、『共』二行，如裘之毛，自然端直也。古人以綱持網，提綱則目整。今將上卷一十二篇為綱，攝持中、下二卷教網。上卷一十二篇之綱若舉，中、下二卷『自』、『共』二行、一十八篇網目自然周整。問：『前分中卷四篇，不為毛目，今釋成中，何故總攬一十八篇為毛目者？』答：『上約細行所分，體相實非毛目。今約綱領，總攝體相，因受始有，俱得毛目之名。思之。』」(三四二頁下)

〔一五〕**載舒載覽，隨事隨依**　資持卷上一上：「『載』下，結勸。上句勸學，開其解也。下句勸修，成其行也。『載』即重也。」(一七八頁中) 鈔批卷五：「載，由則也。謂則舒則攬耳。言隨事隨依者，勸勵僧侶，精進護持，永離破戒之穢流，蕭然而得解脫。」(三三一頁上) 簡正卷四：「載者，終也。舒者，展也。攬者，披攬也。謂四時事終，可以載於簡冊。或可十億曰載。大數之終，意令後人從卷始迄于卷終，舒展披攬故。(二五四頁下) 若依毛詩，載者，則舒攬隨有前事，隨撿依行也。」(二五五頁上) 搜玄：「載者，玉篇及毛詩皆訓『則』也。則舒列一十二篇名首，在上卷之前。開卷則覽見一十二篇之名，隨前機要何事，隨篇撿而依用。下之二卷，唯說古人不無，雖判詞理不通，略而不錄。」(三四三頁上)